영어과
교수 학습 방법론

김 정 렬 지음

한국문화사

영어과 교수-학습 방법론

1판 1쇄 발행 2001년 11월 30일
1판 2쇄 발행 2008년 2월 29일
1판 3쇄 발행 2021년 7월 20일

지 은 이 ㅣ 김정렬
펴 낸 이 ㅣ 김진수
펴 낸 곳 ㅣ 한국문화사
등   록 ㅣ 제1994-9호
주   소 ㅣ 서울시 성동구 아차산로49, 404호(성수동1가, 서울숲코오롱디지털타워3차)
전   화 ㅣ 02-464-7708
팩   스 ㅣ 02-499-0846
이 메 일 ㅣ hkm7708@hanmail.net
홈페이지 ㅣ http://hph.co.kr

ISBN 978-89-7735-871-3 93740

🎙 저자 서문 🎙

  영어교육은 다루는 내용과 방법에 있어서 언어학과 문학 및 교육학의 간학문적 응용 분야이기 때문에 이들 학문 분야의 발전에 따라 영어교육에서 다룰 내용이나 방법이 많이 달라진다. 그 중에서도 영어과 교수 학습방법은 주로 언어학의 언어 정체에 대한 정의와 교육학의 교수 학습 방법론의 발달을 통해서 영어과에 가장 효과적인 방법을 연구하고 적용하는 분야이다. 영어교육학이 일반적으로 앎의 지식을 추구하기보다는 실천적 지식을 추구하는 분야이기는 하지만, 특히 영어과 교수 학습방법은 실천적 지식이 내용의 중심에 있고 교수 학습의 효과를 경험적으로 검증하는 분야라고 할 수 있다. 실제로, 역사상 수없이 많은 교수 학습방법들이 외국어 학습에 적용되었고 그 방법의 우수성을 설파해 왔다. 지금 이 시각에도 다소 다른 정도의 성공과 실패를 거듭하면서 우리나라는 물론이고 세계 도처에서 새로운 외국어 교수 학습방법의 적용 시도가 이루어지고 있다.

  이 책의 목적은 외국어 교수 학습방법으로 등장했다가 사라져 간 수없이 많은 방법들 가운데서 현재까지도 일부 또는 전부가 교수 학습현장에 쓰일 수 있는 내용들을 뽑아 한 곳에 모아서 일정한 틀로 정리해 보자는 것이다. 이러한 틀에 관해 McLaughlin(1978)은 교수방법을 이론과 설계, 절차의 세 수준으로 설명하였는데, 이론은 언어와 언어학습의 본질에 관한 이론을 지칭하고, 설계는 교수방법의 일반적 목표와 특별 목적, 교수요목의 모형, 교수활동의 유형, 교사와 학습자 및 교재의 역할 등을 말하며 절차는 약간 넓은 의미의 수업 기술을 의미한다고 하였다. 이러한 견해를 우리의 교수 학습상황에 맞추어 수용하면서, 기본적으로 정리의 근거가 되는 틀의 원칙은 철저하게 현장 중심적인 접근을 통해 현장에서 영어를 가르치는 교사의 입장에서 원하는 도움을 찾을 수 있도록 하였다. 그 틀을 구체적으로 살펴보면 1절에서는 해당 교수 학습방법의 「개요」를 「의미」, 「원리」 및 「특징」으로 설명하고, 2절에서는 「교실수업의 적용」을 「수업절차」, 「교수 학습활동 유형」 및 「현장적용시 유의점」으로 나누어 살펴보았으며, 마지막 절에서는 실제 교재의 내용을 중심으로 하여 「수업모형 및 학습지도안」에 「수업모형」과 「학습지도안」을 각각 예시하고 수업 지도안에서 쓰인 중심적인 교수 학습자료를 해당 교수법 소개의 마지막에 있는 「함께 해 봅시다」에 실었다.

4

Ⅰ. 개 요
　1. 의미
　2. 원리
　3. 특징
Ⅱ. 교실수업의 적용
　1. 수업절차
　2. 교수　학습활동 유형
　3. 현장적용시 유의점
Ⅲ. 수업모형 및 학습지도안의 예시
　1. 수업모형
　2. 학습지도안
함께 해 봅시다

　위와 같은 구조의 틀 속에 책 속에서 다루게 될 20여 개가 넘는 영어과 교수　학습방법을 모두 분석하여 나누어 담는다는 것이 쉬운 작업만은 아니었으나 현장의 교사나 영어과 교수　학습방법을 공부하는 사람들에게 일목 요연하게 정리하여, 원하는 교수법에서 필요한 사항들을 바로 바로 찾아서 실제 교수　학습현장이나 공부에 도움이 될 수 있도록 설계하였다.

　그리고 책 속에서 다루게 될 교수법을 일정한 구조적 위계 없이 시대순이나 가나다순과 같이 나열하면 너무 산만할 것 같아, 이론적 기준을 가지고 대여섯 가지의 교수법을 묶어서 그룹을 지어 볼 생각을 하였다. 지금까지 알려진 영어교수법들은 그 이론적 기저나 원리, 방법 등이 아주 다양하여 일정한 기준을 가지고 분류하는 일이 결코 쉽지 않고 영어교수법이란 용어 또한 많은 의미를 내포하여 영어교수이론, 교수방법, 교수기술 등과 혼용되는 사례도 있어서 많은 생각을 요하였다. 생각 끝에, 교육의 큰 흐름에서 그 답을 찾게 되었으며 그 흐름의 기저에 있는 큰 유형을 객관주의, 인본주의 및 구성주의로 나누었다. 우선, 객관주의와 구성주의는 지식의 생성과 존재 즉, 인식의 대상과 방법에 관한 두 견해로서, 교수　학습방법이라는 측면에서 지식은 개인의 경험과는 무관하게 객관적으로 존재한다는 입장이 객관주의(objectivism)이며 개개인의 경험을 바탕으로 개인 내에서 창출된다고 보는 입장이 구성주의(constructivism)이다. 그리고 학습자 중심적 사고가 최근의 교수　학습이론에서 많은 관심을 불러일으키면서 교육의 목적을 개개 학생이 자신의 능력을 충분히 발휘하는 인간이 되도록 돕는 데 있다고 보는 인본주의적 교육관이 있다.

　따라서, 영어과 교수　학습방법들을 교사나 학습자의 역할과 교수　학습의 초점이나 수업의 개방성 정도에 따라서 크게 객관주의, 인본주의 및 구성주의로 나누었다. 이러한 대분류를 근거로 세 개의 부를 구성하고 각 부별로 교수법을 교수 학습의 발전과정에서 논리적 관련성이 높은 것들끼리 시대순으로 먼저 배열하고 조금 관련성이 낮은 것은 뒤 부분에 배치하였다.

이 책이 나오기까지 많은 사람들이 도움을 주었는데, 함께 참여한 교과서 작업을 통해서 이론과 실제의 결합 모습을 보여주신 교육과정 평가원의 최진황 실장님, 진경애 박사님, 서울교대 이완기 교수님과 초등영어교과서 집필진 선생님들, 한국교원대 배두본, 박성수, 민찬규 교수님을 비롯한 영어교육과의 여러 교수님들과 초등교육과의 많은 교수님들이 격려해 주셨고, 2001학년도 봄 학기에 가본으로 된 책으로 같이 공부하면서 좋은 의견과 「함께 해봅시다」에 수록된 자료들을 많이 만들어 준 초등영어 심화 학생들에게 감사한다. 또한, 일년이 넘는 작업이었는데도 묵묵히 원고의 정리를 도와준 연구실의 박현아 선생에게 깊이 감사하고, 교정과 색인어 작업에서 같이 많은 도움을 준 윤지여, 이은진, 김유민, 김진경 선생에게도 이 기회를 빌어 고마운 마음을 전한다. 그리고 아직도 부족한 원고를 받아서 출판을 맡아주신 한국문화사의 김진수 사장님 이하 직원 여러분께도 감사드린다. 마지막으로 어머니께 항상 머리 숙여 감사드리며, 아내와 조은이, 송이에게도 사랑의 마음을 모아 책 속에 담는다.

2001년 9월 다락리에서
저자 씀

차 례

저자 서문 / 3

제1부 객관주의 영어교수 학습방법

문법 번역식 교수법(Grammar Translation Method) ················· 14

구화식 교수법(Oral Method) ················· 26

상황적 언어교수법(Situational Language Teaching) ················· 41

청화식 교수법(Audio Lingual Method) ················· 55

초단파 교수법(Microwave Method) ················· 72

시청각 교수법(Audio Visual Method) ················· 88

음철법(Phonics) ················· 104

어휘지도법(Vocabulary Teaching Method) ················· 119

참고문헌(Bibliography) ················· 139

제2부 인본주의 영어교수 학습방법

전신 반응 교수법(Total Physical Response) ················· 149

침묵식 교수법(Silent Way) ················· 164

소집단 언어학습법(Community Language Learning) ················· 182

암시교수법(Suggestopedia) ················· 198

자연교수법(Natural Approach) ·· 213

의사소통 중심 언어교수법(Communicative Language Teaching) ·············· 229

총체적 언어 접근법(Whole Language Approach) ································· 249

문학을 통한 영어지도법(Literature based Language Learning) ·············· 266

참고문헌(Bibliography) ··· 283

제3부 구성주의 영어교수 학습방법

인지적 교수법(Cognitive Language Learning) ·································· 293

과제수행 교수법(Task based Approach) ·· 305

경험 언어학습(Experiential Language Learning) ······························ 323

열린교육에서 영어지도법(English Teaching Method in Open Education)

·· 344

컴퓨터를 이용한 영어교수법(Computer Assisted Language Learning) ·············· 363

웹 기반 영어교수법(Web based English Teaching) ························· 378

참고문헌(Bibliography) ··· 397

부록(Appendix) ··· 403

색인 ·· 411

용어색인

◆ 한글 ·· 411

◆ 영어 ·· 418

인명색인 ·· 423

8

표 차례

【표 1】 문법 번역식 교수법을 적용한 수업모형 ··································· 20

【표 2】 구화식 교수법을 적용한 수업모형 ····································· 36

【표 3】 상황적 언어교수법을 적용한 수업모형 ······························· 50

【표 4】 청화식 교수법을 적용한 수업모형 ····································· 67

【표 5】 초단파 교수법을 적용한 수업모형 ····································· 81

【표 6】 시청각 교수법을 적용한 수업모형 ····································· 98

【표 7】 음철법 수업모형 ··· 114

【표 8】 어휘지도를 중심으로 한 수업모형 ··································· 133

【표 9】 TPR을 적용한 수업모형 ·· 159

【표 10】 침묵식 교수법을 적용한 수업모형 ·································· 176

【표 11】 CLL에서의 피상담자 상담자 간의 관계 ························· 183

【표 12】 소집단 언어학습법을 적용한 수업모형 ··························· 191

【표 13】 암시교수법을 적용한 수업모형 ····································· 207

【표 14】 습득과 학습의 구분 ··· 215

【표 15】 ESL상황에서의 문법형태소 습득순서 ···························· 216

【표 16】 자연교수법을 적용한 수업모형 ····································· 223

【표 17】 의사소통 중심 언어교수법 수업모형 ······························ 241

【표 18】 총체적 언어 접근법과 전통적 언어 접근법의 비교 ············· 253

【표 19】 총체적 언어 접근법을 적용한 수업모형 ·························· 260

【표 20】 이야기 구연을 이용한 영어수업모형 ······························ 278

【표 21】 인지적 교수법을 적용한 수업모형 ·································· 299

【표 22】 과제수행 교수법을 적용한 수업모형 ······························ 315

【표 23】 듣기 활동 수업절차 ··· 329

【표 24】 말하기 활동 수업절차 ··· 332

【표 25】 경험 언어학습을 적용한 수업모형 ·································· 338

【표　26】 전통적인 닫힌 교육과 열린교육의 비교 ·· 345

【표　27】 열린교육에서의 일반적인 영어수업모형 ·· 355

【표　28】 CALL을 적용한 수업모형 ·· 373

【표　29】 실행단계의 절차 ··· 383

그림 차례

【그림　1】 상황적 언어교수법의 절차 ·· 45

【그림　2】 상황적 언어교수법의 교수절차 ··· 46

【그림　3】 시청각 교수법에 근거한 단원의 수업절차 ··· 93

【그림　4】 의사소통의 정보전달 모형 ·· 185

【그림　5】 의사소통의 사회적 과정 모형 ··· 185

【그림　6】 그물가설 ··· 217

【그림　7】 인지적 교수법의 수업절차 ·· 297

【그림　8】 과제수행 수업모형 ··· 315

【그림　9】 Kolb(1984)의 경험학습모형 ··· 324

【그림　10】 Kohonen의 제2언어에서의 경험학습모형 ··· 325

【그림　11】 Bank와 Hernerson(1989)의 경험수업모형 ·· 328

【그림　12】 다중채널활동 ··· 351

【그림　13】 원형활동 ··· 351

【그림　14】 Y자형활동 ·· 351

【그림　15】 수레바퀴형활동 ··· 351

【그림　16】 웹 기반 활용형 교수　학습모형 ··· 387

【그림　17】 웹 기반 제시형 교수　학습모형 ··· 388

【그림　18】 웹 기반 탐구형 교수　학습모형 ··· 389

제1부 객관주의

객관주의란 인간 개개인의 인지체계나 구조와는 다른 외연적인 진리의 체계가 존재한다고 믿고, 학문 연구는 이와 같은 외연적인 진리의 체계를 밝히는 것이며 학교의 역할은 학문의 과정에서 밝혀진 외연적인 진리의 내용을 다음 세대에 전달하는 것이라고 믿고 있다. 따라서, 학문의 분류에 기반한 교과중심적이고 주관보다는 객관을 존중하는 입장으로서, 삼라만상의 모든 것들은 실체(entities)와 속성(properties)과 관계(relations)로 설명될 수 있다고 본다(Lakoff, 1987). 이들을 인식한다는 것은 단지 실체, 속성 그리고 관계를 아는 것이며 개인의 경험이 진리의 체계에 대하여 할 수 있는 역할은 없다고 주장한다. 이와 같이 인간의 외부에는 완전한 지식의 구조(knowledge structure)가 있는 데 반해서 인간의 내부에는 불완전한 인지구조(cognitive structure)가 있다고 보고 객관주의자들은 외연적인 완전한 지식의 구조가 인간의 마음을 깨우치도록 해주는 작용을 교육이라고 본다. 따라서, 교수 학습과정에서 지식 구성은 외부의 지식을 발견 또는 수용하여 체계적으로 구조화하는 것이고, 이러한 목적은 개인의 부단한 반복적인 암기를 통해 단기기억에서 장기기억으로 저장됨으로써 이루어질 수 있다고 본다.

1. 교수 학습이론

객관주의의 대표적인 교수 학습이론으로 행동주의 심리학을 들 수 있는데, 이의 기본사상은 인간행동은 자극(stimulus) 반응(response)의 상호작용 결과이며 이러한 행동은 또다른 자극으로 변화시킬 수 있다고 보는 것이다. 또한, 인간에게 일어나는 현상은 어느 정도 측정과 예측이 가능하다는 전제로부터 출발한다. 세계는 예측이 가능하며, 정적이고, 시계와 같은 것으로 인간 행동 또한 예측 가능하며, 지능은 천부적으로 타고난 고정된 것으로 본다. 따라서, 행동주의자들은 지능의 측정이 가능하고 그 결과에 따라 학습방법이 정해져야 한다고 주장한다. 행동주의 심리학에 근거를 둔 교실에서의 수업은 큰 개념을 잘게 쪼개어 작은 개념과 기능으로 나누어 가르치고, 전체 집단 활동을 통한 연습과 훈련이 주를 이룬다. 표준화 검사 등을 통해서 학생들의 학업 성취의 측정이 가능하기 때문에 보상과 벌이 주어짐과 동시에 이를 통해 학생들의 행동도 사회에서 원하는 바람직한 방향으로 변화시킬 수 있다.

　행동주의 심리학에 근거한 교수　학습이론은 <입력(input)→수업(process)→결과(product)>의 공식을 산출하였으며, 대표적인 행동주의 이론가로는 J. B. Watson을 비롯하여 '고전적 조건화' 이론을 편 I. Pavlov, '조작적 조건화' 이론을 발달시킨 B. F. Skinner, '사회적 학습이론'을 발전시킨 A. Bandura 등을 든다. 이들을 뒤이어 '도구적 조건화' 학습이론을 발전시킨 E. L. Thorndike, '행동주의적 학습목표(behavioral objective)'의 개념을 발달시킨 R. F. Mager (1962), '완전학습'을 이끌어 낸 B. Bloom 등의 이론도 모두 행동주의 심리학에 근거를 두고 있다.

2. 교수　학습활동

　객관주의에서 말하는 효율적인 교수　학습은 외연적인 지식을 가능하면 짧은 시간에, 가능하면 많은 양을, 가능하면 학습자들이 잊어버리지 않도록 전달하는 것이라 할 수 있다. 이 교수　학습의 경제원칙에 의해 대부분의 교수　학습방법들이 연구되어졌고, 교실에서는 이들을 중심으로 교수　학습이 실천되어 왔다.

　짧은 시간에 지식을 많이 전달하기 위해서는 수업의 형태가 교사 중심의 일제식·주입식 교육이 주를 이루고, 잊어버리지 않도록 전달하기 위해서는 암기식 교육이 당연히 이루어질 수밖에 없다. 지식의 내용이 개인의 주관과는 상관없이 외연적으로 존재한다고 믿기 때문에, 교육과정은 학습자들의 흥미나 관심사와는 관계없이 만들어질 수 있다. 즉, 학문연구의 결과로 나와있는 외연적 지식들을 체계적으로 정리하여 학습자들의 인지적 발달수준에 맞게 내용과 양을 나누고, 각 학년마다 분배하여 수업을 통하여 전달하면 된다. 우리가 흔히 말하는 6　3　3제 또는 k　12제 등은 학생들이 고등학교 졸업 이전에 배워야 할 지식들을 어떻게 배분할 것인가와 관련이 있다. 한 마디로 객관주의 교육은 학습에 있어서 일종의 처방식 이론(prescriptive theory of learning)이라 할 수 있다.

　교사들은 교과서에 지식이 체계적으로 정리되어 있다고 보고 있기 때문에 교과서를 절대적인 학습도구로 생각한다. 따라서, 교육과정의 재구성이 필요 없고 언제 어디서나 같은 내용을 가지고, 비슷한 진도를 나가는 정해진 틀의 수업을 하게 된다. 그리고 이러한 틀을 국가적인 차원에서 운용하고 감독하기 위해서 교육과정이 만들어지고, 교과서는 교육과정의 성격이나 목적을 담은 교과서 집필지침에 따라서 국정이나 검인정으로 만들어진다.

   이러한 객관주의에 기초를 둔 영어과 교수　학습활동은 특징적으로 영어 형태의 정확성
을 강조하고, 교과서의 내용을 구조적으로 단순한 내용에서 어렵고 복잡한 내용으로 배열
하며, 영어를 통합된 사회적 상호작용으로 가르치기보다는 언어체계로서 발음, 어휘, 어형,
듣기, 말하기, 읽기, 쓰기 등과 같이 언어지식 체계에 따른 분과주의적 형태로 가르치고 학
습하게 된다. 수업상황에서는 반복연습을 강조하고, 새로운 어휘를 암기하도록 하며, 의미
보다는 탈맥락화된 형태의 정확성을 깨우치도록 하여, 궁극적으로 학습자가 상황에 적절하
게 의미부여를 함으로써 영어를 사용하도록 가르친다. 영어과 교수　학습방법상에 나타난
객관주의적 교수법들은 아래와 같고, 제1부에서는 다음의 교수법들을 하나씩 순서대로 살
펴보도록 한다.

- 문법　번역식 교수법(Grammar　Translation Method)
- 구화식 교수법(Oral Method)
- 상황적 언어교수법(Situational Language Teaching)
- 청화식 교수법(Audio-Lingual Method)
- 초단파 교수법(Microwave Method)
- 시청각 교수법(Audio　Visual Method)
- 음철법(Phonics)
- 어휘지도법(Vocabulary Teaching Method)

문 법 번 역 식 교 수 법
(Grammar Translation Method)

문법 번역식 교수법은 영어교육에서 오랫동안 지속되어 온 교수법이다. 이 교수법은 여러 가지 다른 명칭들을 갖고 있으나 수 년 동안 언어교사들에 의해 이 명칭이 사용되어 왔다. 전통문법의 이론적 기저인 정신주의(mentalism)의 영향을 받아 형성된 이 교수법은 인간의 정신을 표현하는 것은 언어와 문법이라고 보고 있으며 문법을 학습자에게 교육하는 것이 언어학습의 최선이라고 보고 있다.

문법 번역식 교수법은 객관주의적인 교수방법으로서, 언어를 구성하는 중심 축이 되는 문법과 문법의 적용을 통한 문어 이해력(literacy)이 공부하고 배워야 할 언어학습의 주요 활동이 된다고 보고 있다. 따라서, 객관주의적 교수방법이 모두 그렇듯 교사 중심적이고 선언적 지식 중심의 언어교육이 주로 이루어진다.

문법 번역식 교수법에 제기된 수많은 비판에도 불구하고 이 교수법은 지금까지도 읽기 교육에서 사용되어 오고 있으며, 90년대 초까지 운영된 제5차 교육과정까지의 우리나라 영어교육에 있어서 보편적으로 실천되어진 교수법이라고 할 수 있다. 그러나 외국어 학습의 구어영어를 중심으로 한 실용성이 강조되면서 문어중심의 자료를 주로 이용하는 문법-번역식 교수법은 서서히 사라져가고 있는 추세이다. 이 장에서는 문법 번역식 교수법에 대해 전체적으로 이해하는 측면에서 원리와 특징을 중심으로 살펴보게 될 것이다.

Ⅰ. 개 요

1. 의미

문법 번역식 교수법(grammar translation method)은 언어의 선언적 지식을 근간으로 한 형식적인 체계와 내용에 근거를 두고 외국어 학습은 학생들의 정신개발에 도움이 되는 훌륭한 지적 훈련(mental exercise)을 제공한다고 생각하여 오랫동안 서양에서 고전어인 라틴어와 희랍어의 교수에 사용되어왔다. 이 시기에 라틴어의 학습은 실용적인 면이 아닌 정신도야의 목적으로 이루어졌다. 더불어 전통문법(traditional grammar)의 이론적 기저인 정신주의(mentalism)의 영향을 받았기 때문에 인간의 정신을 표현하는 것이 언어이고 문법이라고 보고 있다. 따라서, 이 교수법에서는 교양적 측면에서 하나의 지식으로만 언어를 다루기 때문에 문헌을 해석하고 그에 필요한 문법을 학습자에게 교육하는 것이 언어학습의 최선이라고 보고 있다.

20세기 초에 이 교수법은 학생들이 외국어로 된 문헌을 읽고 이해하는데 도움을 주기 위한 목적으로 사용되었다. 그리고 그에 따라 문헌을 해석할 수 있는 문법위주의 교육이 실시되었다. 목표언어의 문법규칙들과 어휘에 대해 배움으로써 문헌을 모국어처럼 잘 해석하는 것이 관건이 되기 때문이다.

그러므로 이 교수법에서는 의사소통 등의 실용적인 면은 거의 고려되지 않았다. 수업 또한 목표언어를 사용하여 목표언어에 유창해지는 것이 목적이 아니기 때문에 모국어로 진행이 된다. 목표언어의 사용을 목표로 하는 것이 아니라 지적 훈련을 위한 것으로 보는 것이다.

2. 원리

문법 번역식 교수법에 있어서 외국어를 배우는 근본 목적은 그 문헌을 읽어내는 데 있는데 문자언어가 음성언어보다 우위에 있다고 믿어지기 때문이다. 또한, 학생들의 외국문화에 대한 공부는 그 나라의 실질적인 문화보다는 문학과 예술에 한정된다.

이 교수법의 중요한 목표가 학생들이 각 언어를 다른 언어로 번역해 내는데 있기 때문에 문법 번역식 교수법이 적용된 수업에 있어서 학생들은 외국어로 된 단락을 모국어로 번역하게 된다. 따라서, 만일 학생들이 한 언어를 다른 언어로 번역할 수 있다면 그들은 성공한 언어학습자들로 생각된다. 이에 따라 이 교수법이 적용된 수업에서는 학생들의 대표적인 활동 중 하나로 그 문제에 대한 답을 적음으로써 문헌을 잘 번역했는지 파악하는 읽기 이해 문제가 있다.

더불어 이 교수법에서는 번역에 있어서 목표언어의 모든 단어들을 모국어에서 찾아내는 것이 가능하다고 생각되며 목표언어의 의미는 목표언어 그 자체로 이해되는 것이 아니라 학생들이 그것을 모국어로 번역함으로써 분명해진다고 여긴다. 또한, 발음이나 발화에 관심을 거의 두지 않기 때문에 수업에서 사용되는 언어의 대부분은 모국어이다.

이와 같이 학생들은 한 언어에서 다른 언어로 번역하도록 교육을 받는 한편 그에 필요한 문법을 학습한다. 목표언어의 문법학습을 통하여 학생들은 문헌을 더욱 더 잘 번역할 수 있으며 자신의 모국어 문법에 더욱더 친숙해지게 되고 모국어의 유창성에도 도움을 줄 것이라고 생각되어진다. 뿐만 아니라 목표언어와 모국어간의 유사성에 관심을 둠으로써 학습이 쉬워진다고 설명한다. 두 언어의 유사성을 인식함으로써 모국어의 규칙을 목표언어에 적용하거나 또는 그 반대로 적용하여 쉽게 이해할 수 있다는 것이다.

이 교수법에서 문법은 연역적으로 학습되어진다. 즉, 학생들은 사례로부터 문법규칙을 도출하는 것이 아니라 그들에게 문법규칙들과 예문들이 주어지고, 그것들을 암기시킨 다음 이 규칙들을 다른 예문들에 적용하도록 요구받는 것이다.

이 교수법에서 교사의 위치는 절대적이다. 교사는 권위자로서 한가지 답이 옳은지 그른지 결정하고 오류를 허용하지 않는다. 그러므로 그 답이 틀렸을 경우 교사는 다른 학생들을 지적하여 옳은 답을 말하게 하거나 교사 자신이 옳은 답을 제시한다. 이렇듯 이 교수법에서는 학생들이 옳은 답을 찾는 것을 매우 중요하게 여긴다. 반면, 학습자는 수동적이며 교수 학습활동의 진행 또한 교사 중심의 수업으로서 매우 일방적으로 진행된다. 따라서, 교사 학생, 학생 학생간의 상호작용은 거의 이루어지지 않는다.

이상에서 살펴본 바와 같이 이 교수법에서는 번역이 중심활동이며 목표이다. 그러므로 평가에 있어서도 학생들은 모국어를 목표언어로, 또는 목표언어를 모국어로 번역하도록 요구되거나 문헌을 잘 파악했는지에 대한 질문이나 문제가 제시된다. 그 외에도 외국문화에 관한 질문들이나 학생들에게 문법규칙(grammar rules)을 적용하도록 요구하는 질문들도 보통 사용된다.

3. 특징

18세기 이전부터 현재까지도 변형되어 널리 사용되고 있는 이 교수법의 특징을 살펴보면 다음과 같다.

① 희랍어나 라틴어를 가르치던 것처럼, 문법을 가르치고 번역하는 절차는 연역적 (deductive) 방법을 통하여 이루어진다.
② 영어교육을 위한 환경 또는 학습의 장에서 영어교사나 학습자는 모국어를 이용하여 영어를 가르치고 배우게 된다.
③ 문법 번역식 교수법은 개별 어휘를 중심으로 교육시키기 때문에 문맥 속에서 어휘의 기능을 경시한다. 또한 어휘의 품사를 중요시하고, 어휘의 관용적인 용법을 지나치게

강조하여 규범적인(prescriptive) 교수를 하고 있다.

④ 오직 유명하고 난해한 고전을 통해서 독해력을 달성하고자 한다. 따라서, 고전 문학 작품이 독해의 교본이 되고 그 외의 자료를 가르치는 것을 무시한다.

⑤ 이 교수법에서는 학습자의 발음이나 의사소통에 전혀 신경을 쓰지 않는다. 따라서, 교사는 영어의 복잡한 문법구조나 그 의미형성에 교육의 주된 관심을 둔다.

한편, 이 교수법의 장점은 다량의 성인 학습자에게 독해를 교육하는 데 좋고, 특정한 언어기능을 필요로 하지 않으며, 수업시간에 문법규칙이나 번역을 테스트하고, 객관적으로 점수를 매길 수 있다는 것이다. 또한, 영어교사는 유창한 회화력을 필요로 하지 않는 대신 언어학적으로 심오한 문법지식을 갖추고 있어야 한다. 학습은 교사의 도움 없이도 학습자 스스로 책을 통해서 이루어 질 수도 있다.

반면, 문법 번역식 교수법의 단점은 교사가 중심이 되고, 학습자의 요구와는 상관없이 수업을 설계하고 진행하므로 학습자는 수업시간이 지루할 수 있고, 학습자의 의사소통능력이 향상될 수 없다는 단점이 있다. 뿐만 아니라, 초보 단계의 어린 학습자에게는 이 교수법에 의한 학습이 흥미가 없어 학습 동기유발이 힘들게 된다.

II. 교실수업의 적용

1. 수업절차

문법 번역식 교수법의 수업절차는 특별히 고안되거나 정형화 된 것이 아니므로 여기서는 배두본(1997)이 소개하고 있는 수업절차를 그대로 기술한다.

① 교사는 학생들이 어휘와 문법을 얼마나 많이 알고 암기하고 있는지 알아보기 위해서 간단히 묻고 대답하게 한다.

② 교사는 테스트의 결과에 만족하지는 않지만 그 시간의 진도를 나가야 하기 때문에 교재에 새로 나온 어휘와 문장을 학생들에게 천천히 읽도록 한다.

③ 학생들이 읽는 데 어려움을 느끼므로 교사가 교재에 나온 글을 큰 소리로 읽어 준다.

④ 교사가 학생들에게 나머지 부분을 조용히 눈으로 보면서 읽도록 한다.

⑤ 교사가 학생들을 지명하여 영어문장을 하나씩 국어로 번역하게 한다. 번역을 잘못하는 경우에는 교사가 도와준다.

⑥ 교사가 그 시간에 배울 문법요점과 문법에 맞는 예문들을 칠판에 쓴다. 예문으로 제

시된 문장을 중심으로 문법 용어를 사용하여 그 규칙을 교사가 설명해 준다.

⑦ 학생들은 교사가 칠판에 적어 놓은 여러 가지 규칙과 예문은 물론 예외적인 문장을 책이나 노트에 적는다.

⑧ 학생들에게 특별한 규칙과 예문을 암기시킨다. 다음에 얼마나 잘 암기하고 있는가를 알아보기 위해 교사가 질문을 하면 학생들이 대답을 한다.

⑨ 실제 사용하지 않는 문장이라 할지라도 문법에 맞추어 몇 가지 연습문제를 제시해 주고 풀게 한다.

⑩ 학생들이 만족할 만한 답을 하지 못하면 숙제로 그 규칙을 집에 가서 암기해 오도록 지시한다.

2. 교수 학습활동 유형

문법 번역식 수업에서 생각해 볼 수 있는 교수 학습활동 유형은 다음과 같다.

1) 단락의 번역

학생들은 목표언어의 읽기 단락을 모국어로 번역한다. 이 읽기 단락은 여러 수업시간의 핵심을 제공한다. 이 단락 내의 어휘와 문법구조들을 면밀히 검토한다. 번역은 말로 하거나 글로 쓸 수 있다.

2) 읽기 이해 질문

학생들은 읽기 단락의 이해에 근거하여 질문들에 대답한다.

3) 반의어/동의어

학생들에게 일련의 단어들을 제시하고 그 단락에서 반의어나 특정 단어들의 동의어를 찾도록 요구한다. 이 외에도 학생들이 그 단락의 어휘를 공부하도록 요구하는 다른 문제 연습들을 사용할 수 있다.

4) 규칙의 연역적 적용

문법규칙들을 예문들과 함께 제시하고 각 규칙에 대한 예외들도 주의 깊게 다룬다. 일단 학생들이 한 가지의 규칙을 이해하게 되면 그들에게 이 규칙을 몇 가지의 다른 예문들에 적용하도록 요구한다.

5) 빈칸 채우기

학생들에게 단어들이 빠진 일련의 문장들을 제시한다. 학생들은 새로 나온 어휘항목들이나, 전치사, 혹은 다른 시제로 쓰인 동사들과 같은, 특정문법 유형의 어휘들을 빈칸에 채우는 연습을 하게 된다.

6) 암기

학생들에게 목표언어의 어휘들과 모국어 어휘들의 목록을 제시하여 이들을 암기하게 한다. 또한, 학생들에게 문법규칙들과 동사활용과 같은 문법변화들을 암기하도록 요구한다.

7) 문장 안에서 단어를 사용하기

새로 나온 어휘항목의 의미와 용법을 이해했는지 알아보기 위해서 학생들은 새 단어들이 사용된 문장들을 만든다.

8) 작문

교사는 학생들에게 목표언어로 작문할 주제를 제시하는데 그 주제는 그 단원의 읽기 단락의 어떤 양상에 근거한 것이어야 한다. 가끔 작문 대신 학생들에게 읽기 단락을 요약해 보도록 할 수도 있다.

3. 현장적용시 유의점

문법 번역식 교수법은 영어문법을 이해하고 번역연습을 통해 영어문장을 익히는 데 목적을 두므로 문학적인 소재의 글과 어휘를 가르친다. 그리고 이 교수법은 여러 세기 동안 학교교육에서 사용되어 오고 있으나, 상급 단계의 학생들에게 적용하는 것은 좋지만 초등이나 중학교 학생들에게 적용하는 것은 적절하지 않다. 더구나 의사소통을 기르는 데 목표를 두고 있는 경우에는 이 교수법의 적용이 합당하지 않을 수 있다. 생각해 볼 수 있는 몇 가지 유의 사항은 다음과 같다.

① 학생들의 수준에 맞는 읽기 단락을 선정한다. 너무 어렵거나 너무 쉽지 않도록 한다.
② 새로 나온 단어들과 이 단어들에 대한 모국어의 해당 어휘들을 연관시키는데 도움을 주기 위해 사용할 어휘연습의 계획을 세운다.
③ 교실에서 교사는 절대자이기 때문에 앞으로 공부할 내용에 대한 문법규칙이나 어휘에 대한 완벽한 지식이 있어야 한다.

III. 수업모형 및 학습지도안의 예시

1. 수업모형

【표 1】문법 번역식 교수법을 적용한 수업모형

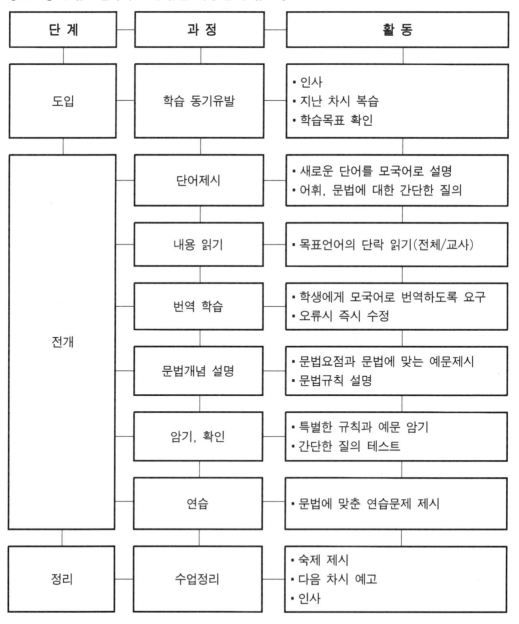

단 계	과 정	활 동
도입	학습 동기유발	• 인사 • 지난 차시 복습 • 학습목표 확인
전개	단어제시	• 새로운 단어를 모국어로 설명 • 어휘, 문법에 대한 간단한 질의
	내용 읽기	• 목표언어의 단락 읽기(전체/교사)
	번역 학습	• 학생에게 모국어로 번역하도록 요구 • 오류시 즉시 수정
	문법개념 설명	• 문법요점과 문법에 맞는 예문제시 • 문법규칙 설명
	암기, 확인	• 특별한 규칙과 예문 암기 • 간단한 질의 테스트
	연습	• 문법에 맞춘 연습문제 제시
정리	수업정리	• 숙제 제시 • 다음 차시 예고 • 인사

2. 학습지도안

Lesson	I'm faster than you		Theme		비교
Objectives	간단한 비교급 문법에 대해 알고, 쓰고 말할 수 있다.				
Contents	Words		rabbit, turtle, just, faster, thought, be able to, won, slept		
	Expressions		I'm faster than you. You are slower than I.		

Teaching Process

STEP	PROCEDURE	ACTIVITIES (T: Teacher S: Student)	TIME	MATERIAL
Introduction	Greetings	T: 여러분 안녕하세요? 오늘은 '거북이와 토끼'이야기를 읽고 내용을 해석해 보는 공부를 합시다. 지난 시간에 동사의 과거형에 대해서 공부했었죠? 그럼 우선 복습을 해볼까요? 자, 선생님이 드는 동사카드의 과거형을 말해봅시다.		단어카드
	Review & Motivation	S: (is, say, meet, start, run의 카드를 들면 아이들은 과거형을 말한다.) T: Good job! 잘했어요. 오늘 공부는 비교급에 대한 공부를 해보도록 합시다. ♣ 공부할 문제 ♣ ☞ 간단한 비교급 문법에 대해 알고, 쓰고 말하기	5'	
	Presentation	T: 그럼 오늘 배울 내용과 관련된 단어를 익혀 봅시다. 오늘도 과거 동사를 많이 배우게 될 거에요. 우선 따라 읽어볼까요? S: (thought, won, slept의 단어카드를 보고 따라 읽는다.) T: 'thought'는 '생각하다 think'의 과거형이고, 'won'은 'win 이기다'의 과거형이에요. 'slept'는 '자다 sleep'의 과거형입니다. 한번씩 더 따라 읽어볼까요?	5'	단어카드
Development	Listening	S: (학생들 다시 따라 읽는다.) T: 다음은 단어들이에요. 한번씩 읽어봅시다.(rabbit, turtle, just, be able to 등의 단어들도 위와 같은 방법으로 모국어로 설명해 준다.) T: 그럼 다음의 이야기를 들어봅시다. 오늘 들을 이야기는 토끼와 거북이에요. (STORY TELLING을 해준다.)		

Teaching Process					
STEP	PROCEDURE	ACTIVITIES (T: Teacher S: Student)	TIME	MATERIAL
Development	Reading	Long long time ago. There were a rabbit and a turtle. One day, The rabbit said. "I'm faster than you!" But the turtle just smiled. Then the rabbit was angry. "You are slower than I!" "I'll show you, I'm faster than you!" The next day, they met under the tree and had a race. "Ready ~ start!"		※행동을 취해서 명령어의 내용을 시각적으로 보여주기에 적당한 소도구들
	Translation	T: 잘 들었죠? 그럼 이제 다같이 한번 읽어볼까요? S: (학생들은 다같이 목표 단락을 읽는다.) T: 이제 한 명씩 해석해 보도록 합시다. 첫 문장부터 한 문장씩 해석하는 거예요, 알겠죠? S: (학생들은 돌아가면서 한 문장씩 해석하고, 교사는 학생의 오류를 즉시 수정해 준다.)	15'	
	Practice	T: 네, 잘했어요, 이제 오늘 문법에 대해 알아보도록 합시다. 아까 토끼와 거북이 이야기에서 나왔던 문장 중 "I'm faster than you." 기억나지요? 두 개의 대상을 비교할 때는 형용사에 비교급 어미 'er'을 붙이고 than을 쓰면 됩니다. 그러니까 '나는 너보다 빠르다'라면 나는 'I am' 빠르다는 'faster' 너보다 'than you' 이렇게 구성되는 거예요. 연습해 볼까요? '나는 너보다 빠르다.' S: I'm faster than you. T: 참 잘했어요. S: 그럼 학습지의 문제를 통해 다시 한번 비교급을 연습해 볼까요? S: (학생들은 학습지의 문제를 푼다.) T: 짝꿍과 답을 확인해 볼까요?	10'	학습지

Teaching Process

STEP	PROCEDURE	ACTIVITIES (T: Teacher S: Student)	TIME	MATERIAL
Consolidation	Confirmation	T: 오늘은 두 개의 대상을 비교할 때 형용사에 비교급 어미 er을 붙이고, 비교 대상 앞에 than을 쓰면 된다는 것을 배웠어요. T: 그럼 오늘의 숙제는 비교급 문장 5개를 만들어 오는 거예요. 알겠죠? S: 네. T: 다음 시간에는 최상급에 대해 공부하도록 하겠어요. 여러분들도 제일 좋아하는 것이 있죠? 그것을 어떻게 표현하는지 배울 거예요. 오늘 수업은 여기까지 합시다. S: Thank you, ma'am. T: See you next !	5'	

함께 해 봅시다

(   )번   이름(   )

다음 비교급 문장을 완성시켜 봅시다.

1) 나는 너보다 키가 더 크다.

   I'm _____ than you.

2) 나는 너보다 힘이 더 세다.

   I'm _____ than you.

3) 엄마는 아빠보다 키가 더 작다.

   Mother is _____ than father.

4) 장미가 백합보다 더 예쁘다.

   The rose is _____ than the lily.

다음 그림을 문장으로 표현해 봅시다.

_____

_____

_____

_____

"토끼와 거북이" STORY TELLING 자료는 다음과 같습니다.

Long, long time ago,

There were a rabbit and a turtle.

One day, The rabbit said

"I'm faster than you!"

But the turtle just smiled.

Then the rabbit was angry.

"You are slower than I! I'll show you, I'm faster than you!!"

The next day, they met under the tree and had a race.

"Ready, start!"

They started.

The rabbit was faster than the turtle.

So he thought "I'm faster than him,

so I will be able to sleep a moment"

And the rabbit slept under the tree.

Then the turtle ran and ran.

In the end, the turtle won the race.

And the rabbit said shyly.

"You are faster than I."

구화식 교수법
(Oral Method)

> 구화식 교수법(Oral method)은 직접식 교수법보다 좀 더 체계적인 구두 접근법을 발달시키려고 시도한 결과물이다. 때로는 'Modified Direct Method', 또는 'Palmer's Method'라고 칭해지는 것으로, 구두언어를 강조하는 점에 있어서는 직접식 교수법과 유사하나, 필요한 경우 모국어와 문법적 설명을 도입하기도 한다.
>
> 구화식 교수법의 배경이 되는 학습이론은 습관형성(habit formation)으로서, 기초적 학습에서는 읽기, 쓰기는 하지 않고 교사가 말한 것을 듣고 그것을 모방하여 응답하게 하는 활동을 많이 한다. 이러한 활동을 통해서 구어 언어를 중심으로 목표어를 직접 습득하게 하며 언어의 말하기 측면을 강조한다.
>
> 구화식 교수법은 언어과정의 내용을 선택하고, 구성하는데 적용하는 원리 및 절차로서, 어휘와 문법내용의 선택, 가르칠 내용의 조직 및 순서를 단계적으로 이행하는 것, 각 항목의 제시에 사용될 기술에 관한 것 등에 관심을 둔다.
>
> 이 교수법은 이후, Hornby의 상황중심 언어교수법의 발전에 영향을 주게 되는데, 현재 영어를 통한 영어교육이 현장에서 강조되면서 다시 구화식 교수법의 원리나 적용에 관심이 조금씩 높아져 가고 있다.

I. 개 요

1. 의미

구화식 교수법(oral method)은 구화를 통해 언어의 기본적인 문법 체계를 가르치는 방법이다. 이 방법은 직접식 교수법과 독서식 교수법을 절충하여 발전시킨 것으로, 언어를 구조로 보고 습관형성(habit formation)을 학습의 주된 방법으로 삼는다.

이 교수법은 영국의 음성 학자이면서 외국어 교수법 연구가인 Harold E. Palmer가 주창한 언어교수법으로서, 언어학, 교육학, 심리학 등 관련 학문의 바탕 위에 자신의 이론을 정립하고, 일본에서 The Institute for Research in English Teaching을 설치하여 구화식 교수법을 보급하는데 힘을 기울였다. 이 명칭은 20세기 초까지 성행했던 전통적인 교수법에 대비되는 혁신성을 가진 교수법으로, Palmer 자신이 편 'The Oral Method of Teaching Languages'라는 책에서 이름을 얻게 된 것이다.

2. 원리

1) 언어이론

Palmer는 Saussure의 언어관을 받아들여 언어활동을 규범언어(language as code)와 운용언어(language as speech)로 나눴다. 규범언어란 사회적 약속이나 관습으로서의 언어형태이며 개인이 변경하거나 창출해 낼 수 없는 습관화된 것을 조직화한 법전으로서 지식적인 언어의 측면이고, 운용언어는 개인의 특정한 상황에서 행하는 사상 감정을 전달하는 실제 활동이며 살아 있는 습관이고 기술적인 면을 말하는 언어활동을 말한다. 그는 운용언어를 다시 1차 언어와 2차 언어로 나누고 전자는 듣기와 말하기, 후자는 읽기와 쓰기로 구분하며 기초적인 영어학습은 1차 언어가 되어야 한다고 했다. 또한, 어린 시절이 외국어 학습에 가장 좋다고 보아 그 시기의 학생들의 언어학습능력을 각성시키고 재교육하여 이용해야 한다고 주장한다.

Palmer와 Hornby 등의 학자들은 직접식 교수법보다 좀더 체계적인 구두 접근법을 발달시키고자 하였으며, 언어과정의 내용을 선택하고 구성하는데 있어 적용할 원리와 절차에 대해 연구하였다.

> Palmer, Hornby, and other British applied linguists from the 1920s onward developed an approach to methodology that involved systematic principles of selection (the procedures by which lexical and grammatical content was chosen), gradation (principles by which the organization and sequencing of content were determined), and presentation (techniques used for presentation and practice of items in a course) (Richards 외 1인, 1986).

즉, 어휘와 문법내용을 선택하고, 가르칠 내용의 조직과 순서를 단계적으로 이행하며 각 항목의 제시에 사용될 기술을 중요하게 생각한 것이었다.

Palmer는 어휘와 문법의 역할에 대해 관심이 많았다. 문법을 구어의 기저가 되는 문형으로 간주하여 'substitution tables'라 불리는 문장 패턴을 Hornby와 더불어 제시하기도 하였다. 그는 형태와 기능을 구별한 다음, 문장에서 기능에 따라 언어의 단위(unit)를 분류하고, 알고 있는 작은 단위에서 새로운 단위를 제시해 나가는 방법을 취했다. 이와 관련하여 이상적인 3단계 언어 교과과정으로 1단계는 소개 단계, 2단계는 중급 단계, 3단계는 고급 단계로 나누었다. 즉, 1단계인 소개 단계는 외국어 학습법과 발음을 배우고, 상호 대화를 강요하지 않으면서 무의식적인 이해를 도와주는 'incubation' 단계, 2단계인 중급 단계는 기본 언어구조인 'known units'를 구두 연습, 훈련, 직접식 교수법의 언어활동을 통해 암기하고 이해하는 단계이고, 마지막 3단계는 고급 단계로, 읽기, 작문, 대화와 같은 실용적인 언어기능을 위해서 언어사용을 해 보는 단계이다.

이러한 Palmer의 제안을 볼 때, 구화식 교수법은 직접식 교수법처럼 습관형성을 위한 패턴 연습이 많기는 하지만 직접식 교수법보다 훨씬 체계적인 접근을 하고 있다.

채준기 외 1인(1995)은 1934년에 발표한 Palmer의 외국어의 교수 및 학습의 방법을 정함에 있어, 몇 개의 공리(axiom), 즉 가장 근본적인 원칙으로 제시한 내용을 다음과 같이 정리하고, 이들 원칙으로부터 영어교수의 구체적 요목(principles)이 정해지면 거기서 구체적인 절차(procedure)가 정해진다고 보았다. 외국어 교수 및 학습에 있어서 주된 요목을 결정하는 열 가지 공리는 다음과 같다.

Axiom Ⅰ. That a language consists essentially of units that may be conveniently termed "linguistic symbols."

Axiom Ⅱ. That a language may be looked upon and treated both as a "code" — the organized system of the language as exemplified by its dictionary, its grammar, and all the information and rules that can be given concerning it, and as "speech" — the sum of the activities involved in the using of the language.

Axiom Ⅲ. That, from the point of view of speech psychology, the learning of a language consists, in its essence, in coming to know the meanings of a sufficient number of these symbols ("identification" of symbols) and of so associating each of these symbols with its meaning that the symbol will immediately evoke the thing symbolized ("fusion" of symbols)

Axiom Ⅳ. That, from the point of view of linguistic methodology, the learning of a language consists, in its essence, in the developing of a number of skills, some of which are primary, and others of which are secondary.

Axiom Ⅴ. That among the primary skills are those of hearing, and articulation in limitations of what is heard.

Axiom Ⅵ. That among the secondary skills are those of reading and writing.

Axiom Ⅶ. That among the secondary skills are those concerned with translation.

Axiom Ⅷ. That pronunciation is not something apart from, or an accretion to, a language, but an integral part of it, and is concerned (a) with the sounds of that language and (b) their distribution in that language.

Axiom Ⅸ. That grammar is not something apart from, or an accretion to, a language, but an integral part of it, and is chiefly concerned with the building up of sentences from their component parts in accordance with the canons of usage.

Axiom Ⅹ. That the more or less thorough acquisition of a more or less small vocabulary is the best equipment for coming to acquire a larger vocabulary.

2) 학습이론

Palmer는 습관형성을 통한 학습을 중시하여, 구화식 교수법에서는 기초적 학습에서 읽기, 쓰기는 하지 않고 교사가 말한 것을 듣고 그것을 모방하여 응답하게 함으로써 언어의 말하기 능력을 직접 습득하게 한다.

Palmer는 문자언어가 아닌 구어로서의 외국어를 초급자에게 가르칠 때, 교재 준비에서나 학습과정에서의 교수 4단계로 다음 과정을 제시하고 있다.

1단계 : 인지(perception)
2단계 : 이해(recognition)
3단계 : 모방(imitation)
4단계 : 재생(reproduction)

인지 단계는 목표어로 구성된 소리를 듣고, 그것이 우리말과 다름을 이해하고 부분적으로나 전체적으로 들은 말에 대해 일부 어휘 및 표현의 의미를 알 수 있는 단계이다. 다음으로 이해 단계는 음성언어를 귀로 듣고 음성언어의 구조를 파악한 후 음성언어의 부분 부분이 모여서 어떻게 전체적인 의미가 구성되는지 이해하는 과정으로 이 단계가 완수되면 대상이나 의미를 이해하고 목표어로 소리를 따라할 수 있는 모방 단계가 온다. 그리고 마지막으로 반복연습을 통하여 무의식적으로 대상이나 의미를 목표어로 표현할 수 있는 재생 단계가 온다. 이 마지막 단계에서는 인지 및 표현이 가능하게 된 영어의 언어단위를 여러 가지 상황에 적용시키거나 기본적인 문형을 유추에 의해 발전시켜 많은 파생문을 만들도록 권한다.

이상은 Palmer가 유아의 언어습득 과정을 관찰한 것에서 비롯된 것이다. 즉, 유아의 다섯 습관을 귀에 의한 관찰(auditory observation), 입의 모방(oral imitation), 연쇄화(catenizing), 의미부여(semanticizing), 유추에 의한 작문(composition by analogy) 등으로 보았으며, 이런 유아의 습관을 통해 4단계 언어학습과정을 이끌어 냈다고 볼 수 있다.

한편, Palmer(1921)는 The Principles of Language Study에서 교수 설계시 고려해야 할 점으로 이행(gradation), 구체성(concreteness), 비율(proportion), 다양한 접근법(multiple line of approach), 그리고 합리적 진행 순서(rational order of progression)를 들고 있는데 이는 다음 절에서 언급하도록 하겠다.

3. 특징

구화식 교수법의 원칙을 구체적으로 살펴보면서 특징을 검토한 뒤, 마지막으로 구화식 교수법의 장·단점을 생각해본다.

우선, 구체적인 구화식 교수법의 원칙과 특징은 다음과 같다.

1) 도입의 중요성

언어습관을 붙이는 데 필요한 청각훈련, 조음연습(음성을 발음할 때 정확하게 발음기관을 사용하는 연습), 모방연습, 번역을 통하지 않고 직접 이해하는 연습, 그리고 말과 의미를 올바르게 결합하는 연습의 중요성을 강조한다.

2) 습관형성을 위한 다양한 접근법

습관형성이나 반복연습이 단조로운 것이 되지 않도록 다양한 심리학적 방법을 이용할 것을 강조한다. 때로는 모국어의 습관도 필요에 따라 수정해서 이용하도록 한다.

3) 정확성

음성, 강세, 음조, 유창도, 철자, 문의 구성, 어형변화, 의미 등이 원래 제시된 것과 일치하도록 정확성을 강조한다.

4) 단계적인 이행

언어자료의 제시에 있어서 단계적이라 함은 구조언어학적 특징을 보이는 것으로, 이미 알고 있는 사항으로부터 아직 모르고 있는 사항으로 옮아가도록 하는 것이다. 이것이 바르게 설정되지 않으면 부정확한 학습이 생긴다. 이 원칙에 따른 단계적 이행의 과정은 다음과 같다.

① 시각 훈련에 앞서 청각 훈련을 한다.
② 말하기와 쓰기의 표현연습에 앞서 각각 듣기와 읽기 이해연습을 먼저 한다.
③ 읽기에 앞서 구두연습을 먼저 한다.
④ 장기적인 기억을 요구하는 연습에 앞서 단기적인 기억을 요구하는 연습을 먼저 한다.
⑤ 개인 활동에 앞서 전체 활동을 먼저 한다.

5) 비율
비율은 정독, 다독 훈련 등을 목적에 따라 적절하게 선택하는 전략을 의미하는데 다음과 같다.

① 언어의 네 기능을 어느 하나에 편중함이 없이 고루 배양한다.
② 언어교육과 관련된 여러 언어학적 분야, 즉 음성학, 정서법, 조어론, 구문론, 의미론 등을 균형 있게 다룬다.
③ 어휘를 선택함에 있어서 의미상의 유용도, 문 구성상의 유용도, 문법기능, 규칙성, 난이도, 타당성 등의 조건을 적절히 고려한다.
④ 통제활동과 자유활동, 번역작업과 직접작업, 정독과 다독 등의 여러 작업형태를 적절히 안배한다.

6) 구체성
문법규칙이나 설명보다는 실례(보기)를 통하여 경험을 제공하는 것을 강조한다. 이를 위해서는 학생의 관심과 실생활에 관련된 것을 실례로 하는 것이 바람직하다.

7) 흥미
학생의 흥미를 증진시키는 다음과 같은 요소를 첨가함으로써 학습성공을 보장할 수 있다.

① 학습자를 난처한 입장에 빠지지 않게 하기
② 성취감을 갖게 하기
③ 경쟁심을 불러일으키기
④ 유희적 연습문제를 제시하기
⑤ 변화 있는 수업을 진행하기
⑥ 교사와 학생간의 친밀감 갖기

8) 합리적 진행 순서

Palmer(1921)가 제안한 합리적 진행 순서는 다음과 같다.

① Become proficient in recognizing and in producing foreign sounds and tones, both isolated and in combinations.

② Memorize (without analysis) a large number of complete sentences chosen specifically for this purpose by the teacher or by the composer of the course.

③ Learn to build up all types of sentences (both regular and irregular) from 'working sentence units'(i.e., ergons) chosen specifically for this purpose by the teacher or by the composer of the course.

④ Learn how to convert 'dictionary words'(i.e., erymons) into 'working sentence units'(i.e., ergons)

이상을 다른 요소들과 함께 고려하여 합리적인 진행순서를 기술하면 대체로 다음과 같다.

‣ 음성언어가 문자언어에 선행되어야 한다. 따라서, 듣기와 말하기의 훈련이 읽기와 쓰기의 훈련에 앞서야 한다.

‣ 음성언어의 훈련에 있어서 먼저 음성연습이 이루어진 다음에 많은 기본적인 문장들을 암기하고, 이에 입각해서 더 복잡한 구조의 문장들을 연습하도록 한다.

‣ 불규칙적인 것은 규칙적인 것을 학습한 다음에 한다.

다음으로, 구화식 교수법의 장점은 학습의 초기 단계에 구두 훈련이 시작되기 때문에 읽기, 쓰기 기능의 학습에서 오는 부담이 적다는 점과 실물이나 실연적 동작으로 의미를 이해시키고 발화를 유도하여 구어 영어의 의미인지가 빠르다는 것이다. 그리고 학습의 부담이 적은 가운데 문법을 귀납적으로 지도하면서 모국어적 습성이 개재된 사고 방식을 배제시킬 수 있다는 점이다. 그래서 학습과 습득의 구별, 학습내용의 단계적 이행의 중요성, 다양한 교수법의 개발 등 영어교육 연구에 많은 영향을 끼쳤다. 반면, 단점으로는 학습자의 이해 여부를 파악하기 어렵고, 수업 중 모국어 사용의 금지로 인해 지도 과정에서 시간낭비가 크며, 묻고 대답하는 수업의 진행으로 인하여 학생들의 능동적인 표현력을 기르기 어렵다는 것이다. 그리고 외국어를 능숙하게 구사할 수 있는 교사의 수업진행 능력이 요구된다는 점과 장기간에 걸친 지속적인 지도에 의해서만이 그 효과를 기대할 수 있다는 점을 들 수 있다. 또 발음 훈련이나 구두 훈련을 강조하기 때문에 문장 구조의 체계적인 학습을 소홀히 할 수 있다는 점, 학습 초기에는 효과적이지만 학습 후기에 가서 읽기, 쓰기를 지도할 때에 이들의 지도에 관한 방법은 제시되지 않고 있다는 점 등도 구화식 교수법의 단점이라 할 수 있다.

▌II. 교실수업의 적용

1. 수업절차

우선, 전체적으로 교사는 목표어를 사용하며 학생과 질의 응답을 많이 한다.

이 교수법의 절차는 다음과 같은데, 이는 직접식 교수법(Direct Method, DM) 및 상황적 언어교수법(Situational Language Teaching, SLT)과 유사하다.

이 교수법을 통해 지도하기 위한 교재로서 Palmer가 구화식으로 외국어를 가르치기 위하여 저술한 'The Teaching of Oral English'를 들 수 있는데 이것은 문법이나 어휘관점에서 쓰지 않고 '어떻게 가르칠 것인가'에 관한 실질적인 교수관점에서 쓰여졌다고 말 할 수 있다. 여러 가지 문법범주는 언어상황으로 대체되어 '물건이나 행동, 이름 등을 말하고 묘사하기'와 같은 활동으로 구성되어 있다. 그리고 사용되는 어휘는 대부분 일상생활에서 볼 수 있거나 친숙하게 사용되는 단어들이거나 쉽게 의미를 연상시킬 수 있는 것들로 되어 있다.

한편, 구화식 교수법과 상황식 언어교수법의 설계에서 관심을 끄는 것이 어휘통제인데, 어휘 빈출도가 높은 핵심어휘를 중심으로 교재에 제시하고 학습한다. Palmer와 다른 많은 전문가들은 어휘의 선정시 과학적·합리적인 기초를 만들고자 노력하여, 외국어로서 영어를 가르치는 데 필요한 영어 어휘 지침서인 'The Interim Report on Vocabulary Selection' (Faucett 외, 1936)을 만들었다. 이는 빈출도 및 기타 기준에 기초를 두어 어휘를 선정한 것이고, 1953년에 수정되어 'A General Service List of English Words'라는 이름으로 다시 출간되었다.

또 문법의 통제에 관한 연구도 이루어져 구화식 교수법을 통해서 기본적 문법문형을 가르치기 적합한 교실수업절차가 개발되었다. 이것은 문법 번역식 교수법의 추상적인 문법모형과는 상당히 다르게, 구어에 내재한 문형을 문법으로 보았고, 영어문장 구조규칙의 내면화를 강조하였으며, 이러한 노력의 결과로 바로 대체 연습표(substitution tables)라고 불리는 문형분류가 만들어지게 되었다. 이 문형분류는 앞의 어휘에 대한 체계적 접근과 함께 구화식 교수법의 기초를 확실히 다지게 하였다.

이 교수법이 직접식 교수법에 대해 갖는 차별성은 학습내용의 배열이 학습의 난이도와 관련해서 점진적으로 이루어지도록 구성하여, 점진적으로 구성되지 않은 학습내용의 배열로 인해 학습자들이 학습활동 중에 당황하지 않도록 배려하였다는 점이다(Patterson, 1964).

이를 Richards와 Rodgers(1986)는 직접식 교수법을 응용언어학적 이론과 실제 면에서 체계적인 기초가 부족하여 실패한 교수법이라고 하였는데 Patterson도 이런 관점에서 아래와 같이 지적하였다.

An oral approach should not be confused with the obsolete Direct Method, which meant only that the learner was bewildered by a flow of ungraded speech, suffering all the difficulties he would have encountered in picking up the language in its normal environment and losing most of the compensating benefits of better contextualization in those circumstances (Patterson, 1964).

구화식 교수법의 절차를 다음과 같이 고안해 볼 수 있을 것이다.

① 수업시간에 사용될 몇 가지 어휘를 소개한다. 이 때 실물이나 그림 등을 동시에 제시한다(수용 단계). 예를 들어, 교사는 blue, green, pencil, table 등을 목표어로 말하면서 실물 또는 그림을 가리킨다.

② 교사가 정확한 발음으로 몇 번 반복한다(고착 단계). 다음 학생이 따라하도록 한다(이용 단계).

③ 배울 내용과 관련하여 어휘 및 어구와 문형 등을 소개한다. 역시 학생이 따라한다. 쉬운 것부터 어려운 것으로 연관지어가면서 설명하도록 한다.

  예를 들어, blue와 pencil을 결합하여 blue pencil을 하고, 'This is a blue pencil.'이라는 구문을 물건을 가리키면서 문형을 교수한다. 마찬가지로, 위치표현을 익히기 위해 'A blue pencil is on the table.'을 표현하면서 실제로 그런 모습을 연출하도록 한다.

④ 교재를 펴고, 배울 내용을 소개하고 읽는다. 학생도 소리내어 읽는다.

⑤ 교사는 방금 살펴본 부분에서 어려운 표현이 있으면 설명한다.

⑥ 방금 살펴본 내용에 대한 이해점검을 위해 학생에게 질문하고, 학생은 내용에 맞는 대답을 한다(확인 단계).

⑦ 어느 정도 이해가 확실히 되었다고 판단되면 학생에게 질문해 보도록 한다.

⑧ 학생이 배운 내용이나 표현에 대한 질문을 하고 교사는 응답한다.

위와 같은 모든 과정 중에 가능하면 목표언어만 사용하고 틈틈이 학생이 이해를 하고 있는지를 질문을 통해 확인한다.

3. 현장적용시 유의점

① 교사는 학습자의 언어 구사 모델이 되므로 정확한 표현을 하여야 한다.
② 문형연습, 구조학습이 완전히 이루어질 때까지 읽기를 금한다.
③ 문법학습은 귀납적으로만 하되 구두로 지도한다.
④ 번역을 가급적 피한다. 그보다는 실제적인 내용에 충실하도록 한다. 완전한 이해에 도달했다는 확신이 설 때까지는 모국어 사용을 금한다.
⑤ 듣기, 말하기 능력의 신장이라는 목적을 달성하기 위해서는 가능한 다양한 교재를 많이 이용하도록 한다.
⑥ 학생에게 예습을 시키지 않고 정확한 발음, 구문의 반복연습을 시킨다.
⑦ 발음기호와 발음체계 등이 사용되며, 언어학적 원리에 근거한 구조적 문형을 조직적으로 설계한다. 문형연습을 강조하며, 대조 기법(예: 최소 대립어에 기초를 둔 대조)을 많이 사용한다.
⑧ 만약 조별활동을 할 경우, 학생들이 짝과 함께 앞에서 배운 문형으로 묻고 대답하는 활동을 하도록 하고 교사 역시 조별활동에 참여하여 발음과 문형을 교정해준다. 이 때, 자리 편성은 잘하는 학생과 못하는 학생을 섞어 구성하여 못하는 학생은 잘하는 학생과 섞여 같이 활동함으로써 실수에 대한 두려움을 줄여준다. 그리고 모든 학생들이 재미있게 참여하도록 하며 못하는 학생을 시킬 때에는 잘하는 학생과 함께 시켜 동시에 같이 대답하게 함으로써 못하는 학생이 대답 못했다든지 틀려서 친구들한테 수치심을 갖지 않도록 한다.
⑨ 목표어만 구사하기 때문에 학습자가 어려움을 느끼므로, 말을 천천히 여러 번 반복하며 점차적으로 빠르게 한다. 나중에는 학생이 스스로 말하기 활동에 참여하도록 유도하며 맞는 문형대로 대답하고 질문할 수 있도록 지도한다. 발음지도에 있어서 처음에는 조금 틀리더라도 알아들을 수 있는 정도이면 그대로 허용하면서 점차 정확한 발음을 하도록 지도한다.
⑩ 발생한 오류에 대해서는 즉각적인 수정이 필요하다. 왜냐하면 학생들은 시간이 흐르면 잘 기억하지 못하기 때문이다.

Ⅲ. 수업모형 및 학습지도안

1. 수업모형

【표 2】구화식 교수법을 적용한 수업모형

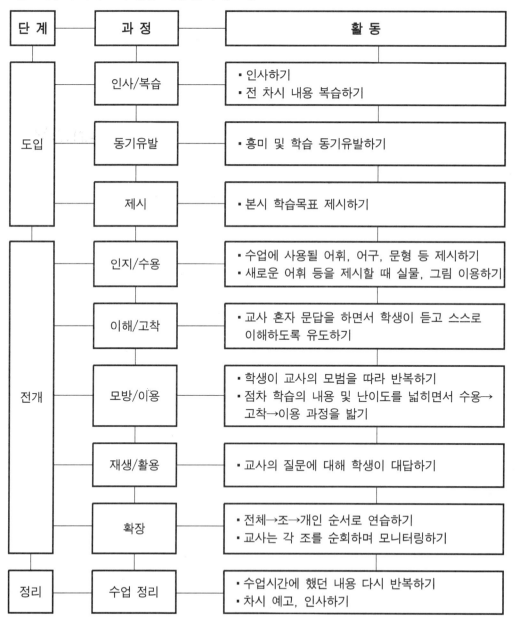

단 계	과 정	활 동
도입	인사/복습	• 인사하기 • 전 차시 내용 복습하기
	동기유발	• 흥미 및 학습 동기유발하기
	제시	• 본시 학습목표 제시하기
전개	인지/수용	• 수업에 사용될 어휘, 어구, 문형 등 제시하기 • 새로운 어휘 등을 제시할 때 실물, 그림 이용하기
	이해/고착	• 교사 혼자 문답을 하면서 학생이 듣고 스스로 이해하도록 유도하기
	모방/이용	• 학생이 교사의 모범을 따라 반복하기 • 점차 학습의 내용 및 난이도를 넓히면서 수용→ 고착→이용 과정을 밟기
	재생/활용	• 교사의 질문에 대해 학생이 대답하기
	확장	• 전체→조→개인 순서로 연습하기 • 교사는 각 조를 순회하며 모니터링하기
정리	수업 정리	• 수업시간에 했던 내용 다시 반복하기 • 차시 예고, 인사하기

2. 학습지도안

Lesson	The Cat Is In The Box.		Theme		Location	
Objectives	Students can understand expressions of location.					
Contents	Words		위치표현 : on/in/under 일상 사물들 : hat, basket			
	Expressions		It is on/in/under the desk. Is it on/in/under_____?			
Teaching Process						
STEP	PROCEDURE	ACTIVITIES (T: Teacher S: Student)			TIME	MATERIAL
Introduction	Greetings & Review	T: Good morning. S: Good morning. T: We learned the names of rooms last class. Can you remember the names? What did we learn? S: Yes! We learned bedroom, bathroom, living room, kitchen!			2'	
	Motivation	T: That's right. Then, where are beds? S: In the bedroom. T: Yes, beds are in the bedroom. How can we say about the places of all those things we know? Can you say them well? S: No. T: Well, don't worry! After you finish this class, you can say about them yourself!			3'	
	Presentation	♣ 공부할 문제 ♣ ☞ 물건의 위치표현에 대해 배우기			3'	
Development	Perceiving	T: Today, we'll learn about names of things and places. T: (식탁, 모자, 바구니의 모습을 보이면서) table, hat, basket! S: (주의를 기울여 듣는다.) T: (부엌 그림과 식탁 모습을 같이 보이면서) kitchen, table! S: (주의를 기울여 듣는다.) T: (위, 아래, 안의 표현을 나타내는 모습을 보이면서) On, under, in! S: (주의를 기울여 듣는다.)			5'	실물, 그림

Teaching Process

STEP	PROCEDURE	ACTIVITIES (T: Teacher S: Student)	TIME	MATERIAL
Development	Recognition	T: (부엌에 식탁이 놓인 모습을 보이면서) A table is in the kitchen. S: (주의를 기울여 듣는다.) T: (부엌에 식탁이 놓인 그림을 보이면서 묻는 시늉을 하며) Where is a table? (질문에 대답하는 모습으로) It is in the kitchen! S: (주의를 기울여 듣는다.) T: (식탁 위에 놓인 모자를 가리키면서 묻는 시늉으로) Where is a hat? (질문에 대답하는 모습으로) It is on the table! S: (주의를 기울여 듣는다.) T: (식탁 위에 놓인 모자를 가리키면서 묻는 시늉으로) Is a hat on the chair? (질문에 대답하는 모습으로) No, it isn't. It is on the table! S: (주의를 기울여 듣는다.)	7'	실물, 그림
	Imitation	T: Repeat after me! (식탁 위를 가리키면서) On the table! S: On the table! T: (식탁 위의 모자를 가리키면서) A hat is on the table! S: A hat is on the table!	5'	실물, 그림
	Production	T: Now, I'll ask some questions! Listen carefully and answer! (식탁 위에 모자를 가리키며) Where is a hat? S: It is on the table! T: Correct! (부엌에 놓인 식탁 모습을 가리키면서) Now, where is a table? S: It is under the kitchen! T: No! It isn't under the kitchen! It is in the kitchen!	5'	
	Extension	T: Now, make a group of four students. Ask other people about the places of something and make sure whether the answer is correct or not! (조를 만들어 학생들끼리 서로 물건의 위치에 대해 묻고 답한다.)	8'	실물, 그림

Teaching Process				
STEP	PROCEDURE	ACTIVITIES (T : Teacher S : student)	TIME	MATERIAL
Development	Activity	S1: (거실에 의자가 놓인 모습을 가리키면서) Where is the chair? S2: It is in the living room! (교사는 각 조를 돌면서 학생들이 바르게 말하는지 살피고 틀린 경우 바르게 지도한다.)		실물, 그림
Consolidation	Wrap up	T: Today, we learned names of things and places. Can you say such expressions as "Your hat is on/in/under the box!" to your friends or family? S: Yes. T: Okay! Next class, we'll talk more about names of places! Now, time's up. Good bye. S: Good bye.	2'	

![함께 해 봅시다]

그림을 보고 위치를 나타내는 말을 이용하여 말하기 연습을 해 봅시다.

☞ 준비물 : 그림 또는 실물(의자, 테이블, 모자, 공 등)
① 학생 네 사람씩 그룹을 만듭니다.
② 각 학생들에게 서로 다른 그림을 한 장씩 나누어주거나, 각자 실물을 다르
게 배치하도록 해 봅니다.
③ 학생들은 돌아가면서 자신의 그림을 바르게 묘사합니다.
④ 나머지 학생들은 바르게 그림을 읽는지 들어보고 만약 틀렸으면 수정해
줍니다.

상 황 적 언 어 교 수 법
(Situational Language Teaching)

상황적 언어교수법(Situational Language Teaching: SLT)은 영국 구조주의 학자들을 중심으로 형성된 교수법이며 현재에도 사용되고 있는 것으로, 1920년대와 1930년대에 발달된 구화식 교수법(oral method)이 그 근원이 되고 있다. 이 교수법은 언어사용의 기본을 말하기로 보고 이를 위해 언어구조에 대한 지식이 필요하다고 보았다. 그리고 이 구조에 대한 지식은 그 언어가 사용되는 상황과 연결되어 습득된다고 보았다.

상황적 언어교수법은 구조적 교수요목과 단어목록이 기초를 이룬다. 구조적 교수요목이란 문장에서의 구조를 가르치도록 되어있는 것을 말하며 어휘의 선정도 구조와 관련된다. 그러나 구조의 제시는 상황과 관계되지 않는다. 이 교수법에서의 '상황적'이란 문형의 제시와 연습의 방법으로 새로운 언어의 의미를 나타내는 구체적 사물이나 그림을 행동과 몸짓 등과 함께 사용하는 것을 지칭하므로, 현재 사용되고 있는 '상황적'이라는 의미와는 다르다고 할 수 있다.

이 교수법은 1950년대 이후 많은 교사들이 사용하고 있으며 구화연습과 문법, 문형연습의 강조는 현장 교사들의 직관과 일치한 점이 많아 지금도 널리 이용된다.

Ⅰ. 개 요

1. 의미

상황적 언어교수법(situational language teaching)은 1920 30년대에 영국 응용언어학자들의 연구에서 시작되었다. Hornby가 'Oxford Progressive English Course for Adult Learner'(1954 6)

를 통해 제창하였고 Australia에서도 1960년대에 널리 사용된 방법이다(배두본, 1995).

상황적 언어교수법의 특징 중의 하나는 구조에 관한 지식은 상황에 연결되어야 한다는 것인데, 언어이론상 영국 언어학자와 미국 언어학자의 기본적인 관점은 같으나 구조와 상황의 연결에 관해서 서로 다른 견해를 갖는다. 즉, 영국 언어학자들은 언어의 구조와 언어가 사용되는 문맥과 상황 사이의 밀접한 관계를 강조하여 복잡한 사건의 부분으로서 언어활동을 보았고 미국 언어학자들은 구조를 언어의 실제 세계에서 유리된 하나의 연구대상과 교수 학습 대상으로 보았다. 좀 더 살펴보면 상황 강화 교수법(situation reinforcement method)은 Hall(1978)이 미국 워싱턴에 소재 하는 Institute of Modern Language에서 사용해 온 것으로, 교재 및 수업이 구조 중심이 아니고 언어사용 중심으로 구성된 점이 특징이다. 교재의 순서가 문법구조에 근거하여 제작된 것이 아니라 구체적인 사물이 포함된 상황으로부터 점차 추상적인 개념으로 발전하도록 되어 있다. 교재가 문법적으로 구조화되지 않고 순서가 없기 때문에 학생들이 학습 효과가 없다고 생각하기 쉽지만 학생들에게 친근한 구체적인 상황에서 학습이 출발되므로 의사소통 활동을 하면서 곧 익숙해진다.

이 교수법에서 교사는 학생들의 활동이 언제나 의사소통 활동이 되도록 항상 적절한 상황을 포착하여 제시하고 그들의 활동이 보다 효과적인 의사소통이 되도록 돕고 지도한다. 회화 연습이 이 교수법에서 중요한 비중을 차지하는데, 엄격히 선정된 테두리 안에서 연습하는 것이 아니라 학생의 생활이나 흥미와 관련된 질문을 함으로써 각자 자기 생각에 입각하여 자유롭게 응답하는 의사소통 활동이 되게 한다(김진철 외 4인, 1997).

2. 원리

1) 언어이론

상황적 언어교수법의 기초가 되고 있는 언어이론은 유럽의 '구조주의'로 볼 수 있다. 말이 언어의 기초로 간주되었고, 구조는 말하기 능력의 핵심에 놓여 있는 것으로 생각하였다. Palmer, Hornby, 그리고 그 밖의 다른 영국의 응용 언어학자들은 영어의 기본적 문법구조를 교육학적으로 기술하였고 이들을 바탕으로 교수법을 개발하였다. Frisby(1957)는 어순, 기능 어휘, 영어의 굴절, 그리고 내용어가 우리의 교수자료를 형성하게 된다고 하였다. 언어이론에 있어 Charles Fries와 같은 미국 언어학자들에 의해 제안된 견해와 구별될 만한 것은 별로 없다. 사실상 Pittman은 1960년대에 Fries의 언어이론에 많이 의존하였으나, 1950년에 미국의 이론은 영국 응용 언어학자들에게 별로 알려지지 않았다. 그러나 영국의 이론가들은 구조주의 해석에 대한 초점, 즉 '상황'이라는 개념에 대하여 서로 다른 견해를 가지고 있었다. Pittman(1963)은 영어 구조를 가르칠 때 우리들의 주요한 교실 활동이 구조의 구두

연습이 될 것이고 통제된 문형으로 구성된 구두 연습은 학생들에게 대단히 많은 양의 영어로 된 연습 기회를 제공할 수 있도록 고안된 상황 속에서 이루어져야 한다고 하였다.

앞서 설명한 것처럼, 구조에 관한 지식은 그것이 사용될 수 있는 상황과 연결되어야 한다는 것을 기반으로 한 상황적 언어 교수법은 Firth나 Halliday와 같은 영국의 언어학자들에 의해 의미, 문맥, 상황을 강조하는 강력한 언어관으로 발전하였으며, 언어활동을 '대화자 및 연관되는 사물과 더불어 실제 상황을 구성하는 복잡한 전체적 언어행위의 일부'라고 설명하고 있다. 대조적으로 미국의 구조주의자들은 언어란 실제 세계와 관련된 상황에 부합하는 목표를 갖는 의도적 활동으로 간주하였다. 그래서 Frisby(1957)는 어떤 사람이 행하는 언어는 항상 어떤 목적을 위해 표현되는 것이라고 보았다.

2) 학습이론

상황적 언어교수법의 기초가 되고 있는 학습이론은 행동주의자들의 습관형성 이론이다. 이 이론은 학습의 조건보다는 주로 과정을 강조한다. Palmer가 지적해 왔던 것처럼 언어를 학습하는 데는 세 가지 과정이 있다. 지식이나 자료를 받아들이는 과정, 반복을 통하여 그것을 기억 속에 고착시키는 과정, 마지막으로 그것이 자기의 기술이 될 때까지 실제적인 상황에서 사용하는 과정이 그것이다(Frisby, 1957).

French(1950) 또한, 언어학습을 습관형성으로 보면서 근본적인 것은 정확한 언어습관을 형성하는 것이므로 학생들은 단어를 망설임 없이, 거의 생각하지 않고 정확한 문형으로 표현할 수 있어야 한다고 했다. 그리고 그러한 언어습관은 맹목적인 모방훈련을 통해서 길러질 수 있다고 주장하였다.

상황적 언어교수법도 문법을 가르칠 때 직접식 교수법처럼 귀납적 방법을 택한다. Billows(1961)는 새로운 단어의 의미를 모국어나 목표어로 번역 설명해 주면 그 단어를 소개하자마자 단어 자체의미에 대한 인상을 약화시킨다고 하였다. 그래서 단어나 구조의 의미는 모국어나 목표어의 설명으로 이해되는 것이 아니라, 그 형태가 특정의 상황에서 사용되는 방법을 통해 귀납적으로 이해된다고 보는 것이다. 따라서, 설명을 삼가고 학습자는 어떤 특정한 구조나 어휘가 제시되는 상황을 통해서 그들의 의미를 추론하도록 기대된다. 새로운 상황에 구조와 어휘를 확정시키는 일은 일반화에 의하여 일어나므로 학습자는 교실에서 학습한 언어를 교실 밖의 상황에 적용시킬 수 있을 것으로 기대된다. 상황적 언어교수법을 주장하는 사람들에 따르면, 이것은 아동이 언어를 학습할 때 일어나는 과정으로 믿고 있는 방법으로, 제2언어나 외국어 학습 시에도 그와 똑같은 과정이 일어날 것으로 생각하였다.

3. 특징

Richards와 Rodgers(1986)가 주장한 상황적 언어교수법의 특징은 다음과 같다.

① 언어교수는 구어로 시작한다. 교재는 문어로 제시되기 전에 구어로 가르친다.
② 목표언어가 교수 언어이다.
③ 새로운 언어의 요소는 상황별로 도입하고 연습한다.
④ 어휘 선정 절차가 꼭 필요한데, 어휘를 선정할 때는 일반적으로 사용되는 어휘가 포함될 수 있도록 해야 한다.
⑤ 문법의 항목은 단순한 형태에서 복잡한 형태로 옮겨가도록 하는 원칙을 따른다.
⑥ 읽기와 쓰기는 충분한 어휘와 문법적 기초를 세운 후에 도입한다.

이 교수법은 정확한 언어습관의 형성을 목표로 하며, 언어의 네 기능을 실용적으로 구사할 수 있는 능력을 기르는데 두고 있다. 그러므로 발음과 문법의 정확성을 요구하고 기능어(structural words)와 내용어를 포함해야 한다. 말하기 과업에는 새로운 어휘와 구문을 읽는 일이 포함되며, 읽기와 쓰기도 기본적인 구문과 문형의 습득 이후에 가능하다고 본다.

상황적 언어교수법은 구조적 교수요목과 단어목록이 기초를 이룬다. 구조적 교수요목이란 영어의 기본적인 구조와 문형의 목록으로 그것들은 제시 순서에 따라 배열되어 있다. 이 교수법에서 '상황적'이란 말은 문형의 제시와 연습의 방법으로 새로운 언어의 의미를 나타내는 구체적 사물이나 그림을 행동, 몸짓과 함께 사용하는 것을 지칭하므로, 현재 사용되고 있는 상황적이란 의미와는 다르다고 할 수 있다. 새로운 어휘나 문형들은 예를 들어 가르치며 문법적 설명이나 번역은 하지 않고 가능한 한 그 예시된 상황에서 이해하도록 지도한다.

‖. 교실수업의 적용

1. 수업절차

상황적 언어교수법의 교실수업절차는 학급의 수준에 따라 다양하지만, 어떤 수준에서의 수업절차이든 통제된 구조 연습에서 자유로운 구조 연습으로, 그리고 문형의 구두 사용으로부터 읽기, 쓰기의 형태로 자연스럽게 사용할 수 있도록 이루어진다.

Pittman(1963)이 제시한 상황적 언어교수법의 절차는 【그림 1】과 같다.

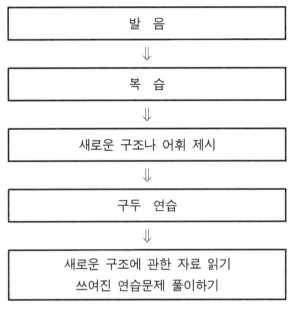

【그림 1】 상황적 언어교수법의 절차

이 수업절차에 따라 학습자는 먼저 듣기 연습으로부터 시작한다. 교사는 한 문장을 한 단어씩 읽어 주며 이를 몇 번 반복하는 동안에 학습자들은 그 말을 듣는 연습을 하며, 이 절차가 끝나면 학습자들은 함께 그 말을 모방하여 발음연습을 하고 이를 반복한다. 교사는 학습자 개인별로 지적하여 따라 읽게 하고, 학습자가 잘못하는 부분을 찾아내 다시 반복연습을 시킨 후 새로운 문형을 알도록 한다. 학생들이 이미 알고 있는 문형을 사용하여 묻고 답하게 하며 교사는 마임, 단서가 될 수 있는 단어, 그림, 숫자, 이름 등을 개별 학생들에게 주어 새로운 문형에 대치하여 말하게 한다. 그리고 한 학생에게 질문을 하고 다른 학생이 대답하게 하는 활동을 통해 새로운 질문 형태를 묻고 답할 때까지 계속한다.

1) 전형적인 단원 계획

단원의 첫 부분에서는 강세와 억양을 연습하며 단원의 주요 부분에서는 구조를 가르치는 것으로 구성하여 발음→복습→새로운 구조와 어휘의 제시→구두연습→새 구조에 대한 자료 읽기→연습문제 등으로 이루어진다.

2) 교수절차

상황적 언어 연습에서 이용될 수 있는 교사의 도구 일체(teacher's kit) 즉, 여러 가지 항목과 실물 등을 교사가 사전에 준비하여야 한다. Davies 외 2인(1975)은 상황적 언어교수법으로 사용될 수 있는 교수절차에 관한 자세한 정보를 제공하고 있다. 그들은 다음과 같이 일련의 활동을 구성하여 제안하였다.

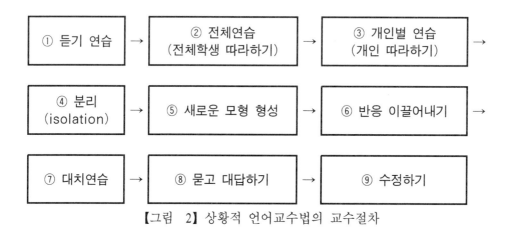

【그림 2】 상황적 언어교수법의 교수절차

① 듣기 연습(listening practice)은 학생들의 주의를 집중시킨다. 교사는 문형이나 단어의 예를 반복하거나 독립된 개별 단어를 분명하게 여러 번 반복한다. 최소한 한 번 정도는 아주 천천히 단어들을 분리해서 말해 준다. (Where...is... the... pen?)

② 전체 모방연습(choral imitation)은 학생들이 다함께 또는 많은 학생이 집단을 이루어 교사가 말한 것을 따라서 반복한다. 이것은 교사가 "Repeat" 또는 "Everybody"처럼 분명한 지시를 해주고 시간과 강조를 표시하는 수신호를 해줄 경우 효과가 크다.

③ 개인별 연습(individual imitation)시 교사는 몇몇 개별 학생들에게 그들의 발음을 점검하기 위해 테이프나 교사의 발음을 따라 하게 한다.

④ 분리 단계(isolation)에서 교사는 어려운 음, 단어들, 단어군들을 분리하여 문맥 속에서 대치 연습을 시킨다. 이 때 사전에 첫째에서 셋째 과정을 충분히 반복한다.

⑤ 새로운 모형 형성(building up to a new model) 단계에서는 새로운 모형을 도입하는데 필요한 정보를 끄집어내기 위하여 교사는 학생들에게 그들이 이미 알고 있는 문형을 이용하고 묻고 대답하게 한다.

⑥ 반응 이끌어내기 단계(elicitation)에서 교사는 무언극, 단서가 되는 낱말(prompt words), 몸짓 등을 사용하면서 학생들로 하여금 질문하고, 진술하거나 혹은 그 문형의 새로운 예를 제시하게 시킨다.

⑦ 대치연습(substitution drill) 단계에서 교사는 단서가 되는 말(단어, 그림, 숫자, 이름)을 이용하여 개별 학생들이 새로운 문형의 예를 혼합해 보도록 시킨다.

⑧ 묻고 대답하기 연습(question answer drilling) 단계에서 교실에 있는 대부분의 학생들이 새로운 질문 형태로 묻고 대답할 수 있을 때까지 교사는 한 학생이 질문하고 다른 학생이 대답하도록 시킨다.

⑨ 수정(correction) 단계에서 교사는 머리를 흔들거나 오류를 되풀이하여 틀렸음을 알려주고 오류를 범한 학생이나 다른 학생들이 그것을 수정할 수 있도록 해준다. 그러나 가능하면 교사 자신이 그 틀린 곳을 단순히 수정하는 일이 없도록 한다. 학생들이 오류를 스스로 수정하도록 함으로써, 그들은 서로 주고받는 말을 주의 깊게 들을 것이다.

상황적 언어교수법은 처음부터 대화문을 중심으로 한 의사소통 연습이 가능하며 구어 중심의 교육이 되므로 소리와 기본 문법의 집중적인 연습이 가능할 뿐만 아니라, 의사소통을 위한 상황이 먼저 부여되므로 문맥이나 의미적인 훈련이 풍부해지고 언어를 통합적으로 보는 안목이 생기게 된다.

2. 교수 학습활동 유형

Davies 외 2인(1975)은 상황적 언어교수법을 사용하기 위한 수업 지도안의 예를 제시하였다. 이 예를 이용하여 "This is a…와 That's a…"의 구조를 가르치는 과정은 다음과 같다.

Teacher: (시계를 들고) Look! This is a watch. (2번 반복) (벽이나 탁자 위에 놓여 있는 시계를 가리키며) That's a clock. (2번 반복) This is a watch. (손목 시계를 내려놓고, 이동하여 벽시계나 탁상 시계를 만지거나 들어올리면서) This is a clock. (2번 반복) (손목 시계를 가리키며) That's a watch. (2번 반복) (펜을 들어올리면서) This is a pen. (2번 반복) (칠판에 큼직한 연필을 그리고 칠판에서 떨어진 곳으로 움직이며) That's a pencil. (2번 반복) Take your pens. All take your pens. (학생들 모두가 그들의 펜을 집는다)

Teacher: Listen. This is a pen. (3번 반복) This. (3번 반복)

Students: This. (3번 반복)

A student: This. (6번 반복)

Teacher: This is a pen.

Students: This is a pen. (3번 반복)

Students: (펜을 움직이며) This is a pen. (6번 반복)

Teacher: (칠판을 가리키며) That's a pencil. (3번 반복) That. (3번 반복)

Students: That. (3번 반복)

A student: That. (6번 반복)

Teacher: That's a pencil.

Students: (모두다 연필을 가리키며) That's a pencil. (3번 반복)

Students:(연필을 가리키며) That's a pencil. (6번 반복)

Teacher: Take your books. (책 한 권을 직접 들고서)
          This is a book. (3번 반복)

Students: This is a book. (3번 반복)

Teacher: (공책을 볼 수 있는 장소에 놓고서) Tell me …

A student: That's a notebook.

3. 현장적용시 유의점

1) 학습자의 역할

학습의 초기 단계에서 학습자는 교사로부터 말하는 것을 단순히 듣고 따라하며 질문이나 명령에 반응하도록 요구받는다. 따라서, 학습자는 학습내용에 관한 통제권이 없으며 교사가 학습내용과 제시 순서 및 방법을 일방적으로 조작하는 교사 중심 학습법이라고 할 수 있다. 학습자들의 오류가 자칫 본인이나 동료 학습자에게 언어학습의 역효과를 발생시킬 수 있기 때문에 교사는 학습을 기술적으로 조직하여 학습자들에게 정확한 언어를 배울 수 있는 기회를 제공해 주어야 한다. 그리고 잘못된 언어습관이 형성될 수 있는 기회는 최대한 피해야 한다(Pittman, 1963). 나중에는 보다 적극적인 활동이 강조된다. 교사의 통제에 의한 새로운 언어의 도입과 연습이 도처에서 강조되고 있지만 학습자들이 여러 가지 반응을 시도하거나 서로에게 질문을 하는 방법도 포함된다(Davies, Roberts와 Rossner, 1975).

2) 교사의 역할

교사의 기능은 세 가지이다. 학습내용을 제시하는 단계에서 교사는 본보기로서 역할을 한다. 목표어 구조에 대한 필요성이 있는 상황을 설정하고 학생들이 반복할 새로운 구조의 모형을 만든다. 그 다음 교사는 교향악단의 지휘자처럼 학습자들로부터 정확한 문장을 끌어내기 위하여 질문하고 명령도 하며, 다른 단서를 사용하는 능숙한 조작자가 되어야 한다. 따라서, 수업은 교사에 의하여 지시되며 교사가 모범을 보인다.

수업 중 연습 단계에서 교사는 모니터의 역할을 한다. 학생들에게 약간 덜 통제된 상황에서 언어를 사용할 수 있도록 보다 많은 기회를 제공하지만, 교사는 차시 수업의 기초로 활용할 수 있는 문법과 구조상의 오류를 발견하기 위하여 늘 감시한다. Pittman에 의하면 체계적으로 복습할 수 있도록 하는 것이 교사가 해야 할 주요 업무라고 하며 교사의 책임을 다음과 같이 요약하였다.

① 시간 맞추기(timing)

② 교과서에 제시된 구조를 이용한 구두 연습하기(oral practice, to support the textbook structures)

③ 복습하기(review)

④ 개개인의 특수한 요구사항에 대한 적응하기(adjustment to special needs of individuals)

⑤ 평가하기(testing)

⑥ 교과서에 바탕을 두는 것 이상의 언어활동 개발하기

 (developing language activities other than those arising from the textbook)

3) 수업자료(instructional materials)의 역할

상황적 언어교수법은 교과서와 시각학습 보조자료에 의존한다. 교과서는 다양한 문법구조에 따라 치밀하게 조직된 단원들로 구성되며 시각 보조자료는 교사에 의하여 제작될 수도 있고 상업적으로 제작될 수도 있다. 이러한 자료에는 벽 차트, 플래시 카드, 그림, 막대 그림 등이 포함된다. 주의 깊게 등급이 정해진 문법적 교수요목과 더불어 시각 요소는 상황적 언어교수법의 중요한 측면이므로 교과서가 중요한 역할을 한다. 그러나 원칙상 교과서는 학습과정의 지침으로만 이용되어야 하고 교사는 교재에 정통해야 한다(Pittman, 1963).

Ⅲ. 수업모형 및 학습지도안

1. 수업모형

【표 3】 상황적 언어교수법을 적용한 수업모형

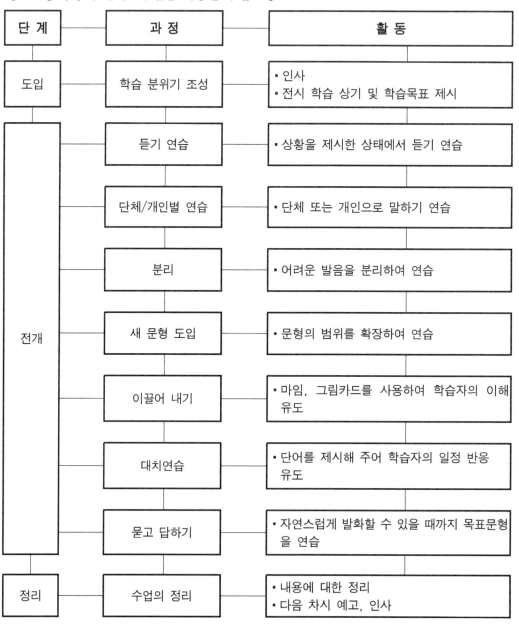

단 계	과 정	활 동
도입	학습 분위기 조성	• 인사 • 전시 학습 상기 및 학습목표 제시
전개	듣기 연습	• 상황을 제시한 상태에서 듣기 연습
	단체/개인별 연습	• 단체 또는 개인으로 말하기 연습
	분리	• 어려운 발음을 분리하여 연습
	새 문형 도입	• 문형의 범위를 확장하여 연습
	이끌어 내기	• 마임, 그림카드를 사용하여 학습자의 이해 유도
	대치연습	• 단어를 제시해 주어 학습자의 일정 반응 유도
	묻고 답하기	• 자연스럽게 발화할 수 있을 때까지 목표문형을 연습
정리	수업의 정리	• 내용에 대한 정리 • 다음 차시 예고, 인사

2. 학습지도안

Lesson	I like baseball.		Theme	Expressing one's preferences
Objectives	Students express his/her favorite sports by using 'I like~'.			
Contents	Words	baseball, basketball, soccer, table tennis…		
	Expressions	I like _____. I don't like _____.		

Teaching Process

STEP	PROCEDURE	ACTIVITIES (T: Teacher　S: Student)	TIME	MATERIAL
Introduction	Greetings	T: Good morning.		
		S: Good morning.		chart
	Motivation	■ 예비 학습으로 그림이 그려져 있는 chart를 이용해서 TPR활동을 한다.		
		T: Look at the chart. Listen carefully and act.	10'	
		S: Point to the soccer, please.		
		Point to the baseball, please.		
		Pont to the basketball, please.		
		T: Very good!		
	Introducing learning points	T: What kind of sports do you like?		
		We can express our preferences about some sports by using I like~(교사는 이 때 좋아하는 것을 표현하는 얼굴 표정을 짓도록 한다.) and I don't like.(싫어하는 표정을 짓는다.)		
	Presentation	Let's read aloud today's learning points.		powerpoint
		♣ 공부할 문제 ♣ ☞ 좋아하는 스포츠에 대해 말하기		
		■ 즐겁게 운동장에서 스포츠를 하며 뛰어 노는 아이들의 그림을 제시한다.	10'	
Development		T: Look at the monitor.		
		What are they doing now?		picture card
	Presenting the situation	S: They are playing.		
		T: OK. They are playing _____ in the playground. (point to each picture) soccer, baseball, basketball, table tennis… (두 번 반복하되, 처음에는 느리게 두 번째는 정상속도로 한다.)		

Teaching Process				
STEP	PROCEDURE	ACTIVITIES (T: Teacher S: Student)	TIME	MATERIAL
Development	Listening practice	T: Open your book to page 50. 　　Look at the picture. What's happening? S: 사과를 가져다주시는 엄마를 보며 아이들이 기뻐하고 있어요. ■ 목표 구문을 미리 CD ROM타이틀을 통해 듣는다. T: Look and listen carefully. S: (가만히 보고 듣는다.)	5'	picture card
	Choral/individual reading	T: (각각의 그림을 가리키며) Everybody repeat after me. S: Soccer, baseball, basketball, table tennis.(전체/그룹/개인별 연습)	5'	
	Isolation	■ 학생들이 어려워하는 발음을 분리하여 문맥 속에서 대치 연습을 하기 전에 연습시킨다.		
	Building up to a new model	■ 'I like' 문형을 소개하기 위해 '나는 좋아한다. 나는 좋아하지 않는다.'에 한하여 모국어를 사용한다. T: '나는 좋아한다. I like' (두 번 반복한다.) 　　'나는 좋아하지 않는다. I don't like' (두 번 반복한다.) ■ 스포츠 종목을 소개했던 것처럼 이 문형도 전체연습, 개인별 연습, 분리연습을 실시한다. ■ 교사는 mime을 사용하여 두 가지 문형의 이해를 돕는다.	8'	
	Elicitation	T: Here is playground. (야구방망이가 그려져 있는 그림카드를 집어서 학생들에게 보여주며) I like baseball. (농구공 카드를 보여주며) I don't like basketball.… (이런 식으로 학습자들이 문형을 이해할 수 있을 때까지 반복한다.) T: (농구공 카드를 보여주며) basketball. S: Basketball.		
	Substitution drill	T: (고개를 끄덕이거나 미소를 지으며) I like basketball. S: I like basketball.		
	Ask and answer	■ 위와 같은 연습이 되면, 교사는 아무 말도 하지 않고 반응을 이끌어 내어 본다. T: (야구 방망이 카드를 보여 주며 찡그리거나 고개를 옆으로 흔든다.) S: I don't like baseball.		

Teaching Process				
STEP	PROCEDURE	ACTIVITIES (T: Teacher S: Student)	TIME	MATERIAL
Consolidation	Announcing next lesson	■ 이와 같은 연습을 되풀이한다. T: Next time, we'll learn about subject's name such as Korean, English and math. Bye. See you next time.	2'	

함께 해 봅시다

스포츠 종목 어휘를 학습하기 위해 다음과 같은 게임을 해 봅시다.

☞ 같은 그림카드 모으기 : Happy Family Game.
① 네 명이 한 조가 되어 둘러앉고, 가위 바위 보를 하여 순서를 정한다.
② 그림카드를 고루 섞어 일인당 4장씩 갖고, 나머지 4장은 가운데에 엎어놓
   는다.
③ 첫 번째 학생이 바닥에서 카드 한 장을 가져온다. 같은 그림을 모으는 데
   가장 도움이 덜 되는 것을 정해 옆 사람에게 "○○, do you like to play 버
   리고 싶은 그림카드 이름?" 하고 묻는다.
④ 질문을 받은 사람은 그 카드가 필요하면 "Yes, I do." 하며 카드를 받고, 같
   은 방법으로 옆 사람에게 묻는다. 그러나 그 카드가 필요하지 않으면 "No,
   I don't." 하며 바닥에 있는 카드 한 장을 가져와서 같은 방법으로 옆 사람
   에게 묻는다. 이 때 거절당한 앞 사람은 카드를 바닥에 놓는다.
⑤ 엎어놓은 카드가 없어지면 바닥에 내려놓은 카드를 섞어서 엎어놓고 놀이
   를 계속한다.
⑥ 같은 그림카드 5장을 먼저 모은 사람은 "Happy Family" 하고 외치며 승자
   가 된다.

청화식 교수법
(Audio Lingual Method)

> 청화식 교수법은 행동주의 심리학과 구조주의 문법이론의 영향을 받아 형성된 언어교수방법으로서, 문법 번역식 교수법이 문자언어에 치중한 것과 대조적으로 음성언어의 듣고 말하기 교육을 강조한 영어교수법이다.
>
> 또한, 이 교수법은 언어학습을 일종의 습관형성의 과정이라고 보고, 주로 미리 정해진(글로 쓰여진) 대화를 소리내어 모방·반복하고 암기하며 문형연습을 통하여 익히면 자동적으로 발화가 가능해진다는 생각을 바탕에 깔고 있다. 따라서, 단어는 언어적, 문화적 맥락과 함께 제시하도록 하며, 문법은 학생들이 충분한 문형연습을 하고 난 다음 귀납적인 설명으로 가르치게 된다.
>
> 따라서, 이 방법은 영어로 의사소통 할 수 있는 실제적인 능력의 바탕을 마련하고자 하는 학교 영어교육에서 학습의 내용이나 수준에 따라 매우 제한적으로 사용될 수 있을 것이다. 이 장에서는 청화식 교수법의 언어이론을 중심으로 학교현장에 적용 가능한 측면들을 살펴보고자 한다.

Ⅰ. 개 요

1. 의미

청화식 교수법(audio lingual method)은 학습자가 모국어를 배우는 과정이 구어학습에서 시작한다는 점을 외국어 교육방법에 적용하여, 구어를 듣고 말하는 것부터 집약적으로 가르친 후, 문자를 읽고 쓰는 것을 가르치는 단계로 이루어지는 교수법이라고 할 수 있다. 청화식 교수법의 배경과 장·단기 목표를 살펴봄으로써 정의 및 의의를 찾을 수 있을 것이다.

우선, 청화식 교수법의 배경은 구조주의 언어학과 행동주의 심리학이므로, 이들의 이론적 배경을 살펴볼 필요가 있다.

청화식 교수법은 미국에서 구조주의 언어학과 행동주의 심리학이 발달하는 과정에서 두 이론이 접합하여 개발된 외국어 교수법으로, Michigan 대학교에서 1939년 Fries, C.의 지휘로 외국어 교사의 훈련에 사용되기 시작하였고, 제2차 세계대전 중에는 미국의 군대 전문훈련 계획인 군사 특별 훈련반(The Army Specialized Training Program, ASTP)에서 군인들의 외국어 교육에 사용된 소위 군대식 방법(Army Method)에서도 큰 효과를 거두었던 방법이다.

군대식 프로그램이 있기 전에 Bloomfield와 같은 언어학자들은 언어학 연구의 일부로서 언어 훈련 프로그램을 개발하고 있었다. 이것은 아메리칸 인디언어와 같은 생소한 언어들을 빨리 숙달할 필요에서 고안된 것으로 정보 제공자 방법(informant method)이라고 알려져 있었다. 이는 해당언어의 구조적인 정보를 제공해주는 자와 함께 통제된 대화를 참여하면서 이 언어의 기본문법 및 말하는 방법을 알 수 있다는 것이 골자였다. 이런 프로그램과 군대식 제도의 통합으로 이 언어 프로그램의 학습자는 고된 집중훈련을 거친 후 상당한 성과를 보이기도 하였다.

한편, Fries는 Michigan 대학에서 미국 첫 번째의 영어 연구소 소장으로 근무하였고 구조주의 언어학적 배경을 가진 학자였다. 따라서, 그에게는 언어의 구조란 기본적인 문형 및 문법구조와 동일한 것으로 여겨졌고, 외국인 교사를 위한 프로그램에서도 출발점은 역시 '문법 또는 구조'였다. 그가 지휘한 프로그램은 기본적인 문형연습을 집중적으로 훈련하는 것이었다(Fries, C., 1945). 청화식 교수법은 이렇게 구조주의 언어학과 대조분석이라는 응용언어학적 적용과 밀접하게 관계를 맺고 있는데, 다시 말하면 외국어를 배우는 데 있어서의 문제란 언어가 서로 다른 구조적 체제의 갈등, 문법 및 음운론적 유형차이 등에서 기인한다는 것을 교육적으로 이용한 것이다. 시간이 흐르면서 미국의 국제적 위상의 상승에 따라 이러한 연구 프로그램의 고안이 활성화되고, 행동주의 심리학적 학습이론을 통합하여 1950년대에 이르러 세련된 청화식 교수법으로 자리를 잡게 된다.

물론, 이 방법은 잘 개발된 어떤 방법론적 토대보다는 목표언어와의 집중적인 접촉에서 유래했고, 근본적인 이론보다는 주로 사용되는 교수절차와 교수 집중도에 있어서 혁신적인 프로그램이었다. 또한, 외국어를 구두 중심적인 접근방법을 통해 집중적으로 학습하는 것이 효과적이라는 점을 많은 언어학자에게 확신시킨 교수법이기도 하다(Richards와 Rodgers, 1986).

구조주의 언어학에서는 각 언어의 음성구조형(sound patterns)과 어결합(word combinations)을 언어재료(corpus) 속에서 관찰한 그대로 기술하는데 주력하였고, 대조분석을 통해 비교하는 언어간의 차이를 열거하는 것을 가능하게 하였다.

구조 언어학의 언어관은 다음과 같이 정리할 수 있다(김정렬, 2000).

‣ 언어의 제1차적인 형식은 구두이고, 문자언어는 제2차적인 것이다.

‣ 모든 언어는 각각 독자적인 체계를 지닌다. 따라서, 개별언어의 문법적인 체계는 라틴어와 같은 한 언어의 문법체계에 준해서 기술되어서는 안 된다.

‣ 언어사용 능력은 문법적인 지식에 바탕을 두는 것이 아니다. 반복되는 연습을 통해서 습관적으로 모국어를 익히게 되는 것이지, 문법규칙의 학습을 통해서 모국어를 습득하게 되는 것이 아니다.

이 언어관 및 언어간 차이의 열거와 함께, 청화식 교수법의 개발에 영향을 주게 되는 행동주의 심리학의 학습이론 성격은 S R 이론이라고도 불리는 것으로, Pavlov, Thorndike 그리고 Skinner로 이어지는 계보로 발전하였다. 대표적 학자인 Skinner의 이론은 현대적인 학습이론에 지대한 영향을 미쳤는데, 그의 대표적인 이론인 'Operant Conditioning'은 Thorndike의 '효과의 법칙'을 발전시킨 것이라고 볼 수 있다. Thorndike의 경우, 학습 후의 만족스런 상태가 자극(S)과 반응(R)의 유대를 강화한 것처럼, Skinner의 경우에는 강화(reinforcement, Rf)나 보상(reward)을 통해서 반응이 다시 일어날 수 있는 가능성을 높여 준다. 인간에게 있어 Rf는 교사로부터의 칭찬이나 혹은 명예, 돈, 만족감 등으로서 그것은 반응(R)이 계속될 가능성을 높여 준다. Skinner의 실험은 그의 유명한 Skinner's box라는 장치에 의해 이루어졌다. 이 실험에서는 며칠동안 굶주린 생쥐 한 마리를 작은 상자 속에 넣었는데 그 쥐가 어쩌다가 상자 속에 마련된 지렛대를 건드리게 되면(R) 먹이(Rf)가 나오게 되어 있다. 생쥐는 처음에는 이 지렛대와 먹이의 관계를 알지 못하나, 나중에 그 관계를 알게 되고 난 후부터는 배만 고파지면 지렛대를 누르게 된다. 이런 행동주의 심리학의 이론적 설명을 학습자의 외국어 교육 상황에 적용하여 생각하면 다음과 같다.

학습자가 외국어를 잘 구사하면 교사의 칭찬이나 동급생들의 인정을 받게 된다. 이 때 필요한 여러 교육 여건으로서, 교사는 칭찬을 아낌없이 그리고 즉각적으로 해 주어야 한다. 교실 분위기는 학습자들에게 조금도 긴장감이나 구속감을 주지 않아야 되고 교재는 학습자들로 하여금 성취감과 만족감을 갖도록 만들어져야 하며 연습문제도 학생들이 될 수 있는 대로 실수를 범하지 않도록 꾸며져야 한다. 이런 여건이 갖춰진다면 외국어의 사용은 필연적으로 학습자에게 만족감(Rf)을 주게 되어 학습자는 더욱 더 외국어를 사용할 가능성이 높아진다는 인간행동에 대한 가설로서 행동주의가 청화식 교수법에 시사점을 준 것이다.

요약하면, 청화식 교수법은 미국의 구조주의 언어학에 근거하여 언어란 의미를 부호로 나타내기 위해 구조적으로 연관된 요소들의 조직체로서 그 요소는 음소, 형태소, 단어, 구조와 문형이라는 가설에서 출발한다. 또한, 이 교수법은 행동주의 심리학의 이론을 도입하여 언어를 학습된 행동이라고 보아 좋은 언어습관의 형성을 위해서 요소화 된 언어의 부분들을 암기하고 문형연습을 통하여 전체 언어를 학습하고 언어를 구사할 때 오류를 범하지 않도록 지도한다. 이에 따라 듣기와 말하기 능력을 먼저 개발시키며, 문법규칙은 설명을 하지 않고 반복연습을 통해 귀납적으로 이해시키며, 문화 이해가 중요하다고 보아 그 목표 언어를 사용하는 사람들의 문화적 양상을 가르치는 일도 포함된다.

청화식 교수법에서 추구하는 목표는 학생들의 청해 능력을 개발하고, 정확한 발음을 가르치며, 말과 문자의 관계를 인식하도록 하고, 영어의 음성, 형태, 어순 등의 구조에 익숙하게 하는 것을 목적으로 한다. 단기적으로는 학생들이 영어의 음성과 형태상의 구조, 어순 등을 통제하는 능력을 기르고 내용과 구조를 연결하는 어휘를 배우며, 의미이해와 표현능력을 갖게 한다. 장기적으로는 학생들이 학습을 통하여 영어 사용 원어민의 수준에 도달하게 함으로써 이중언어사용자를 만드는 것을 목표로 한다. 교수요목은 제시의 순서에 따라 음운, 형태, 구문 등이 주된 항목이며 교재는 대조분석에 의한 언어간의 차이를 포함한다(배두본, 1998).

2. 원리

구조주의 언어학에서 언어를 보는 시각이 문법 번역식 교수법(Grammar translation Method, GTM)으로부터 청화식 교수법으로의 변화에 이르는 언어교수이론의 수정 또는 개혁에 미친 영향은 다음과 같다(김정렬, 2000).

- 언어의 제1차적인 형식은 구두언어이므로, 언어교육에서는 구두언어의 학습이 중요시 되어야 한다. 이러한 의미에서 구두언어의 학습은 문자언어의 학습에 선행되어야 하며, 문자언어의 습득은 구두언어의 습득에 의해서 더욱 용이해진다.
- 문법 번역식 교수법에서는 글로 쓰여진 언어형식을 중요시했으나, 새로운 이론에서는 음성형식을 더 중요시한다. 따라서, 음성훈련은 학습초기에서부터 다루어져야 하며 특히 음운대립에 대한 훈련을 철저히 해야 한다.
- 문법 번역식 교수법에서는 모국어의 구조와 의미를 통하여 외국어의 학습이 이루어졌다. 그러나 개개의 언어는 독자적인 체계를 지니고 있는 것이므로, 외국어는 모국어와의 대응관계를 통해서 학습되는 것이 아니라, 독자적인 별개의 언어로서 학습되어야 한다.
- 모국어와 외국어의 대조분석은 외국어 교육에 중요한 정보를 제공해 준다. 왜냐하면 외국어 학습에서 학습자들이 범하는 오류의 대부분은 모국어 습득 과정에서 얻어진

습관에 기인하는 것이기 때문이다. 따라서 학습활동은 모국어와의 차이점을 극복하고, 외국어 습득에 대한 새로운 습관을 형성하도록 하는 데 중점을 두어야 한다.

‣ 문법 번역식 교수법에서는 문법규칙의 학습과 암기를 중시하였다. 그러나 언어활동은 문법규칙을 의식하고 행해지는 것이 아니라, 습관에 의하여 자동적으로 이루어지는 것이므로, 외국어 학습도 규칙의 분석이나 암기를 통해서가 아니라 연습과 유추 작용을 통해서 이루어져야 언어행위가 습관화될 수 있는 것이다. 따라서, 교실에서는 언어에 관한 지식을 가르칠 것이 아니라, 언어 자체를 연습하고 사용하는 훈련을 해야 한다.

한편, 언어학의 연구결과가 외국어 교수법에 직접 연결될 것을 주장하는 Princeton 대학의 Moulton(1961) 교수는 "언어는 쓰여진 것이 아니라 말하는 것이다. 언어는 일련의 습관이다. 언어자체를 가르치고 언어에 대해서 가르쳐서는 안 된다. 언어란 원어민이 말하는 것이지, 언어를 어떻게 말해야 한다고 할 수는 없다. 언어는 일련의 습관이다."라고 주장하였다. 이는 구조언어학에 입각한 외국어 습득이론으로서 내세운 다섯 가지 기본 원리가 되었고 청화식 교수법의 기본 가설을 이루었다.

① A language is speech, not writing.

언어의 1차적인 기능인 듣기와 말하기를 우선 익히고 난 그 바탕 위에, 언어의 2차적인 기능인 읽기, 쓰기를 익히는 것이 언어습득의 효과적인 방법이다.

② A language is a set of habit.

이 원리는 Skinner의 작동적 조건화 이론이 중심이며, 언어습득이란 자극, 반응, 강화, 조건화, 유추 등에 의한 습관형성의 과정으로 보는 이론이다. 이 습관형성을 위해서 대화(dialogue)는 모방 기억법(mim mem), 구조(structure)는 문형연습(pattern practice)으로 기계적 암기(rote memorization)를 시켜 자동적으로 반응을 보이게 한다.

③ Teach the language, not about the language.

문법규칙과 예외를 가르치는 것을 언어교육의 목적이 아니라 수단으로 삼아야 한다. 따라서, 구문을 상세하게 설명하거나 분석하지 말고, 문형연습을 통해 구문을 익히게 하고, 언어에 관한 장황한 설명이나 해설보다는 목표언어(target language) 자체에 대한 체계적 훈련이 요망된다.

④ A language is what its native speakers say, not what someone thinks they ought to say.

언어란 그 언어를 모국어로 사용하는 사람들이 실제로 말하는 것이 토대로 되어야지, 발음, 문법, 문체에 관한 책 등에서 규범적으로 정해 놓은 것이 되어서는 안 된다. 이것은 언어에 관한 지식을 책에서 얻을 수 있다고 보는 전통적인 생각을 뒤엎은 것으로, 흔히 쓰이는 상투어구 등을 가르치는 것도 중요시되어야 한다.

⑤ Languages are different.
외국어를 학습하는 데 주된 어려움은 외국어가 모국어와 현저한 차이점을 가지고 있다는 사실이다. 그러므로 이미 습득된 모국어 지식은 외국어를 학습하는 데 장애 요소가 된다. 모국어와 외국어의 대립관계를 분석하여 특수훈련을 시킴으로써, 모국어 지식에 의한 장애 현상을 막아야 할 것이다(김정렬, 2000).

3. 특징

청화식 교수법의 특징을 정리하면 다음과 같다(김진철 외 5인, 1998).
① 가르칠 내용은 대화형태로 제시한다.
② 모방, 구문암기, 반복을 통한 습관형성을 하도록 한다.
③ 모국어는 허용하되 가급적 자제한다.
④ 반복적인 문형연습을 한다.
⑤ 문장구조는 하나씩 단계적으로 제시한다.
⑥ 제한된 어휘를 맥락 속에서 제시한다.
⑦ 학생의 오류를 줄이기 위해 노력한다.
⑧ 학생의 응답에 대해 즉시 강화를 해 준다.
⑨ 언어기능은 듣기, 말하기, 읽기, 쓰기의 순서로 가르친다.
⑩ 언어의 내용보다 형태를 중시한다.
⑪ 어학 실습실, 시청각 자료 등을 최대한 활용한다.

청화식 교수법의 장점은 대화의 암기와 문형연습이 학습활동의 중심이 되므로 정확한 발음훈련과 정상적인 속도의 대화를 통해 듣기와 말하기의 습관적이고 자동적인 언어반응이 나타난다는 것이다.
그러나 기계적인 암기와 문형연습에 치중하기 때문에 동일한 자극을 받는 경우에는 암기한 문형을 암송할 수는 있다고 하더라도 실제로는 여러 다른 언어상황에서 항상 같은 자극을 받지 못해 암기한 언어가 쓰이지 못할 경우가 많다. 그러므로 실제 전달상황에서는 암기한 말을 그대로 사용할 수 없으며 응용할 능력도 부족하다. 또한, 반복과 암기의 많은 연습으로 인하여 학습자는 권태와 피로를 느끼게 되며 학습자의 소견을 자유롭게 표현하도록 하는 창의적인 활동이 부족한 점이 단점이라고 할 수 있다. 학습자가 반복을 통해서 배운 후에도 실제로 의사소통을 하려면 그런 것들이 별로 도움이 되지 않는다는 점이 청화식 교수법의 가장 큰 결점이다. 다시 말하면, 구조주의 문법은 언어가 규칙의 지배를 받는 행동으로 보는 변형 생성 문법에 의해 거부되었고, 반응에 대한 강화를 통해 학습이 이루어진다는 행동주의 심리학도 인지주의 심리학에 의해 거부되었기 때문에 청화식 교수법은 이론적으로나 실제적으로 지지기반을 잃은 것이다.

Ⅱ. 교실수업의 적용

1. 수업절차

청화식 교수법은 듣기와 말하기를 중심으로 짧은 시간에 외국어를 배울 수 있는 교수법이다. 따라서, 청화식 교수법의 주요 절차는 언어기능 면에서 듣기, 말하기, 읽기, 쓰기의 순서대로 가르치는 것이다. 즉, 목표언어에서 학습할 항목을 쓰여진 형태로 보여주기 전에 말의 형태로 제시하여 목표언어를 배우게 한다면 언어능력을 더욱 효과적으로 학습시킬 수 있다는 입장이다. 그 단계를 설명하면 다음과 같다.

① 학생들은 테이프를 통해 대화를 듣고 따라하면서 배울 기본 문형과 구문을 익히고 개별적으로나 전체적으로 암송한다.
② 교사는 학생의 발음과 억양 등에 귀를 기울여야 하며 실수가 발견되면 바로 수정해 준다.
③ 대화에 나오는 기본 문형과 구문을 중심으로 문형연습을 실시한다. 처음에는 전체적으로 그 다음에는 개별적으로 연습하며 이 때 문법적 설명은 가능한 한 간단하게 한다.
④ 대화에 나오는 기본 문형과 구문을 차트를 활용하여 세 번 내지 네 번 따라 읽게 하고 필요할 경우에는 최소한의 설명만 한다. 그 다음 학생들이 이해를 못하는 부분이 있으면 이를 보충 설명해 준다.
⑤ 어휘의 연습은 최소화하고 문맥 속에서 이루어지도록 한다. 어휘와 문장은 충분한 구두 연습이 이루어진 후 제한된 범위 내에서 연습하도록 한다.

⑥ 읽기와 쓰기는 대화를 기초로 하며 연습한 문장들을 두 번 내지 세 번 읽고 써 보는
  정도로 한다.

구체적으로 한 시간의 영어수업을 청화식 교수법을 이용하여 진행할 때 따르게 되는 절
차는 다음과 같을 수 있다.

1) 복습
지난 시간에 배운 내용을 복습한다. 교사는 학생들에게 간단한 질문을 하고 학생들은 그
질문에 영어로 답한다. 학생 전체에게 먼저 질문을 하고, 그 다음에 그룹별로, 또는 개인적
으로 질문을 하여 답하게 한다.

2) 제시
교재의 내용을 원어민의 음성으로 한 번 들려준다. 이 때 학생들은 눈을 감고 주의를 집
중하여 교재의 내용을 듣고, 다음에는 눈을 뜨게 하고 교재의 내용을 그림으로 보여 주면
서 다시 한 번 듣게 한다. 아직은 배우지 않은 내용을 듣기 때문에 학생들의 주위가 산만
해져 형식적인 듣기가 되기 쉽다. 따라서, 학생들의 호기심과 흥미를 유발시켜 주의를 집
중하여 듣는 습관을 길러주는 것이 중요하다.

3) 대화문의 반복연습
청화식 교수법에서는 정확한 발음이 중요시되기 때문에 녹음기를 이용하여 교재의 내용
을 하나씩 듣고 학생들은 그 내용을 따라서 발음하도록 한다. 그 다음에는 교사가 읽어 가
면서 학생들로 하여금 정확하게 따라서 암송하도록 한다. 어느 정도 연습이 이루어진 후에
는 교사와 학생, 그룹과 그룹, 개인과 개인이 대화를 하도록 한다. 이 때 잘못된 발음은 교
사가 즉시 교정하고, 가급적 교재의 대화문을 암기하도록 요구한다.
새로운 어휘 및 문장들은 실물이나 그림, 교사의 표정, 제스처 등을 사용하여 의미를 이
해시키고 개념을 설명하기 곤란한 추상적인 것들은 부득이 우리말을 사용하여 설명한다.

4) 문형연습
대화내용 중에서 중요한 구문을 발췌하여 반복연습, 대치연습, 변형연습 등을 한다. 어느
정도 숙달이 되면 교사와 학생, 그룹과 그룹, 개인과 개인끼리 연습한다.

5) 활용

처음에는 대화문을 그대로 모방하여 모방연습을 하고 교사와 학생, 그룹과 그룹, 개인과 개인 사이에 역할을 분담하여 역할극(role play)을 시킨다. 그 다음에는 대화문의 상황과 유사한 상황을 제시하여 학생들이 대화문을 활용하여 대화를 하도록 유도한다. 교사는 잘못된 습관의 형성을 막기 위하여 학생들의 오류를 즉시 수정한다.

6) 관련활동

교재내용의 주요 언어항목들(어휘, 발음, 구문 등)을 심화시키기 위하여, 적합한 노래, 게임 등을 사용한다. 게임이나 노래는 학생들이 학습내용을 재미있게 공부할 수 있어 효과적이다.

7) 정리

마지막 정리 단계에서는 녹음기를 사용하여 교재내용을 원어민의 음성으로 한 번 들려준다. 이 때도 학생들의 주의를 집중시키기 위하여 눈을 감도록 한다. 그 다음에는 원어민의 음성을 따라서 암송하도록 한다. 학생들에게 부담을 주지 않고, 다른 변인들을 통제하기 위하여 숙제는 일체 부과하지 않는다.

2. 교수 학습활동 유형

초보 학습자에게 적용하는 것이 바람직하므로 초등학교 교실에서 듣기와 말하기를 가르치는 데 적용할 수 있다. 그러나 발음을 연습시키는 것에 치중하기 때문에 듣기이해에 역점을 두고자 할 경우에는 바람직하지 않다. 다만 영어발음연습이나 구문과 문형연습을 시킬 때는 음성으로 된 언어자료를 제시하여 반복연습을 하게 할 수 있다.

우선 교수법 적용의 시작 단계에서는 일상생활에서 사용하는 표현과 빈출도가 높은 기본 구문이 들어 있는 대화문에 근거하여 학습을 한다. 학생들이 구문을 잘 익히도록 하려면 어휘 제시는 최소한으로 하여야 한다. 수업에서는 전체 학생들이 따라 발음하는 연습, 분단별 연습, 개인별 연습 그 다음에 다시 전체 합창으로 반복하는 연습 순으로 실시한다. 그리고 일단 대화문을 학습하고 나면, 여러 가지 문장상황에 적용하도록 문형연습을 시킨다. 문형연습의 초기에는 구두로 하며 역시 전체, 분단별, 개인별로 하게 한다. 이와 같은 구화연습이 끝나면 인쇄된 읽기 자료를 공부하게 한다. 읽기 연습에서도 음성과 문자의 관계를 인식하는 데 역점을 두며 암기하고 연습한 것을 생각하며 읽게 한다.

청화식 교수절차에서 사용되는 문형연습의 예로는 다음의 열 두 가지 유형이 있다(김정렬, 2000).

① 반복(repetition) : 학생들이 교재를 안 보고 교사의 발음을 따라 반복한다.

    【예】교사 : I used to know him. → 학생 : I used to know him.

② 어형의 변화(inflection) : 문장에서 명사, 대명사, 형용사 등의 수, 격변화와 동사를 다른 형으로 바꾸어 반복한다.

    【예】교사 : I bought the ticket. → 학생 : I bought the tickets.

③ 대치(replacement) : 문장의 한 단어를 다른 단어로 대치한다.

    【예】교사 : Helen left early. → 학생 : She left early.

④ 환언(restatement) : 교사의 지시에 따라 바꾸어 말한다.

    【예】교사 : Ask her how old she is. → 학생 : How old are you?

⑤ 전치(transposition) : 교사가 한 말을 사용하여 어순을 바꾸어 말한다.

    【예】교사 : I'm hungry. (so) → 학생 : So am I.

⑥ 문장완성(completion) : 완성되지 않은 문장을 듣고 어떤 말을 넣어 완전한 문장으로 말한다.

    【예】교사 : I'll go my way and you go _____.

    → 학생 : I'll go my way and you go yours.

⑦ 확대(expansion) : 교사가 제시한 단어를 넣어 문장을 다시 말한다.

    【예】교사 : I know him. (well) → 학생 : I know him well.

⑧ 단축(contraction) : 교사가 제시한 문장의 구나 절을 단어로 축약한다.

    【예】교사 : Put your hand on the table. → 학생 : Put your hand here.

⑨ 변형(transformation) : 교사가 한 말을 지시에 따라 부정, 의문, 시제, 태, 법을 바꾼다.

    【예】교사 : He knows my address. → 학생 : He doesn't know my address.

⑩ 응답(rejoinder) : 교사가 한 말에 적합한 응답을 한다.

    【예】교사 : He is following us. (동의할 때) → 학생 : I think you're right.

⑪ 통합(integration) : 두 개의 문장을 하나로 통합한다.

    【예】교사 : They must be honest. This is important.

    → 학생 : It is important that they must be honest.

⑫ 재구성(restoration) : 문장에서 뽑아낸 단어들을 이용하여 문장을 구성한다. 필요할 경우 단어의 주어진 형태를 바꿀 수 있다.

    【예】교사 : student/wait/bus. → 학생 : The students are waiting for the bus.

한편 언어기능별로 적용한 교수　학습활동의 예를 살펴보면 다음과 같다.

▶ 듣기 : 비디오나 그림 등 시청각 교재를 되도록 많이 활용하여 아이들의 주의를 끌고

그 문장이나 단어는 맥락을 통해 의미를 찾게 한다. 이 때 다양한 방법을 사용하여 듣기 연습을 하도록 한다. 다시 말해서 비슷한 단어, 문장이라도 그것이 제시되는 형태를 다르게 해준다. 예를 들어 그림을 보여주며 듣기를 먼저 했다면, 비슷한 내용의 듣기를 테이프를 통하여 그 억양이나 발음에 주의 깊게 들어보도록 하는 방식으로 다시 반복한다. 그리고 학생들이 충분히 그 맥락을 통해 이해했다면 다음엔 듣고 그려보는 방식을 취해볼 수도 있다.

　　　【예】색칠하기, 만들기, 그림에 대해 체크하기

▶ 말하기 : 듣고 따라하는 활동, 그림을 보여주고 질문해서 답을 말하게 하는 활동 등 다양한 활동을 해서 아이들이 말하는 연습을 반복하도록 해준다. 노래나 게임을 통해서 말해보도록 해도 좋다. 짝활동이나 그룹활동을 통해 연습하기도 한다.

　　　【예】동작이나 그림을 활용

- 대화문 지도　　해당 역할에 대한 교사의 말을 따라 하게 한 다음 역할을 바꿔 준다. 하나의 문형 속에서 명사, 구체적 대상을 지칭하는 경우엔 물건을 바꿔주면서 지도할 수 있다.

- 역할극 지도　　예를 들어 시장놀이를 할 때, 간단한 대화를 교사가 한 다음 주어진 대화문에 some ice cream 대신 a bar of chocolate이나 학습자가 관심 갖는 다른 물건을 넣어서 한다. 시뮬레이션 단계로 넘어가 학습자 스스로가 임의로 단어를 선택하여 대화를 하게 한다.

▶ 읽기 : 단어를 카드에 적어서 해당되는 물건을 가리키면서 한다거나 단어와 그림을 연관시켜 그 단어를 읽을 수 있도록 연습한다. 아무렇게 배열된 어구를 배열하거나 단어 배열, 문장배열, 지시문 읽고 만들기, 문장과 그림 연결하기, 읽고 지칭하기, 읽고 표지판 붙이기, 읽고 그림의 순서맞추기 등등 다양한 활동을 통하여 문형연습을 한다.

▶ 쓰기 : 쓰기 활동으로는 베껴 쓰기, 양식에 맞춰 쓰기, 문장 완성하기, 예시 따라 쓰기 등을 통해 반복연습한다.

- 주요 단어와 구조를 가르친다.
- 질문을 위한 표 등을 그려서 틀을 제시한다.
- 짝활동으로 구두연습을 한다.
- 쓰기 모델을 제공한다.
- 짝을 지어 여러 가지 수수께끼를 쓰게 한다.
- 각자가 만든 것을 점검한다. 철자와 구두점, 어순 등을 점검하고 잘못된 점은 고쳐 준다. 공통적으로 범하는 잘못이나 중요한 것은 전체에게 알려 준다.

3. 현장적용시 유의점

① 교사의 준비상태나 준비물을 살펴볼 때, 청화식 교수법은 외국어 듣기 및 말하기를 중심으로 반복과 모방을 많이 하게 되므로, 아동들이 단순 반복으로 질리지 않게 하기 위해서는 다양한 교재준비로 그 지루함을 어느 정도 없애주어야 한다. 그리고 수업시간동안 교사의 모델링이 아동들에게 큰 영향을 미치기 때문에 교사의 발음이 좋아야 한다. 이를 위해 그림, 비디오, 테이프 또는 간단한 게임도구 등의 준비물을 갖추어야 한다.

② 청화식 교수법에서는 기본적으로 모국어 사용금지를 주장한다. 모국어로의 번역이 외국어 학습에 나쁜 작용만을 한다고 생각하기 때문이다.

③ 학생의 수준으로 보아서 너무 어려운 반응을 다룰 경우에는 부분적 연습이나 보조물 제공으로 그 반응을 유도한다.

④ 모든 연습의 최종 단계는 언어학적으로나 또는 심리학적으로 보아서 완전한 학습경험이 되어야 한다.

⑤ 학생의 반응이 성공적이었을 때에는 즉각 이것을 인정해준다. 이는 행동주의 심리학의 즉각적인 보상의 원리를 적용한 것이다.

⑥ 가르치고 있는 외국어의 문화에 대해서 동정적이고 호의적인 태도를 갖는다.

⑦ 모방과 반복연습을 주로 하기 때문에 학생들이 지루할 경우를 대비하여야 한다.

⑧ 청화식 교수법에서는 학습자의 흥미보다 성취수준을 더 고려해야 한다고 하였으나 현장에 적용할 경우 학생을 대상으로 하기 때문에 어느 정도 그들의 흥미를 생각해야 할 것이다.

⑨ 설명보다는 연습을 통해서 음성구조와 문장구조를 익힌다.

⑩ 음성학습이 철저하게 이루어진 다음에 점차적으로 문자에 의한 표기법을 학습한다.

⑪ 모든 기본적인 구문의 학습이 끝날 때까지 어휘제시는 최소한으로 한다.

Ⅲ. 수업모형 및 학습지도안

1. 수업모형

【표 4】청화식 교수법을 적용한 수업모형

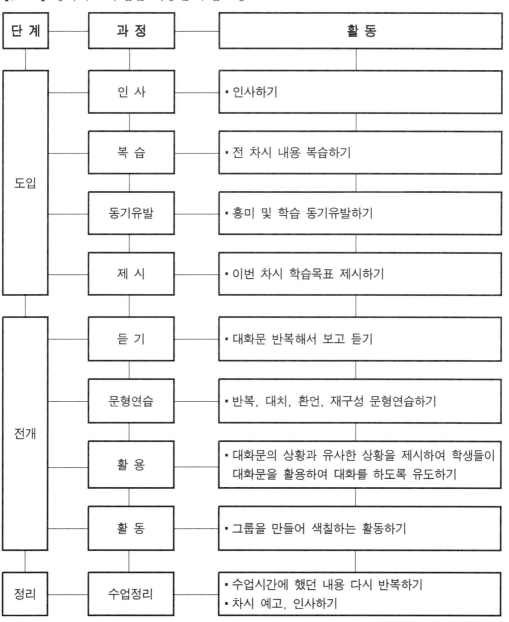

단계	과정	활 동
도입	인 사	• 인사하기
	복 습	• 전 차시 내용 복습하기
	동기유발	• 흥미 및 학습 동기유발하기
	제 시	• 이번 차시 학습목표 제시하기
전개	듣 기	• 대화문 반복해서 보고 듣기
	문형연습	• 반복, 대치, 환언, 재구성 문형연습하기
	활 용	• 대화문의 상황과 유사한 상황을 제시하여 학생들이 대화문을 활용하여 대화를 하도록 유도하기
	활 동	• 그룹을 만들어 색칠하는 활동하기
정리	수업정리	• 수업시간에 했던 내용 다시 반복하기 • 차시 예고, 인사하기

2. 학습지도안

Lesson	What color is your bag?		Theme		color
Objectives	1. Be able to listen and speak more color words. 2. Be able to ask and answer the colors of things.				
Contents	Words		색깔명 : yellow, red, green… (소유격+) 사물명 : my bag, your pen…		
	Expressions		What color is your bag? My bag is green.		

Teaching Process

STEP	PROCEDURE	ACTIVITIES (T: Teacher　S: Student)	TIME	MATERIAL
Introduction	Greetings	T: Good morning. S: Good morning.		
	Review	T: We learned the name of colors last class. Can you remember?(색깔 카드를 보여주면서 묻는다.) What's the name of this color? S: It's red/blue/…		flash cards
	Motivation	T: How can you say about the milk? Is it red? S: No, it isn't. It's white. T: Yes. The milk is white.	5'	
	Introduction	T: Today we'll learn the colors of things. In the end of the class, we can ask and answer the colors of things. Then, close your eyes and listen to the CD ROM. (CD ROM의 '깜깜이' 기능을 이용, 소리만 나오게 한다.) S: (주의 깊게 듣는다.) T: Now look at the screen and listen to it.('깜깜이' 기능을 해제하여 화면과 함께 듣는다.)	5'	CD ROM, TV
Development	Listening	T: Everyone, listen carefully over again. (2~3회 정도 CD ROM을 반복 청취한다.) S: (주의 깊게 보고 듣는다.)		

Teaching Process				
STEP	PROCEDURE	ACTIVITIES (T: Teacher S: Student)	TIME	MATERIAL
Development	Pattern Practice	■ Repetition (그림카드와 실물을 가지고 문형연습한다.) T: This cake is white. S: This cake is white. ■ Replacement (그림카드와 실물을 가지고 문형연습한다.) T: His hat is black. (dog, brown) S: His dog is brown. ■ Restatement (실물을 가지고 문형연습한다.) T: (S1에게) Ask him(S2) what color his pen is. S1: (S2에게) What color is your pen? ■ Restoration (교사가 단어카드를 제시하면 학생이 재구성하면서 문형연습한다.) T: Make a sentence with these words and say it. "what, book, his, is, color" S: What color is his book?	20'	flash card (그림)/실물 단어카드
Consolidation	Extension	T: Now, listen to the CD ROM, answer the speaker. S: (내용을 듣고 답한다.) ■ 그룹활동 (미리 준비된 밑그림에 색칠한다.)		CD ROM, TV 밑그림, 색연필
	Activity	T: Let's color the pictures. S1: (S2에게) What color is your pen? S2: (S1에게) My pen is blue. S1: (밑그림에 색칠을 한다.)	10'	
	Wrap up	T: Close your eyes, and let's listen to the whole dialogue. And think the question and answer with your own. S: (눈을 감고 들으며 질문에 스스로 답한다.) T: Time's up. Good bye. S: Good bye.		CD ROM, TV

함께 해 봅시다

그룹 활동의 "색칠하기 놀이"는 다음과 같은 방법으로 진행하면 됩니다.

☞ 준비물 : 모자, 컵, 연필, 새 등이 그려진 학습지, 색연필
① 한 팀을 4~6명 정도로 구성하여 원 모양으로 책상을 배열하여 앉게 하고, 밑그림만 그려진 학습지를 나누어줍니다.
② 첫 번째 학생이 두 번째 학생에게 "What color is your cup?" 하고 물으면, 그 학생은 "It's red(or yellow, blue, green)." 하고 임의로 대답을 합니다.
③ 대답을 들은 첫 번째 학생과 나머지 학생들은 두 번째 학생이 말한 색깔로 학습지의 그림에 색칠을 합니다.
④ 마찬가지로 두 번째 학생이 세 번째 학생에게 컵을 제외한 다른 물건의 이름을 넣어 질문을 하고, 위와 똑같은 방법으로 놀이를 계속합니다.

함께 해 봅시다

색칠하기 놀이

(   )번   이름 (   )

♣ 물건의 색깔을 묻고 답하는 놀이를 해 봅시다. 색칠놀이도 해 봅시다.

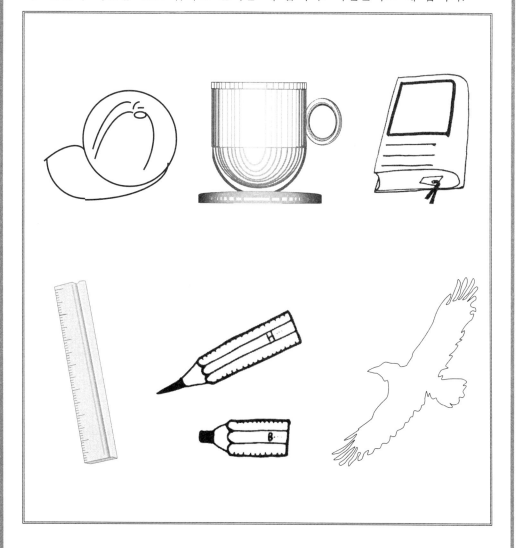

초단파 교수법
(Microwave Method)

초단파 교수법은 E. Stevick(1964)과 T. F. Cummings의 이론을 기초로 개발된 단기 외국어 교육방법이다. 이 교수법은 단기 교육 훈련 주기를 통해 반복적으로 학습시켜 외국어를 숙달하게 하는 것이 큰 특징이라 할 수 있다. 그 주기는 M phase와 C phase으로 구성되어 있는데, M phase의 모방(mimicry), 언어적용(manipulation), 언어기교(mechanics)의 단계를 거쳐, C phase의 의사소통(communication), 대화(conversation), 계속성(continuity)으로 이루어진다.

이 교수법은 진정한 대화 소통을 위해 질문과 대답식 교수를 강조하며, 일정한 프로그램으로 훈련한다. 또한, 인물의 자서전적 내용을 외국어로 들려주며, 이해도를 확인하고 그것을 중심으로 대화를 유도하여 가는 형식을 취한다.

따라서, 초단파 교수법은 조직적인 하급 훈련 단계를 통해서 단기적으로 외국어를 숙달할 수 있다는 장점이 그 특징이라 할 수 있다. 이 장에서는 외국어 교수법에 있어 약간은 생소한 느낌을 주는 초단파 교수법의 이론에 대해 실례를 중심으로 살펴보고자 한다.

Ⅰ. 개 요

1. 의미

초단파 교수법(microwave method)은 Stevick이 1964년에 외국어교육 연구소와 평화봉사단에서 외국어를 위한 교수자료를 개발하고자 Thomas F. Cummings의 이론을 바탕으로 고안해 낸 방법으로 청화식 교수법에 기초를 둔 변형된 교수법이다.

초단파 교수법은 일련의 사이클로 구성된 교수자료를 말하며 이 때의 사이클은 가르치는 교수자료를 적은 단위로 절단한 소집성체를 의미한다. 이렇게 교수자료의 단위를 최소화했기 때문에 비유적으로 'microwave'라고 한 것이다. 이 교수법의 핵심은 교수자료의 단위를 최소화했을 때 교육의 효과가 극대화된다는 원리에 있다.

이러한 Stevick의 제안은 미국인들이 외국어 상황에서 의사소통을 해야만 하는 실제 외국 상황에서 사용되었고 넓고 다양한 교수자료에 이용되었다. 그러나 Stevick은 자신의 마이크로웨이브 방식이 어디까지나 교수자료 제작을 위한 한 가지 기법에 불과하다는 것을 강조하지만 많은 사람들이 교수법으로 그의 제안을 응용하고 있다(이영헌 외, 2000).

2. 원리

초단파 교수법에서 가장 강조하는 것은 'communicative use of each structural element'이다. 초단파 교수법의 형식은 하나의 질문과 4 8개의 답으로 된 발화로 구성된다. 강의의 사이클(cycle)은 M phase와 C phase로 전개되는데, M phase는 다시 M 1, M 2, M 3, M 4와 같이 더 세분화되어 구조적으로 관련성이 있는 몇 개의 부분으로 나누어지며, C phase는 짤막한 회화로 구성된다.

M phase에서 M은 모방(mimicry), 조작(manipulation), 의미(meaning), 기억(memorization)의 첫 글자를 의미하는 것으로 발음의 모방(mimicry of pronunciation), 문법구조의 조작(manipulation of grammatical elements), 단어나 문장의 의미를 파악(learning the meaning of the words and sentences)하고 암기(memorizing)하는 문장의 기초적 훈련을 실시하는 단계이다.

C phase에서 C는 의사소통(communication or conversation), 일관된 대화(continuity)의 첫 글자를 의미하는 것으로 M phase에서의 문장 기초훈련이 끝나면 C phase에서는 짧은 회화 훈련을 하게 된다. 각 사이클의 C phase는 통제대화(controlled conversation)와 자유대화(free conversation)의 두 부분으로 이루어져 있다.

이 교수법에서 사용하는 교재에는 정규적 주기 외에 일정한 간격으로 실생활과 비슷한 상황과 토의주제라는 항목을 제시한다. 이 두 항목은 학생들이 이미 각 주기에서 배운 구문과 어휘를 사용하여, 주어진 상황이나 화제에 관련된 이야기를 각자 나름대로 하게 하는데 목적을 둔다. C phase에서 통제대화는 청화식 교수법에서 사용되는 대화문보다 길이가 짧은 것 외에는 청화식 교수법과 비슷하고, 자유대화는 실생활과 유사한 상황, 토의 등의 활동을 하는 것이 특이하다.

한편, Stevick이 초단파 교수법에서 언어교육의 대원칙으로 삼고 있는 다섯 가지 초점을 살펴보면 다음과 같다(박원, 1996).

1) 유용성(usability)
언어교육은 훈련에만 그치지 말고, 연습된 교재가 즉시 실상황에서 사용되도록 해야 한다. 실제 사용(real use)은 못하더라도 실제적 사용(realistic use)은 이루어져야 한다.

2) 조직성(organization)
교재와 교수법이 조직적으로 전개되어야 한다. 적어도 초급 수준에서는 새로운 교재가 어떤 순서를 따라 조직화되고 세분화되어야 한다.

3) 민감성(responsiveness)
학습자 개개인의 다양한 흥미와 욕구에 민감하게 반응하여, 교재와 교수법을 융통성 있게 조정한다.

4) 책임성(responsibility)
왜 배우는지에 대한 학습의 동기가 책임 있게 우러나와야 한다. 그리고 배운 것을 이용하여 표현하는 능력이 가미되어야 한다.

5) 다원성(pluralism)
교육은 여러 가지 변수가 복합적으로 작용하여 이루어지는 것이기 때문에 언어교육에 관한 어느 한 가지 방법이나 기법이 절대적일 수 없다. 즉, 교육상황의 다양성을 중요시한다.

3. 특징

초단파 교수법의 특징은 다음과 같다.
① 청각 구두 교수법을 약간 혁신한 교수법으로서, 회화 지향적이며 주로 성인을 대상으로 하는 집중 훈련 방식이다.
② 학습자가 새로운 어휘와 진정한 의사소통을 생성해 낼 때에 질문과 대답으로 된 작은 언어자료의 위력이 나타난다.
③ 마이크로웨이브 체제는 하나의 발화(utterance)로 구성되어 있는데, 일반적으로 하나의

질문과 4개에서 8개의 대답으로 되어 있다.

④ 마이크로웨이브 교재는 정규적인 사이클 외에, 일정한 간격을 두어 실생활과 같은 상황과 토의주제라는 항목이 제시된다.

▌ II. 교실수업의 적용

1. 수업절차

앞에서 언급한 것처럼 이 교수법의 학습지도 사이클은 M phase와 C phase로 구성되어 있다. 실례를 통해 수업절차를 설명하면 다음과 같다.

1) M phase 교수

M Phase의 각 사이클은 네 개 이상의 하위 'M'(M 1, M 2, M 3, M 4)으로 구성되며 이들은 각기 구조적으로 연관된 문장들로 이루어진다.

(M 1)

some	I'd like some eggs, please.
a few	I'd like a few eggs, please.
a dozen	I'd like a dozen eggs, please.
a half dozen	I'd like a half dozen eggs, please.

(M 2)

any	I'm sorry, there aren't any left.
any at all	I'm sorry, there aren't any left at all.
none	I'm sorry, there are none left.
none at all	I'm sorry, there are none left at all.

(M 3)

any	Do you have any milk or cream?
some	Do you have some milk or some cream?
a few bottles of	Do you have a few bottles of milk?

a dozen bottles   Do you have a dozen bottles of milk?

(M 4)

some   any   We have some milk but we don't have any cream.

some   any at all   We have some milk but we don't have any cream at all.

any   some   We don't have any milk but we have some cream.

any at all   some   We don't have any milk at all, but we have some cream.

(1) 발음의 모방

① 교사는 보통 속도로 M 1의 첫째 문장을 두 번씩 읽는다.

    T: I'd like some eggs, please.

      I'd like some eggs, please.

② 학생들은 두세 번 따라 읽는다.

③ 학생에게 개별적으로 그 문장을 말해 보게 한다.

    학습자가 영어를 말하는데 두려움을 갖지 않게, 교사는 학생과 같이 그 문장을 읽는다.

(2) 문장의 의미파악

교재내용을 영어와 모국어를 동시에 사용해서 제시한다. 영어를 설명하기 위해 시간을 소모하는 것은 좋지 않다. 그렇다고 모국어로 말하라는 것이 아니라, 단지 쓰기만 하는 것이다. 이렇게 판서로 제시함으로써 학생들은 영어를 의사소통에 필요한 언어로 받아들일 것이며 문장의 의미를 쉽게 파악할 수 있다.

(3) 특정 M 주기(M 1, M 2, M 3, M 4) 내에서 이런 형식으로 문장을 익힌다.

(4) 문법구조의 조작

하위의 M 주기에서 대치연습을 한다. 단서로서 대치연습에 사용되는 단어를 제시한다.

    T: I'd like some eggs, please.

    S: I'd like some eggs, please.

    T: A few.

    S: I'd like a few eggs, please.

    T: A dozen.

    S: I'd like a dozen eggs, please.

학생들이 대치 연습을 잘 수행하면, 이 단계는 끝이 난다.

2) C phase 교수

C Phase는 실제 생활 상황에서 있을 수 있는 짧은 대화로 구성되며, C Phase가 진행되는 동안 교사와 학생들은 목표언어로 진행되는 대화를 들으면서 필요하면 모국어 번역을 참고하여 대화의 의미를 파악한다. C Phase 주기는, 다음의 통제대화와 자유대화로 이루어진다.

(1) 통제대화

(C 1)

A: I'd like (some) eggs, please.

B: I'm sorry, there aren't (any) left.

A: Do you have (some) milk or (some) cream?

B: We have (some) milk but we don't have (any) cream.

(C 2)

A: I'd like (a few) eggs, please.

B: I'm sorry, there are (none) left.

A: Do you have (a few bottles of) milk or cream?

B: We don't have (any) milk (at all) but we have (some) cream.

① 교사가 첫 부분을 맡고, 학생들이 돌아가면서 두 번째 부분을 맡는다(교사 학생).

② 학생 두 명이 역할을 맡는다(학생 학생간의 Role play).

③ 이미 알고 있는 단어를 가지고 (   ) 속의 단어를 여러 가지로 바꾸어 본다. 상황에 적합하다면 교사가 새로운 단어를 알려주어도 된다.

(2) 자유대화

이 단계에서 학생들은 이미 배운 것과 그것을 조합하여 자신이 직접 대화하는 기회를 가진다. 이 때 교사는 새로운 어휘를 알려주거나 오류를 수정하는 중재자의 역할을 해야 한다. 그러므로 해서 학생들은 자신이 직접 겪은 일에 비추어 문장을 말할 수 있고 이는 실제 의사소통의 밑거름이 되는 것이다. 이 과정에서는 실생활과 같은 상황과 토론 주제를 제공하는 두 가지 형태로 이루어지는데, 이 때 배운 어휘와 문장을 활발히 사용할 수 있도록 규칙적인 주기를 둔다. M 주기에서서처럼 실생활과 같은 상황을 제시할 때도 2개 국어를 사용한다. 그리고 토론 주제를 제시하는 형태는 언어사용이 유창한 학생들에게 가능하며, 특히 사고할 수 있고 자기가 말하고 싶은 것을 표현할 수 있는 정도가 되어야 한다. 실생활과 같은 상황과 토론 주제를 제공하여 이루어지는 자유대화는 학생들에게 의사소통 할 기회를 주는 것이다. 실례를 제시하면 다음과 같다.

▶ 실생활과 같은 상황

① You are going shopping and you meet a friend who asks your destination. After you explain, you both decide to go together to a cafe and talk about your plans for the next vacation.

② You return home from the market and you explain to your parents how expensive everything is and how difficult it is to buy all the necessary things with the little money they give you.

③ You are going to take your driver's test. The examiner tells you what kinds of things you have to do: change lanes, turn left, slow down, etc. You feel nervous and make lots of mistakes. At the end of the test, ask the examiner whether you passed or not.

▶ 토론 주제

① Is watching TV worthwhile?

② Should the work day be shortened?

③ Should an adolescent be permitted to ride a motorcycle at age 14?

(석희선, 1985:99 102).

2. 교수 학습활동 유형

초단파 교수법에서의 교수 학습활동 유형을 앞서 제시한 수업절차 중 현장에 적용할 수 있는 활동유형으로 구성해 보면 다음과 같다.

1) M phase

(1) 발음의 모방

① 녹음 테이프, 비디오 테이프, CD ROM 등의 매체를 활용하여 목표언어의 발음을 들

려준다. 이 때 내용 파악은 신경 쓰지 않으며 한 문장씩 들려주도록 한다.
② 반복청취 후 전체적으로 따라 읽거나 말하도록 유도한다.
③ 조별, 혹은 짝끼리 마주 보고 따라 말한 후 서로가 점검해 준다.
④ 교사는 학습자가 위압감을 느끼지 않도록 분위기를 편안하게 조성해 준다.

(2) 문장의 의미파악
① 목표언어의 발음을 따라 말한 후 다시 한번 매체를 활용하여 내용을 확인한다.
② 교사는 학생에게 내용파악을 위한 몇 가지 질문을 던지고 대답이 오고 간 후 문장의
   의미를 칠판에 적는다.

(3) 문법구조의 조작
제시된 문장에서 목표 어휘나 어구가 되는 부분을 다른 말로 대치하는 연습을 한다. 이
때 그림카드나 단어카드를 활용하면 좋을 것이다.

(4) 기억
대치 연습에 의한 문형연습 및 반복연습을 통하여 목표언어를 기억할 수 있도록 유도한다.

2) C phase

(1) 통제대화
① 4 5번의 turn taking이 있는 짤막한 대화를 교사와 학생이 주고받는다. 처음엔 교사와
   학생 간의 대화로 시범을 보이고 다음부터는 학생들 간의 대화나 조별 활동으로 구
   성한다. 이 때 역할극(role play)을 적용하면 효과적이다.
② 비교적 짤막한 대화의 반복은 학습자의 싫증이나 무료함을 불러일으킬 수 있으므로
   그림카드나 단어카드로 문장의 변화를 주는 게 필요하다.

(2) 자유대화
학생들의 수준과 학습목표를 고려하여 실생활에서 일어날 수 있는 상황을 재연한 장면
의 비디오 화면이나 그림을 보여준다. 특히, 고학년의 경우는 간단한 토론주제를 통하여
자신의 의견을 표현할 수 있도록 하는 토픽을 정해 준다. 이후 학생들은 학습한 어휘나 문
장들을 사용하여 자유롭게 의사표현을 하게 한다. 이 때 교사는 학생들 간의 대화에 직접
참여하지 않는다.

3. 현장적용시 유의점

첫째, 초단파 교수법은 의사소통에 목적을 두고 있으므로 단순히 반복 학습이 되어서는
안된다.

둘째, 청화식 교수법을 변형한 것이므로 ALM(Audio Lingual Method)의 가장 큰 단점인
'지루해지기 쉽다'는 것을 기억해야 한다. 즉, 다음과 같은 문제점이 있을 수 있다.

① 기계적인 집중 훈련에서 심리적 권태나 나태가 빚어진다.

② 지각 운동적인 훈련에만 주력을 쏟게 되므로 지적인 활동이 둔화된다.

③ 집중 훈련이 강행되므로 정서적 안정과 흥미 또는 동화력이 감소된다.

④ 미리 편성된 언어적 기준을 중심으로 학습이 진행되기 때문에 학생들의 상상력, 창의
력 또는 창의성이 적어진다.

⑤ 초보적이며 기본적인 사항에 치중하게 되므로 학생들의 정신 수준과의 괴리 현상이
일어난다.

셋째, 학생들에게 발화를 요구하므로 학습자는 영어에 대한 두려움이 생기기 쉽다. 교사
는 이 점에 유의하여 두려움이 생기지 않게 편안한 상태로 말할 수 있도록 해야 한다.

Ⅲ. 수업모형 및 학습지도안의 예시

1. 수업모형

【표 5】 초단파 교수법을 적용한 수업모형

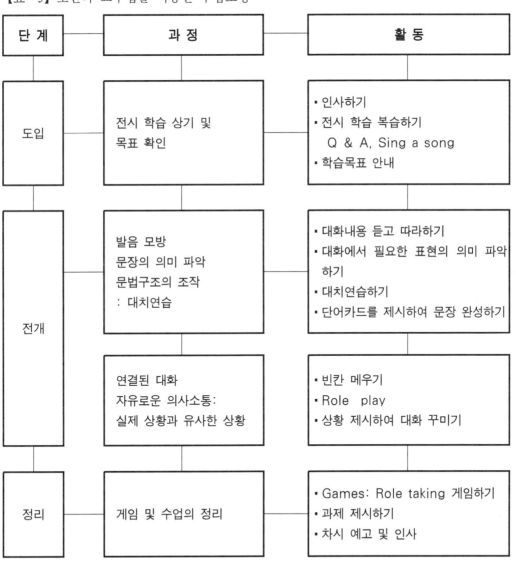

2. 학습지도안

Lesson	(5학년 8단원) Let's go swimming		Theme	Making a promise
Objectives	Learn necessary expressions for making appointments.			
Contents	words	In front of, theater, library, when, then, where, tomorrow		
	Expressions	"Let's ~", "When (Where) do you meet?"		

Teaching Process

STEP	PROCEDURE	ACTIVITIES (T: Teacher S: Student)	TIME	MATERIAL
Introduction	Greeting	T: Good morning! S: Good morning!	5'	※dialogue가 짧지 않으므로 한꺼번에 듣고 말하는 것이 아니라 한 문장씩 듣고 말한다.
	Review	T: What did you do yesterday? S: I met my friend. I saw a movie. I played baseball.		
	Motivation	T: 지난번에 불렀던 "Hello" 노래 한 번 부르고 시작해요. S: (즐겁게 노래 부른다). T: 친구들이랑 만나고 영화 볼 때, 어떻게 만났어요? S: 전화해서 약속하고 만났어요.		
	Introduction	T: 그럼 오늘은 영어로 친구와 약속시간과 장소를 정할 수 있도록 공부해 봐요. ♣ 공부할 문제 ♣ ☞ 약속을 할 때, 필요한 표현을 익히고, 직접 묻고 답하기		※CD ROM은 교사가 직접 제작해서 여러 가지 기기 연결 없이 한꺼번에 실행시키는 것이 좋다.
	Mimicry of pronunciation	■ Dialogue 들려주기 T: Listen carefully. ■ 전체적으로 말하기 T: Listen and repeat (after me)/(tape record) (교사가 먼저 한 문장을 두 번씩 말한다. 교사 대신 원어민 발음을 들려주는 것도 좋다.) ■ 개별적으로 말하기	5'	※발음에 유의하며 실제 대화 상황처럼 말할 수 있도록 한다.
Development	Meaning of the sentences.	T: Who wants to speak? Don't be afraid. You can speak with me. (몇 명의 학생에게 시켜서 말해 보도록 한다. 이 때는 교사가 그 학생과 같이 말한다.)		

Teaching Process				
STEP	PROCEDURE	ACTIVITIES (T: Teacher S: Student	TIME	MATERIAL
Development	Manipulation of the grammatical structures.	T: That's good!/Almost right, but try it again./You have very good pronunciation. (Tape을 이용하여 한 문장 읽고 학생이 따라 읽을 수 있게 녹음해서 들려준 후, 다시 한 번 정확히 발음해 보도록 한다.) (Power point 또는 칠판에 dialogue를 제시한다. 영어 dialogue와 한글로 된(번역) dialogue를 같이 제시한다. 단, 우리나라 말로 말하지는 않는다.) T: "Let's ～" means "～을 하자." If I and my friend want to go to the park, we can say. "Let's go to the park." Can you understand? S: Yes. T: "When can we go?" means "언제 갈까?" and "How about～" is very useful sentence. 이것뿐만 아니라, 음식이나 무엇을 할 때 "How about you?" 하면 상대방의 생각을 물어볼 수 있어요. "In front of + ( )" It means where we meet, 장소 (location) If you ask me "where do we meet?", I can answer. "In front of ( )." (문장의 의미를 설명할 때 개별 학생에게 한 번씩 더 발음하게 함으로써 발음 교정이 될 수 있다. 이 때 dialogue를 보면서 다시 한 번 듣고 말한다.) ■ Substitution Drill T: Now, we will change sentences we learn. I will present some word cards. You can change that word in sentences. Let's start!! OK? S: Yes, Ma'am/No, it's boring. T: Boring? Mm… After this activity, we will take a break. OK? S: Oh, yes! ① T: Let's go to see "Shrek" **to the park**를 제시한다. S: Let's go to the park.	10'	※그림을 보면서 들었으므로 어떠한 상황인지는 알고 있다.

Teaching Process					
STEP	PROCEDURE	ACTIVITIES (T: Teacher S: Student)	TIME	MATERIAL
Development		T: Excellent. 　　go shopping을 제시한다. S: Let's go shopping. ② "How about tomorrow afternoon?" T: Change this word 'tomorrow afternoon' 　　Children's Day를 제시한다. S: How about Children's Day? 　　this weekend를 제시한다. S: How about this weekend? ③ "In front of the theater at 4 O'clock" 　　Behind카드 제시 S: Behind the theater 　　At the library카드 제시 S: At the library at 4 o'clock ④ "See you tomorrow" 　　then카드 제시 S: See you then T: OK. Good. You are all good at this activity. So, I will show you music video. 　　Let's take a break(잠시 휴식한다). T: OK. Let's start again. 　　A: Let's (go to see "Shrek") 　　B: OK. When can we go? 　　A: How about (tomorrow afternoon)? 　　B: Good. Where do we meet? 　　A: (In front of) the theater at 4 O'clock. 　　B: OK. See you (tomorrow) (앞의 대치 연습에서 쓰였던 어휘를 사용하여 ( )을 바꾸어 말하도록 한다.) T: You can speak this dialogue using words that you practiced. (교사가 A 역할, 학생이 B 역할을 맡아서 한다. 그리고 학생끼리 Role play를 한다.) T: Work in pairs and who want to be A?/B?	10'	※ 단어카드를 준비한다. 그림과 함께 있는 카드를 제시하거나 파워포인트로 보여준다.
	Controlled conversation			

Teaching Process				
STEP	PROCEDURE	ACTIVITIES (T: Teacher S: Student)	TIME	MATERIAL
Consolidation	Free conversation life like situation	■ Situation 1 The Saturday, you want to see a movie with your friend. How can you say to your friend? ■ Situation 2 You saw H.O.T music video. So, you really want to go there. The concert will be held on next Sunday. ■ Situation 3 You call your friend. On the phone, you speak to your friend about playing basketball. T: 세 가지 상황 중에서 하나를 택해서 짝과 대화를 만들어 보세요 (오늘 연습한 상황과 관련된 게임을 제시한다. Role Taking이라는 게임으로 활발히 진행하도록 한다.) T: Today, we learned about "making a promise" 이제 약속을 정할 때 영어로 어떻게 하는 것인지 알겠지요? 자, 그럼 이번 주말에 친구와 오늘 배웠던 표현을 사용해서 약속을 정해 보세요.	10'	※새로운 어휘가 필요하면 알려준다. Worksheet
	Announcing next class	T: Next time, we will learn more expressions about making promise and playing games. Time's up. Thank you for your effort. Good bye. See you later.		

함께 해 봅시다

다음의 대화내용을 참고로 수업에 활용해 봅시다.

<Dialogue>	
A: Let's go to see 'Shrek'	A: 영화 '슈렉'보러 가자!
B: OK. When can we go?	B: 그래, 언제 갈거야?
A: How about tomorrow afternoon?	A: 내일 오후는 어때?
B: Good. Where do we meet?	B: 좋아. 어디서 만날까?
A: In front of the theater at 4 o'clock.	A: 4시에 영화관 앞에서 보자.
B: OK. See you tomorrow.	B: 그래. 내일 보자

짝과 함께 다음의 상황 중에서 하나를 골라 대화를 만들어 보는 활동을 활용해 봅시다.

상황 1	상황 2	상황 3
	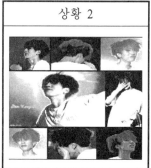	

	상황 1	상황 2	상황 3
약속 목적	영화관람	H.O.T 공연	농구하기
약속 시간	이번주 토요일 오후 5시	다음주 일요일 오전 8시	내일 아침 오전 9시 30분
약속 장소	상대방 집	지하철 역 앞에서	학교 운동장에서

다음의 놀이들을 활용해 봅시다.

◑ "Role Taking"(묻고 답하기)

① 5장씩 한 벌의 그림카드와 단어카드를 준비한다.

② 10명씩 한 조가 되어서 5명은 단어카드를, 또 다른 5명은 그림카드를 한 장씩 가진다.

③ 제안을 하는 영어카드를 가지고 있는 사람이 자기가 제안하는 내용의 그림카드를 가진 친구를 찾는다.

③ 찾은 사람은 의자에 앉고 그렇지 않으면 앉지 못한다.

④ 제일 늦게 하는 조가 지게 된다.

【게임하면서 사용할 목표언어】

    A : Let's go to the park.

    B : I'm sorry, but I can't.

    A : Let's go to the park.

    C : OK. Let's go to the park.   (A와 C는 함께 자리에 앉는다.)

【단어카드】

Let's go swimming

Let's go to the park

Let's go hiking

Let's go skating

Let's go shopping

시 청 각 교 수 법
(Audio   Visual   Method)

시청각 교수법은 시청각 교재를 이용하여 일상생활에서 사용하는 영어를 가르쳐, 궁극적으로 전문적인 담화와 글을 이용하여 능숙하게 의사소통 할 수 있는 능력을 기르는 것에 목적을 두는 교수법이다. 이것은 언어가 실제 생활과 불가분의 관계에 있다는 가설에 근거하여 교실은 극히 제한된 범위 내에서 실제 생활을 다루기 때문에 시청각 자료를 사용해야 할 필요성이 첨가된 것이라고 할 수 있다. 그러나 시청각 자료를 이용하기 때문에 분명한 의미전달이 어렵고, 시각 영상을 잘못 풀이하는 데서 오는 문제점과 교수절차가 검증되지 않아 아직 더 많은 실험 연구가 요구되는 실정이다.

시청각 자료를 이용하면 강세, 리듬, 억양을 효과적으로 식별할 수 있고 제한된 시간과 공간에서 발화하는 상황을 이해하는데 도움을 준다. 또한, 학생들에게 문화적 차이를 보고 들으면서 이해시키는 데도 큰 효과가 있다. 따라서, 앞으로 더욱 광범위한 적용을 기대할 수 있을 것이다. 이 장에서는 시청각 자료로써 많이 쓰이게 되는 비디오, 오디오 자료를 중심으로 현장수업에 적용 가능한 방법들을 살펴보게 될 것이다.

Ⅰ. 개 요

1. 의미

과학기술의 발달로 인해 다양한 시청각 매체가 발달되면서 영어교수법의 개선에 많은 영향을 주었는데 그 대표적인 예가 시청각 교수법(audio   visual method)이다. 시청각 교수법은 시청각 교재를 이용하여 일상 생활에서 사용하는 영어를 가르치고, 일반적인 화제에 관하여 이야기를 나누며 비전문적인 글과 신문을 읽을 수 있는 능력을 개발하여, 후에 전문적인 담화와 글을 통해 의사소통 할 수 있는 능력을 기르는 데 목적을 둔다. 이 교수법은 초보 학습자가 생활영어에 친숙하도록 하는데 우선적인 목표를 두며, 이 단계가 지나면 일반적 화제에 대하여 대화를 하고 특별한 분야에 관한 담화까지를 최종목표로 한다. 이 교수법은 언어가 실제 생활과 불가분의 관계가 있다는 가설에 근거하여, 제한된 범위의 실생활을 다루는 교실상황을 극복하기 위해 시청각 매체를 사용한 효과적인 교수 학습상황을 구현하고자 하는 것이다. 이와 같이 시청각 자료를 이용하면 대조되는 음질, 억양, 음량, 상황 등을 효과적으로 식별할 수 있으므로, 제한된 시간과 공간 속에서 발화의 의미와 상황, 문화적 차이 등을 쉽게 이해시키는 데 도움이 된다(Stern, 1994).

시청각 교육은 본래 무성 영화를 교육적으로 활용하려는 시각 교육에서 출발하였다. 20세기 초 영화가 새로운 오락물로서 일반 사람들에게 큰 인기를 얻고 있을 때, 이 신기한 발명을 교육적으로 이용할 수 있는 가능성이 검토되었으며 1920년대에 이르러 영화가 유성화됨으로써 시청각 자료로서의 우수성을 더욱 인정받게 되었다(신성철과 박의재, 1987).

또한, 교육자들은 영화뿐만 아니라 이미 발명되어 다른 방면에서 사용되고 있었던 라디오나 축음기 등과 같은 청각 자료들을 교육적으로 활용하는데 관심을 갖기 시작하였다. 즉, 무성 영화를 교육적으로 활용하려는 시각 교육으로부터 출발하여, 무성 영화가 유성 영화로 발전하고 라디오와 축음기 등이 교육에 활용됨에 따라 청각 교육을 포함하게 되어 시청각 교육으로 발전하게 된 것이다. 그 후 과학기술의 발달로 새로운 기계들을 교육에 활용하게 되었고, 특히 제2차 세계 대전 중에 미국이 군대 특별 훈련 계획(army specialized training program)에서 언어 실습실과 교수 기기(teaching machine) 등과 같은 현대적 매체를 언어교육에 활용하면서 시청각 교육은 더욱 발전하였다. 결과적으로 초기 교육 사상가들의 주장에 의해서 오로지 글과 문헌에 의존해서 행해졌던 형식적이고 추상적이었던 교육에 그림이나 사진 등의 시각 자료를 사용하게 되었고 과학기술이 발달됨에 따라서 영화, 라디오, 축음기, 언어 실습실, 텔레비전 등의 수많은 매체들의 출현으로 시청각 교육은 본 궤도에 오르게 되었다.

이와 같은 시청각 교육은 다양한 시청각 자료를 활용하여 학습에 대한 흥미를 유발시키며, 직접적이고 실제적인 경험을 제공해야 한다는 주장에서 비롯되었다. 이후 1960년대에 이르러 시청각 교육(audio visual education)은 더욱 광범위한 통신의 모든 영역을 다루는 시청각 통신(audio visual communication)이라는 개념으로 확대되었으며, 요즈음에는 교육 공학(educational technology)의 연구 분야 속에 시청각 교육과 시청각 통신 등이 포함되어 있다(신용진, 1991).

2. 원리

이 교수법의 언어학적 배경으로는 구조주의적 관점을 가지고 있다는 점에서 청화식 교수법과 비슷하다고 할 수 있지만 연습에 제공되는 입력자료가 소리와 더불어 그림과 화면, 그리고 의미 있는 상황이라는 점이 다르다. 그리고 학습이론에 있어서는 형태주의 심리학에 근거하여 교수 학습과정에서 전체적인 상황을 파악한 후에 특별한 언어의 구조나 분절로 진행된다는 점이 다르다고 할 수 있다.

시청각 교수법에서는 녹음된 소리와 화면이 함께 제공되어 목표어의 발화와 의미를 직접 결합시켜 주기 때문에 모국어를 사용할 필요가 없다. 또한, 첫 수업시간부터 학생들이 목표어로 생각할 수 있고, 발화와 함께 화면이 제공되므로 번역이 필요 없으며, 제시된 화면은 일련의 발화를 상기하게 한다.

그리고 학생들의 동기유발에도 큰 도움을 준다. 오늘날 학생들은 보고 듣는데 익숙하므로 잘 구성된 그림이나 시청각 자료를 제공하면 언어학습에 많은 흥미를 느끼게 된다. 화면과 함께 녹음된 소리는 인쇄된 글이나 음성 자체보다 훨씬 큰 감각적 영향력을 가지고 있다. 따라서, 학생들은 화면 속의 몸짓이나 얼굴 표정 등으로 음성이나 억양에 의해 전달되는 의미를 더욱 분명히 알 수 있으며, 의미 있는 상황 속에서 목표언어를 들으면서 상황과 의미에 집중하고 무의식적으로 목표언어를 발음하며 따라하기도 한다(Rivers, 1981).

3. 특징

시청각 교수법의 특징은 시각 자료를 매개로 상황을 제시하고 녹음테이프를 사용하여 말을 들려준다는 것이다. 그리고 단순화된 상황에서 의미 있는 의사소통을 하면서 언어학습을 시킬 수 있다는 점과 시각적으로 제시된 시나리오를 사용하여 의미 있는 발화와 상황을 이해하는 데 도움을 준다는 점이 특징이다.

시청각 교수법의 장점은 첫째, 시청각 교재를 이용하면 교사의 언어학적 설명 없이도 문법 연습을 할 수 있으며 발음연습을 할 수 있다는 것이다. 둘째, 상황을 이해하는데 도움을 주며 기억에 강하게 남도록 한다. 셋째, 학습에 다양성을 부여함으로써 동기와 흥미를 유발시켜준다. 넷째, 외국에 직접 갈 수 없거나 외국인을 교실에 초대할 수 없을 때 녹음기와 비디오를 통해 간접 경험을 갖도록 해 준다. 그리고 시청각 교수법은 시나리오, 영화, 녹음테이프 등을 사용함으로써 영어교육에 대안을 마련해준 점과 영어학습에 기술공학을 접목시킨 것이 큰 이점이라 할 수 있다.

시청각 자료의 여러 가지 장점에도 불구하고, 최근에 발달하고 있는 멀티미디어나 컴퓨터를 이용한 영어교육 프로그램과 비교하면 다양성의 결여와 단조로움, 개인차를 인정하지 않는다는 점 등에서 교구로서의 비디오, 오디오의 의존도는 상대적으로 약화되고 점점 인기도 떨어지고 있다. 그 밖의 단점으로, 이 교수법에서는 시청각 재료를 사용하기 때문에 분명한 의미전달이 어렵다는 것과 시각 영상을 잘못 풀이하는 데서 오는 문제점, 그리고 엄격한 교수절차가 검증되지 않았다는 것 등을 들 수 있다. 또, 우리나라 학교 교육여건에서 시청각 자료를 활용할 수 있는 어학실 등 시설 확보와 운영과 관리에 대한 예산 및 기술 등도 해결해야 할 과제이다.

‖. 교실수업의 적용

1. 수업절차

시청각 교수법을 적용한 수업은 일반적으로 제시 단계(presentation phase)와 설명 단계(explanation phase), 연습 단계(practice phase), 적용 단계(transposition) 등의 네 단계로 진행된다(Rivers, 1981; Stern, 1984; 배두본, 1997).

1) 제시 단계(presentation phase)

시청각 교수법은 프로그램에 따라 수업절차가 다를 수 있으나 대개 필름과 비디오 테이프 등의 시청각 자료를 제시하는 일부터 시작한다. 이 때, 시각적인 영상과 구어로 표현된 발화는 상호 보완적 기능을 하며 양자가 합하여 의미 단위를 구성한다(Stern, 1984).

제시 단계에서 학생들은 일련의 상황적 사건(situational episode)을 다루는 발화와 동반된 화면을 시청하면서, 이미 습득한 언어의 기본 지식과 화면에 나타난 시각적인 요소를 통하여 전체적인 대화의 내용을 짐작하게 된다(Rivers, 1981).

시청각 자료는 화면과 함께 소리가 동시에 녹음되어 있기 때문에 학생들의 흥미를 유발하기 위하여 화면과 소리를 분리하여 제시할 수 있다. 즉, 소리를 들리지 않게 하고 화면만을 보면서 시각적인 단서와 학생들의 배경 지식을 이용하여 대화내용을 추측하게 하는 방법과 소리를 먼저 들려주고 이미 학습한 내용이나 배경 지식을 이용하여 상황을 추측하게 하는 방법 등을 사용할 수 있는 것이다. 이와 같이 화면과 소리를 분리하여 제시하면 시각이나 청각 자료가 제공하는 여러 가지 단서를 통하여 학습자들은 적절한 내용이나 상황을 다양하게 추측할 수 있으며, 자신들의 의견을 뒷받침할 수 있는 단서를 찾는 일에 몰두하게 되므로 학습내용에 집중하게 된다. 또한, 각자 추측한 내용에 대해서 다른 학습자들과 의견을 비교하고 토의하는 활동이 이루어지기가 용이하기 때문에 의사소통 능력을 향상시키는 데 도움이 된다(Finocchiaro, 1989; Allan, 1991; Longergan, 1995).

2) 설명 단계(explanation phase)

설명 단계는 전시나 다시 보기, 문답 등을 통해서 말의 의미나 상황에 대한 설명이 이루어지는 단계이다. 이 단계에서 학생들은 교사의 전시나 시청각 자료를 여러 번 보면서 대화와 상황에 익숙해지며, 특정한 단어나 상황의 의미를 이해하기 위하여 특정한 부분을 선택하여 반복 시청할 수 있다.

따라서, 교사는 학생들이 교사의 질문에 대답하는 과정에서 자연스럽게 내용을 이해할 수 있도록 질문을 구성해야 한다. 즉, 제시 과정에서 제시되었던 발화와 상황에 관하여 질문을 하고, 학생들은 그 질문에 대답을 함으로써 전체 내용을 이해할 수 있도록 해야 한다.

3) 연습 단계(practice phase)

연습 단계에서는 원어민에 가까운 발음을 익히고 억양이나 리듬에 친숙해질 수 있는 기회가 주어지며, 때로는 중요한 표현 및 짧은 대화문을 여러 번 반복하여 암기하는 활동이 이루어지기도 한다. 연습 단계에서 사용하는 방법은 청화식 교수법과 비슷하지만 연습에 제공되는 자료가 그림과 화면, 의미 있는 상황이라는 점이 다르다.

본 단계에서 적용할 수 있는 방법의 예는 다음과 같다(Lasen Freeman, 1986; Richards와 Rogers, 1986).

① 따라하기(repetition)   교사나 테이프의 발음을 따라서 반복한다.

예) 교사: This is a book. → 학생: This is a book.

② 어형변화(inflection)   문장에서 명사와 대명사, 형용사, 동사 등을 다른 형으로 바꾸어 반복한다.

예) 교사: He got the pencil. → 학생: She got the pencil.

③ 대치연습(replacement)   문장 중의 한 단어를 다른 단어로 대치하여 반복한다.

예) 교사: I gave a pen to Ann. → 학생: I gave a pen to her.

④ 문장완성(completion)   완성되지 않은 문장을 듣고 어떤 말을 넣어 완전한 문장으로 완성하여 말한다.

예) 교사: We have _____ own pens. → 학생: We have our own pens.

⑤ 축약(contraction)   문장의 구나 절을 단어로 축약하여 말한다.

예) 교사: Put the pen on the desk. → 학생: Put the pen there.

4) 적용 단계(transposition phase)

적용 단계에 가면 필름과 비디오 테이프의 사용이 다양해진다. 즉, 화면만을 보여 주고 대화를 회상하거나 그 대화를 자신들의 경험에 비추어 학습자 자신들의 이야기로 만들게 할 수 있으며, 대화를 변형하여 실제적인 의사소통 상황에 적용할 수도 있다(Stern, 1984). 또한, 대화내용을 중심으로 그 이전에 일어났던 일, 다음에 일어날 일 등을 생각하게 하는 활동을 통하여 학생들이 다양한 상황을 추측하게 할 수 있다(배두본, 1997).

특히, 이 단계에서는 대화내용을 이해한 후, 적절한 상황을 설정해 주고 학생들이 등장인물의 역할을 맡아 역할극을 하게 함으로써 실생활에서의 의사소통 능력을 향상시킬 수 있다. 역할극을 할 때는 우선 비디오를 통하여 특정 상황 속에서 사용할 수 있는 유용한 표현들을 제시한다. 그 후에 학생들에게 각자의 역할을 인식시킨 후 제시된 표현을 연습하여 소집단별로 역할극을 하게 하며, 역할극을 한 후에 각자의 느낌을 말하게 한다(Miller, 1993).

시청각 교수법의 각 단계별 수업절차와 관련된 한 단원의 전체적인 수업절차는 다음과 같이 도식화 해 볼 수 있다(배두본, 1997; 이승민, 1998).

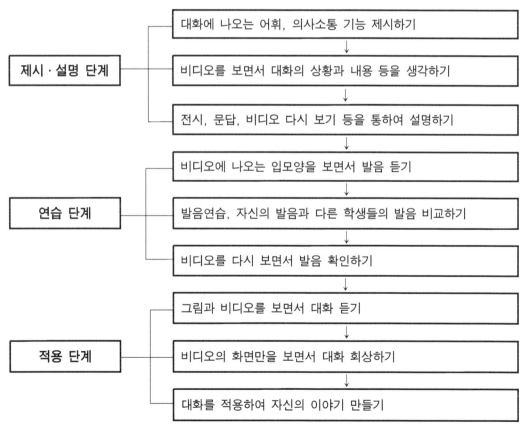

【그림 3】 시청각 교수법에 근거한 단원의 수업절차

2. 교수 학습활동 유형

영어과 교수 학습에서 시청각 교재라 함은 영화, 비디오, 슬라이드, 라디오, 녹음 자료 및 줄사진 등과 같은 다양한 자료들은 물론, 보다 넓은 의미로서 차트나 도표, 견학, 모형, 실물, 전시, 모의물, 포스터, 사진 등을 포함할 수 있다. 여기서는 비디오 자료를 중심으로 한 교수 학습활동 유형에 대해 살펴보기로 한다.

1) 시청 전 활동
① 교과서 그림을 보며 본문 내용을 추측하게 하기
② 연결된 내용일 경우 앞의 내용을 다시 이야기하기
③ 주요 표현과 단어 사전 지도하기
④ 배경 지식 제공하기

2) 시청 중 활동
① 음성 없이 화면만 나올 때
        주인공들의 활동에 대해 질문하기
        비디오 내용과 관계된 짧은 대화를 구성하고 발표하기
        대사를 제공하여 말한 주인공 알아 맞추기
② 화면 없이 음성만 나올 때
        화면 없이 음성만 듣고 대화의 구성원, 장소, 내용에 대해 말하기
        화면을 재생하여 학생들 자신의 추측이 옳은지 점검하기
③ 음성과 화면이 함께 있을 때
        예측 : 잠시 멈추고 등장인물이 무슨 일이나 말을 하려는지 예측하기
        반복 : 핵심부분에서 멈추고 금방 들은 내용을 여러 학생들이 반복하기
        회상 : 단원내용에 익숙해지면 주요문장이 나오기 직전에 멈추고 학생들로 하여금
              문장을 회상하여 말하게 하기

3) 시청 후 활동
① 대사 꾸며 보기
② 역할극하기
③ 시청내용 파악하기
④ 좋아하는 등장인물이나 장면 그리기

⑤ 시청한 내용 요약하기
⑥ Wh Question을 이용한 질문하기
⑦ 제스처를 흉내내고 그 의미에 대해 이야기하기
⑧ 기타 : Jigsaw 놀이 → 학생을 두 그룹(A와 B)으로 나누어 활동

▶ Jigsaw 놀이방법 1
· A가 소리 없이 비디오 화면을 시청하면서 대화내용을 꾸미는 동안 B는 잠시 자리를 비운다.
· B가 돌아와 화면 없이 비디오의 음성만 듣고 무슨 일이 생기고 있는지 상상할 동안 A는 자리를 비운다.
· 짝이나 그룹으로 서로 비교하며 무슨 일이 생겼는지, 어떤 말을 하였는지 이야기한다.

▶ Jigsaw 놀이방법 2
· A는 등을 돌리고 앉아 비디오의 소리만 듣는다.
· B는 보고 듣는다.
· 나중에 A가 B에게 화면 내용에 대해 질문을 한다.

한편, Miller(1983)는 비디오 자료가 실제적인 언어사용의 예를 제시하고 다양한 상황을 제공하며 학습내용을 요약하는 등의 기능을 가지고 있다고 소개하면서, 언어학습에서 비디오를 이용한 효과적인 수업형태를 다음과 같이 제시하고 있다.

(1) 도입활동(introduction)
비디오를 보는 목적을 간단히 설명하고 어디에 초점을 두고 시청할 것인가를 학습자에게 알려준다.
① 전체적인 이해를 위해 볼 것인가?
② 특별한 정보를 위해 세밀하게 볼 것인가?

(2) 예측활동(prediction exercise)
① 학습내용의 제목을 소개한다.
② 학생들에게 제목과 예상할 수 있는 내용에 대한 질문을 한다.
③ 학생들이 질문에 대한 자기 의견을 말한다.

(3) 1차 시청활동(first viewing)
① 비디오를 보면서 전체적인 내용을 파악한다.
② 비디오를 본 후 이전의 질문과 대답에 대하여 토론을 한다.

(4) 2차 시청활동(second viewing)
① 비디오를 다시 보면서 내용을 확인한다.
② 학생들의 수준에 따라 알맞게 비디오를 여러 번 본다.

(5) 보충활동(complementary exercise)
① 내용을 이해하는가에 대한 질문을 하고 대답하게 한다.
② 문법적 구조연습   따라하기, 대치, 문장완성, 확장, 변형연습 등을 한다.
③ 의사소통 훈련   짝활동, 소집단 활동을 한다.
④ 어휘연습을 한다.

(6) 후속활동(follow up exercise)
① 문화적 내용에 대한 토론   비디오를 보고 모국어와 목표어의 문화를 비교하는 토론
   을 한다.
② 역할놀이
        비디오를 보면서 대화를 상기시킨다.
        그 상황 속에서 사용할 수 있는 표현들을 제시한다.
        학생들에게 각자의 역할을 인식시킨다.
        소집단별로 역할놀이를 하게 한다.
        역할놀이를 한 후 느낌을 말하게 한다.
③ 청취활동
        그림을 보면서 녹음 테이프를 듣는다.
        녹음테이프를 들으면서 맞는 내용의 그림을 고른다.
④ 읽기 활동
⑤ 쓰기 활동
⑥ 통합된 활동

3. 현장적용시 유의점

앞서 말한 바와 같이 시청각 교수법은, 시나리오, 영화, 녹음 테이프 등을 사용함으로써 영어교수에 대안을 마련한 점과 영어학습에 기술 공학을 접목시킨 점은 커다란 공헌이지만 시청각 자료를 이용하기 때문에 분명한 의미전달이 어렵고, 시각영상을 잘못 풀이하는 데서 오는 문제점과 엄격한 교수절차가 검증되지 않아 아직 더 많은 실험연구가 요구되고 있음을 간과해서는 안 된다. 따라서, 시청각 교재를 선택함에 있어서 학습자의 이해에 직접적으로 영향을 미치는 요인들, 예컨대 언어의 밀도, 언어수준, 언어내용 외에도 학습자의 흥미, 내용의 적합성, 장면의 길이, 관련자료의 이용 가능성 등을 고려하고 시청각 교재를 투입한 후에 다양하고 적극적인 후속활동으로 효율적인 교수 학습이 되도록 해야 할 것이다(박경식, 1996).

여기서 교사의 역할을 살펴보면 다음과 같다.
① 교사는 여러 가지 시청각 자료를 다룰 수 있는 기술을 습득하여 교재이용에 지장이 없어야 한다.
② 수업에 필요한 시청각 자료를 사전에 준비해서 수업계획을 세워야 한다.
③ 시청각 교수법에서는 모든 학생의 활동이 의사소통 중심으로 진행되므로 교사는 전체 학생이 따라 하는 연습(choral practice)을 금지해야 하며 반복 과정에서는 개별적인 연습만 허용해야 한다.

보다 효율적인 영어교육을 위해 교사는 기자재를 능숙하고 좀 더 다양하며 창의적으로 사용할 수 있도록 노력과 관심을 기울여야 한다. 하지만 가장 중요한 점은 아무리 훌륭한 교육매체라도 교사를 대신할 수는 없다는 점을 상기하면서 자부심과 자신감을 가지고 교육에 임할 때 더 좋은 효과가 나타날 수 있을 것이다.

Ⅲ. 수업모형 및 학습지도안의 예시

1. 수업모형

【표 6】 시청각 교수법을 적용한 수업모형

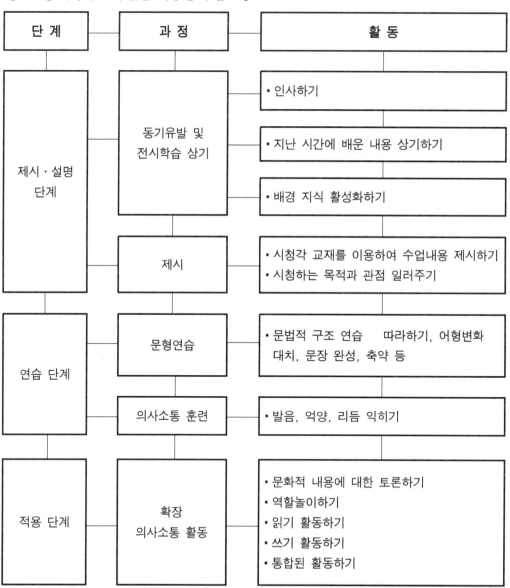

단 계	과 정	활 동
제시·설명 단계	동기유발 및 전시학습 상기	▪ 인사하기
		▪ 지난 시간에 배운 내용 상기하기
		▪ 배경 지식 활성화하기
	제시	▪ 시청각 교재를 이용하여 수업내용 제시하기 ▪ 시청하는 목적과 관점 일러주기
연습 단계	문형연습	▪ 문법적 구조 연습 따라하기, 어형변화 대치, 문장 완성, 축약 등
	의사소통 훈련	▪ 발음, 억양, 리듬 익히기
적용 단계	확장 의사소통 활동	▪ 문화적 내용에 대한 토론하기 ▪ 역할놀이하기 ▪ 읽기 활동하기 ▪ 쓰기 활동하기 ▪ 통합된 활동하기

2. 학습지도안

Lesson	3. Will you help me?		Theme	Asking for help
Objectives	도움을 요청하며 원하는 것을 묻고 답하는 대화를 할 수 있다.			
Contents	Words	help, want, like, food…		
	Expressions	Will you help me? How can I help you?		

Teaching Process

STEP	PROCEDURE	ACTIVITIES (T: Teacher S: Student)	TIME	MATERIAL
Introduction	Greetings Review & Motivation	T: Hi, everyone. How are you today? S: Good./Fine./Not bad./So So. etc. T: Let me call the roll. S: Here. T: OK. Now, we can start. 　Do you remember what we learned last time? S: We learned about 'I want ~.' expression. T: Right. Look at the screen. (교과서 관련 비디오의 Opening part를 제시한다.) ·코끼리: Will you help me? ·개구리: sure. T: 여러분들도 누군가에게 도움을 청한 적이 있을 것이에요. 그런 적 없나요? S: 친구한테 준비물 빌려 달라고 했어요….	5'	VCR
Development	Presentation Listening	T: OK. Today, we will learn about that. After this class, you can say that in English. ♣ 공부할 문제 ♣ ☞ 도움을 요청하는 말과 원하는 것을 묻고 답하는 표현 알기 T: 자, 이제 선생님이 어떤 대화를 들려줄 것입니다. 　Listen carefully. (알라딘 비디오를 화면 없이 소리만 제시한다.) T: Can you hear all right?	5'	VCR

Teaching Process				
STEP	PROCEDURE	ACTIVITIES (T: Teacher S: Student)	TIME	MATERIAL
Development	Explanation Talking & Listening Watching Presentation of the script	T: OK. Let's talk about what we heard. What's the situation? Any volunteer? S: '무엇을 도와드릴까요?'라고 하니까 먹을 것을 준다는 것 같아요. T: Really? What did they say? S: 그건 잘 모르겠어요. T: That's OK. Let's hear one more time. This time, pay attention to what they say(한 번 더 소리만 제시한다). T: Can you remember? S: 'Will you help me?'라고 했어요. 'How can I help you?'라고 했어요. T: Good. Do you know who they are? Let's check them(화면과 소리를 함께 제시한다). T: Who are they? S: 알라딘이었어요. 지니도 나왔어요. T: Yes, right. T: What did they say? S: Will you help me? How can I help you? T: OK. Good. I'll Write the dialogue out. (대화내용을 제시한다.) T: Read this(학생들은 제시된 내용을 읽는다). T: OK. Now, look at the screen. (비디오를 보면서 중요 대화에서 멈추고 따라하기를 반복한다.) T: Will you help me?의 p는 거의 들리지 않게 발음하는 것이에요. T: OK. Good! Now, we will watch the screen without any sounds. T: Who can say the words for them. Any volunteer? S: Me!(화면을 보면서 성우가 된 기분으로 연기한다.) T: Excellent!	15'	VCR VCR VCR

Teaching Process					
STEP	PROCEDURE	ACTIVITIES (T: Teacher S: Student)		TIME	MATERIAL
Development	Practice	T: Let's make a story. 램프의 거인에게 도와달라고 해 보세요. S: Will you help me? T: Good. 그러면 거인은 무엇이라고 할까요? S: What do you want? T: Wow. Does Aladdin look hungry? S: Yes, he does. T: What did he say? S: I'm hungry. I'd like to have some sandwiches.			
	Activity1	■ Role Play T: Good job. Now, let's act out this dialogue. Anybody who wants to be Aladdin? S: Me. Let me try! T: I'll give you the mask. Put it on. (간단한 역할극을 해 본다.)			가면(mask)
	Activity2	■ Chant T: OK. Let's chant. It's so interesting. (오디오를 이용하여 챈트를 들려준다.) T: 강약에 맞추어서 책상도 두드리면서 신나게 해요. T: Did you enjoy this? S: Yes, it's fun. T: OK. Let's talk in pairs.(베짱이와 개미 그림을 보여 주며) How about this situation? 배고픈 베짱이에게 개미가 무엇을 원하는지 묻네요. How can they say? Let's try it now. ■ Test T: Look at this. You're thirsty and you want something to drink. How can you say that? Play the role. S: Will you help me? Sure. I'm thirsty. I want some juice.		10'	오디오 개미와 베짱이 그림

Teaching Process

STEP	PROCEDURE	ACTIVITIES (T: Teacher S: Student)	TIME	MATERIAL
Consolidation	Announcing next class	T: Very good. You are excellent learner. S: Thank you. T: OK. That's all for today. Is everything clear? I'm so happy because you did well. Next class, we will learn a song. You will enjoy it. Bye, everyone. S: Thank you. See you.	5'	

 함께 해 봅시다

다음 챈트를 연습해 봅시다.

· Will you   🥁   help me?   🥁
· Sure   I   can.   🥁
· How   can I   Help you?   🥁
· Mom   can't   cook.   🥁
· I   have to   cook.   🥁
· Don't   🥁   worry.   🥁
· I can   🥁   help you.   🥁

역할극에 쓸 알라딘 가면을 다음의 그림을 이용하여 목걸이 그림카드 형식으로 만들어 사용해 봅시다.

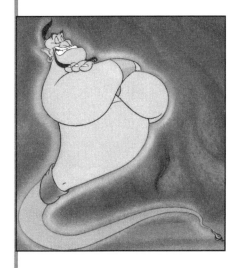

◉자료출처   지경사

음 철 법
(Phonics)

영어를 교육하는 데 있어 음철법(Phonics)은 글자와 그것들이 나타내는 소리를 연결시켜 곧바로 읽을 수 있도록 도와주는 것을 목적으로 고안된 방법으로서 모국어 화자(native speaker)에게 초보 단계의 읽기를 철자, 낱말, 구절 단위에 따른 발음 중심으로 한 모국어 읽기 지도법에서 시작되었다. 영어를 모국어로 사용하는 나라에서 개발된 음철법이 EFL(English as Foreign Language) 상황에서 적용되기 위해서는 몇 가지 극복해야 할 과제가 있다. 모국어 화자의 경우에는 음철법을 익히기 전에 이미 음성언어가 습득되거나 상당히 많은 음성언어에 노출되어서 많은 영어 어휘를 알고 있다는 점이다. 이에 반해 EFL 상황에서는 음성언어 자체를 음철법과 함께 배우는 경우가 많아서 문자를 매개로 한 발음 교육이 되는 경우가 많다. 또한, 영어의 문자와 음가의 거리가 멀어짐에 따라 음철법에는 많은 예외들이 있어서 다른 보완적 읽기 지도가 필요하다. 그리고 음철법과 총체적 언어 접근법은 읽기 지도와 관련해서 미국에서도 일명 'Reading War'라고 불릴 정도로 매우 첨예하게 대립하여, 서로 우열을 가리기 위한 많은 실험이 있음에도 불구하고 아직 뚜렷한 결론은 내리지 못하고 있는 실정이다. 이러한 전후 사정 속에서 이 장에서는 음철법에 대한 정의와 필요성, 그리고 그에 대한 긍정적·부정적 효과에 대해 알아보고 음철법을 적용하는 규칙과 지도 단계에 대해서 살펴보고자 한다.

I. 개 요

1. 의미

음철법(phonics)이란 음성과 문자 사이의 관계를 다루는 것을 말한다(Karlin, 1980). 또한 미국 'National Right to Read Foundation'의 회장을 역임한 Sweet 2세는 '음철법은 글자의 이름, 그 글자와 연관된 소리 음을 배우고 그 글자들이 어떻게 결합하여 단어를 만들어내는지를 익히는 것이다.'라고 말한 바 있다. 또한, 음철법은 단어를 보고 즉시 인식하지 못할 때 사용하는 전략으로 간접적인 인식 방법에 속한다(Smith, 1982).

한 마디로 음철법의 정의는 음성과 문자 사이의 관계를 다루는 것을 말하며 음소 분석 (Phonemic analysis)은 문자를 소리로 바꾸는 행동이다. 음소 분석의 선험적 지식을 가르치는 과정을 일반적으로 음철법 또는 문자와 소리의 관계에 대한 교육이라 부른다. 그러나 우리가 사용하는 음철법이라는 용어는 학생들이 단어를 보고 즉시 인식하지 못할 때 단어들의 문자와 소리의 관계에 관한 지식을 사용하는 방법으로 가르침을 의미한다.

따라서, 음철법 지도의 목적은 학습자들이 소리와 문자간의 규칙을 배우는데 있는 것이 아니라 그들이 모르는 단어들을 읽을 수 있도록 문자와 소리와의 관계를 발견하도록 도와주는데 그 목적이 있다.

2. 원리

음철법을 지도하는 방법에는 두 가지 방법, 즉 상향식(parts to whole) 방법과 하향식 (whole to parts) 방법이 있다. 이들을 각기 종합적(synthetic) 방법과 분석적(analytic) 방법이라고도 한다. 전통적인 음철법 지도법이라 할 수 있는 상향식 방법은 작은 조각들을 점차 종합적으로 맞추어 나가는 것을 의미하고 반대로 하향식 방법은 하나의 큰 덩어리를 점차 작은 조각들로 분석해 나가는 것을 의미한다. 이들을 자세히 살펴보면 다음과 같다.

1) 상향식 방법(parts to whole instruction)
상향식 방법은 자음을 바꾸어 사용함으로써 어휘를 증가시키고, 대조되는 단어의 요소와 문자의 소리를 섞는 전략을 사용함으로써 학습자가 단어를 인식하는데 도움을 주는데 그 목적을 둔다. 이 방법은 명시적 방법(explicit method)이라는 용어와 동일하게 사용되기도 한다.

상향식 방법이 하향식 방법과 크게 구분되는 것은, 부분에서 시작해서 전체를 형성하는 방향으로 나아가기 때문에 단어가 문맥 속에서 학습되어야 한다는 것을 그렇게 중요하게 생각하지 않는다는 것이다.

단어 학습에서 자음 대용(consonant substitution)으로 이루어진 단어군(word families)을 사용할 때, 학습자의 문자 소리에 대한 기존 지식과 문자들의 최소 대립에 관한 원리들을 이용하여야 한다. 새로운 단어를 제시하기 이전에 학습자가 이미 알고 있는 단어를 먼저 탐구를 하여 그 단어 내에서 기본적인 일반화가 이루어진 다음에 이것을 바탕으로 하여 점차 변화시켜나가야 한다. 따라서, 새로운 단어의 인식은 최대한의 유사점과 최소한의 차이점을 그 기본으로 한다.

(1) 기존 개념(prior concepts)

상향식 방법에 들어가기 전에 미리 갖추어야 할 요건들이 있는데, 첫 번째 요건은 학습자들이 음소(phoneme)를 가진 단어들을 어느 정도 알고 있어야 한다는 것이다. 학습자들은 운율에 민감해야 하는데, 모양이 동일한 문자들이 동일한 소리를 내고 그렇지 않은 문자들은 각기 다른 소리를 낸다는 것을 일반화시킬 수 있어야 한다. 이러한 학습은 결국 학습자들이 청각적인 변별을 가능하게 하는 것과 깊은 관련이 있다.

두 번째 요건은 학습자들이 각 자음이 나타내는 소리를 알고 있어야 한다는 것이다. 개별 자음이 나타내는 소리에 관한 지식은 음철법에서 매우 중요한데 학습자들은 변별적인 소리들을 통해서 효과적으로 단어군과 종합할 수 있어야 한다.

(2) 교사의 안내(teacher guidance)

교사는 학습자들에게 음소들(phonemes)이 모여 단어 전체를 이루는 원리 및 소리를 가르치게 된다. 예를 들면, /c/ /a/ /t/처럼 각 낱자들의 발음을 차례차례 들려주고 이들이 합쳐지면 cat/kæt/이라 발음함을 숙지시키는 것이다.

이 때, 학습자는 독립적으로 단어군을 사용해야 하는데 이를 위해서 교수절차는 새로운 단어를 인식하기 위한 정신적인 처리과정(mental processing)을 도와주어야 한다.

먼저 첫 번째 단계에서는 학습자 모두가 알고 있는 다섯 개의 단어카드를 만들어 제시한다. 예를 들어 *tell, can, it, book, bump*라고 한다면, 교사가 이 다섯 개의 카드를 각 학습자들에게 나누어 준 다음, 칠판에 *bell*을 쓰고 이들 다섯 개의 카드 중 칠판에 적힌 단어와 유사한 단어를 고르도록 한다. 두 단어의 유사점과 차이점을 알아보고 두 단어를 모두 읽어본다. 교사는 점차적으로 새로운 단어를 첨가해 나간다.

두 번째 단계에는 단어카드의 도움 없이 칠판에 있는 단어를 대응시켜 보게 한다. 여기서 중요한 것은 학습자가 어디에서 정신적인 처리를 시작하는지를 알아보는 것이다.

세 번째 단계에서는 학습자가 이전에 배운 단어들을 확장시키도록 하는 것이다. 새로운 단어가 주어지고 학습자는 알고 있던 이전의 단어와 이것을 대응시키면서 점차적으로 새로운 단어를 인식해 나간다.

네 번째와 다섯 번째 단계는 학습자가 이전에 배운 단어들을 확장시키도록 하는 것이다. 학습자가 어려운 단어를 접했을 때, 교사는 학습자가 새로운 단어와 끝의 모양이 비슷한 단어군을 떠올려 인식하도록 도와주어야 한다. 여기서 학습자는 상향식 방법의 진정한 시도에 직면하게 되는데 다시 말해서, 새로운 단어를 부호화하기 위하여 단어군을 사용하려는 시도를 하게 되는 것이다.

2) 하향식 방법(whole to parts instruction)

하향식 방법은 음철법의 지도에서 가장 많이 사용되는 방법이다. 이 방법은 학습자가 새로운 단어의 인식을 위한 여러 가지 전략들을 발견하도록 하려는 목적으로 구안되었으며, 최근에는 암시적 방법이라는 용어와 동일하게 사용된다. 따라서, 이 방법을 통하여 학습자들은 기존에 알고 있던 단어들 속에 포함되어 있는 음철 요소에 관한 지식을 바탕으로 새로운 단어를 인식하는 것이다.

하향식 방법은 '단어들이 보통의 음철 요소로 분석 가능하다'라는 전제를 기본으로 한다. 학습자들은 시각적으로 혹은 음성적으로 친숙한 단어로부터 시작하여 공통의 모음이나 자음의 소리를 포함하는 몇 가지 단어를 보고 들으면서 그 문자와 소리의 관계를 일반화 한다. 예를 들어 *bat, ball, boy* 등의 단어를 보고 들으면서 학습자들은 문자 *b*의 소리에 대하여 일반화하게 되는 것이다. 이 방법은 또한 본질적으로 단어의 의미에 강조를 두는 것이 특징이다.

(1) 시각적 · 청각적 변별

음철법을 지도하는 데 있어서 문자의 모양과 소리의 유사점, 차이점을 변별해 내는 것은 필수적인 부분이다. 교사가 단자음의 *d*를 가르치고자 한다면, 먼저 *d*를 포함하는 단어가 포함된 문장이나 구를 먼저 제시한다.

> *The dog bit the boy.*

그런 다음 학습자가 이미 알고 있는 단어들 중에서 다시 *d* 요소를 포함하는 단어들 예를 들면 *Donald, duck, do, dark* 등 을 제시하고 이를 발음해 보도록 한다. 여기서 중요한 것은 발음하는 첫 소리에 강조를 두어야 하며, 동시에 음철적인 요소가 그 단어와 분리되지 않도록 해야 한다.

(2) 청각적 변별

이 단계에서 학습자는 서로 비슷한 단어들을 보고 듣게 된다. 그런 다음 여러 단어들을 음성적으로 들으면서 배우고자 하는 음철 요소를 강화시킨다. 새로운 단어들 예를 들어

dock, bank, deer, goes, fine 등 을 제시한 다음 학습자들로 하여금 먼저 읽어보도록 하고, 이들 단어가 이전에 제시된 단어 *Donald, duck, do, dark* 와 서로 같은 음철 요소를 가지고 있는가 혹은 가지고 있지 않은가를 변별하도록 한다.

(3) 혼성어

앞의 두 단계를 거치고 나면, 학습자들은 이미 알고 있는 단어들로부터 새로운 단어에 포함된 음철 요소가 어떻게 소리나는지 일반화할 수 있는 수준에 도달하게 된다. 예를 들어 *dad*가 이미 알고 있는 단어라면, 교사가 *mad*를 제시할 때 학습자들은 기존의 지식을 이용함으로써 새로운 일반화를 다음과 같이 시도한다.

- 두 단어가 동일하게 끝난다.
- 같은 소리로 끝난다.
- 두 단어는 첫 소리가 다르다.
- <u>*d*</u>를 <u>*m*</u>으로 바꾸어 소리를 내야한다.

(4) 문맥적 적용

이 단계에서 학습자는 실제 읽기 상황에서 새로운 학습을 적용하는데, 짧은 문장 내에서 새롭게 습득한 단어들을 읽도록 하는 것이다.

> *The <u>dog</u> bit the boy.*

학습자들은 제각기 다른 방법으로 대답을 할 것이며 어떤 학습자들은 첫 자음을 인식하지 못하고 *dog*을 *log*로 잘못 말하거나, 또 어떤 학습자들은 <u>*d*</u> 소리를 인식하여 *dog*을 문맥 속의 단서로서 사용할 수 있을 것이다.

여기서 기억해야할 중요한 것은 <u>*d*</u>가 실제의 단어와 분리되지 않으므로, 학습자가 문자를 독립적으로 소리내지 않도록 해야 한다는 것이다.

3. 특징

미국에서 사용하는 초등학교 영어교과서의 대부분은 시각 인식 단어의 방법과 음철법을 병행하고 있다. 많은 연구 자료들에 의하면 음성학적으로 문자를 발음할 수 있는 능력은 시각 인식 방법으로 습득한 단어들을 기억, 보존, 재생할 수 있는 밑받침이 되며 이러한 단어 식별력은 음철법에 의해서 습득된다고 한다. 또한, 철자와 소리의 관계를 체계적으로 가르치고 있는 음철법으로 공부한 학생들은 그렇지 못한 프로그램으로 공부한 학생들보다 읽기에서 훨씬 월등하다고 한다(Truner, 1989).

앞에서도 언급했듯이 음철법 교육은 영어를 상용어로 사용하는 국가에서 개발되었기 때문에 우리나라 영어교육에 도입할 경우 여러 한계점을 고려하지 않을 수 없는데, 이에 대해서는 Durkin(1972)이 '음철법은 너무 복잡하고 신뢰할 수 없어서 모르는 어휘의 철자와 발음을 인식하는 도구로 사용하기는 어렵다'고 지적하고 있다. Mason과 Au(1986)는 영어 읽기 지도에 있어서 음철법만을 도입하는 것은 부당한 것으로 음철법에 의한 단어의 해독을 위한 지도와 함께 독해 지도가 필수적임을 주장한다. 이와 같이 음철법 교육에는 원어민의 경우에 있어서도 정확한 구어 능력이 절대적으로 필요하다는 것을 알 수 있다. 하물며 영어에 첫걸음을 떼는 우리나라 학습자들의 경우, 듣기와 말하기 경험이 절대적으로 부족하고 음운적, 의미적, 통사적 지식도 충분하지 않기 때문에 음철법 교육 후 원어민에서와 같은 효과를 기대하는 것은 무리라는 것이다.

이들에 반하여 음철법에 대해 긍정적으로 보는 학자들의 의견을 차례로 살펴보면 먼저, Bruce Cronnell(1972)은 영어의 발음과 철자와의 관계를 설명할 수 있는 언어학적 증거에 의하여 영어의 읽기는 각 단어를 개별적으로 학습하는 것보다는 철자와 발음의 부합 관계를 이용하는 것이 효율적이라고 주장하고 있다. 또한, Taylor(1981)도 영어의 철자는 발음뿐 아니라 어휘, 형태소, 통사 등에 관한 유용한 정보를 제공하는 것으로, 영어의 발음과 철자의 관계를 학습하는 것은 학습자를 혼동시키는 방해물이 아니라 도움이 된다고 하여 Cronnell과 같이 음철법의 유용성에 대하여 언급하였다. 강영은(1990)도 음철법에 의한 자신의 실험 결과를 토대로 9살 정도의 어린이들은 구체적인 사물이나 개념을 가지고 학습하는 것을 즐기기 때문에 음철법에 의한 단어 공부를 하나의 놀이로 받아들인다고 했다. 이들의 주장처럼 우리가 새로운 어떤 단어를 처음 대할 때에는 그 철자에서 추측하여 발음하려고 하는 경향이 있다. 이럴 때에는 무턱대고 추측부터 하기보다 철자와 발음 사이의 일련의 규칙을 학습한 후 한다면 그 규칙에 따라 발음을 생각하여 읽기를 시도하려고 노력할 것이고 이러한 규칙을 학습하지 않은 경우에라도 철자와 발음에 관계되는 음철법의 규칙이 있다는 것을 인식하고 있다면 처음 대하는 단어에도 적용할 만한 일련의 규칙이 있을 것이라고 생각하면서 읽으려는 자세를 유도해 낼 수 있다. 따라서, 초기 단계의 영어 발음 지도에 음철법을 활용하는 것이 상당히 효과적임은 자명한 일이라고 볼 수 있다.

음철법이 읽기 학습에 큰 도움이 된다고 주장하는 사람들의 공통된 견해는 철자의 소리를 알고 음철법에서 사용하는 기본적인 규칙들을 배우면 어린이들은 대부분의 단어들을 쉽게 읽을 수 있으며 저학년에서 다루는 기본 단어들의 대부분이 단음절이라는 사실을 감안할 때 이 방법은 더 효과적이라 보는 것이다. 일단 기본적인 규칙을 터득하면 규칙을 따르지 않는 예외의 단어들을 보아도 큰 혼동을 일으키지 않는다는 것이다. 음철법 지도가 초보 독자들에게 중요한 이유는 언어에 숙달된 독자일수록 언어 인식의 주요 도구로 상황에 더 많이 의존한다. 즉, 성숙한 독자는 상황 분석에 의존하며, 상황이 충분한 단서를 제공받지 못할 때, 다른 단어인식 단서의 도움을 받는다. 그러나 초보 독자들은 문자 소리의 관계에 더 의존한다(Farr와 Roser, 1979).

　이와 같은 연구 조사는 음철법이 로마자나 표음문자를 모국어로 사용하지 않는 학습자들이 배우기에 매우 유용하다고 본다. 이러한 접근법은 학생들이 의미 있는 문맥상황에서 언어 및 학문적 개념들을 사용할 수 있는 풍부한 언어학적인 환경을 만들어 주며, 언어와 내용 학습을 효과적으로 통합하여 학생들의 의사소통 능력과 학문적인 개념들을 동시에 갖출 수 있게 한다. 그래서 학생들은 창의적이 되고 자신의 독창적인 음성 및 문자언어를 구사하는 활동에 참여하도록 격려 받게 된다. 따라서, 음철법의 음운인식은 외국어로서 영어를 가르치는 데 매우 중요하다고 보는 것이다.

Ⅱ. 교실수업의 적용

1. 수업절차

　여기서는 Yuko Matsuka의 Let's Study Phonics에 제시된 지도 단계를 중심으로 살펴보고자 한다.

① 알파벳 익히기: 알파벳 소문자와 대문자를 짝글자라는 개념으로 설명하고 서로 연결 짓는 연습을 통해 익힌다(영어학습의 기본).
② 6개의 자음 익히기: 자음은 여섯 개의 자음(p, b, t, d, c, g)을 먼저 익힌다.
③ 단모음: 모음 A, E, I, O, U의 음가를 익힌다. 모음에는 각각 여러 개의 음가가 있지만 여기서는 가장 많이 쓰이는 음가부터 익힌다(apple, egg, ink, octopus, umbrella 등).
④ 그 밖의 자음 익히기: 그 밖의 자음의 음가를 익힌다(M, N, F, V, S, Z, L, R, Y, W, J, H, K, Q, X).
　　【예】 map, nose, fan, violin, sun, zero, leg, water, jet, hit, kettle, queen, six 등
⑤ E가 붙은 모음 음가를 익힌다.
　　정상적인 장음 위치 익히기(be, he, she, even)
　　정상적인 *ea*음 익히기(east, each, leave, speak)

정상위치의 *ee* 익히기(deep, feet, free, feel, wheel)

'*r*'앞 장음 위치의 *e* 익히기(here, mere, sincere)

'*d*'앞의 *ea* 익히기(bread, dead, head)

⑥ 2문자 자음을 익힌다: 자음 'digraph'의 학습

　　*wh*음 익히기(what, where, who, why)

　　th[θ]음 익히기(thank, three, theater, theory)

　　th[ð]음 익히기(this, that, their, than, the)

　　*ch*음 익히기(chess, church)

　　*sh*음 익히기(shy, sharp)

　　*ng*음 익히기(song, going, coming)

　　*ph*음 익히기(photo, phone, phonics)

⑦ Rhyme을 익힌다: 단모음 Rhyme과 장모음 Rhyme 익히기

⑧ 연속 자음을 학습한다.

　　bl : blend, blade, blow, blue, blind

　　dr : dream, dry, drop, drive, drink

　　gr : grind, grandmother, grass

　　sc : school, scan, scarf, scare

　　sl : slope, slang, slide

⑨ 2문자 모음인 *au*, *aw*, *ou*, *ow*, *oi*, *oy*, *oo*음을 익힌다.

　　sauce, straw, house, how, going, boy, book

⑩ *r*이 붙은 모음을 익힌다.

　　ar: car, card, arm, art, dark, far, hard

　　or: corn, horse, fork, sport

　　ir: bird, shirt, skirt, girl

　　er: mother, father, sister, brother, clerk

　　ur : church, nurse, purse, turn

　　air: air, chair, hair, pair

　　ore: more, score, store

⑪ 모음 *y*를 학습한다.

　　y+a: yawn, yacht, yahoo, yankee

　　y+e: yes, yellow, yesterday, yet

　　y+i: yield, yippee

y+o: yogurt, yonder, yoga, yoke

1음절 단어 끝에 다른 모음이 없는 *y*: fly, cry, sky, my

2음절 단어 끝에 다른 모음이 없는 *y*: baby, city, happy, study

⑫ 기타규칙: 단모음 *u*와 같은 *o*, *ou*음을 익힌다.

son, some, come, monkey, mother

young, cousin, country, touch

⑬ 묵음으로 되는 *w*, *k*, *gh*음을 익힌다.

write, wrong, wrist, wrap

knife, knock, know

light, night, right, high

⑭ 어미 변화를 익힌다.

caps, ducks, cats, leaves

bases, glasses, boxes, dishes, roses

dags, pens, girls, boys, hands, babies

reading, jumping, sleeping

started, wanted

played, enjoyed

2. 교수 학습활동 유형

1차시 분량으로 이루어질 수 있는 음철법 지도절차를 통해 그 유형을 소개해 본다.

① 알파벳 순서대로 하루에 1~2개의 알파벳과 관련된 3~5개의 단어를 제시한다. 단어들은 음절 단위로 끊어서 자음에 색깔을 넣어 눈에 띄게 한다.

【예】book일 경우 *b*를 푸른색으로 나타내고, kitchen일 경우 *k*를 푸른색으로, *ch*를 분홍색으로 나타낸다.

② 교사가 제시한 단어에서 색깔로 나타낸 문자를 보고 자신이 알고 있는 문자 소리 관계를 이용하여 단어를 소리내어 읽어보도록 한다.

③ 교사가 소리내어 읽어주면 학생들은 자신들이 한 발음과 같거나 비슷한지 혹은 틀린지를 확인한다.

④ 교사와 함께 단어를 음절 단위로 소리내어 읽는 방법을 알아본다. 새로운 방법이 있을 경우 교사가 설명해 준다.

【예】 look을 문자로 처음 배울 경우 _oo_가 합쳐져서 /u:/소리가 난다는 것을 설명
한다.
⑤ 학생들이 단어를 이전에 음성언어로 배운 경우에는 소리내어 읽어봄으로써 의미가
동시에 파악이 되므로 이 단계를 그냥 지나갈 수 있다. 그러나 그렇지 못할 경우에는
교사가 의미를 설명해준다. 그래서 대부분 음철법을 가르칠 때는 이전에 배운 단어를
읽어봄으로써 의미발견의 기쁨을 느끼게 하는 것이 바람직하다.
⑥ 배운 단어와 비슷한 소리가 나는 예들을 알아보고 학생 스스로 읽어보도록 한다.
【예】 look을 배운 경우에 이와 비슷한 소리가 나는 예로서 book, cook 등을 읽어
보게 한다.

3. 현장적용시 유의점

1) 교사의 준비상태 및 준비물
① 주변에서 흔히 볼 수 있는 것과 관련된 영어단어나 표현을 수집하여 영어학습에 적용
할 수 있도록 해야 한다.
② 발음 차트 및 녹음 자료를 사용하여 정확한 발음을 익히도록 한다.
③ 학생들의 참여도 및 흥미도를 높이기 위해 음철법 읽기 관련 활동을 게임으로 구성하
여 지루하지 않게 단어 읽기 연습을 하도록 한다.
④ 발음지도를 위한 단어선택은 학교 생활에 관한 것과 가족, 친구 및 가정의 일상 생활
과 관련된 것이 학습자의 동기유발에 좋다.
⑤ 교재에서 자주 나오는 단어들은 그림카드와 같이 제시하여 학습자의 이해를 돕는다.
⑥ 목소리의 높낮이를 표시한 억양 지도 자료를 제작·활용한다.
⑦ 교사는 먼저 단원과 관련된 대화의 내용을 살펴보고, 그 중에서 중요한 핵심 단어들
을 제시하여 단어의 소리 즉, 발음뿐만 아니라 문맥상에 나타나는 단어의 의미 또한
강조하도록 한다.

2) 학습자의 준비상태 및 준비물
① 영어문자들의 음가에 대한 유사점과 차이점을 인식할 수 있어야 한다.
② 어족에 있는 단어의 첫 자음을 대치하여 단어를 구성할 수 있어야 한다.
③ 학습자들이 일정수의 단어의 의미와 소리를 이미 알고 있어야 한다.
④ 알파벳 문자와 음성의 관련성을 알고 자기 이름 쓰기 및 알파벳 문자를 배우려는 의
욕을 가지고 있어야 한다.

Ⅲ. 수업모형 및 학습지도안

1. 수업모형

【표 7】음철법 수업모형

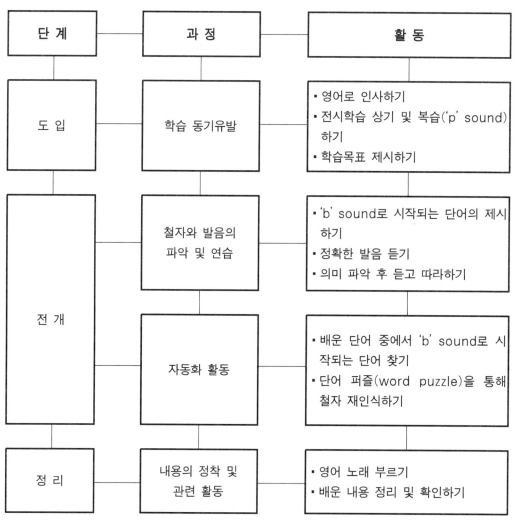

단 계	과 정	활 동
도 입	학습 동기유발	· 영어로 인사하기 · 전시학습 상기 및 복습('p' sound)하기 · 학습목표 제시하기
전 개	철자와 발음의 파악 및 연습	· 'b' sound로 시작되는 단어의 제시하기 · 정확한 발음 듣기 · 의미 파악 후 듣고 따라하기
	자동화 활동	· 배운 단어 중에서 'b' sound로 시작되는 단어 찾기 · 단어 퍼즐(word puzzle)을 통해 철자 재인식하기
정 리	내용의 정착 및 관련 활동	· 영어 노래 부르기 · 배운 내용 정리 및 확인하기

2. 학습지도안

Lesson	Sorry, I Can't		Theme	Pronunciation of sports words
Objectives	Students can pronounce sports words and sing a song "Sorry, I can't."			
Contents	Words	badminton, basketball, baseball		
	Expressions	Let's play _____. Sorry, I can't.		

Teaching Process

STEP	PROCEDURE	ACTIVITIES (T: Teacher S: Student)	TIME	MATERIAL
Introduction	Greetings	T: Good morning, everyone. S: Good morning, Mr./Ms. _____. T: How's the weather today? S: It's sunny./rainy./cloudy./windy···		
	Motivation	T: If I show you the picture, you pronounce the word. (pencil, puppy, pig를 나타내는 그림카드를 차례대로 보여준다.) S: Pencil/puppy/pig. T: Good job. (야구하는 모습을 보여주며) How do you pronounce this picture? S: baseball./잘 모르겠는데요.	5'	그림카드
	Presentation of learning points	T: This class, we'll learn to pronounce the sports words and sing a song "sorry, I can't." ♣ 공부할 문제 ♣ ☞ 운동에 관한 낱말을 발음하기 ☞ "Sorry, I can't" 노래 부르기		
Development	Phonics in the context	T: I have six picture cards. I'll stick these on the blackboard. Please think what these are about. (badminton, baseball, basketball, table tennis, soccer, tennis를 표현하는 그림을 칠판에 붙인다.) S: (그림을 보며 생각한다.) T: What's the same thing in these cards? S: 모두 운동 경기를 나타냅니다.	5'	그림카드 ※철자도 함께 있는 그림으로 처음엔 철자를 가리고 나중에 철자를 보여준다.

Teaching Process					
STEP	PROCEDURE	ACTIVITIES (T: Teacher S: Student)		TIME	MATERIAL
Development	Connecting letters with sounds	T: Right. This time, I let you hear pronunciation of these words.(그림을 하나씩 짚어주며 CD ROM을 통해 단어를 들려준다.) S: (그림을 보며 주의 깊게 듣는다.) T: What is the difference and what is the same? S: 앞의 세 그림은 첫 번째 소리가 같고요, 나머지는 달라요. T: Perfect! That's right. Badminton, baseball, basketball's beginning sounds are *b*. Let's pronounce these words. (CD ROM을 통해 단어의 발음을 들려주며 따라하게 한다.) S: (철자와 뜻에 유의하며 따라한다.)		15'	CD ROM title
	Automatization	T: Now, open your book to page 81. There are some words about the game. Find sports words, and you can mark O. Just, you must find sports words beginning sound is *b*. S: (b로 시작되는 badminton, baseball, basketball을 찾는다.) T: We have already learned the words beginning sound *b*. Can you tell me the words beginning sound with *b*? S: Boy/ball/bell… T: Right. Good job. Now, let's watch the screen and listen to the song carefully.			
	Singing a song	(CD ROM 타이틀로 노래를 틀어준다.) S: (노래를 주의 깊게 듣는다.) T: This song is "Sorry, I can't." Last class, we learned "Let's play_____." and "Sorry, I can't." Do you understand what this song means? S: (노래의 내용을 생각하며 모르는 것은 질문한다.) T: Let's sing one part at a time. S: (한 소절씩 따라한다.) T: Let's sing together with motion. S: (율동과 함께 즐겁게 노래부른다.) T: All of you are good singers.		10'	

Teaching Process				
STEP	PROCEDURE	ACTIVITIES (T: Teacher S: Student)	TIME	MATERIAL
Consolidation	Wrap up	T: I wrap up today's lesson. Among these pictures, which one is pronounced different? (동기유발에 사용한 그림카드와 *b*로 시작되는 그림카드를 적당히 섞어 보여준다.) S: Badminton/baseball… T: Well done. It's all for today. Time's up. Good bye. S: Good bye. See you again.	5'	

다음은 'b' sound로 시작되는 그림카드입니다. 철자는 안 보이게 종이 테이프로 붙였다가 나중에 제시하세요.

baseball

badminton

basketball

bowling

어휘지도법
(Vocabulary Teaching Method)

의사소통을 중시하는 영어학습이론이 대두되면서 어휘학습의 중요성이 강조되고 있다. 문법 없이는 약간의 의미전달이 가능하지만 어휘는 의사소통과 상호 관련이 많아서, 적절한 단어를 사용할 수 없을 때에는 의사소통이 이루어질 수 없기 때문이다. 언어구조가 언어의 뼈대라면 '어휘'는 살에 해당한다. 경험적으로 언어를 이해하는 과정을 살펴보면 때로는 어휘의 역할이 더 중요하다는 사실을 알게 되는데 명백히 문법구조상으로는 틀린 문장인데도 전하려는 화자의 의도가 이해 가능한 경우가 많다.

'어휘'에 상응하는 영어표현에는 대략 'word', 'lexicon', 'vocabulary' 등이 있다. 'word'는 말이나 글로 나타내는 언어의 단위를 말하는 것으로 '단어' 또는 '낱말'을 지칭하고 'lexicon'은 언어학에서 흔히 사용되는 전문 용어로 'dictionary'와 비슷한 의미를 가지는데 어휘집, 어휘목록을 말한다. 'vocabulary'는 언어에 들어 있는 단어의 총체를 말하거나 어떤 사람이 알고 있는 단어의 총합을 의미한다. 이 장에서는 어휘(vocabulary)지도의 중요성과 더불어 어휘지도의 새로운 방법이라 할 수 있는 일견 단어(sight word)에 대해 소개하고 효과적인 어휘지도법에 대해 모색해 보고자 한다.

Ⅰ. 개 요

1. 의미

전통적으로 대부분의 학자들은 '어휘는 문법구조를 위한 최소의 구성 요소이며 말하기와 글쓰기를 위한 것이고 책을 읽고 문자를 해독하고 전문적인 지식을 얻고자 할 때 필요한 것이다'라고 하여 어휘학습을 단순하게 단어목록을 암기하거나 영어에서 목표 단어에 대한 모국어의 정의를 학습하는 것으로 인식하여 왔다.

청화식 교수법이 주류를 이루었던 1950~1960년대에는 많은 교사들이 부수적으로 어휘를 학습할 것이라는 가정 하에 수업에서 어휘에 거의 관심을 갖지 않거나 아예 관심을 갖지 않았다. 그러던 중 Wilkins(1972)가 청화식 교수법(Audio lingual method)에서의 어휘지도에 대한 경시를 비판하면서 어휘학습에 대한 논의를 본격적으로 시작하게 되는 계기를 마련하게 되었다. 그는 '문법지식 없이 어휘만 습득해서는 별 의미가 없는 것처럼 어휘를 익히지 않고 구문만 익히는 것도 쓸모가 없다'고 말하면서 어휘지도의 중요성을 강조했다. 이것은 70~80년대에 어휘지도가 의미론과 병행하여 발달할 수 있는 기초가 되었다.

Twaddle(1973)은 처음으로 어휘학습을 언어습득 기술로 보는 견해를 제시하면서 단어의 학습을 단순히 목록과 사전에 의존하는 것에서 탈피하여 추측 전략을 사용해야 한다고 주장하며 중급 수준에서 학습어휘를 대폭 늘릴 것을 제안하였다. 의미론과 관련지어졌던 70년대 중반의 어휘지도에 대한 관심은 그 이후 학습자와 그들의 요구에 초점을 맞추게 되었다.

70년대 중반에는 어떻게 어휘를 학습할 것인가라는 문제로까지 본격적으로 발전하게 되었다. Donley(1974)는 어휘의 구조를 파악함으로써 어휘학습이 효과적으로 이루어질 수 있다고 주장하였다. Donley에 의하면 어휘의 내적 구조 즉, 의미의 관련구조 및 소리의 관련구조(예: wine/whine)를 파악함으로써 어휘학습이 효과적으로 이루어질 수 있고, 따라서 어휘는 문맥 속에서 관련 어휘들과의 대조를 통해서 익혀야 한다고 했다. Lord(1974)는 어휘와 의미의 관계가 정적인 것이 아니라 역동적이라는 견해를 전제로 어휘의 학습이 의미의 가변성, 지시 대상의 모호성, 어휘와 관련한 개념의 확장 등을 바탕으로 이루어진다고 주장하였다. 이러한 주장들은 어휘에 관한 관심이 어휘 통제로부터 의미습득, 어휘습득으로 전이하였음을 보여주고 있다. 이러한 일련의 변화들로 70년대 말에는 어휘연구가 보다 본격화되었다.

1980년대 초에 확립된 미국의 자연교수법(Krashen과 Terrell, 1983)에서는 어휘를 의사소통의 기본으로 보고 있는데 학습자가 문장에서의 단어의 의미를 알지 못하면 대화에 참여하지 못할 뿐 아니라, 자신의 생각을 표현하거나 어떤 정보를 요청할 수 없기 때문이다. 따라서 여기서의 교사의 역할은 학습자들에게 이해 가능한 입력(input)을 충분히 제공해 주는 것이며, 이것이 최선의 어휘지도방법임을 제시하였다. 언어교육에 있어 어휘교육의 비중이 높아져 그 위상이 정립되었고, 어휘 의미론에 입각한 어휘교육이 시도되었으며 학습자 중심의 어휘학습전략에 대한 관심이 고조되었다.

2. 원리

Petty, Herold와 Stoll(1968)은 가장 효과적인 어휘 교수법을 밝혀내기 위하여 어휘 교수에 관한 80개의 연구결과를 분석했다. 그 결과 가장 효과적인 어휘지도방법을 가려낼 수는 없었지만, 각 방법들은 지도를 전혀 하지 않은 것보다는 나은 결과를 나타냈고, 단일한 지도 방법보다는 여러 가지 다양한 방법들을 함께 사용하는 것이 효과적이라고 하였다.

Watts(1995)도 다음과 같이 효과적인 어휘지도의 원리를 제시하였다.

① 학생들이 다양한 맥락에서 어휘를 반복해서 접하도록 해야 한다.

② 이야기, 주제, 혹은 내용 영역의 맥락에서 단어를 가르쳐야 한다.

③ 학생들이 새로운 단어를 배울 때 사전 지식을 활성화하도록 도와야 한다.

④ 새로운 단어와 기존에 알고 있는 단어나 개념을 연결하여 가르친다.

⑤ 학생들이 단어와 상호작용하여 깊은 수준의 처리 과정을 거치도록 한다.

이에 반해 Schmitt 외 1인(1995)은 다양한 방법적 접근을 포괄하여 다음과 같이 11가지의 원리를 제시하였는데, 이들 대부분은 일반적인 기억 연구 혹은 언어 연구자들에 의해 개발된 것이다.

① 새로운 단어를 기억하는 최상의 방법은 이를 기존에 알고 있는 것과 통합하는 것이다.

② 조직된 자료는 배우기 쉽다.

③ 매우 유사한 단어들은 학습의 초기에 동시에 가르치지 않는다.

④ 목표어 모국어 쌍은 많은 수의 단어를 아주 짧은 시간에 배우기 위하여 이용될 수 있다.

⑤ 단어를 아는 것은 그 의미를 아는 것 이상을 함의한다.

⑥ 단어를 배울 때 정신적 처리 과정이 깊을수록 보다 잘 기억할 것이다.

⑦ 단어의 회상 활동은 어휘항목을 나중에 다시 회상하는 데 도움이 된다.

⑧ 학습자들이 주의(attention)를 기울일 때 보다 효과적으로 배울 수 있다.

⑨ 단어는 계속해서 반복되어야 한다.

⑩ 서로 다른 맥락에서 단어에 반복 노출되도록 한다.

⑪ 학습자들은 각기 다른 학습 양식(style)을 가지고 있다.

이와 유사하게 Sokmen(1997)도 특정 어휘지도방법에 구애받지 말고 다양한 지도방법이 적용되어야 한다고 하며 다음과 같이 어휘지도의 원리를 7가지로 제시하였다.

① 많은 일견 어휘를 쌓는다. (Build a large sight vocabulary.)
② 새로운 단어를 기존에 알고 있는 단어와 통합한다.
   (Integrate new words with the old.)
③ 단어와 많이 접촉할 수 있도록 한다.
   (Provide a number of encounters with a word.)
④ 어휘학습시 깊은 처리 과정을 거친다.
   (Promote a deep level of processing.)
⑤ 시각적이고 구체적이 되도록 한다. (Facilitate imaging and concreteness.)
⑥ 다양한 지도방법을 이용한다. (Use a variety of techniques.)
⑦ 학습자 자신의 전략을 개발하도록 한다.
   (Encourage independent learning strategies.)

지금까지 제시한 효과적인 어휘지도의 원리에서 여러 학자들은 공통적으로 깊은 수준의 처리(deep processing) 원리를 제시하고 있다. 여기에서 처리 수준의 깊이(depth of processing)란 학습자들이 새로운 단어를 배우는 동안 참여하는 활동의 유형을 가리키는 것으로서 단어 학습시, 보다 많은 인지 자원을 활용하고 깊은 사고 과정을 거치도록 하는 활동을 말한다. 이는 Craik과 Tulving(1975)에 의해 처음으로 제안된 것으로서 깊은 수준의 처리 과정 원리를 정리하면 다음과 같이 두 가지로 제시할 수 있다.

▶ 어휘학습시 보다 많은 의미 정보(semantic information)를 제공한다.
이는 Johnson Laird, Gibbs와 de Mowbray(1978)에 의한 연구에서, 단어목록을 학습할 때 적은 양의 정보를 제공받은 학습자보다 많은 양의 의미 정보를 제공받은 학습자들이 회상 평가에서 더 높은 회상율을 보였다는 것이다.
또, Anderson과 Reder(1979)는 새로운 정보는 이전에 알고 있는 정보와 많이 연결될수록 혹은, 가장 정교화 된 처리가 주어질수록 보다 효과적으로 학습된다고 하였다.

▶ 보다 많은 정신적 노력(mental effort)을 요구하거나 혹은 보다 많은 인지자원을 요구하는 결정은 기억이 용이하다.
이러한 깊은 수준의 처리과정 원리를 반영하여 어휘학습활동을 설계할 수 있는데, Nation(1994)은 이러한 원리를 반영한 학습활동 유형을 다음과 같이 제시하였다.
① 새로운 단어를 기존지식에 연결시킨다.
   (relating the new word to previous knowledge.)

② 단어가 사용되는 맥락을 스스로 만들어 보도록 한다.

(having to create a context for the word.)

③ 단어를 회상하기 위한 여러 가지 단서를 제공한다.

(drawing on a range of clues to recall the word.)

④ 단어를 다양한 측면에 적절하게 관련시킨다.

(having to appropriately relate the word to a variety of aspects.)

⑤ 단어를 이용하여 문제해결 활동에 참여하도록 한다.

(using the word in a goal directed activity like solving problems.)

요약하면, 깊은 수준의 처리과정 원리는 목표단어의 단순한 반복연습이 아닌 학습자들의 적극적인 참여와 사고를 유도하는 활동의 유형을 말하며, 배경지식과 새로운 어휘의 통합, 단어를 이용한 문제해결 활동, 의미추측 활동 등을 가리킨다.

한편, Sokmen(1997)이 제시한 어휘지도의 원리에서 '일견 어휘(sight vocabulary, sight word)를 쌓는다'라는 말이 나왔는데 여기서 일견 어휘 혹은, 일견 단어란 단어를 읽을 때 읽는 순간 의미의 파악이 가능하여 의도적으로 뜻을 이해하려고 노력하지 않아도 되며, 보는 순간 즉시 이해 가능한 단어를 일컫는 말이다. 일반적으로 학습자가 단어를 보고 있는 동안 교사는 그 단어를 여러 번 읽어 줌으로써 학생들이 단어를 기억하게 되므로 'look and say'방법이라고 하기도 한다. 이것은 단어인식방법 중 직접 단어확인(immediate word identification)으로 분류된다.

일견 단어는 단어의 특징들에 대한 자극과 이에 대한 학습자의 반응이 연결되면서 연상적으로 학습(paired associate learning)된다. 학습자들은 단어의 모양, 특징, 특성을 단서로 발음과 연상적으로 기억하게 되는데 실제로 학습자가 구체적으로 어떤 단서를 사용하는지는 알 수 없다. 그러나 한 가지 분명한 것은 학습자가 나름대로 선택적인 가설을 통해서 단어를 인식하는 방법을 조금씩 확장해 나간다는 것이다.

학습자는 스스로 단어들이 가지고 있는 차이를 인식하고 구분하여 단어를 인식할 줄 알아야 한다. 따라서, Otto와 Pizillo(1979)는 읽기의 가장 처음 단계에서는 연상학습방식이 먼저 일어나므로 일견 단어는 매우 중요하고, 학습자가 어느 정도의 단어를 접하게 되면 단어 속에 포함되어 있는 문자를 하나하나 인식하지 않고 하나의 패턴을 가진 여러 문자의 조합함으로서 단어를 인식하게 된다고 주장한다.

이러한 이유 때문에 일견 단어 중심의 단어지도를 전체 단어접근법(whole word approach)으로 분류하기도 한다. 전체 단어접근법은 이름 자체가 보여주듯이 음철분석, 규칙 혹은 음절분석 등의 미시적 기술들을 강조하기보다는 단어 혹은 간단한 문장전체를 초기의 읽기에 도입한다는 것을 의미한다.

학습자는 단어의 시작하는 문자와 소리, 혹은 단어 속에 있는 문자조합, 단어의 길이나 전체적인 모양, 단어의 내부구조 등의 특징들을 기억의 단서로써 사용함으로써 전체 단어를 독립적으로 분리해서 인식할 수 있다.

1) 시작하는 문자와 소리(beginning letters and sound)

단어의 시작하는 자음이나 모음의 소리는 그 자음과 모음이 주로 나타내는 소리를 내는 경우가 많다. 그 일관성이 높다고 해서 학습자들이 단어의 모든 첫 자음의 소리를 암기해야 하는 것은 아니다. 실제로 전체 단어(whole word)학습을 반대하는 입장의 학자들은 영어단어들이 많은 변인들에 의해서 소리가 달라질 수 있기 때문에 그러한 학습은 오히려 방해가 될 수 있다고 믿는다. 따라서, 문자와 소리의 대응 규칙에 앞서 처음에 위치하는 모든 자음들의 소리를 과도하게 학습하는 것은 그리 바람직하지 못한 방법이라 할 수 있다.

2) 단어 내의 외형적 특성(inter word features)

읽기 초기에 학습자들을 단어인식의 단서로써 두 서너 개의 문자들을 선택한다고 한다. Timko(1970)도 학습자들이 전체 단어의 모양보다는 단어 내에 있는 문자들의 외형적 특성들에 더 많이 집중한다는 연구결과를 얻었다. 예를 들어, 'look'이 있을 때 학습자들은 'look' 전체보다는 눈 모양을 나타내는 듯한 'oo'를 단서로 삼아 'look'의 모양과 의미를 기억한다. 혹은 'puppy'에서 단어 끝에 있는 y에 가장 많은 시선을 집중시키며 기억의 단서로 사용한다. 그러나 영어단어 속에는 oo가 들어가는 경우, 그리고 단어의 끝에 y가 오는 경우를 흔히 볼 수 있다. 따라서, 학습자가 'cook, book, hook' 그리고 'happy, monkey' 등의 새로운 단어를 접하였을 때에 학습자가 좀 더 많은 새로운 단서를 찾아내야 한다.

3) 단어 내의 문자조합(letter grouping in word)

단어 내의 문자들은 하나 하나가 독립적으로 분리되지 않고 어느 정도 일관적인 규칙을 가지고 조합되어 있다. 따라서, 좀 더 단순한 문자조합을 내재화 할 수 있도록 읽기 초기의 학습자를 도와줄 필요가 있다. 초기 읽기에 도움이 되는 간단한 문자조합을 예로 들면, *up, mo,   ho,   ad* 등이 있다.

4) 길이와 모양(length and shape)

영어의 알파벳은 철자마다 길이에 차이가 있다. a, c, e, m, n 등을 기본 크기로 보았을 때, b, d, f, h, l 등은 위로 올라와 있으며, g, j, p, q 등은 아래로 내려가 있다. 이들을 종합하여 단어 전체의 윤곽을 그려봄으로써 기억을 위한 단서를 얻을 수 있다. 다시 말해서, 예를 들어 hippo, village의 철자 길이에 맞추어 단어둘레에 테를 그려보면 다음과 같은 전체 모양이 나오고 이를 기억의 단서로 사용할 수 있다는 것이다.

전체적인 외형의 특성을 감안한다고 할 때 이것은 형태 심리학의 통찰에 그 이론적 배경을 두고 있다고 할 수 있다.

5) 단어 내의 문자조합(internal structure of words)
사용 빈도가 높은 단어목록을 살펴보면 이 단어들은 계속 반복하여 나타나는 조각들, 예를 들어 th, nd, at, ar, er, en을 포함하고 있음을 알 수 있다. 학습자들은 이러한 단어 조각들을 학습하기만 하면 전체 단어인식을 위한 도구로서 사용할 수 있다.

다음 절에서 어휘지도의 절차와 함께 일견 단어의 지도절차와 지도방법을 알아보도록 하겠다.

Ⅱ. 교실수업의 적용

1. 수업절차

어휘지도절차는 크게 무계획적 어휘지도(unplanned vocabulary teaching)와 계획적 어휘지도(planned vocabulary teaching)로 나눌 수 있다. 여기서는 이에 대한 내용을 살펴본 후, 일견 단어의 수업절차에 대해서 소개할 것이다.

1) 무계획적 어휘지도
수업 중에 갑자기 학생들이 뜻을 모르는 어휘가 나왔을 때 교사는 적절히 대처해야 한다. 이처럼 계획되지 않은 상태에서 어휘를 지도해야 할 때, 우선적으로 교사는 과연 이 어휘를 수업 중에 시간을 들여 지도하고 넘어가야 할 가치가 있는 것인가를 결정해야 한다. 만일 그 어휘 또는 표현이 어휘 선정 기준에 비추어 볼 때 적절하지 않고 수업내용의 이해에 별 영향을 미치지 않는다고 판단이 되면 설명 없이 그냥 지나가는 것이 전체 수업을 위해 바람직하다. 그러나 만일 수업 중 나온 어휘가 내용 이해에 꼭 필요하다거나 시간을 들여 학습할 가치가 있다고 판단이 되면 계획된 어휘지도의 경우와 마찬가지로 순차적으로 학습을 시켜야 할 것이다.

2) 계획적 어휘지도

수업의 중심이 되는 다른 활동과 관련하여 어휘를 활동 전에 지도하거나 활동이 끝난 후 지도하는 방식으로 진행하기도 하고 때때로 어휘지도만을 위한 수업을 진행하기도 한다. 후자의 경우 교수활동의 일차적인 목표를 어휘항목들의 제시와 연습에 두게 된다. 초등영어와 같이 기초 단계의 외국어 학습에 있어 어휘학습은 매우 중요한 부분을 차지하므로 의사소통 상황 속에서 어휘를 학습해 가는 과정이 초등 영어수업의 기본적 형태라고 할 수 있다.

계획적 어휘지도의 단계를 아래와 같이 3단계로 나누어 영어수업에 적용해보자.
(1) 1단계: convey meaning   (의미전달)
(2) 2단계: check understanding   (이해점검)
(3) 3단계: consolidate   (정   리)

(1) 1단계   convey meaning(의미전달)

학생들에게 가르치겠다고 계획된 어휘의 의미를 제시하는 단계라 할 수 있다. 그림, 몸짓, 실물, 설명 등 다양한 방법을 동원하여 학생들에게 어휘의 의미를 알려주는 단계이다. 여기서는 교사가 학생활동을 조정하고 학생에게 되풀이시키거나 연습을 하도록 시키는데 이 단계는 아주 짧게 거치거나 빨리 끝내야 하지만 대단히 중요한 단계이다. 왜냐하면, 학생들이 새 어휘에 친밀감을 갖는데 도움을 주고 학생들에게 처음으로 새 어휘를 말할 수 있게 해주기 때문이다.

【예】 'boring'이라는 어휘를 가르친다고 할 때,

> When you go to the movies, sometimes the movie is not very interesting. It makes you want to go to sleep. (교사는 입에 손을 대고 하품을 한다.) The movie is very boring.

(2) 2단계   check understanding(이해점검)

학습자가 과연 어휘의 의미를 제대로 이해했는지 확인하는 과정으로서, 교사는 1단계에서 제시했던 어휘와 관련된 일련의 질문들을 한다. 만약, 학생들이 일관성 있게 이러한 질문들에 올바른 대답을 하면 교사는 학생들이 어휘의 의미를 이해하고 있다고 판단해도 된다.

　　　　【예】 'boring'이라는 어휘와 관련한 교사의 질문

■ Do you like a boring teacher?
■ Is this lesson boring?
■ Is this book boring?

이러한 일련의 질문들을 함으로써 학생들은 새로운 어휘항목에 더 많이 접하게 되며, 그 어휘의 쓰임에 익숙해질 수 있다. 이 단계에서는 도와주는 입장에서 참여할 수 있도록 격려하고 잘못을 거의 지적하지 말고 지도해야 한다.

(3) 3단계   consolidate(정리)

학습한 새로운 어휘를 연습을 통하여 강화함으로써 학습자가 능동적 어휘로써 그것을 사용할 수 있도록 하는 단계이며 의사소통을 하고 싶은 의욕을 가지고 여러 가지 언어사용에 자신을 노출시켜야 한다. 이 단계에서는 학생들이 개인적으로 언어를 자유로이 구사할 수 있을 만큼 언어사용에 최선을 다하기 때문에 교실의 학습활동이 활기가 있게 되며 교사는 학습자에게 의미 있는 맥락에서 학습한 어휘를 사용해 볼 수 있는 기회를 주어야 할 것이다.

　　　　【예】 'boring'이라는 어휘와 관련하여 교사의 활동

　Turn to the person next to you and ask them if they had a boring weekend. If they say "yes," find out why.

이상의 세 단계는 어휘지도에 있어 기본적으로 거치게 되는 과정이다. 이러한 과정을 통하여 학습한 어휘는 기회가 있을 때마다 복습의 기회를 주어 능동적 어휘로 남아 있도록 해야 한다.

3) 일견 단어 지도의 수업절차

일견 단어 지도방법은 대체로 단어나 구를 기본으로 하고, 다음과 같은 단어카드를 많이

그리고 자주 사용한다(Wendy와 Lisbeth, 1990).

a book	my book	the blackboard

    일견 단어 지도는 학생들에게 친숙하고 일상 생활에서 흔히 접할 수 있는 쉬운 단어들로 시작하는 것이 바람직하다. 단어만 제시된 카드 혹은 그림이 함께 제시되는 카드를 학생들에게 보여주면서 교사가 직접 하나씩 가리키면서 소리내어 읽는다. 학생들은 교사를 따라서 대여섯 번 정도 읽는다. 보통 30~40분 수업에 새로운 단어를 4개정도 제시하며 학생들이 한 단어를 배우는데 걸리는 시간은 대략 5분 정도이다.

    단어를 학습할 때 반드시 단어를 눈으로 보고 있는 상태에서 반복하여 소리내어 읽어야 하는데 그 이유는 일견 단어를 학습하는 원리가 시각과 청각을 통하여 단어를 연상적으로 기억하도록 하는 것이기 때문이다.

(1) Johnson과 Pearson(1984)의 일견 단어 지도방법

① 1단계 : 교사가 플래시 카드, 칠판 혹은 종이에 적힌 단어를 보여 준다. 학생들이 단어를 보고 있는 동안 교사가 소리내어 단어를 읽는다. 만약, 단어와 관련된 그림(children, house, car)이 있다면 이 때 그림을 제시한다.

② 2단계 : 학생들의 흥미, 경험과 관련하여 그 단어들에 대하여 서로 이야기한다. 교사는 단어들을 학생들이 이미 알고 있는 것들과 연관시켜주어야 한다.

③ 3단계 : 학생들은 문장이나 구를 만들면서 그 단어들을 사용해 본다. 학생들이 말하는 문장과 구들은 교사가 칠판에 적어서 같이 토론한다.

④ 4단계 : 가능한 한 학생들이 직접 단어의 개념을 정의 내리게 한다.

⑤ 5단계 : 학생들은 단어쓰기 연습을 한다. 단어쓰기는 문맥을 고려하여 쓸 수도 있고, 혹은 독립적으로 단어만을 쓸 수도 있다. 또한, 새로운 단어확인을 위하여 사전이나 학생들 개인 단어장을 사용할 수도 있다.

(2) 문맥과의 관련성을 고려한 일견 지도방법

① 1단계 : 교과서에 나오는 그림을 보면서 대화의 상황을 추측하여 본다.

    【예】 세 가지 토막그림을 보여 준다. 처음 그림은 거북이가 잠을 자고 있고 토끼가 그 옆을 지나는 그림, 두 번째 그림은 거북이가 토끼에게 뭔가를 묻는 그림, 세 번째는 함께 놀이공원을 가는 그림이다.

② 2단계 : 비디오나 테이프 녹음기를 통하여 그림과 관련된 대화를 듣는다.

【예】대화의 내용은 아래와 같다.

> 거북이 : Where are you going?
> 토　끼 : I'm going to the park.
> 거북이 : Can I join you?
> 토　끼 : Sure. Let's go together.

③ 3단계 : 대화상황과 내용에 대하여 서로 묻고 대답한다.

④ 4단계 : 교사는 대화내용에서 핵심적인 단어를 카드로 제시하거나 칠판에 적어서 학생들에게 보여준다.

⇒ 여기서는 대화상황에서 핵심 단어인 join을 보여주거나 칠판에 쓴다.

⑤ 5단계 : 교사가 단어를 소리내어 읽어 주면 학생들이 단어의 의미를 추측해 보고 확인한다.

⇒ 토끼가 "Can I join you?"를 말한 뒤에 토끼와 거북이가 함께 공원으로 가는 상황을 통하여 join이 '함께 하다'라는 의미인 것을 추측하도록 한다.

⑥ 6단계 : 교사가 단어를 읽어 주고, 학생들이 단어를 보면서 소리내어 읽게 한다. 대여섯 번 정도 따라서 읽는다.

⑦ 7단계 : 학생들은 그 단어를 사용하여 문장이나 구를 만들어 본다.

⇒ Let's join them! Can you join us? 등의 문장을 만들고 조별로 대화를 한다.

⑧ 8단계 : 조별로 단어가 들어가는 대화를 구성하고 서로 이야기해 본다.

위의 방법으로 지도하기 전에 단어와 관련된 대화나 이야기를 제공하는 이유는 단어들을 문맥 속에서 이해함으로써 단어의 의미를 더욱 분명하게 기억하도록 하기 위함이다.

따라서, 교사는 먼저 단원과 관련된 대화와 내용을 살펴보고 이 가운데 중요한 핵심단어들을 제시하여 단어의 소리 즉, 발음뿐만 아니라 문맥상에 나타나는 단어의 의미를 강조하도록 한다.

2. 교수 학습활동 유형

Nation(1978)은 어휘의 의미를 전달하는 방법으로 다음과 같이 시연(demonstration)과 그림(pictures), 그리고 언어적 설명(verbal explanation)에 의한 3가지 방법이 있다고 주장하였다.

① 시연에 의한 방법
    사물, cut out figure, 몸짓, 행동
② 그림을 이용한 방법
    사진, 칠판 그림, 책 속의 그림
③ 언어적 설명에 의한 방법
    분석적 정의, 동의어 혹은 반의어 이용하기, 단어의 의미를 나타내는 문맥 제시하기, 번역

위의 방법 중 단어의 특징에 따라 구체어의 경우는 시청각 자료를 이용하여 의미를 전달할 수 있고 추상어의 경우 언어적 설명에 의한 방법으로 전달할 수 있다. 그러나 이는 뚜렷이 구분되는 것이 아니며 추상어의 경우에도 어휘가 사용되는 상황을 제시하기 위하여 시청각 자료를 이용할 수 있으며, 구체어의 경우에도 어휘간의 관계를 이해하도록 언어적 방법을 이용할 수 있다.
여기서는 Watcyn Jones(1993)와 McCallum(1980)이 소개하고 있는 활동유형에 기초하여 학습자들이 좋아할 만한 게임이나 활동을 통해 어휘를 지도할 수 있는 방법에 대해 자세히 살펴보고자 한다.

1) What's missing?
학생들에게 네 개의 그림을 제시한 다음 각 그림에 대한 단어를 제시한다. 그런 다음 학생들이 눈을 감도록 하고 교사는 하나의 그림을 제거한다. 학생들은 없어진 그림이 무엇인지 찾아서 그 그림에 대한 단어를 회상해야 한다. 이 활동은 단어의 이름(word label)에 대해 집중하도록 하고 파지에 도움이 되므로 학생들의 어휘학습에 효과적이다.

2) 기억게임(memory game)
소집단별로 할 수 있는 게임으로 그림이나 OHP 등을 이용하여 목표 어휘항목을 보여준다. 이 때 주제별로 어휘를 묶어서 제시할 수 있는데 동물, 의류 항목, 학용품 등으로 제시할 수 있다. 그림이나 OHP 등을 학생들이 보도록 한 다음 자료를 치우고 각 집단의 구성원들이 기억을 상기하여 항목을 모두 맞추도록 한다. 이는 목표 어휘항목에 대한 회상경험을 제공함으로써 어휘의 의미와 형태에 대한 기억을 강화해준다.

3) 단어/그림 주머니를 이용한 TPR 활동
교수 학습과정에서 노출된 어휘항목에 대하여 단어카드나 그림카드를 학생 개개인이 주

머니에 넣어서 소지하도록 한다. 그런 다음 전체 활동 및 소집단 활동을 할 수 있는데, 전체 활동을 위하여 교사는 다음과 같이 지시를 한다.

>   Show me an apple.
>   Where is an apple?
>   Find an apple.

그러면 학생들은 자신의 단어/그림 주머니에서 해당되는 그림을 꺼내어 들어 보인다. 그런 다음 3~4명의 소집단별로 대표를 정하여 위와 같이 명령을 내리고 반응하게 하는 활동을 할 수 있다.

4) 주사위 놀이

날씨 그림이 붙여진 주사위로 놀이를 하면서 묻고 대답하기 활동을 할 수 있다. 즉, 날씨를 나타내는 그림을 주사위의 각 면에 붙이고 주사위를 던지면서 나온 그림을 보고 날씨를 묻는 표현에 대답하도록 한다. 이는 목표 어휘의 반복연습을 즐겁게 할 수 있는 방법이다.

5) 주제별 어휘분류활동

해당 단원의 어휘뿐만 아니라 기존에 배운 단어들을 모두 이용하여 어휘를 분류하는 활동을 하게 함으로써, 어휘의 기억을 용이하게 하고 어휘간의 관계를 이해하는 데 도움을 줄 수 있다.

6) 마임상자(mime box)

어휘항목의 의미를 재생하여 이를 강화시키기 위한 활동으로 어휘가 적혀있는 종이를 상자 속에 준비한다. 그런 다음 학생이 그 중 하나를 꺼내 그 단어를 나타내는 마임을 하면 다른 학생들은 추측을 하여 단어를 맞히는 활동으로, 이는 단어의 목록이 끝날 때까지 계속된다. 마임상자는 특히 동사학습에 유용하게 이용할 수 있는 방법이다.

3. 현장적용시 유의점

어휘를 어느 수준에서 어떻게 가르쳐야 하는가에 대한 것은 교사가 처해 있는 환경 및 학생들의 수준과 능력 등 여러 가지 학습요인들을 분석하여 어휘의 학습량과 수준, 그리고 적당한 지도방법을 택해야 한다.

어휘학습에 영향을 미치는 요인을 살펴보면 Ellis와 Beaton(1995)은 모국어와의 유사성, 외국어 어휘의 추상성과 영상성, 학습할 단어의 품사, L2 단어의 빈도 수 등을 들었다.

이 외에 고려할 수 있는 것이 어휘의 중요도(saliency)로서 교수의 초점을 어디에 두는가에 따라, 그리고 전달하고자 하는 메시지에 꼭 필요하지 않은지 그 여부에 따라 단어는 두드러지게 중요성을 갖는다. 예를 들어, 교사가 단어목록이나 연습문제를 통해서 명시적으로 가르치면 단어의 중요도가 증가하고 학습자들의 욕구를 자극하여 학습효과가 증대된다. 학습방식도 중요한 변수인데 표현 중심의 학습이 이뤄지면 적은 수의 어휘를 배우더라도 질의 발달이 기대되기 때문에 발화 또는 작문에서 어휘를 집중적으로 연습하게 되는 반면 이해 중심의 학습에서는 어휘의 양이 주요 목표가 되며 많은 수의 어휘에 친숙해지는 기술이 필요하다.

그리고 개개 학습자의 인지발달에 따라 어휘가 가지고 있는 개념의 친밀도가 영향을 줄 수 있는데 일반적 개념발달은 연령과 경험에 관계되는 것으로 학습자의 의미습득에 영향을 미치게 된다. 친숙한 개념에 새로운 이름을 붙이는 것보다 새로운 개념에 대한 단어를 배우는 것이 더 어렵다고 알려져 있다. 또한, 기존의 언어 경험이 있으면 보다 수월한 학습이 이뤄진다.

모든 학습상황에서 적용할 수 있는 유일한 최고의 어휘지도방법은 없으므로 학습자의 동기, 능력 등 교수 학습상황에 따라 다음과 같은 항목을 적절히 고려해야 한다.

① 어휘선정기준을 바탕으로 신중하게 선정하여 계획성 있게 가르쳐야 한다. 그리고 학습자의 필요, 교사가 가르치고자 하는 화제, 기능, 문법, 상황, 그리고 학습자의 흥미와 요구를 반영하여 얼마나 적절한지 고려하여 보완한다.

② 어휘는 단순히 그 수를 늘리기보다는 적절한 간격을 두고 반복학습이 되도록 어휘의 배열에 관심을 기울여야 한다.

③ 학생들의 환경이나 경험과 직접 관련이 있는 것부터 우선적으로 가르쳐야 한다. 물론 발음과 문장 구조 등도 가르쳐야 하지만 무엇보다 매일 반복되는 학생들의 일상생활 환경에 해당하는 어휘 중에서 명사, 동사, 형용사 등의 내용어를 학생들에게 흥미 있게 가르치는 것이 중요하다.

④ 어휘학습에는 출현 빈도수, 어휘의 중요도, 영상성과 상황도 등에 따라 학습효과의 차이가 달라질 수 있기에 교사는 이를 고려하여 학습내용을 재구성하도록 해야 한다.

⑤ 어휘는 정상적인 대화 맥락 속에서 다양한 방법으로 가르쳐야 한다. 왜냐하면, 영어 어휘지도의 궁극적인 목표는 어휘학습을 통하여 영어로 의사소통을 하는데 있기 때문에 실제적인 상황에 근접한 지도가 이뤄져야 한다.

Ⅲ. 수업모형 및 학습지도안

1. 수업모형

【표 8】 어휘지도를 중심으로 한 수업모형

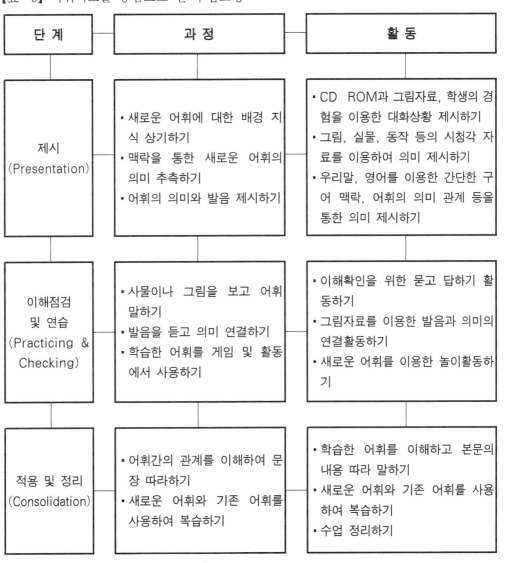

단 계	과 정	활 동
제시 (Presentation)	· 새로운 어휘에 대한 배경 지식 상기하기 · 맥락을 통한 새로운 어휘의 의미 추측하기 · 어휘의 의미와 발음 제시하기	· CD ROM과 그림자료, 학생의 경험을 이용한 대화상황 제시하기 · 그림, 실물, 동작 등의 시청각 자료를 이용하여 의미 제시하기 · 우리말, 영어를 이용한 간단한 구어 맥락, 어휘의 의미 관계 등을 통한 의미 제시하기
이해점검 및 연습 (Practicing & Checking)	· 사물이나 그림을 보고 어휘 말하기 · 발음을 듣고 의미 연결하기 · 학습한 어휘를 게임 및 활동에서 사용하기	· 이해확인을 위한 묻고 답하기 활동하기 · 그림자료를 이용한 발음과 의미의 연결활동하기 · 새로운 어휘를 이용한 놀이활동하기
적용 및 정리 (Consolidation)	· 어휘간의 관계를 이해하여 문장 따라하기 · 새로운 어휘와 기존 어휘를 사용하여 복습하기	· 학습한 어휘를 이해하고 본문의 내용 따라 말하기 · 새로운 어휘와 기존 어휘를 사용하여 복습하기 · 수업 정리하기

2. 학습지도안

Lesson	6. Is This Your Cap?	Theme	Possessive adjectives/case
Objectives	Students understand the possessive adjectives and new vocabularies.			
Contents	Words	bat, black, color, puppy…		
	Expressions	Is this your _____? This is my _____. It's _____.		

Teaching Process

STEP	PROCEDURE	ACTIVITIES (T: Teacher S: Student)	TIME	MATERIAL
Presentation	Priming	■ Greetings T: Good morning. S: Good morning. T: How are you today? S: Fine./Not too bad./Not good./So so. T: How's the weather outside? S: It's sunny./cloudy./windy. ■ Let's review. T: Do you remember the song "What's this?" S: Yes.(남녀별/팀별로 나누어 노래한다.) ■ Introducing learning point T: Open your book to page _____. Let's guess the story through pictures. S: 강아지 주인을 찾아주는 그림인 것 같아요. T: Right. I write today's lesson point on the blackboard. Read aloud, please. S: (큰 소리로 입을 맞춰 읽는다.) ♣ 공부할 문제 ♣ ☞ 물건의 주인을 찾아주는 표현 이해하기	녹음기 10'	
	Guessing	■ Look and listen T: Now, let's watch the screen. S: (집중하여 보고 듣는다.) T: What kind of story is it? S: 강아지가 상대방의 것인지 묻고 답하는 것 같아요. ■ Presentation of new vocabularies.		CD ROM, computer, TV

Teaching Process				
STEP	PROCEDURE	ACTIVITIES (T: Teacher　　S: Student)	TIME	MATERIAL
Practicing & checking	Presentation of meaning and pronunciation	T: (강아지 그림을 보여주며) What's this? S: 강아지요. T: Right. It's a puppy. (고양이 그림을 보여주며) What's this? S: 고양이요./It's a cat. T: Good. It's a cat. (이런 식으로 cap, pencil, pencil case, color 등의 어휘를 제시한다.)	10'	그림카드
	Repeating new words	■ Repetition of new vocabularies T: OK. This time, repeat after me looking at the pictures. (강아지 그림을 보여주며) Puppy, it's a puppy. S: Puppy, it's a puppy. (이런 식으로 새로운 어휘를 학습한다.)		
	Connecting sounds and meaning	■ Listen again T: Let's see the CD ROM title again. S: (주의 깊게 보고 듣는다.) T: Which words did you hear? S: Puppy. T: That's right. I give out a piece of paper. Prepare your color pencils, please.	8'	종이, 색연필
	Practicing new words	S: (종이를 나누어 받는 동안 색연필을 준비한다.) T: Listen and do. Draw a puppy, then write your name beside the puppy. S: (각자 강아지 그림을 종이에 그린다.) T: (이런 식으로 cat, cap, pencil case 등을 그리게 한다.) T: Did you finish? Um… let's see. (교사가 그린 그림들을 하나 하나 짚으며) This is my puppy./cap./pencil case. (한 학생이 그린 그림을 가지고 그 학생을 보며) This is your puppy./cap./pencil case. (이런 식으로 "my"와 "your"의 개념을 알게 한다.) ■ Pair Work T: Let's play the game. First, cut out your picture.(이때 이름과 그림을 같이 자른다.)		

Teaching Process				
STEP	PROCEDURE	ACTIVITIES (T: Teacher S: Student)	TIME	MATERIAL
Consolidation	Repeating sentences Using new words	Then mix up the pictures with your partner's pictures. Put these upside down on the desk, do "Rock, paper, scissors" with your partner. The winner take one card and say "It's my puppy/cap… or it's your puppy/cap…" Do you understand? S: Yes.(짝과 놀이를 한다.) T: Did you have fun? S: Yes. ■ Listen and Repeat T: Now, let's watch the screen and repeat. (원어민의 발화 다음 정지 화면을 주고 따라 말하게 한다.) S: (문장을 듣고 따라한다.) ■ Review T: Let's review today's lesson. Say "This is my _____." with your things. S: (자신이 가진 물건 중에서) This is my book./ pencil./… T: You mix up the things, then ask your partner "Is this your ____?" S: (물건을 섞은 다음 친구의 것을 찾아 묻는다.) Is this your pencil?/book…? T: Good job. It's all for today. Good bye. S: Good bye. See you again.	5' 7'	가위 CD ROM, computer, TV 실물

함께 해 봅시다

다음은 어휘학습을 위한 게임방법입니다. 순서에 따라 함께 해 보세요.

CATCH BALL   Month

☞ 준 비 물 : 배구공 1개, 낱말카드 12쌍(24개)

☞ 진행절차

1) 24명의 학생들을 원을 그려 앉힌다.
2) 학생들에게 각각 달 이름이 적힌 카드를 한 장씩 나눠준다.
3) 교사가 가운데 서서 공을 공중으로 던져 올리고 "April" 하고 외치면 해당하는 단어가 적힌 카드를 가진 두 학생이 가운데로 나와 다시 튀어 올라간 볼을 먼저 잡도록 한다.
4) 볼을 잡은 학생이 공을 다시 공중으로 던져 올리며 "May" 하고 외치면 해당하는 두 학생이 가운데로 나와 공을 잡는 식으로 게임이 진행된다.
5) 공을 잡았던 학생은 다시 자기 자리로 돌아가며 못 잡은 학생은 원 밖으로 나간다.

CATEGORY BINGO

☞ 준 비 물 : 낱말판

☞ 진행절차

1) 학생들을 2명씩 혹은 5~6명씩 그룹으로 만든다.
2) 교사는 학생들에게 일정한 범주(예: 동물 이름)에 해당하는 어휘를 9개씩 협의 하에 낱말판에 적도록 한다.
3) 학생들이 협의하는 동안에 교사는 자신의 낱말판을 만든다.
4) 주어진 시간이 지나면 교사는 자신이 선택한 낱말을 하나씩 천천히 읽는다.

5) 각 팀의 대표는 교사가 들려 준 단어가 자신들이 만든 낱말판에 있으면 ×
표를 한다.

6) 계속 지워 나가다가 좌우, 상하 혹은 대각선으로 세 개가 나란히 지워지면
'Bingo' 하고 제일 먼저 외친 팀이 이긴다.

☞ 낱말판(예)

color				animal		
red	black	brown		lion	bear	cow
gray	pink	gray		dog	cat	sheep
blue	green	purple		wolf	tiger	monkey

위 두 게임 모두 고학년에 적합하지만 새롭게 응용하면 저학년에도 쓸 수
있답니다. "Category Bingo"에서 저학년일 경우 단어 대신 그림이나 색깔로
대체해 보세요.

◀참 고 문 헌▶

강용구. (1997).『의사소통적 영어수업』. 서울: 보성.

김덕기. (1996).『영어교육론』. 서울: 고려대학교 출판부.

김성문. (2000).『초등영어교육을 위한 교수법 연구』. 대구교육대학교 석사학위논문.

김수미. (1999).『초등학교 영어의 초기 읽기 지도방법에 관한 연구』. 한국교원대학교 석사
    학위논문.

김영숙. (2000).『초등학교 5학년 영어 읽기 지도방법 및 절차에 관한 연구』. 한국교원대학
    교 석사학위논문.

김영숙, 최연희, 차경애, 김은주, 남지영, 문경인. (1999).『영어과 교육론』. 서울: 한국문화
    사.

김영철. (2000).『초등영어 교재론』. 서울: 학문출판사.

김영희, 정동빈, 이혜란. (1997).『초등 영어지도 실제 노래, 챈트와 게임의 활용 연구』. 서
    울: 민지사.

김재영. (2000).『초등학교 영어교육에서 효과적인 어휘지도에 관한 연구』. 진주교육대학교
    석사학위논문.

김정렬. (2000).『내용, 방법 및 매체를 중심으로 본 21C 영어교육』. 서울: 홍릉 과학 출판
    사.

김진철, 고경석, 박약우, 이재희, 김혜련. (1997).『초등영어교수법』. 서울: 학문출판사.

김진철, 고경석, 박약우, 이재희, 김혜련, 박기화. (1998).『초등영어 교재론』. 서울: 학문출
    판사.

김진철, 김덕규, 김영숙, 김영현, 김익상, 김점옥, 김종숙, 김혜현, 도명기, 박약우, 우상도,
    유범, 윤여범, 윤희백, 이재희, 최명주, 허구, 홍명숙. (1999).『현장 수업 적용을 위한
    초등 영어지도법』. 서울: 한국문화사.

김춘남. (1973).『Oral approach 실제 적용상의 문제점』. 조선대학교 석사학위논문.

김충배. (1991).『영어교육론』. 서울: 한신문화사.

박경수. (1998).『초등 영어교육론』. 서울: 형설출판사.

박만선. (1970).『한국에서의 기초영어 Oral approach』. 고려대학교 석사학위논문.

박수일. (1972).『A study of oral approach to the teaching English』. 고려대학교 석사학위논문.

박 원. (1996).『영어교육학』. 서울: 인하대 출판부.

박의재. (1989).『영어학습 지도의 이론과 실재』. 서울: 학문사.

배두본. (1995).『영어교육학』. 서울: 한신문화사.

배두본. (1997).『초등학교 영어교육 이론과 적용 』. 서울: 한국문화사.

배두본. (1998).『영어교육학』. 서울: 한신문화사.

석희선. (1985).『현대 영어교수방법과 학습 총론』. 서울: 한신문화사.

신성철. (1987).『영어교수법』. 서울: 한신문화사.

신성철, 박의재. (1994).『영어교수법』. 서울: 한신문화사.

신용진. (1984).『영어교수 학습이론과 실제』. 서울: 한신문화사.

오정오. (1995).『초등 영어 문자 지도에 있어 Phonics 도입의 효과에 관한 실험 연구』. 공주
   교육대학교 석사학위논문.

유현경. (1988).『Oral method와 Oral approach의 비교분석』. 이화여자대학교 석사학위논문.

윤미화. (1997).『EFL 상황에서의 두 어휘 교수법 비교: 정의 중심 교수법과 문맥 중심 교
   수법』. 서울대학교 석사학위논문.

이상화. (1973).『Sentence pattern drill의 실험연구: Oral approach를 중심으로』. 고려대학교
   석사학위논문.

이승민. (1998).『시청각 교수법을 적용한 초등 학교 영어교수방법에 관한 연구』. 한국교원
   대학교 석사학위논문.

이영아. (2000).『초등 영어 어휘의 효과적인 지도 방안에 관한 실험 연구』. 한국교원대학교
   석사학위논문.

이영헌, 조학행, 염규을, 이남근, 이고희, 김귀석, 허장융, 유관수. (2000).『현대영어학의 이
   해』. 광주: 조선대 출판부.

이완기. (1999).『초등 영어지도법』. 서울: 문진미디어.

이완기. (2000).『초등영어교육론』. 서울: 문진당.

장신재. (1996).『영어를 어떻게 배우고 가르칠 것인가?』. 서울: 신아사.

전병만. (1999).『외국어 교육 접근방법과 교수법』. 서울: 홍익 FLT.

전영미. (2000).『그림과 문자의 제시가 초등학생의 영어학습에 미치는 효과』. 한국교원대
   학교 석사학위논문.

전주열. (1999).『초등학교 영어교육을 위한 직접식 교수법 적용실험 연구』. 한국교원대학
   교 석사학위논문.

정동빈. (1991).『영어교육론』. 서울: 한신문화사.

정문치. (1989).『국민학교 영어특활 학습을 위한 청각 구두식 방법과 전신 반응방법의 효

과 비교』. 한국교원대학교 석사학위논문.

차용길. (1977). 『Oral approach에 관한 연구』. 고려대학교 석사학위논문.

채준기, 전병쾌. (1995). 『현대영어교수방법』. 서울: 형설출판사.

최진황. (1986). 『영어교수법 이론과 적용』. 서울: 민족 문화 문고 간행회.

최진황. (1997). 『초등 영어수업모형과 교실 영어』. 서울: 영탑.

황윤한. (1999). "교수 학습이론으로서의 구성주의". 한국교원대학교 초등교육연구소 편, 『구성주의와 교과교육』(pp. 39~96). 서울: 문음사.

All wright, R. L. (1979). The importance of interaction in classroom language learning. *Applied Linguistics, 5*(2).

Asher, J. J. (1997). Learning Another Language through Actions. *The complete teacher's guidebook*. Los Gatos, Cal: Sky Oaks Productions.

Billows, F. L. (1961). *The Techniques of Language Teaching*. London: Longman.

Brooks, N. (1964). *Language and Language Learning: Theory and Practice* (2nd ed.). New York: Harcourt Brace.

Brown, H. D. (1994). *Principles of language learning and teaching* (3rd ed.). NL: Prentice Hall.

Byrne, F. L. (1976). *Teaching Oral English*. London: Longman.

Cameron, L. (2001). *Teaching languages to young learners*. Cambridge, UK: Cambridge University Press.

Cunningham, P. (1992). What kind of phonics instruction will we have? In C. Kinzer & D. Leu (Eds.), *Literacy research, theory, and practice: view from many perspectives*. Chicago: National reading conference.

Curren, C. A. (1972). *Counseling learning: A Whole person model for education*. New York: Grun & Stratton.

Davies, P., Roberts, J., & Rossner, R. (1975). *Situational Lesson Plans*. Mexico city: Macmillan.

Ellis, N. C., & Beato, N. A. (1995). Psycholinguistic determinants of foreign language vocabulary learning. *Language Learning 43*(2), 559 617.

Farr, R., & Roser, N. (1979). *Teaching a child to read*. NY: Harcourt Brace Jovanovich.

Faucett, L., West, M. Palmer, H. E., & Thorndike, E. L. (1936). *The Interim Report on Vocabulary Selection for the Teaching of English as a Foreign Language*. London: P. S. King.

French, F. G. (1950). *The Teaching of English Abroad, Vol 3*. Oxford: Oxford University Press.

Fries, C. C. (1945). *Teaching and Learning English as a Foreign Language*. Ann Arbor: University of Michigan Press.

Frisby, A. W. (1957). *Teaching English: Notes and Comments on Teaching English Overseas*. London: Longman.

Hall, E. (1978). Situational reinforcement. *TESOL Quarterly, 12*(2).

Halliday, M. A. K. (1975). *Explorations in the Functions of Language*. London: Edward Arnold.

Halliday, M. A. K., McIntosh, A., & Strevens, P. (1964). *The Linguistic Sciences and Language Teaching*. London: Longman.

Howatt, A. P. R. (1984). *A History of English Language Teaching*. Oxford: Oxford University Press.

Johnson, P., & Pearson, D. (1984). *Teaching reading comprehension*. New York: Holt, Rinehart and Winston.

Karlin, R. (1980). *Teaching elementary reading*. NY: Harcourt Brace Jovanovich.

Krashen, S. (1981). *Second language acquisition and second language learning*. Oxford: Pergamon.

Larsen Freeman, D. (1986). *Teaching and principles in language teaching*. Oxford: Oxford University Press.

McCallum, G. P. (1980). *101 word games*. Oxford: Oxford University Press.

McLaughlin, B. (1978). The monitor model: Some methodological considerations. *Language Learning, 28*.

Miller, W. (1980). *The reading activities handbook*. NY: Holt, Rinehart and Winston.

Moulton, W. C. (1961). Linguistics and Language teaching in the United States: 1940 1960. In C. Mohrmann, A. Sommerfelt, & J. Whatmough (Eds.), *Trends in European and American Linguistics, 1930 1960, 82 109*. Utrecht: Spectrum.

Nation, I. S. P. (1978). Translation and the teaching of meaning: Some techniques. *English Language Teaching Journal, 32*(3), 171 175.

Nation, I. S. P. (Ed.). (1994). *New ways in teaching vocabulary*. Boston: Heinle & Heinle.

Otto, H. & Pizillo, C. (1979). Effect of intralist similarity on kindergarten pupil's rate of word recognition and transfer. *Journal of Reading Behavior, 3*.

Palmer, H. E. (1917). *The Scientific Study and Teaching of Languages*. Reprinted. London:

Oxford University Press, 1968.

Palmer, H. E. (1921). *Principles of Language Study*. New York: World Book Co.

Palmer, H. E. (1923). *The Oral Method of Teaching Languages*. Cambridge: Heffer.

Palmer, H. E. (1938). *Grammar of English Words*. London: Longman.

Palmer, H. E. (1940). *The Teaching of Oral English*. London: Longman.

Pattison, B. (1964). Modern methods of language teaching. *English Language Teaching, 19*(1).

Petty, W., Herold, C., & Stoll, E. (1968). The structure of the knowledge about the teaching of vocabulary. *Cooperative Research Project, No. 3128*. Champagin, IL: National council of teachers of English.

Pittman, G. (1963). *Teaching Structural English*. Brisbane: Jacaranda.

Richards, J. C., & Rodgers, T. S. (1995). *Approaches and Methods in Language Teaching: A description and analysis*. Cambridge: Cambridge University Press.

Richards, J. C., & Rodgers, T. S. (1986). *Approaches and Methods in Language Teaching*. New York: Cambridge University Press.

Rivers, W. (1972). *Speaking in many tongues*. Rowley, Mass: Newbury House.

Sauveur, L. (1875). *Introduction to the teaching of living languages without grammar or dictionary*. New York: F. W. Christern.

Schmitt, N., & Schmitt, D. (1995). Vocabulary notebooks: theoretical underpinning and practical suggestions. *ELT Journal, 49*(2), 133 143.

Stanovich, K. (1991). Word recognition: Changing perspectives. In R. Barr, M. Kamil, P. Mosenthal, & P. Pearson (Eds.), *Handbook of reading research II*. NY: Longman.

Stern, H. M. (1983). *Fundamental concepts of language teaching*. Oxford: Oxford University Press.

Stevick, E. W. (1982). *Teaching and learning language*. New York: Cambridge University Press.

Watcyn Jones, P. (1993). *Vocabulary Games and Activities for Teachers*. London: Penguin.

Watts, S. (1995). Vocabulary instruction during reading lessons in six classrooms. *Journal of Reading Behavior, 27*, 399 424.

Wendy, A., & Lisbeth, H. (1990). *Teaching English to children*. New York: Longman.

Wilkins, D. A. (1972). *Linguistics in language teaching*. London: Arnold.

제 2부 인본주의

인본주의 교수　학습방법은 교수　학습의 초점을 교사나 교육내용에서 학생에게로 전환하고, 학생 개개인의 정의적·인지적 특성을 고려하며, 학생이 교육의 주체가 되도록 함을 의미한다. 인본주의 교육은 교육의 목적을 개개 학생이 자신의 능력을 충분히 발휘하는 인간이 되도록 돕는 데 있다고 본다. 좀 더 구체적으로 인본주의 교육 목적을 살펴보면 그 특징을 자세하고 쉽게 이해할 수 있을 것이다(김정렬, 2000).

- 개개 학습자로 하여금 자기 자신을 발견하고, 다른 사람들과 사회적 관계를 맺으며, 현재의 시점에서 행복하게 살아가고, 또 미래의 생활에 대비하도록 돕는다.
- 학습자에게 학습하는 방법을 배우고 학습을 즐기며, 또 학습을 계속하고 싶어하도록 돕는다.
- 자기 자신과 남을 수용하고 존중하도록 돕는 것이며, 자기 자신을 교육할 책임을 지고 그 책임을 수행할 줄 알도록 돕는다.
- 교육의 목적은 학생으로 하여금 자신을 사랑하고, 느끼고, 창조하고, 표현하는 것을 배우도록 돕는다.
- 학습자가 지닌 잠재적 재능을 개발하고, 또 그의 제한점을 보충하도록 돕는다.

이러한 교육적 관점의 전환은 언어교육에도 많은 영향을 미쳤다. 종래의 교사 중심의 언어교수　학습 방식에서 학습자들의 정의적 특성이나 인지 유형(cognitive style)을 고려하는 학습 방식이 이루어지게 하였으며 교육과정에서도 학습자들의 요구나 선호하는 학습 양식(learning style)을 반영하여 개별화된 열린 개념이 언어교육에 도입되었다. 특히, 제7차 교육과정에서는 개인차를 고려한 학습자 중심의 언어교육 강화라든지, 최근에 거론되고 있는 언어의 통합교육의 필요성, 과정중심의 수행평가, 그리고 열린교육의 개념들을 반영한 것이 큰 특징으로 부각되고 있으며 이것은 개별 학습자들을 언어학습의 주체로 받아들이려는 노력이라 볼 수 있다.

1. 교수 학습이론

일반적으로 인본주의 언어교수법은 정의적 영역과 인지적 영역을 융합하여 학생이 학습의 주체가 되어서 학습이 일어나야 한다는 가설에서 출발한다. 여기에는 이해 기반(Comprehension based) 교수법과 표현 중시(Production based) 교수법으로 구분해 볼 수 있다. 언어발달 과정에는 침묵기가 있고, 이 때에 표현을 강조하거나 강요하면 학습자의 정의적 부담(anxiety)으로 이어진다는 주장과 더불어 이해 기능을 중시하고 표현기능에 앞서 개발되어야 한다고 보는 교수법 중에는 전신반응(Total Physical Response) 교수법, 자연교수법(Natural Approach), 문학을 통한 영어지도법(Literature based Language Learning)이 있다. 영어를 배우는 동기가 자신의 의사소통 욕구를 발현하기 위한 것이라는 데 초점을 맞추고 표현 기능을 발달시키는 데 효과적인 교수법에는 침묵식 교수법(Silent way), 소집단 언어학습법(Community Language Learning)이 있다. 그리고 이외에도 정의적으로 편안한 상태에서 무의식적 또는 반의식적 영어학습을 강조하는 암시교수법(Suggestopedia), 학습자에게 배우기를 원하고 필요로 하는 분야를 중심으로 그 분야에서의 의사소통이 가능하도록 학습하는 의사소통 중심 언어교수법(Communicative Language Teaching), 언어의 기능적 구분 없이 학습자들이 배우고 싶어하는 재미있는 얘기나 주제를 중심으로 영어를 배우는 총체적 언어 접근법(Whole Language Approach) 등이 있다.

언어교육에 있어서 이러한 인본주의적 교수 학습이론을 바탕으로 교육과정의 특징과 교수 학습방법, 그리고 평가측면에서 그 내용을 간단히 살펴보면 다음과 같다. 인본주의적 접근법들이 언어교육에 미친 영향을 가장 쉽게 느낄 수 있는 것이 바로 언어교육의 목적과 목표 설정 및 교육 도중에 학생들의 요구를 반영한 것이라 할 수 있다. 종래의 교사 중심의 교육과정 속에서 교육의 목적이나 교수요목들은 미리 선정되고 제시되는 반면에 인본주의적 교수법들의 도래 후 교육과정 속에서는 학생들의 객관적 요구나 주관적 요구들을 적극 수용하고자 하였다. 그리고 프로그램의 실행과정 속에서도 학생들의 정의적 요구나 학습방법에 따라 프로그램의 내용이나 교수방법들을 능동적으로 수정해 나가려 하였다. 특히, 영어과 교육이 의사소통의 필요성에 근거해야 한다는 요구가 많아지면서 점차적으로 교사 중심에서 학생 중심으로 목적과 내용의 설계가 변해야 한다는 주장이 힘을 얻고 있으며 이것은 곧 학생 중심의 교육과정으로 귀결된다. 학생 중심의 교육과정에서는 목표의 설정이나 세분화 단계에서부터 학생들의 정의적·객관적 요구를 중시하며, 실행 단계에 있어서도 학생들의 학습방법이나 정의적 태도를 중시한다. 최근 들어 인본주의적 접근법을 수용하여 학습자들을 학습의 주체로서 인식하고 개별 학습자를 고려한 다양한 방안들이 모색되고 있다.

2. 교수 학습활동

학생의 요구와 의사를 존중하는 인본주의 언어교육 상황에서는 교사와 학습자의 역할이 기존의 형태와 다르게 요구된다. 우선 교사는 교실 안의 모든 참여자간의 의사소통을 활발히 촉진시키는 역할과 교사 자신의 독립적인 참여자의 역할을 동시에 수행하게 되며, 학생들의 요구를 잘 분석하여 학생들의 언어학습에 대한 동기를 측정하고 나아가 학습자들의 요구를 충분히 반영하여 학습지도를 해야 하는 임무를 띤다. 학습자는 목표언어로 자신을 이해시키는 데 보다 적극적으로 참여하도록 하고 학습자 간에 상호적으로 정보를 얻고 제공하는 상호 의존적인 역할을 할 수 있도록 해야 한다. 이러한 교수상황에서는 침묵식 교수법(silent way)이나 소집단 언어학습법(community language learning), 자연교수법(natural approach), 암시교수법(suggestopedia) 등과 같이 학생의 정의적 특성이나 인지 과정을 보다 많이 고려한 교수 학습방법을 실행하게 된다.

교수 학습활동 중에서 평가에 관해서도 기존의 평가형태는 결과 중심의 계량적인 평가로 등급과 순위 매기기의 기능에 더 많은 무게를 두었으나 학습자 중심의 언어교육 상황에서는 과정 중심의 수행평가 형태를 도입하여 학생 개개인의 언어발달 상황을 누가 기록하고 그것이 학생에게 정보로 제공되어 언어학습에 도움을 줄 수 있도록 하는 게 중요하다. 또한, 학생의 소질과 특성을 제대로 파악하고 그에 적절한 교수 학습활동을 시행하기 위해서는 평가의 방법을 다양화·전문화·특성화해야 할 필요성이 있다.

인본주의적 교수 학습방법을 통한 영어과 수업에서 교사, 학생 및 교재의 역할을 나누어서 정리하면 다음과 같다.

- 수업진행의 형태는 학생의 활동이 주가 되고 교사는 보조하는 역할을 수행한다. 학생들을 참여시키는 기술로서 짝활동, 그룹 활동, 전체 활동에 학생들이 골고루 모두 참여할 수 있도록 유도한다.
- 학생들의 활발한 활동에 교사는 여유를 가지고 적절히 통제를 하며 학생들의 오류를 교사가 직접 수정해주기보다는 다른 학생들의 발화를 통해 스스로 오류를 깨닫고 수정하도록 한다.
- 학생들이 스스로 학습목표를 찾거나 인지하고 놀이활동에 열심히 참여하면서 목표언어를 구사한다. 짝활동, 그룹활동 등에 참여하는 태도가 무척 긍정적이다.
- 노래나 게임, 역할극을 통한 활동과 같이 학생들이 좋아하며 자신감을 가지고 참여할 수 있는 교수 학습활동을 중심으로 학습할 수 있도록 노력한다.
- 컴퓨터와 멀티비전, 그리고 CD ROM의 사용으로 학습자의 동기유발을 고조시키고 CD ROM의 기능을 잘 이용하여 효과적인 영어학습을 진행한다.

▪ 그림카드, 단어카드, 디지털 피아노 등 교실에서 활용할 수 있는 다양한 자료들을 적절하게 투입하여 학생들의 흥미를 유발하고 활동에 적극적으로 참여하도록 유도한다.

영어과 교수 학습방법상에 나타난 인본주의적 교수법들은 아래와 같고, 제2부에서는 다음의 교수법들을 하나씩 순서대로 살펴보도록 한다.

전신 반응 교수법(Total Physical Response)

침묵식 교수법(Silent Way)

소집단 언어학습법(Community Language Learning)

암시교수법(Suggestopedia)

자연교수법(Natural Approach)

의사소통 중심 언어교수법(Communicative Language Teaching)

총체적 언어 접근법(Whole Language Approach)

문학을 통한 영어지도법(Literature based Language Learning)

전신 반응 교수법
(Total Physical Response)

전신 반응 교수법(Total Physical Response: TPR)은 Asher가 고안한 교수법으로, 학습자가 주어진 언어자극에 대하여 신체적으로 반응함으로써 대상 외국어를 터득하는 교수법이다. 이렇게 언어자극에 대해서 적절한 행동을 취하게 함으로써, 학습자는 긴장감을 낮춘 상태에서 이해를 통한 학습을 하게 되므로 '이해접근법'이라고도 한다.

학습자가 먼저 듣기훈련을 한 다음 청취이해능력이 어느 정도 길러진 후에 다른 기능의 훈련을 시키도록 하는 것이 보다 자연스러운 언어습득의 과정이다. 이러한 전신반응 교수법의 전제는 어린 아이의 모국어 습득과정과 유사한 점을 지니고 있다. 학습자들이 청취된 말을 즉각적인 행동으로 반응을 표시하는 것은 실제 언어행위의 한 양상으로, 청취된 내용을 유의미하게 받아들이게 하고 이와 아울러 청취력은 빠른 속도로 성장할 것이다. 음성언어를 이해하는 기능인 듣기를 다른 언어기능으로 전이할 수 있기 위해서는 학습자의 성장 단계에 맞는 적당한 교수자료를 개발, 제시해야 하는 교사의 노력이 요구된다.

Ⅰ. 개 요

1. 의미

TPR은 말과 행동을 동시에 이용하여 교수하는 방법으로, 신체활동을 하는 가운데 언어를 가르칠 수 있다는 것을 전제로 한다. 이를 위해 고안자 James Asher는 Harold와 Palmer가 제안한 언어교육 절차에 학습이론, 발달 심리학, 인본주의 교육 등의 이론적 배경을 통합하였다.

전신 반응 교수법의 가장 큰 특징인 신체활동의 필요성은 학습내용에 대한 기억결합

(memory connection)이 자주 또는 강하게 자취를 남길수록 기억연상(association)이 더욱 쉽게 이루어진다고 하는 심리학의 흔적이론(trace theory)에서 찾아볼 수 있다. 회상(retracing)은 구두로 또는 신체적 움직임과 연합하여 이루어질 수 있어서 신체적 동작을 동반한 구두연습과 같은 결합된 흔적을 남기는 활동은 성공적인 회상의 가능성을 높여준다는 것이다. Asher가 전신 반응 교수법을 고안하게 된 배경을 잠깐 살펴보면 다음과 같다.

그는 발달 심리학에서 말하는 어린 아이들의 모국어 습득과정은 일정한 순서가 있어서, 듣기가 말하기에 우선하고 이는 외국어 습득에서도 마찬가지라고 보았다. 이런 듣기 발달단계에서는 명령형의 말이 다소 복잡하더라도 이해가 되며, 이 단계에서 언어의 추상적인 개념어가 행동으로 표현할 수 있는 구체어 속에 함께 포함되어 습득이 된다고 하였다.

Asher는 학습자가 말을 하게 되는 과정을 살펴보면 말하기 이전 단계에서 침묵하고 있지만 행동을 통하여 들은 말에 대한 반응을 보이며, 언어를 자기 것으로 내면화시키고 점차적으로 그 언어에 대한 인지적 지도를 형성하는 것이라고 보았다. 그에게 어린 아이는 거대한 언어학 퍼즐을 풀어나가는 것과 같았다. 어린 아이가 퍼즐을 풀기에 충분할 만큼의 음성언어의 구조를 알게 되었을 때, 비로소 말하기가 시작되는 것이다. 최초의 발화발생에 있어서 중요한 것은 아무도 학습자에게 말하도록 시키지도 않았고, 말하기를 시도할 때 잘못을 고쳐주지도 않았다는 것이다. 이런 일이 가능한 이유는 말하기는 가르쳐지는 것이 아니라 발달 심리학적으로 자연스럽게 일어나는 과정이기 때문이다.

또한, Asher는 인본주의 심리학의 원리를 받아들여 언어학습의 중요한 요인으로 정서적 안정을 들어 말하기를 강요하지 않았다. 그는 스트레스를 줄이는 목적으로 신체운동이 좋은 긍정적인 분위기를 마련해 줄 것을 확신했으며 이렇게 함으로써 그는 언어학습을 촉진시킬 수 있다고 믿었다.

이러한 배경을 가진 전신 반응 교수법의 일반적인 목표는 초보 단계의 구어숙달을 위한 것이다. 이해는 목표를 위한 수단이 되고, 궁극적으로는 기본 말하기 능력의 교수라고 볼 수 있다. 학습자가 자연스럽게 이해하도록 심리적인 부담을 주지 않는 가운데 학습을 조장하는 것이 특징이다.

2. 원리

다음은 앞에서 살펴본 이론적 배경을 좀더 자세히 구분하여 살펴보고, 전신 반응 교수법에 어떻게 작용하는지를 살펴보도록 하겠다.

1) 언어이론

Asher는 발달 심리학적인 측면에서 어린 아이들의 모국어 습득과정을 재현하면 효과적인 외국어 학습을 할 수 있다고 본다. 그래서 '듣기 능력'을 먼저 개발해야 한다고 하며 이때 들려주는 말은 명령형의 형태를 가지도록 한다. 그는 복잡한 표현이라도 명령을 통하면 보다 쉽고 자연스럽게 학습이 될 수 있다고 보았다.

Asher는 어린 아이가 아직 두 단어, 세 단어 정도로 이루어진 간단한 말만을 할 수 있는 단계에서도 "Pick up the ball and get the ball from your room."과 같은 복잡한 문장을 완전히 알아듣는 것에 주목하고, 언어가 단일한 어휘항목으로서보다는 전체나 덩어리(chunk)로 내면화할 수 있다고 믿었으며 조립된 문형(prefabricated patterns)이 언어학습과 사용에 영향을 줄 수 있다고 보았다.

Asher는 언어습득과 관련하여, 언어란 추상적인 개념어와 구체어로 구성된다고 하며 구체어는 명사와 명령형 동사에 의해 가장 상세하게 제시된다고 보았다. 학습자는 추상적인 개념어에 의지하지 않고도 문법적인 언어 조직뿐만 아니라 상세한 인지 지도(cognitive map)를 습득할 수 있다고 한다. 그러므로 추상적인 개념어의 학습은 학생들이 목표어와 상세한 인지지도를 내면화할 때까지 미뤄야 한다. 왜냐하면, 추상어는 언어의 문법적 구조를 해석하는 데 반드시 필요한 것은 아니기 때문이다(Asher, 1977).

이러한 언어에 대한 Asher의 생각은 구조주의에 입각한 문법 중심의 언어관을 생각하게 하고, 명령(S) 행동(R)의 되풀이는 행동주의 학습이론의 영향을 많이 입은 것처럼 간주되지만 꼭 그러한 것이라고는 볼 수 없다. 사실 Asher 자신은 덩어리화(chunking)에 대한 자신의 이론 및 전신 반응 교수법에 내재하는 언어이론의 다른 양상들에 대해서 상술하고 있지 않으며, 다만 독자들로 하여금 그의 언어이론이 어떠한 것인지에 대한 단서만을 주고 있을 뿐이다(Richards와 Rodgers, 1986).

2) 학습이론

Asher의 학습이론은 행동주의 심리학의 견해를 다소 반영하는데, 간단히 자극(S)과 반응(R)이론이 언어교수법에 내재하는 학습이론을 제공하는 것으로 본다.

Richards와 Rodgers(1986)는 Asher가 이러한 학습이론을 위해서 바탕으로 두는 가설을 다음과 같이 기술하고 있다.

① 언어학습을 위한 선천적인 생체 프로그램(bio program)은 모국어와 제2언어의 발달을 위한 최적의 경로를 정한다.

② 두뇌 측면화(brain lateralization)는 좌반구와 우반구의 학습 기능을 정의한다.

③ 학습자의 정의적 여과장치(affective filter)에서 일종의 긴장감이 학습행위 속에 존재하며, 이는 학습을 방해하므로 긴장감이 완화되면 그만큼 학습효과가 커진다.

첫 번째 가설은 모든 사람에게는 특별히 타고난 언어습득의 생체 프로그램이 존재한다는 것인데 그것은 모국어와 외국어를 습득하고 발달시키기 위한 최적의 방법을 보여주는 것이다. Asher는 뇌와 신경시스템이 생체학적으로 프로그램화되어 있어 제1언어이건 제2언어이건 간에 특정한 순서와 특정 모드 속에서 언어를 습득할 수 있다고 했는데 특정한 순서란 말하기에 앞서 듣기가 우선되어야 한다는 것이고 특정 모드란 개인의 신체와 언어가 동일시되는 상태를 말하는 것이다. Asher가 말하는 특정한 순서란 다음과 같이 정리할 수 있다.

① 학습자들은 말하기 능력을 배우기 이전에 듣기 능력을 배운다. 듣기만 하는 기간에 학습자는 나중에 회화를 가능하게 하는 언어의 청사진을 만든다고 추측한다.
② 어린이의 듣기 능력은 부모나 돌봐주는 사람의 명령문 형태의 말에 신체적으로 반응하면서 습득된다. 따라서, 외국어 학습에서도 학습자들이 다른 사람의 명령문에 신체적으로 반응하는 전달된 메시지의 유의미한 활동이 중요한 부분으로 학습의 첫 단계에 자리한다.
③ 일단 듣기 능력의 기초가 이루어지면 말하기는 자연적으로 다른 노력이 없이도 발달된다.

다음, 두 번째 가설은 두뇌의 좌반구와 우반구가 각기 다른 기능을 담당하고 있는 것은 두뇌 측면화(lateralization)현상 때문이며, 어린아이가 자라감에 따라 뇌가 양분되어 각각의 기능이 전문화되는데 대부분의 다른 언어학습방법은 좌측 두뇌를 사용하도록 되어 있다고 보는 것이다. 그래서 Asher는 Piaget의 연구를 바탕으로 아이들은 우측 두뇌의 활동을 통해 언어를 습득하며 언어활동은 우측 두뇌에 집중되어 우측 두뇌의 활동이 충분히 선행되면 말하기와 관련된 좌측 두뇌의 활동이 유발되어 말을 배울 수 있다고 주장하므로 우측 두뇌 활동을 자극하는 전신 반응 교수법은 말하기와 관련한 활동을 활발하게 할 수 있다는 것이다.

마지막으로, 세 번째 가설은 제2언어습득이론에서 Krashen이 세운 언어습득의 5개의 가설 중 정의적 여과가설과 비슷한 것으로서, 스트레스는 학습을 방해하는 요인이며 성공적으로 언어를 배울 수 있는 가장 중요한 요인은 스트레스를 없애는 것이라고 본다. 감정 여과장치인 스트레스는 학습행동과 학습내용 사이에 지장을 초래하기 때문에 긴장감이 적으면 적을수록 학습이 더 잘 일어난다는 것이다. Asher(1977)에 의하면 아이들이 모국어를 배울 때는 스트레스가 없는 상태였던 것과 같이 스트레스 없이 학습할 수 있는 조건은 언어발달의 자연스런 생체 프로그램에 따라 학습을 진행하여 언어학습 자체가 편안하고 즐거운 경험이 될 수 있도록 해야 한다는 것이다.

정리하면, Asher는 학습자의 언어습득 과정의 특징 중에서 첫째로 말하기 전에 듣고 이해할 것, 둘째로 듣고 이해한 목표어 명령에 따라 학습자는 몸을 움직여 표현할 것, 셋째로 학습자가 스스로 발화할 수 있을 때까지 학습자에게 외국어를 강요하지 말 것 등의 특징을 추출하여 원칙으로 삼았다.

3. 특징

다른 교수법과 달리 TPR이 갖는 특징은 다음과 같다.

① 우측 두뇌를 통한 학습을 강조한다. 일반적으로 인간의 두뇌는 측면화(brain lateralization) 되어 그 기능이 나뉘어져 있는데 언어활동은 좌측 두뇌가 관장하므로 대부분의 교수법이 좌측 두뇌를 이용한 학습방법을 적용한 반면 TPR은 우측 두뇌를 통한 학습을 강조한다.

② 행동주의 심리학 이론을 적용하여 교사가 자극(명령)을 주고 학생은 그에 따라 반응하게 한다.

③ 교사가 처음부터 외국어를 사용하여 명령을 하여도 실물을 사용하고 행동을 하기 때문에 학습자들이 의미를 쉽게 파악할 수 있다.

④ 자신도 성공적으로 외국어를 배울 수 있다는 성취감을 느낄 수 있다.

⑤ 언어를 배우는 것에 대한 긍정적인 태도를 갖게 하며 동기유발도 시킬 수 있다.

⑥ 말을 강요하지 않기 때문에 긴장감 없이 수업을 진행시킬 수 있다.

⑦ 외국어를 처음 배우는 초기 단계 학습자에게 좋은 교수방법이다.

⑧ 문법은 귀납적으로 지도하며 문법적 자질(feature)과 어휘항목은 쉽게 배울 수 있고 교실에서 가능한 상황에 따라 선택한다.

⑨ 기본 교과서(basic text)가 없고 교사의 목소리, 행동, 무언극이 기초 자료가 되며, 그밖에 낱말 도표, 그림, 실물 교재, 영화 등의 보조자료를 교사가 제작·활용한다.

Asher는 이 교수법의 지도 효과에 대해서 학력의 수준과 상관없이 빠르게 목표언어를 배울 수 있고, 오랫동안 학습한 내용을 파지할 수 있으며, 스트레스를 받지 않고 언어를 배울 수 있는 것 등으로 보았다.

전신 반응 교수법은 학습자의 입장에서는 즐겁고, 학습의 부담이 없으며, 장기기억이 가능한 교수방법이고, 교사입장에서는 경제적인 학습지도가 가능하며, 주의집중이 용이하고 수업이 활기차며, 상호작용을 하게 되므로 유대를 강화할 수 있는 효과가 있다. 이외에도 TPR학습은 교실에서나 가정에서나 학습자들이 자주 접하는 언어 환경에 지시어들이 많고 대체로 행동으로 반응해야 하는 것들이어서 학습자들에게 친근감을 불러일으키며 학습효과가 크다. 그러나 고학년인 학습자들은 움직임을 기피하는 경향이 있어 저학년보다는 효과가 크지 않은 편이다.

한편, TPR 수업진행시 발견되는 몇 가지 단점은 다음과 같을 수 있다.

① 수업 중 긴장감을 줄이다보니, 학습자들의 행동이 장난으로 치우칠 우려가 있다.

② 영어 교실이 따로 없는 우리 현실에서는 옆 반의 수업에 방해가 될 수 있다.

③ 교사의 상태에 따라 수업 분위기가 좌우된다.

④ 모든 학습자들이 움직이면서 언어를 배우는 것을 좋아하는 것은 아니며, 고학년으로 갈수록 행동으로 표현하는 것을 쑥스러워 하는 경향이 있다.

⑤ 경우에 따라서는 계속되는 신체적 활동이 학습자들을 더 피곤하게 만들 수도 있다.

▋ II. 교실수업의 적용

1. 수업절차

전신 반응 교수법의 효과를 극대화하기 위해서 교사는 수업 전에 철저한 계획을 세워야 한다. 왜냐하면 TPR 수업은 활기차고 빠르게 진행되는 가운데 모든 학습자가 몰입하여 참여하게 되고 수업목표가 원활하게 달성되기 때문이며, 준비가 철저하지 못할 경우 수업은 산만해지기 쉽기 때문이다.

전신 반응 교수법의 수업절차는 다음의 과정을 따른다.

1) 복습 단계

지난 시간에 배운 학습내용을 학생들에게 확인하는 단계로 이미 배운 표현 몇 가지를 사용하여 명령에 따라 학습자가 행동으로 반응하게 한다.

2) 시범관찰 단계

가장 간단하며 움직임이 확실한 동작부터 적용하되 빠르고 자연스런 습득을 돕기 위해 짝이 되는 연결 동작어를 명령어로 선택하는 것이 좋다. 맨 처음에는 교사 자신이 명령어를 말하며 동작도 함께 보여주고, 비교적 우수한 학생들을 두세 명 정도 앞에 내세워 교사의 행동을 따라하게 한다. 이렇게 시범을 보이는 동안 다른 학생들은 관찰한다. 그 다음에 교사는 행동을 생략하고 간단한 제스처를 하면서 명령을 하면, 시범 조가 명령에 따라 행동한다. 마지막에는 제스처도 생략하고 명령만 한다.

이 때, 명령어는 학습자의 행동들 간에 일련의 유기적 연관성이 있게끔 만들어져야 하는데, 일반적인 교실 상황에서 흔히 접할 수 있는 한 가지 예를 들면 다음과 같다.

① Stand up.   ② Come here.

③ Take my book.   ④ Open it.

⑤ Look at it.   ⑥ Close it.

⑦ Hold it up.   ⑧ Give it back to me.

⑨ Go back to your place.   ⑩ Sit down.

3) 관찰자 동참 단계

시범 조가 어느 정도 숙달이 되었다고 느껴지면 관찰하고 있던 모든 학습자들도 교사의 지시에 따라 행동으로 반응한다. 관찰자들도 반드시 행동으로 표현함으로써 학습자의 오른쪽 뇌 작용이 활발해지고 이와 같이 움직임의 기억과 함께 배운 표현은 언어를 담당한 왼쪽 뇌로 전이될 수 있으므로 관찰자 동참활동은 대단히 중요하다. 만약, 관찰자들에게 신체활동과의 연계 단계를 생략한다면 장기기억 상에 큰 차질이 있다는 것이 전신 반응 이론의 주장이며 필요성이다.

4) 새로운 명령어 추가와 연습 단계

목표로 한 기본 명령어들을 거의 모든 학습자들이 잘 따라하게 되었을 때 교사는 새로운 명령어(novel command)를 추가한다. 이 때는 앞의 예에서 제시된 것처럼 이전의 명령동작들과 연관성을 가질수록 좋은 것이다. 새로운 명령어로 인하여 활기를 띠게 되면 교사는 명령 대상을 제한할 수도 있다. 즉, 전체 학생에서 어느 한 분단으로, 다음은 개인으로 바꾸면서 어느 정도 긴장감을 조성함으로서 학습욕구를 자극할 수 있다. 이 단계의 활동특성을 이용하여 즐겁게 목표언어를 습득시킬 수 있는 방법은 TPR을 게임으로 운용하는 것이다. 다음 절에 언급한 수업 유형의 예인 'Simon Says Game'과 같은 형식이 이런 것이다.

5) 확인 단계

수업을 마무리하게 될 때 오늘 배운 내용인 목표표현들을 확인한다. 전체 학습자들에게 목표명령어로 지시하며 반응하도록 할 수도 있고 소그룹 또는 몇몇 개인별로 확인하거나 배운 내용을 환기시킨다. 이 때, 명령어들과 함께 익힌 명사들도 확인할 수 있다. 우선, Yes/No question으로 학습자들이 제대로 이해하였나 확인하고 실제로 배운 표현을 말해보도록 할 수 있다.

6) 역할 바꾸기(Role reversal)

전신 반응 교수법은 듣기를 위주로 하고 학습자가 자발적으로 말하기를 원할 때까지 강요하지 않는다. 이 교수법으로 계속적으로 듣기 위주의 학습을 하다보면 학습자들의 개인차는 있지만 수업진행 후 10~20시간째에는 말을 하고 싶어한다. 때로는 학습자들은 들리는 대로 따라하는 버릇이 있어 첫 시간부터 뜻도 모른 채 소리내어 보는 학습자들도 있다. 이렇게 발화 의도를 갖는다는 것은 말하고 싶다는 욕구를 반증하는 것이므로 서서히 그 기회를 준다. 이 때에는 수업절차에 Role reversal을 도입하는데, 처음에는 전체 학습자로 하여금 교사에게 명령어를 말해 보게 하여 부담 없이 의외성을 즐기는 가운데 말하기 연습을 하도록 유도하다가, 시간이 흘러 명령 지시자가 되기를 원하는 사람에게 기회를 제공하여 교사에게 또는 동료에게 명령을 해보게 한다. 만약 발화요구자가 늘어난다면, 그 정도에 맞추어 소그룹 활동을 유도할 수도 있다. 또는, 그룹 구성원들이 함께 반응해 보는 놀이형식을 취할 수도 있다.

7) 심화 단계

학습자들의 대부분이 단순 동작들의 명령어에 익숙해질 때쯤에는 일련의 연속된 동작들로 명령을 하여 심화시킨다. 예를 들자면, 교실상황에서 명령지시자가 학습자(반응자)에게 '자리에서 일어나 칠판에 가서 자신의 이름을 쓰고 자신의 이름을 말하며 제자리에 돌아가라'는 과정을 연속적으로 명령해 보는 것이다. 이는 다음과 같은 명령어의 구성으로 이루어질 수 있다.

"Stand up, please, Mi na. Go to the blackboard. Pick up a chalk. Write your name. Say your name to your friends. Go back to your seat, now."

또는, 조금 쉽게 학습자에게 목표하는 단어와 명령어를 쉽게 인지시킬 수 있도록 하나의 단어에 일련된 동작을 부여할 수도 있다. 즉 다음과 같다.

"Point to the window. Walk to the window. Touch the window. Open the window. Close the window."

한편, 심화 과정에서는 일단 어휘와 구문이 듣기를 통해 습득되었다고 인정되면 읽기와 쓰기를 가르칠 수 있다.

2. 교수 학습활동 유형

'Simon says…' 놀이를 통해 하루 일과를 표현하는 법을 배워보는 교수 학습활동의 실례를 들어보면 다음과 같다.

① 사용하는 표현으로는 전 시간에 배운 표현들과 새로운 표현을 이용한다. 새로운 표현은 칠판에 쓴다.

② 청해 능력이 좋고 활동적인 시범 조를 앞으로 나오도록 한다.

③ 교사는 익숙한 표현들과 새로운 표현을 조합하여 명령문을 만들고 스스로 행동을 시범적으로 보여준다. 시범 조도 따라한다.

④ 시범 조가 어느 정도 잘 행동하게 되면, 교사는 명령만 하고 시범 조는 명령대로 행동하기만 한다. 예를 들면, 손을 씻는 동작을 다음과 같이 시범 조와 더불어 한다.

  ▪ Turn on the water. → ▪ Pick up the soap. → ▪ Wash your hands.

  → ▪ Put the soap down. → ▪ Rinse your hands. → ▪ Turn off the water.

  → ▪ Pick up the towel. → ▪ Dry your hands with the towel.

  → ▪ Put the towel on the towel rack.

이런 일련의 명령어를 말하면서 실감나게 표현하도록 한다.

⑤ 시범 조가 잘하게 되면 시범 조를 제자리로 돌려보낸 뒤, 이제 모든 학생에게 교사는 "Can you do that?"라고 묻고 이해가 되었는지 묻는다. 이해를 확인한 후에 'Simon says…' 게임을 실시한다.

⑥ 교사는 다음과 같이 말하면서 Simon says라는 표현이 들어갈 때만 학습자가 행동하도록 한다. 「King Simon is very powerful. He is more powerful than I am. If I say "turn on the water," you don't turn on the water. If I say "Simon says turn on the water." you should turn on the water.」 즉, "Simon says…"라고 하지 않았을 때, 행동을 취한다거나, "Simon says…"라고 명령한 행동을 바르게 취하지 못하면 규칙에 어긋나므로 어긋난 학생은 게임에서 탈락되게 된다.

⑦ 교사는 「Simon says "Pick up the soap."」라고 하여 학습자가 이 행동을 취하는지 확인한다. 바르게 취하지 못한 학습자는 게임에서 탈락시키고 나머지 학생들과 게임을 계속한다.

⑧ 교사는 "Dry your hands"라고 명령하여 행동을 취하는 학생을 탈락시킨다. 나머지 학생들과 게임을 계속한다.

⑨ 학생 모두가 잘 따라하면, 이제 표현을 바꾸면서 새로운 어휘를 조금씩 도입할 수 있다. 예를 들어, 「Teacher says, "Pick up your pencil."」 등과 같이 명령한다.

3. 현장적용시 유의점

전신 반응 교수법을 이용한 수업을 제대로 하기 위해서는 다음 사항에 유의해야 한다.

① 교사는 수업에 임하기 전 구체적인 Lesson Plan을 준비할 필요가 있다. 특히, 세밀한 준비가 없으면 자칫 수업이 산만해질 우려가 많다.

② 교사는 외국어로 명령하고 학습자들과 함께 행동한다. 교사의 시범은 차츰 줄여가도록 하여 시범 조가 활동을 대신하며, 전체적으로 활동진행을 너무 서두르지 않아야 한다.

③ 학생들이 흥미를 느낄 수 있도록 교사가 새로운 자료를 준비하여 제시해 주어야 수업이 순조롭게 진행되므로 이에 따른 교사의 부담과 전문적 능력이 요구된다.

④ 초기 단계에서는 특정한 교재나 교구를 필요로 하지 않고 교사의 말이나 행동, 제스처 자체가 좋은 교재의 역할을 한다. 그러나 단계가 진행되면 교실의 사물이나 그림, 슬라이드, 단어카드, 플래시 카드 등의 보조자료가 필요하다.

⑤ 교사는 명령의 순서를 바꾼다. 학생들이 고정된 방식으로 지시어를 기억해서는 안되기 때문에 발화하는 순서를 바꾸어 변화를 주는 것이다.

⑥ 교사는 새 표현(어휘, 구문)을 도입할 때, 기존에 알고 있는 수준을 고려하도록 하고 연관성이 있는 표현들을 연속적으로 제시한다.

⑦ 새로운 표현을 제시하게 될 때에도 역시 문어보다 구어가 강조되어야 한다. 그리고 구어를 칠판에 쓸 때에도 그림문자나 학생들과 약속한 색깔, 모양, 기호 등으로 나타내면 인지를 오래 지속시키고 기억을 되살리게 하기가 쉬워진다.

⑧ 교사는 학생이 긴장감을 갖지 않도록 학생들에게 말할 기회를 준다든가 하여 언어학습을 즐겁게 한다. 예를 들면, 익살스런 명령(zany commands)을 하거나 우스꽝스런 짧은 희극(humorous skits)을 보여줄 수도 있다.

⑨ 학생들의 오류를 다룰 때에 교사는 초기 단계에서는 수정을 삼가며 단계가 높아짐에 따라 점점 피드백을 많이 주어 올바른 표현을 할 수 있게 해 준다.

⑩ 처음에 학생들의 소개는 모국어로 하되, 소개 이후에는 모국어가 거의 사용되지 않는다.

⑪ 10시간의 수업을 받기까지는 학생들이 이미 행하도록 배운 명령어들의 읽는 법을 배우지 않는다.

⑫ 학생들은 열심히 듣고 신체 반응을 하면서 자신의 학습 정도를 점검하도록 한다.

⑬ Role reversal의 단계를 사용할 경우, 대부분의 학습자들이 말하기에 대한 두려움을 가지고 있는 상황에서 친구가 명령 지시자 역할을 수행하는 모습을 봄으로써 자신감을 불러일으킬 수도 있다. 그러나 긍정적인 측면뿐만 아니라 부정적인 측면도 있어서 우수 학습자를 크게 칭찬하는 일은 자칫 위화감을 조성할 수도 있음을 유념한다.

Ⅲ. 수업모형 및 학습지도안의 예시

1. 수업모형

【표 9】TPR을 적용한 수업모형

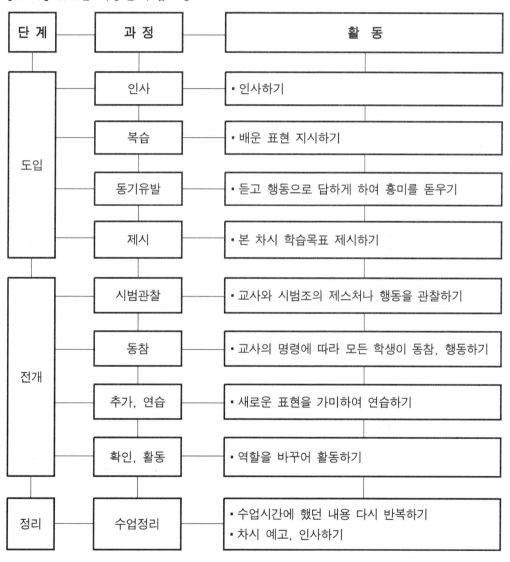

단 계	과 정	활 동
도입	인사	• 인사하기
	복습	• 배운 표현 지시하기
	동기유발	• 듣고 행동으로 답하게 하여 흥미를 돋우기
	제시	• 본 차시 학습목표 제시하기
전개	시범관찰	• 교사와 시범조의 제스처나 행동을 관찰하기
	동참	• 교사의 명령에 따라 모든 학생이 동참, 행동하기
	추가, 연습	• 새로운 표현을 가미하여 연습하기
	확인, 활동	• 역할을 바꾸어 활동하기
정리	수업정리	• 수업시간에 했던 내용 다시 반복하기 • 차시 예고, 인사하기

2. 학습지도안

Lesson	Wash Your Hands.		Theme	일상 명령어
Objectives	Be able to understand and speak daily life commands.			
Contents	Words		신체표현: eye(s), mouth, hand(s)··· 일상용어: door, window, chair, book···	
	Expressions		Open your mouth. / Sit down. / Go to there.	

Teaching Process

STEP	PROCEDURE	ACTIVITIES (T: Teacher S: Student)	TIME	MATERIAL
Introduction	Greetings	T: Good morning. S: Good morning.		
	Review	T: Last class, we learned about our body. Touch your eyes./mouth./hands. S: (지시대로 신체부위를 손으로 만짐) T : Yes, you're right.	2'	
	Motivation	T: Please do as I say. 눈을 감아요. 입을 벌려요. 문을 닫아요. 앉아요. 일어서요. S: (지시대로 행동으로 따라한다.) T: Today you'll learn these in English. When you know how to say that, you can tell your friend to do that. S: Okay. T: Now, push all your desks and chairs to one corner in the classroom and make a large space. S: Yes! (책걸상을 모두 정리하고, 교실의 가운데를 넓힌다.) T: Are you ready? S: Yes!	2'	
Development	Presentation	♣ 공부할 문제 ♣ ☞ 일상 명령어를 듣고 행동하고 말하기	1'	

Teaching Process					
STEP	PROCEDURE	ACTIVITIES (T: Teacher S: Student)	TIME	MATERIAL	
Development	Observing model group	T: (몇몇 청해 능력이 뛰어난 학생을 선발하여 앞으로 나오게 한다.) 이 학생들은 시범 조(M.G)예요. 이 학생들이 행동하는 것을 잘 보도록 하세요. (시범 조 학생들에게 명령을 내릴 때, 교사는 제스처나 완전한 행동을 취해 보여준다. 생소한 단어는 칠판에 적기도 한다.) T: Close your eyes! M.G: (Close their eyes.) T: Open your eyes! M.G: (Open their eyes.) T: Go to the door! M.G: (Go to the door.) T: Come to the teacher's chair! S: (Come to the teacher's chair.) T: Sit down! (…계속…)	5'	※행동을 취해서 명령어의 내용을 시각적으로 보여주기에 적당한 소도구들 ※M.G: Model Group	
	Participation in action	(어느 정도 모든 학생이 이해를 하게 되면 이제 시범 조를 들여보낸다. 교사의 제스처나 행동 시범도 이제 하지 않고 전체학생을 대상으로 명령을 말한다.) T: (to all class) Can you do these yourself? S: Yes. T: Okay! Let's start! Close your mouth! S: (Close your mouth) (…계속…) (새로운 표현을 가미하면서 계속한다.)	10'		
	Additional practice	T: Open your mouth like a hippo! S: (하마처럼 입을 크게 벌린다.) T: Open your book! S: (Open their book) (…계속…)	7'		
	Role reversal	■ 역할 바꾸어 활동하기 (지원하는 학생을 앞으로 나오도록 하여 선생님처럼 명령지시자가 되도록 한다.) T: (To the whole class) Now, this is your teacher. Listen carefully and act what she/he says.	8'		

Teaching Process

STEP	PROCEDURE	ACTIVITIES (T: Teacher S: Student)	TIME	MATERIAL
Consolidation	Wrap up	T: Put your chair in order again, and sit down on your seat. T: Can you do that by yourself? S: Yes, I can. T: Close your eyes, and let's listen to what I say and imagine the best action for that. S: (눈을 감고 들으며 질문에 스스로 행동을 그려본다.) T: Next class, we'll learn more expressions in action. By the next class, practice these expressions with your friends, okay? S: Okay. T: Time's up. Good bye. S: Good bye.	5'	

⚡️ 함께 해 봅시다

King Simon says 놀이를 해 봅시다.

☞ 준비물 : 없음.

① 대표 학생 둘이 앞으로 나옵니다. 한 사람은 명령을 하고, 다른 사람은 행동을 취합니다. 이 때, 명령은 수업시간에 배운 내용을 참고해서 하도록 합니다. 교사가 명령문에 사용할 명사 어휘를 제시해 줄 수도 있습니다.

② 명령문은 앞에 King Simon says를 붙이기도 하고 그냥 명령문만 말하기도 합니다. 옆 학생은 어떤 행동이든지 명령에 대해서 아무런 행동을 취하도록 합니다.

③ 나머지 학생들은 이 학생의 명령에 따라 행동하기도 하고 행동하지 않기도 합니다. 즉, 나머지 학생들은 King Simon says라고 붙인 말일 때에만 명령에 따라 바르게 행동으로 옮깁니다.

④ 틀린 학생이 다음엔 대표 학생이 되어 앞으로 나와 명령을 하게 됩니다.

침묵식 교수법
(Silent Way)

> Gattegno에 의해 고안된 침묵식 교수법은 처음 학계에 소개되었을 때에는 거의 주의를 끌지 못하였다가 청화식 교수법의 영향력이 줄어들고 인지주의 학습이 주목을 받기 시작하면서 부흥하게 되었다.
>
> 침묵식 교수법에서는 교사는 되도록 말을 적게 하면서 색채도표와 채색된 나무막대를 사용하여 학습자의 학습전략을 유도한다. 이런 독특한 요소들은 학습자 중심의 발견학습이나 문제해결 활동이 학습을 촉진시킬 수 있고, 이들 요소가 그 매개가 될 수 있다는 가설을 적용한 것이다.
>
> 전통적인 교수법들의 특징 및 다른 학습이론 등의 영향을 보이는 침묵식 교수법은 교실활동의 조직적인 면에서나 교사가 학습자의 언어수행을 지시하고 모니터 하는데 있어서 간접적 역할을 수행해야 한다는 점, 언어의 규칙에 대해 학습자가 자신의 가설을 세워 검증하는 책임을 맡아야 한다는 점, 언어를 이끌어 내기 위한 연습 자료 등이 큰 특징이라고 할 수 있다.

Ⅰ. 개 요

1. 의미

침묵식 교수법(silent way)은 Caleb Gattegno에 의해 고안된 언어교수법으로서, 1963년 'Teaching foreign language in school: The silent way'라는 책에서 처음 소개되었다. 이 때에만 해도 거의 관심을 끌지 못하다가, 제9차 TESOL 대회에서 많은 영어교사의 관심사로 부상되면서 활기를 띄게 된다. 이렇게 된 배후에는 행동주의 심리학의 위상이 낮아지면서, 인지주의 학습이 점차 중요하게 받아들여지고, 청화식 교수법이 비판되는 시대적 변화가 자리하고 있으며, 개인의 학습전략과 학습자의 중요성을 강조한 교수법의 특성이 있다.

Gattegno는 외국어 학습을 위한 몇 가지 전제를 두고, 이에 자신의 독해 및 수학 프로그램 설계의 경험을 살려, 학습도구 및 방법을 고안하였다. 이중 하나가 다름 아닌 'cuisenaire rods'라고 불리는 채색된 나무막대로서 색채도표와 함께 사용한 수업을 통해, 교사는 교실에서 가능한 한 침묵을 하고, 학습자로 하여금 가능한 한 많은 언어를 생산하도록 격려하도록 한다. Gattegno가 사용하게 되는 차트 및 막대는 언어적 상황을 조성하고 색채를 이용하여 연상학습을 위한 'words in color'의 도구가 된다.

침묵식 교수법의 기초가 되는 학습가설은 다음과 같다(Richards와 Rodgers, 1986).

① 학습내용의 반복이나 암기보다는 학습자가 배울 내용을 발견하고 창조한다면 훨씬 쉽게 학습할 수 있다. (Learning is facilitated if the learner discovers or creates rather than remembers and repeats what is to be learned.)

② 학습은 사물을 수반하거나 사물의 매개를 통해 촉진이 된다. (Learning is facilitated by accompanying physical objects.)

③ 문제해결 활동을 통해 학습이 촉진된다. (Learning is facilitated by problem solving involving the material to be learned.)

이런 학습가설이 다른 학습이론이나 교육철학과 관련하여 다음과 같이 설명될 수 있다. 우선 첫 번째 학습가설에서, 교수의 두 전통을 설명의 양식과 가설의 양식으로 나누었을 때, 설명의 양식과 대비하여 가설적 양식에서 교사와 학습자는 보다 협동적인 위치에 있어서 학습자는 단순한 청자가 아닌 가설형성에 참여하는 자이며, 가설형성 과정에서 중요한 역할을 담당하기도 한다. 이 때, 침묵식 교수법은 가설적 양식에 속하는 것으로, 학습을 문제해결적, 창조적, 발견적 활동으로 간주함으로써 발견학습을 가능하게 한다. 따라서, '발견학습' 결과 지적 능력이 증가하고, 외적 보상에서 내적 보상으로의 변화가 이루어지고, 발견을 통한 발견적 학습방법을 터득하게 되며, 기억유지에 도움을 갖게 된다고 할 수 있다(Bruner, 1966).

두 번째 학습가설에서, Stevick(1976)이 말하듯, 연상매개체가 효과적인 기억을 조장하게 된다면, 매개체의 질에 있어서나 매개체에 대한 학생 개인의 투자는 강력한 기억효과를 낳게 된다. 이는 침묵식 교수법에서 사용하는 나무막대, fidel 차트라는 채색된 발음차트가 물리적인 초점을 제공함으로써, 기억과 회상을 위한 좋은 연상 매개체로 작용할 수 있음을 알 수 있다.

세 번째로, 참여를 통한 학습의 촉진은 학습자로 하여금 새로운 언어로 적절하고 의미있는 발화를 형성하는 문제를 고민하게 함으로써 학습자 자신의 자각과 분석을 통한 언어를 실현하게 한다. 침묵식 교수법은 '독립적, 자율적, 책임감 있는', 즉 언어에 대한 훌륭한 문제해결자가 될 수 있는 것이다(Gattegno, 1976).

침묵식 교수법의 목표는 초보 단계 학습자들에게 목표언어의 기본 요소들을 사용할 수 있는 구두 및 청각적 능력을 길러주는 것이다. 일반적으로는 목표언어에 있어서 모국어 사용자와 비슷한 유창성이고, 정확한 발음과 목표어의 운율적 요소의 숙달이다. 보다 직접적으로는 학습자에게 언어의 문법에 대한 기본적인 실용지식을 제공하는 것인데, 학습자 편에서는 이런 결과가 독립적인 학습을 위한 기초를 형성해 줄 수 있다.

Gattegno(1972)가 제안한 기초 수준의 언어교육과정에서는 다음과 같은 목적을 설정할 수 있을 것이라 논의하였다.

① 학생들 자신, 교육, 가족, 여행, 일상사에 관한 질문들에 정확하고 쉽게 대답하기 (Correctly and easily answer questions about themselves, their education, their family, travel, and daily events.)

② 정확한 액센트로 말하기(Speak with a good accent.)

③ 공간, 시간, 그리고 숫자들과 관계 있는 사진을 글이나 구두로 표현하기(Give either a written or oral description of a picture, including the existing relationships that concern space, time, and numbers.)

④ 목표어 원어민의 문학과 문화에 대한 일반적인 질문에 대답하기(Answer general questions about the culture and the literature of the native speakers of the target language.)

⑤ 철자 쓰기, 문법, 독해, 작문 분야를 적절히 수행하기(Perform adequately in the following areas: spelling, grammar production, production rather than explanation, reading comprehension, and writing.)

또한 Gattegno는 침묵식 교수법은 초보 단계의 학습자 외에도 적용할 수 있다고 하였고, 읽기나 작문을 가르치는 데에도 이용될 수 있다고 하였으나, Gattegno가 기술한 대부분의 예들이 주로 청각 및 구두전달에 그치고 있다.

2. 원리

1) 언어이론

Gattegno(1972)는 언어교수방법론에 있어서 언어학의 역할에 대해 회의적인 관점을 가지고 언어 자체를 '경험의 대용물'로 간주한다. 그러므로 그는 경험이 언어에 부여하는 의미를 학습하기 위한 기호나 그림차트를 통한 가상 경험을 중요하게 생각한다. 특히, 그는 단순히 언어의 구성요소인 형태보다는 언어의 '정신'을 파악하는 것이 중요하다고 하였는데,

이 정신은 개별언어가 각 언어에 독특한 소리 체계와 멜로디를 부여하는 음운론적 및 초분절적 요소들의 구성방법을 의미한다. 그리고 학습자는 가능한 한 빨리 목표어의 이러한 양상에 대한 '느낌'을 터득해야 한다고 한다. 여기서 그가 말하는 언어의 정신이란 선율(melody), 구조(structure), 어휘(words)를 뜻한다.

선율은 어린아이가 모국어를 처음 배우게 될 때 가장 먼저 대하게 되는 그 말의 음악성으로 여기에는 그 말이 지닌 억양(intonation), 휴지(pause), 호흡군(breath group) 등이 포함된다. 학습자는 무의식 상태에서 그의 모든 감각(sensitivity)이 여러 시끄러운 소리와 뒤섞여 있는 언어의 음악성에 빠지게 됨으로써 그 선율에 담겨 있는 언어의 정신을 그의 무의식의 세계로 받아들이는데, Gattegno는 '…surrender is a technique for language…'라고 말하면서 이렇게 음악성에 빠지는 것을 중요시하였다(Gattegno, 1972).

또 다른 언어의 정신은 구조(structure)로서 이는 단순한 문법과는 다르다. 문법을 잘 안다고 해도 직접 이 언어를 유창하게 구사하기는 어려울 수 있기 때문이다. 그래서 구조를 하나의 표현(expression)으로 보아 그 표현이 의미를 좀 더 알맞게 나타낼 수 있을 때 그 구조를 언어의 정신으로 본다. 구조는 그 언어를 사용하는 사람들의 관습이나 철학적 사고, 여러 가지 다른 생활습관을 잘 표현할 수 있어야 한다.

마지막으로, 어휘(words)도 언어의 정신으로 그 역할을 하는데 이 때 어휘는 둘로 나눈다. 첫 번째는 명사와 같이 다른 나라말로 대치될 수 있는 말이다. 즉, 한 낱말에 대해서 그와 같은 뜻의 외국어로 상응될 수 있다. 두 번째는 기능적 어휘(functional vocabulary)로 그 나라말의 어휘가 대치되거나 상응될 수 없다. 그 말이 나타내는 것을 알기 위해서는 그 말에 대한 새로운 경험을 하여야 한다. 언어를 안다고 할 때, 그 언어를 사용하는 사람들의 문화를 알고, 그 생활방식을 이해하여야 그 말을 이해하게 되는데 바로 이 기능적 어휘가 언어의 '정신'을 이해하는 열쇠가 된다. 이 기능적 어휘를 자기의 모국어와 비교하지 않고 말 그 자체가 가지고 있는 의미구조를 받아들이게 되면 우리가 어렸을 때 받아들인 모국어와 마찬가지로 반응할 수 있다.

언어의 정신을 습득하기 위해서는 모국어를 사용하여 기능적 어휘를 대조하거나 판단하지 않고 자연적 언어행위로 이들을 다룸으로써 그 언어의 구조에 상응하는 정신적 구조(mental structure)가 우리의 마음 속에 형성되어 목표어의 소리를 분석하거나 스스로 발화하기 전에 마치 음악에 젖어들 듯이 그 언어의 선율에 젖어듦으로써 언어의 정신에 도달할 수 있다고 한다. 바로 이 언어의 정신을 습득했을 때 비로소 우리는 원어민과 비슷하게 의사를 전달하고 말로 표현할 수 있게 되는 것이다.

이상에서 볼 때, 침묵식 교수법은 가르칠 언어를 조직함에 있어서 구조적 접근방법을 취하고 있음을 알 수 있다. 언어란 구체적 의미와 임의적인 결합으로 만들어지고 문법규칙으로 의미 있게 조직된 소리의 집합인 것이다. 아울러 사회적 맥락과는 분리되어 보통 나무 막대에 의해 재현되는 인위적 상황에 의해 가르쳐진다. 문장은 교수의 기본 단위이고 교사는 의사소통적 가치보다는 오히려 명제적 의미에 초점을 맞춘다. 학습자에게 목표어의 구조적 문형이 제시되면 학습자는 주로 귀납적 과정을 거쳐 언어의 문법규칙을 학습하게 되는 것이다.

2) 학습이론

Gattegno는 제2언어를 학습하는 과정은 모국어 학습의 과정과 전적으로 다른데, 성공적인 제2언어 접근방법은 '매우 인위적이고 몇 가지 목적을 위해 엄격하게 통제된 접근방법으로 자연적 접근방법을 대체할 때 생기는 것'이라 주장하였다(Gattegno, 1972). 그가 제안한 '인위적인 접근방법'의 근거가 되는 원리는 성공적인 학습은 침묵을 통한 깨달음, 적극적인 시도를 통한 언어학습에의 전념의 과정이 포함된다. 이 때 중요한 것은 학습자의 우선적인 노력을 더 강조한다는 것이다. 그래서 그는 '오직 발화자의 자아만이 개입하여 발화가 본질적으로 나타내는 것을 객관화할 수 있다. 모든 학습자들은 이러한 일을 할 수 있다는 의지를 가지고 있다고 생각해야 한다'라고 말하고 있다(Gattegno, 1976).

한편, 침묵식 교수법의 배후에 있는 생각들을 살펴 이를 외국어 교육에서 적용하는 방안을 구안한 연구에서 교수법의 배후에 있는 학습자의 상태와 관련한 학습이론의 설명은 다음과 같다(김선미, 1998).

(1) 배움이 가르침보다 선행되어야 한다.

Gattegno(1976)가 제안하는 인위적 접근방법은 무언의 자각(silent awareness)을 이용하고 실제적으로 언어사용을 시도해 봄으로써 자아를 언어습득에 투입한다는 원리에 기초하고 있다. 어린아이가 말을 배우는 것은 자기 안에 내재하는 언어능력에 의해서 말을 배우는 것이다. 그러므로 사람에게 교육할 수 있는 것은 암기, 반복에 의한 지식이 아니고 자각이다. 이것은 사람이 잃었던 자신을 되찾고 자기 교육(self education)이 가능해지는 기본이다. 자각을 개발하는 일련의 과정(process chain)은 주의(attention), 표현(expression), 자기 수정(self correction), 그리고 몰입(absorption)으로 진행된다(Stevick, 1980).

침묵식 교수법에서 학습자는 자신의 학습에서 중심 역할을 하는 내적 기준(inner criteria)을 형성하고 수정하며 발전시켜 나가게 되는데, 이 과정을 통해서 외국어 학습은 가장 효율적으로 이루어질 수 있다는 생각이 침묵식 교수법의 바탕을 이루고 있다. 따라서 교사는 가능한 한 말을 많이 하지 않음으로써 학생들이 그들 안에 잠재해 있는 내적 자원(inner source)들인 인지구조, 경험, 감정 및 세계에 관한 지식 등을 가지고 언어를 배울 수 있는 기회를 준다.

(2) 학습자들을 자유롭게 한다.

모국어를 학습할 때에는 아무런 긴장감이나 어려움 없이 자기의 생각을 나타내지만 외국어 학습과정에서는 말의 순서, 적당한 낱말, 억양 등을 찾는데 고심하게 된다. 외국어를 배울 때 학생들을 편안하고 자유롭게 하는 것은 학생들로 하여금 그들이 어떻게 자신의 모국어를 부담 없이 자유롭게 말하게 되었는지를 알게 함으로써 외국어로도 자유롭게 말할 수 있게 하는 것이다.

자아가 학습체계(learning system)와 기억체계(retaining system)로 구성되어 있다고 할 때, 학습체계는 지적 자각에 의해서만 활성화되는데 침묵 속에서 학생들은 달성해야 할 과업과 그 과업 달성을 가능하게 하는 수단들에 집중하기 때문에 침묵은 학습을 위한 최상의 수단이며 침묵과 반대되는 개념으로서 반복은 시간을 낭비하게 하고 흐트러진 마음 상태가 그대로 유지되도록 한다(Gattegno, 1976). 따라서 반복을 피하는 침묵은 주의를 기울이고 집중하는데 도움이 된다. 한편, 기억체계는 언어적 요소들 그리고 그것의 구성 원리들을 기억하고 상기할 수 있게 하며 언어적 의사소통을 가능하게 한다. 하나의 기억체계를 통해 그들이 받은 자극(impact)은 주위의 도움 없이도 다시 생각해 낼 수 있다. 학습자가 보고, 듣고, 느낀 것을 이미지로 만드는 능력을 모든 상황에서 나타낼 수 있고 이러한 능력을 학생들이 이미 지니고 있기 때문에 그들에게 모국어를 통해 가지고 있는 개념에 대해서는 가르칠 필요가 없다.

(3) 독립성, 자율성, 책임감을 가지게 한다.

침묵식 교수법으로 외국어를 가르치는 목표는 학생들이 스스로 독립하여 자율성과 책임감을 가지게 하는 것이 포함된다. 이 때, 독립성은 학습자가 자기 자신에게 의지할 수밖에 없음을 아는 것이다. 이런 느낌은 어떤 언어를 배우기 위해 요구되는 모든 것이 자기 내부에 있다는 것을 아는 것으로부터 시작되므로 교사는 학습자들로 하여금 그들이 이미 독립적임을 알려주고, 또한 그것을 인정하여야 한다.

자율성은 표현을 상황에 알맞게 선택하는 것이다. 모든 언어는 여러 가지 같은 표현을 가지고 있어서 말하는 사람이 그것을 상황에 알맞게 고르게 되는데, 비슷하게 여겨지는 표현이라도 상황에 알맞게 대처하기 위하여 선택이 달라진다. 이와 같이 상황에 알맞게 같은 의미의 다른 표현을 할 수 있는 능력이 언어사용에 있어서 자율성이며 이를 학습하도록 하여야 한다.

세 번째 요소는 책임감이다. 우리는 말을 하고자 하는 의지를 가지고 있기 때문에 그 말이 실제로 행해지든지 그 말을 하지 못하게 되든지 간에 그에 대한 책임을 느껴야 한다. 결국 스스로 독립할 수 있는 자율성과 책임감을 기르기 위해서는 배움이 가르침보다 선행되어야 한다.

3. 특징

① 교수는 학습에 종속된다. 학생들이 스스로 학습을 하도록 유도해야 한다는 전제에서 출발한다.
② 모국어 습득과 외국어 학습이 다르다고 전제된다. 모국어 습득과정에서 학습자가 이미 알고 있는 영어 발음은 모국어의 발음을 연상하여 연습하고, 그렇지 않은 새로운 발음의 경우에는 영어의 정확한 발음에 접근하도록 연습한다.
③ 색이 있는 차트나 막대가 학습을 촉진하기 위해 필수적으로 사용되는 학습 매개체이다.
④ 문제해결, 창조적 활동, 발견활동을 통하여 학습을 하게 한다.
⑤ 발음과 의미이해의 단서를 제공해 주기 위해 교사가 먼저 모범을 보인다.
⑥ 반복훈련을 시키지 않는다. 이는 학생들의 주의를 집중시키고, 학생들이 자기 자신의 감지력과 분석력을 동원하여 독립적으로 학습을 함으로써 자율성을 기르며 문제를 해결하는 능력을 가지고, 학습에 책임감을 갖도록 하기 위한 것이다.
⑦ 교사와 학생간의 협조를 전제로 하되, 학생들의 오류는 스스로 또는 다른 학생들을 통하여 수정하도록 유도한다.
⑧ 모국어로 번역을 해주지 않지만 교사가 학생들의 수준을 고려하여 지시하거나 발음을 더 잘하도록 유도하기 위해 모국어를 사용할 수 있다.

한편, Silent Way의 언어학습 효과에 대해서 신용진(1991)은 다음과 같이 기술하였다.
① 극소수의 모델을 제시하는 것은 학생의 인식의 구도가 가능한 한 수용성을 띠게 만들어 준다.
② 교사가 별로 중요하지 않은 말을 하지 않는 것은 학생의 입장에서 볼 때 간섭을 적게 받는다(교사는 수업시간에 90%이상 말하지 않는다).
③ 교사의 말의 회수가 적어서 학생이 자기의 표현을 감상할 수 있다.
④ 침묵은 학생이 들은 내용을 마음속에서 철저히 반복 또는 기억할 수 있는 기회를 제공한다.
⑤ 학생은 분명히 채색 막대를 통제할 수 있기 때문에 그는 자기가 생산적인 활동을 하

고 있다는 것을 분명히 이해하고 있다.

⑥ 단어나 문장의 의미는 채색 막대의 선택과 형태에서 구체적으로 나타나기 때문에 이해가 빠르다.

⑦ 교사는 말을 적게 하기 때문에 학생들의 행동을 관찰하고 학생들의 진보 사항을 알게 된다.

⑧ Silent Way 교실에서는 학생들이 적극적으로 참가한다.

마지막으로, 이 교수법에서는 교수자료가 독특하고도 중요한 역할을 하므로 교수자료의 역할을 살펴보는 것은 침묵식 교수법의 특징을 보다 명확하게 할 수 있다. 대상 언어의 소리와 의미를 연결시켜주는 것을 보여주기 위해 연상에 의해 언어를 학습하도록 도와주는 침묵식 교수법의 교수자료는 다음과 같다(김선미, 1998).

▸ 채색 막대(colored cuisenaire rods)

침묵식 교수법에서 사용하는 채색 막대는 단면이 1cm×1cm이고, 길이는 1cm부터 10cm까지로 10가지 종류의 길이로 다양하고, 색깔도 길이에 따라 하양, 빨강, 연두, 분홍, 노랑, 초록, 검정, 파랑, 주황, 갈색 등 다르다. 채색 막대는 눈으로 볼 수 있는 행동 상황 강세 구조를 상징하는 데 사용되므로 의미를 분명하게 하고 학생들이 의사소통을 위한 창조력과 흥미를 유발하는데 쓰인다. 채색 막대를 사용하는 이유는 막대가 연상을 촉진하는 중재자 기능을 하므로 학생들이 학습을 하고 회상을 하는 데 도움을 준다고 보기 때문이다. 초보 단계에서는 색깔과 숫자를 가르치면서 채색 막대를 사용하고 나중에는 좀 더 복잡한 구문을 가르치는데 사용 가능하다. 채색 막대를 이용하여 나무, 대문, 가구, 집의 구조, 공원, 시계 등을 만들어 보일 수도 있고 문장의 요소가 되는 단어나 문법구조를 대신할 수 있으며 막대들의 배열을 바꾸어 어순의 변화를 보일 수 있다. 막대의 길이를 이용하여 비교급을 지도하며 물체의 위치를 나타내는 전치사를 지도할 수 있고, 막대를 움직이거나 떨어뜨리며 시간 관계를 나타내는 표현들도 지도할 수 있다.

▸ 음색표(sound color fidel chart)

피델(fidel)이라는 용어는 이집트어로 1957년 철자와 발음을 체계화하는 데 처음 쓰여진 말이다. 피델 차트(fidel chart)는 모두 8장으로 철자와 그것이 나타내는 발음을 조사하여 같은 발음이 나는 철자들끼리 모아둔 일람표로, 발음에 따라 각각 다른 색으로 나타냈기 때문에 학생들이 말하기 위해 배워야 할 발음의 범위와 철자를 알려준다. 모든 차트는 두 부분으로 나뉘어져 있는데 위 부분은 모음으로 아래 부분은 자음으로 구성되어 있다. 단어나 구조의 의미 관계를 직접 연결시켜 주거나 명칭, 차이점, 이름 등을 가르치는데 쓰인다. 음색표는 특정한 소리를 색으로 기호화하여 학생이 발음하는 데에만 정신을 집중하게 하며 글자를 읽는 데 대한 두려움을 없애 준다. 수업상황에서 교사는 모델이 되는 발음을 한 번 제시하고 학생은 이것을 기억해두었다가 교사가 가리키는 블록에 있는 발음을 정확하게 재현한다.

▸ 지시봉(pointer)

안테나 펜으로 된 지시봉은 길이가 62cm로 7단으로 되어 접었다 폈다 할 수 있다. 접었을 경우 길이가 13cm이다. 차트의 낱말이나 막대, 그림 등을 가리킬 때 쓰이며 학습자의 시선을 한 곳으로 모으는 구실을 한다. 접을 수 있으므로 가까운 것이나 멀리 있는 것을 가리킬 때, 구문의 축약, 길이나 크기의 비교 등을 나타내는 데 좋다. 책상이나 칠판을 두드려 소리를 내어 낱말의 강세를 나타낼 수도 있으며 지휘자의 지휘봉처럼 허공에 선을 그어 억양 형태를 보여 줄 수도 있다.

▸ 낱말표(word chart)

낱말표에는 약 500개 정도의 어휘가 수록되어 있으며 모두 12장으로 되어 있는데 한 장의 크기가 가로 40cm, 세로 55cm이다. 낱말은 음색표에 있는 색상으로 나타내는데 여기서 같은 색은 같은 소리를 의미하므로 학생이 혼자서 낱말표 위의 낱말을 몇 개 읽을 수 있으면 교사의 보조 없이도 색깔의 차이에 의해서 새로운 낱말을 발음할 수 있게 된다. 특히, 낱말표를 이용해서 보고 받아쓰기를 하는데 지극히 한정된 수의 어휘로 상당한 문장 연습 지도를 가능하게 한다.

▸ 그림과 학습지(wall pictures and worksheet)

그림은 주로 어휘력을 확장시키기 위해 사용되며 일상 생활에 관한 이야기나 대화 연습을 할 수 있는 천연색 학습자료이다. Gattegno(1976)는 자동차, 슈퍼마켓, 식당, 가족의 모습 등 모두 10장의 그림과 각각의 그림에 관련된 4페이지의 학습지를 제시하고 있다. 학습지는 그림과 관련된 연습문제들이 1페이지의 그림에서 시작하여 2, 3, 4페이지에 걸쳐서 새로운 어휘습득, 짧은 문장 작성 연습, 작문 연습 등을 하여 학생들의 상상력을 자극하는 연습문제지이다. 학습지의 1페이지에는 같은 그림이 그려져 있고 2페이지에는 그림의 세부 항목들과 관련된 일반적인 어휘가 제시되어 있다. 학습지의 3페이지에는 지금까지 막대나 낱말표를 통해 학습한 언어구조와 기능적 어휘, 2페이지의 어휘, 그림과 관련된 주요 수식어가 제시되어 있다. 4페이지에는 백지 상태로 학생 스스로 그림을 보고 작문을 하도록 되어 있다.

‣ 기타

이상의 교수자료 외에도 실물이나 영화 필름, 슬라이드, 녹음 테이프 등을 이용할 수 있다. 예를 들어, 32장으로 구성된 풍습소개용 슬라이드를 통해서 학생들은 그 나라의 풍습과 문화를 익히고 어휘도 넓힐 수 있다. 녹음 테이프는 어휘의 의미 파악에 사용되는 것이 아니고 학습자들로 하여금 학습어의 선율 등의 특징에 익숙하게 하며, 감정, 정신, 자세에 관한 여러 종류의 표현에 따라 녹음한 것을 이용하여 언어 상황을 구별하게 한다. 천 개의 문장, 짧은 글, 8개의 이야기는 학생들의 읽기 능력, 독해력을 기르기 위해 Gattegno(1976)가 고안해 낸 교재이다. 천 개의 문장은 한 주제에 대하여 표현이 직접적이며 길이가 짧은 문장 20개 정도로 구성되어 있으며 한 개의 문장에 새 낱말이 한 개 정도 포함되어 있다. 어휘의 의미는 문맥을 통해 추론할 수 있도록 씌어져 있으나 그림, 신문, 잡지 등 시각 자료와 병행해서 글을 읽도록 하면 의미 파악에 훨씬 효과적이다. 짧은 글은 그 길이가 다양하여 하나의 주제에 대하여 200개에서 900개의 어휘로 씌어져 있으며 주제 또한 광범위하다. 8개의 이야기는 독자의 연령층이 다양하며 독해력이 점차 향상됨에 따라 수준을 높여 지도할 수 있게 되어 있다.

II. 교실수업의 적용

1. 수업절차

침묵식 교수법에는 표준적인 형식이 있는데, 이를 다음과 같이 간략화 시켜 볼 수 있다.
① 초기에는 차트 상의 기호(발음표기)를 가리키면서 적절한 소리의 모형을 제시한다.
② 개별 기호와 기호들의 결합을 가리키면서 학습자의 발화를 모니터 한다. 가리키기 위해 사용되는 지시봉은 강세, 어구, 억양 등을 가리킬 수 있다.
③ 소리의 연습이 다 되었으면, 문형(나아가 구조, 어휘)을 학습하기 위해 채색된 나무막대를 이용하여 시각적으로 발화를 보여주고 모형을 제시한다.
④ 학습자의 발화를 모니터 한다.
⑤ 구조와 어휘가 도입된 후에는 학습자들이 실제로 채색 막대를 조작하여 구조를 연습할 수도 있다. 예를 들어, 채색 막대와 차트의 사용으로 구조의 변형을 연습한다.

일반적으로 음성연습이 끝나고 나서 문형, 구문, 어휘 등을 연습하게 한다. 학생들이 구문을 이해하였다고 생각하면 채색 막대를 이용하여 그 구문을 사용할 수 있는 상황을 교사가 만들어 준다. 위의 절차에 따라 여러 가지 구문을 연습한 후에 학생들이 발화한 것을 써보게 한다.

이런 절차를 밟아가면서, 교사는 과거 오랫동안 고수해온 모형 제시, 모형 재제시, 도와주기, 그리고 바람직한 학생의 반응을 유도하기 위한 관여를 가급적 삼가해야 하므로 초기에 자기 억제에 어려움을 갖는다. 이에 대해서는 교사의 책임은 학습을 촉진할 환경의 책임에 있고, 자료 제시 순서와 시간 조절에 있어서의 감수성과 관리의 책임이 크다고 할 수 있다(Richards와 Rodgers, 1986). 교실수업에서 교사와 학습자는 서로 협조적 자세가 필요하다. 학습자들은 단순히 앉아서 듣기만 하는 것이 아니라 적극적으로 학습에 참여하여 문제를 해결하고, 발견적이며 창조적인 활동을 전개하도록 교사는 인내심을 가지고 학습을 이끌 수 있어야 한다.

2. 교수 학습활동 유형

침묵식 교수법을 적용한 1~2차시 수업의 예를 통해 활동유형들을 살펴보도록 하자.

① 교사가 아무 말도 하지 않고 색깔별로 구분하여 만든 피델 차트(fidel chart)에 있는 색깔 블록(block)을 가리킨다. 차트에 있는 각 색깔 블록들은 영어의 모음과 자음을 나타낸다.

② 교사가 첫 번째 색깔 블록을 가리키며 /a/라고 말한다. 교사가 또 다른 색깔 블록들을 가리키며 /e/, /o/, /i/라고 말한다. 교사가 모범 발음을 한번 들려주면 학생들이 발음을 주의 깊게 들은 다음 정확히 모방한다.

③ 학생들을 하나씩 지명하여 그 발음을 소리내어 발화하게 한다. 지명을 받은 학생이 발음을 잘못하면 옆에 있는 다른 학생이 도와주어 발음하게 한다.

④ 교사가 막대(rod)를 가리킨 다음에 'a rod'라고 말한다. 학생들이 'rod'라고 말한다. 교사가 차트의 파랑, 빨강, 초록 색깔을 가리키면서, 'a blue rod', 'a red rod', 'a green rod'라고 말한다. 학생들이 그대로 따라한다.

⑤ 교사가 다시 차트에 있는 빨간 색이 있는 블록을 가리키면 학생들이 'a red rod'라고 말한다.

⑥ 교사가 학생을 지명하여 제대로 'a red rod'라고 하는지 확인한다. 만약 틀리면, 교사가 수정을 하는 대신 주위 학생들을 지명하여 바르게 말하는 학생을 보고 스스로 수정

하도록 요구한다.

⑦ 교사가 좀더 긴 문장을 말한 다음, 학생이 이를 제대로 발음하도록 한다. 예를 들어, 'Pick up the green rod.'라고 한번 말하고 학생들이 번갈아 가면서 발음을 하게 한다.

⑧ 어느 정도 정확하게 발음하게 되면, 학생들이 색깔 블록을 보면서 몇 가지를 선택하여 구나 문장으로 발화한다. 간단한 명령이나 복잡한 명령을 학생들이 선택하여 시도해 본다.

⑨ 교사는 학생들에게 수업시간의 느낌을 묻고 그 반응을 들어본다.

3. 현장적용시 유의점

① 교사는 가능한 말을 적게 하고 여러 자료를 활용하여 아동이 자발적으로 수업에 참여하도록 이끌고, 오류는 아동이 스스로 교정하도록 하며 발음 교정시 모국어를 사용한다.

② 침묵식 교수법을 현재 교육 현장에 응용하기 위해서는 교육 여건을 고려하여 다인수 학급에서 이를 지도할 수 있는 수업 기술을 개발해야 한다.

③ 현재 Silent Way의 교수요목은 Gattegno에 의해 기본적인 사항만 예시되어 있을 뿐 구체적인 내용은 명확히 확립되어 있지 않다. 따라서, Silent Way를 우리 교육 현장에 적용하기 위해서는 우리의 교육여건을 고려하며 학습자의 욕구를 반영할 수 있는 보다 폭넓고 짜임새 있는 교수요목이 개발되어야 한다.

④ 새로운 교수요목을 확충한다 하더라도 이를 지도할 수 있는 수업기술과 활동 내용에 대한 의견 제시가 없다면 교육 현장에서 이를 활용하는데 많은 어려움이 따른다. 교수요목에 맞는 수업 기술과 교사와 학생의 활동 내용에 대한 문제도 보완되어야 한다.

Ⅲ. 수업모형 및 학습지도안

1. 수업모형

【표 10】침묵식 교수법을 적용한 수업모형

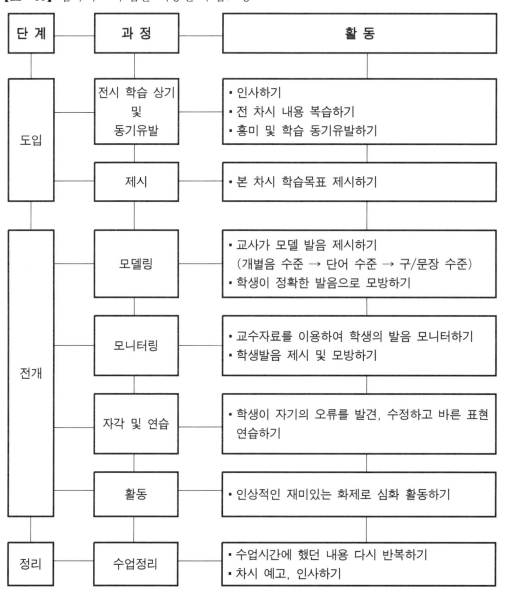

단 계	과 정	활 동
도입	전시 학습 상기 및 동기유발	• 인사하기 • 전 차시 내용 복습하기 • 흥미 및 학습 동기유발하기
	제시	• 본 차시 학습목표 제시하기
전개	모델링	• 교사가 모델 발음 제시하기 (개별음 수준 → 단어 수준 → 구/문장 수준) • 학생이 정확한 발음으로 모방하기
	모니터링	• 교수자료를 이용하여 학생의 발음 모니터하기 • 학생발음 제시 및 모방하기
	자각 및 연습	• 학생이 자기의 오류를 발견, 수정하고 바른 표현 연습하기
	활동	• 인상적인 재미있는 화제로 심화 활동하기
정리	수업정리	• 수업시간에 했던 내용 다시 반복하기 • 차시 예고, 인사하기

2. 학습지도안

Lesson	Nice to Meet You.		Theme	Pronunciation of weather
Objectives	1. 영어의 자음과 모음을 조합하여 읽을 수 있다. 2. 영어 날씨 표현을 말할 수 있다.			
Contents	Words	sunny, cloudy, hot, cold		
	Expressions	It's sunny/cloudy/…		

Teaching Process

STEP	PROCEDURE	ACTIVITIES (T: Teacher S: Student)	TIME	MATERIAL
Introduction	Greetings	T: Good morning. S: Good morning.	5'	
	Review	T: We learned some English pronunciation last class. Can you remember the sound /s, k, h, n, l, t, d/ and /a, o, e, u, i/? S: Yes.		
	Motivation	T: Today we will learn the way we can talk about the weather, such as in "The weather is cloudy, or it is cloudy." When do you use the expressions about weather? S: Sometimes I ask how the weather is. Or I say about the weather, because I have nothing interesting to say about. T: That's true. After you know how to say about the weather, you can say hello to your friends with such expression as, "It's sunny day, isn't it?" S: Interesting!		
	Presentation	T: Today we will learn how two other sounds can be pronounced at the same time. For example, /o/ and /u/ sound /ou/, /k/ and /ou/ sound /kou/. And we will learn another sound, /ʌ/. These are useful for talking about the weather.	5'	

Teaching Process				
STEP	PROCEDURE	ACTIVITIES (T: Teacher S: Student)	TIME	MATERIAL
Development	Modelling	T : (지시봉을 가지고 피델 차트의 발음란을 해당 표시하면서) /o/ S : (따라서) /o/ T : /u/ S : /u/ T : (한꺼번에 가리키면서) /ou/ S : /ou/ T : /k/ S : /k/ T : /ou/→/kou/→/l/→/d/→/kould/(이 순서로 모델 발음을 제시한다.) S : /ou/→/kou/→/l/→/d/→/kould/(이 순서로 따라한다.) T : (하나의 채색 막대를 들고) Cold. S : Cold. T : (cold를 표시한 막대를 다른 두 개의 막대에 이은 다음, 세 개의 채색된 막대를 나란히 붙여서 읽는다.) It is cold. S : It is cold.	5'	fidel chart, pointer, cuisenaire rods
	Monitoring	T : (다른 날씨에 관한 발음도 위와 같이 하여 모두 익힌다. 이 때 각 날씨표현마다 해당하는 채색 막대를 따로따로 정해두었다가 it과 is에 해당하는 막대와 나란히 붙여서 제시하면서 학생들에게 읽어보라고 요구한다.) S1: (교사가 제시한 막대의 조합을 보고,), It is cold (/kould/). S2: It is cold(/kold/). T: (S2에게 바르게 읽도록 계속 지시봉으로 해당 발음 챠트를 지적하면서 /o/→/u/→/ou/→/k/→/kou/→/kould/을 발음하도록 묵언으로 지시하고, 연습하도록 지시봉으로 여러 번 가리키면서 종용한다.) S2: /o/→/u/→/ou/→/k/→/kou/→/kould/	15'	
	Self awareness & practice	T: (S2의 발음이 바르면, 막대 셋(it, is, cold를 각각 의미하는)을 나란히 이은 다음 문장을 바르게 읽도록 요구한다.) S2: It is cold(/kould/).		

Teaching Process				
STEP	PROCEDURE	ACTIVITIES (T: Teacher S: Student)	TIME	MATERIAL
Development	Activity	· 날씨 알아 맞추기 놀이를 한다. S1: (날씨 카드를 염두 해 둔 S1이 교사의 역할을 하게 되는데, 막대를 조합하여 날씨를 표현한다.) S : It is sunny/cold/… (S1은 다른 학생들이 발음이 모두 정확하게 자신이 의도한 바를 표현하면 넘어가고, 그렇지 않으면 자신의 의도한 날씨표현을 학생들과 함께 차트와 지시봉을 이용하여 찾아 읽어본다.)	10'	날씨 그림카드
Consolidation	Summary	T: Today we learned talking about the weather in correct pronunciation. Now can you do that? S: Yes. T: Time's up. Good bye. S: Good bye.		

🏃📷 함께 해 봅시다

—

Cloudy

Cold

Sunny

Hot

날씨 알아 맞추기 게임을 해 봅시다.

☞ 준비물: 날씨가 그려진 그림카드, 채색 막대(colored cuisenaire rods), 음색표
   (sound color fidel chart), 지시봉(pointer), 융판

① 한 학생을 선정하여 차트와 융판 앞으로 나오게 한다.
② 이 학생은 교사가 보여주는 날씨 그림카드를 혼자 본 다음, 채색 막대를
   이용하여 "How is the weather?"에 해당하는 문장을 융판 위에 만든다.
③ 완성이 되었으면, 나머지 학생들은 이 막대 표현을 보고 그림카드 위의 날
   씨를 맞춘다.
④ 이 때, 앞에 나간 학생은 교사의 역할을 하면서 지시봉과 피델 차트를 이
   용하여 해당 색깔 블록을 가리키면서 이 날씨 표현에 대한 정확한 발음을
   할 수 있도록 나머지 학생에게 요구한다.

소집단 언어학습법
(Community Language Learning)

소집단 언어학습법(Community Language Learning, CLL)은 심리적 상담학습이론을 언어교육에 적용한 교수법으로 상담학습(Counseling Learning)이라고도 한다. 이 상담 학습법은 Rogers가 이끈 인본주의적 접근방법의 한 예로서, CLL 구성의 이론적 근거를 마련한다.

소집단 언어학습법은 언어학습 교실에서 교사가 상담자가 되고 학습자가 피상담자가 되어 학습자가 모국어를 사용하여 하고 싶은 말을 표현하면, 교사는 이를 목표어로 번역해주고, 학습자는 이에 귀를 기울였다가 목표어를 반복하여 바르게 말하는 과정으로 이루어진다. 이런 교사와 학생의 관계는 심리상담에 있어서 피상담자와 상담자의 관계와 같이 이루어지기 때문에 심리적 공감대의 형성이 언어학습 성공의 관건이 된다.

소집단 언어학습법은 학습자 스스로 자신이 공부하고 싶은 내용을 묻고, 필요한 교재내용을 구성할 수 있어 학습자의 흥미유발에 적합하며, 격식이나 딱딱한 수업방식을 배제하고, 상담자가 학습자에게 친구처럼 편안하게 대화를 나누면서 수업이 이루어지므로 정의적으로도 학습 효과를 극대화할 수 있다.

하지만 외국어와 모국어를 잘 구사하며 심리학적·사회학적 측면에서의 유능한 교사를 확보하기 힘들며, 일정한 교재가 없기 때문에 성취해야 할 명확한 목표가 분명치 못하면 산만한 수업이 이루어질 우려도 있고 학생수가 많으면 부적절한 교수법이다.

Ⅰ. 개 요

1. 의미

상담학습법(counseling learning method)이라고도 불리는 소집단 언어학습법(community language learning, CLL)은 전자의 경우 Curran에 의해서 고안되고 후자는 전자에 근거를 두고 그의 제자였던 La Forge에 의해 발전된 교수법이다. 이들의 명칭은 다르지만 근본적 교육이론과 수업절차는 유사하다.

소집단 언어학습법은 번역의 방법을 교수에 도입하여, 상담학습이라는 별칭에 맞게 수업을 이끌어 나가는 교사가 counselor가 되고, 학생들은 client가 되어서 언어표현을 자유롭게 유도하는 상담식으로 언어학습을 진행하게 된다. 그러므로 수업은 상담처럼 진행되고 학생들은 원형으로 둘러앉아 모국어로 하고자 하는 말을 시작하면 교사는 그 말을 목표어로 번역해 준다. 이 표현을 학생은 따라하게 되며 필요할 경우에는 녹음기 등에 저장을 시켜놓게 된다. 마무리에서는 학생이 말하고자 한 내용이 녹음기에 수록이 되고 이는 해당 수업의 교재가 되는 것이다. 이 녹음 자료를 교사는 정리하여 학생들에게 다시 제시하게 되며, 학생들은 교재의 내용을 정리 학습하게 된다.

필연적으로 소집단 언어학습법은 상담의 특성을 가지게 되는데, 사실 이러한 이중언어교육(bilingual education), 언어교체(language alternation), 두 언어를 섞어 사용하기(code switching) 등의 절차는 Rogers가 제창한 '인본주의적 접근방식'(humanistic approach)의 예이다. 여기서 인본주의적 접근방법에서 말하는 심리상담과 소집단 언어학습법에서 말하는 상담의 관계를 비교하면서 살펴보면 다음과 같다.

Rogers와 그의 추종자들의 견해에 따르면, 상담이란 피상담자의 내적인 참조틀(frame of reference)을 최대로 취해서 피상담자가 세상을 바라보는 안목을 인식하고, 이를 감정이입을 통해 이해하여 피상담자와 진정한 의사소통을 하는 것을 의미한다. 이에 비해 소집단 언어학습법의 경우는 언어학습 교실 내에서 교사와 학습자가 서로 감정이입관계를 적절히 형성하여 피상담자인 학습자가 하고자 하는 말을 상담자인 교사가 바르게 표현해 주고, 이를 통해 학습자와 학습자, 교사와 학습자간에 의사소통이 되는 것을 의미한다.

Richards와 Rodgers(1986)는 다음과 같이 심리상담과 CLL에서의 피상담자 상담자 간의 관계를 비교하여 제시한다.

【표 11】CLL에서의 피상담자 상담자 간의 관계

심리상담(피상담자 상담자)	소집단 언어학습법(학습자 교사)
1. 피상담자와 상담자는 상담에 동의한다(계약한다).	1. 학습자와 교사는 언어학습에 동의한다.
2. 피상담자는 자신의 문제를 감정을 진솔하게 하고 똑똑히 표현한다.	2. 학습자는 다른 사람에게 하고 싶은 말을 교사에게 모국어를 통해 표현한다.
3. 상담자는 주의를 기울여 듣는다.	3. 교사는 학습자의 문제를 직접 듣고, 다른 학습자는 들으면서 공감한다.

4. 상담자는 피상담자가 이해할 수 있는 언어로 전달내용을 다시 진술한다.	4. 교사는 학습자의 전달내용을 제2언어로 다시 진술한다.
5. 피상담자는 상담자의 재진술 내용을 정확한지 판단하고 평가한다.	5. 학습자는 제2언어로 제시된 전달내용을 다른 학습자들에게 반복하여 말한다.
6. 피상담자는 상담 과정에서 이루어진 상호작용을 반성적으로 검토한다.	6. 학습자는 언어학습에서 배운 전달내용들을 모아 테이프나 기억을 이용한 재생을 하면서 반성적으로 검토한다.

이상의 소집단 언어학습법이 인본주의적인 심리상담기법과 어떤 관련을 가지는가를 보면, Moskowitz(1978)가 말하는 인본주의적 교수기법이 상당히 반영되고 있음을 확인할 수 있다.

(Humanistic techniques)… blend what the student feels, thinks and knows with what he is learning in the target language. Rather than self denial being the acceptable way of life, self actualization and self esteem are the ideals the exercises pursue. [The techniques] help build rapport, cohesiveness, and caring that far transcend what is already there . . . help students to be themselves, to accept themselves, and be proud of themselves . . . help foster a climate of caring and sharing in the foreign language class (Moskowitz, 1978).

한편, 소집단 언어학습법에 영향을 준 또 하나의 언어교수방법으로 Mackey(1972)가 '언어 교체'라고도 부른 이중 언어교육과정이 있는데, 여기서는 전달내용, 단원, 수업이 처음에는 모국어로 제시되었다가 다시 제2언어로 제시된다. 학습자들은 모국어로 제시된 내용과 유사한 의미를 상기하면서 제2언어로 제시된 전달내용의 의미와 흐름을 이해하게 된다. 소집단 언어학습법에서도 이와 마찬가지의 학습자의 이해 과정이 이루어지는데, 교사가 학습자의 모국어를 목표어로 번역하고, 학습자가 이를 따라한 후, 다른 학습자에게 같은 표현을 전달하는 과정을 반복하면서 말하는 학습자나 엿듣는 다른 학습자들이 모두 언어 교체를 통한 경험을 공유할 수 있게 된다(La Forge, 1983).

이러한 전통을 가진 소집단 언어학습법이 추구하는 언어학습의 목표는 관련 문헌에 명시적이거나 의사소통적인 목표가 구체적으로 제시되어 있지는 않다. 그러나 이 교수법을 통하여 교사가 목표언어에 대한 지식이나 숙달을 학습자에게 전이시키고, 원어민에 가까운 목표언어숙달도를 의도하는 것이 목표일 것이란 가정을 해볼 수 있다. 또 이를 가르칠 문법, 어휘, 다른 언어 항목들이 배제된 채 구어 숙달에만 관심을 두는 교수법으로 제한할 것

이 아니라, 학습자가 자발적으로 표현하는 화제에 대한 교사의 지도력과, 수업 중 만들어
지는 교재를 수업 종결시 정리하는 과정에 따라 다양한 학습목표의 설정이 가능할 것이다.

2. 원리

1) 언어이론

La Forge의 '소리체계의 이해와 기본적 의미를 부여하는 능력 및 외국어에 대한 기초 문
법을 구성할 줄 아는 능력'을 강조한 의견을 볼 때, 소집단 언어학습법은 소리의 특징, 문
장, 추상적 언어모형들을 중요하게 생각하는 것 같다. 그러나 기본적인 소리나 문형유형을
중요시한다고 해서 반드시 구조주의적 입장을 견지하는 것은 아니어서, 최근 이 교수법의
지지자들은 연구에서 언어의 대안적 이론 즉, '사회적 과정으로서의 언어(Language as
Social Process)'로 지칭되는 이론을 상세히 다루고 있다.

소집단 언어학습법의 기초를 보다 확고히 다진 La Forge(1983)는 사회적 과정으로서의
언어는 고전적인 정보 전달 모형인 의사소통으로서의 언어와는 다른, 전달내용의 주체이면
서 객체이기도 한 전달화자의 입장을 보다 명확히 하고 있다. 의사소통의 정보 모형과 의
사소통의 사회적 과정 모형은 다음과 같다.

언어행위(Verbal)
화자 → 전달내용 → 청자

【그림 4】 의사소통의 정보전달 모형

언어행위 / 비언어행위(Verbal / Non Verbal)
청자 ↔ 전달내용 ↔ 화자

【그림 5】 의사소통의 사회적 과정 모형

즉, La Forge에 의하면 언어를 의사소통 수단이라기보다는 사회화 과정으로 보고, 사회
적 과정으로서의 언어에 대한 관점은 다음과 같은 6개의 특징 또는 하위 과정으로 정교화
될 수 있다고 한다.

① 전인화 과정(The whole person process)
② 교육적 과정(The educational process)

③ 대인적 과정(The interpersonal process)
④ 발달적 과정(The developmental process)
⑤ 의사소통적 과정(The communicative process)
⑥ 문화적 과정(The cultural process)

이 때 상호작용의 수단인 언어가 관여하는 관계는 학습자 학습자간의 상호작용과 학습자(learner)와 아는 이(knower) 간의 상호작용이 있는데, '학습자 서로간의 상호작용'은 전형적으로 정의적 친밀도가 서로의 의사소통에 밀접하게 관련이 있다. 이는 학급의 동료들과 친밀감을 더욱 돈독히 하려는 욕구의 결과로, 동료들의 학습에 보조를 맞추려고 노력하는 과정이 일어나는데, 이러한 친밀감은 소극적인 의미에서는 서로 소집단으로부터의 고립을 피하려는 욕구로서 정의된다(Tranel, 1968). '학습자와 교사간 상호작용'은 처음에는 의존적이다가 차츰 독립적인 과정으로 발전하게 된다. 이 상호작용의 처음에는 학습자가 목표어를 사용하여 말하고 싶은 것을 교사에게 이야기하면, 교사는 그것을 말하는 방법을 이야기해 준다. 이와 같은 의존적인 관계를 학습의 1단계라고 보면, 다음 단계에서 학습자 교사간 상호작용은 자신의 방법이나 표현을 주장하는 2단계, 교사의 도움을 간섭이라고 생각하면서 짜증을 내는 3단계, 표현하고자 하는 내용과 언어능력의 부족으로 인한 좌절감을 인내하면서 성장하는 4단계, 독립된 의사소통의 개체로 성장하여 독립을 선언하는 5단계로 이어진다. 상호작용 관계의 이같은 변화는 언어학습의 5단계 및 정의적 갈등의 5단계와 유사하다.

2) 학습이론

Curran에 의하면 상담기법을 적용한 언어 지도방법으로서의 소집단 언어학습법은 자신이 바람직하지 못하다고 보는 두 유형의 학습과 대조를 이룬다. 첫째 유형은 '자아의 개입과 참여를 무시하면서, 지적이고 사실적인 과정만이 학습의 주요 목적으로 간주되는 유형'(Curran, 1972)이며, 다른 하나는 학습자를 수동적으로 보고 학습자들의 능동적인 학습참여를 극도로 제한하는 유형으로, 행동주의적 관점에 입각한 Curran식으로 말하면 '동물학습'이 그것이다. 이에 대해 소집단 언어학습법은 전체적 접근방법(holistic approach)을 취하는데, 이는 진정한 인간학습 즉, 전인학습(whole person learning)이라는 인지적인 동시에 정의적인 방법을 동원한다. 이런 학습은 학습자와 교사 모두 하나의 독립된 인격체로서의 느낌을 가지면서 대하기 때문에 교사와 학습자 관계가 매우 중요하며 소집단 언어학습법에서 보는 학습과정은 인간의 성장 과정에 비유된다. 이는 다음의 다섯 단계를 걸쳐 이루어진다.

(1) 1단계: A new self of the learner is generated or born in the target language.

‘출생’의 단계로서 안정감과 소속감 형성이 주요한 과제이다. 학습자가 교사에게 완전히 의존하는 단계로서, 실제 수업에서는 학생은 모든 것을 모국어로 말하고, 교사가 전적으로 번역하여 학생에게 들려주고 반복시키는 것이 예가 될 수 있다.

(2) 2단계: Child achieves a measure of independence from the parent.

‘독립을 모색’하는 단계로서, 아이가 부모로부터 독립하려는 마음을 기르는 단계와 같다. 그러므로 초보 학습자가 이미 들은 영어표현과 구를 사용함으로써 자기 확신을 갖고 독립심을 기르기 시작한다.

(3) 3단계: The separate existence stage.

‘독립’ 단계로서, 스스로 정체감을 갖고 행동하려는 단계이고 학습자들이 목표어로 직접 말을 알아듣기 시작하는 단계이므로 학습자는 자기가 요청하지 않은 경우에 교사가 도와주는 것을 원하지 않는다.

(4) 4단계: A kind of adolescence.

충분히 안정된 정체감을 가지게 되어 어느 정도의 비판에 대해서도 수용하게 되는 단계이다. 아직 학습자는 영어 지식과 사용법에 대하여 부족한 점이 있지만 독립적으로 대화하려고 한다.

(5) 5단계: The independent stage.

독립단계에서 학습자는 그들이 배운 언어의 오류를 수정하고 그들보다 늦은 학습자들의 교사가 되어 그들을 도울 수 있으며 교사와의 접촉에서 배울 수도 있다. 학습자는 스타일이나 언어적 적합성에 대한 지식을 획득하기 위해 노력하게 된다.

한편, 소집단 언어학습법은 상담자와 내담자 사이의 상담 방식으로 수업이 진행되는 되는 것이기 때문에 공감대 형성이 중요한 역할을 한다는 것을 알 수 있다. 이 분위기를 위해서는 상호간의 온정, 이해심, 타인의 가치에 대한 긍정적 평가 등이 관계하는데, 성공적인 학습을 위한 심리적 요구사항으로 Curran(1976)은 안정감(security), 주의(attention) 및 공격성(aggression), 기억(retention) 및 성찰(reflection), 구별(discrimination) 등을 든다. 그는 이들의 첫 자들을 따서 SARD라고 하여 소집단 언어학습법의 중요한 요소로 간주한다.

먼저 안정감이란, 학습자가 안정감을 느낄 수 있는 상태에서 성공적인 학습경험을 할 수 있음을 의미하고, 주의라 함은 학습 참여도를 의미하며, 이를 향상시키기 위해서는 과업의 다양성과 같은 요소를 첨가시켜야 한다는 것을 시사한다. 공격성은 학습자 자신의 자기 주장의 도구로 중요한 요소이다. 기억이란, 배운 내용이 후에 자신의 언어능력의 일부가 되도록 하는 내재화 단계에서 중요한 것이고, '지난 시간의 학습 효과에 초점을 두고 현재 발달 단계를 평가하며 미래의 목표를 재평가하기 위해 수업의 틀 내에서 의식적으로 침묵을 유지하는 것'이 곧 성찰이다. 마지막으로 구별이라 함은 기억되는 학습자료가 서로 어떤 관련을 맺어가면서 배운 내용을 더욱 정교화하게 되는 것을 의미하며 결국에는 교실 밖에서 의사소통 목적 달성을 위해 언어를 사용할 수 있게 되는 것을 의미한다.

3. 특징

언어이론 및 학습이론의 고찰에서 나오는 소집단 언어학습법의 특징은 다음과 같다.

① 소집단 언어학습법은 직접식 교수법에 번역 방법을 첨가한 절충식 학습 훈련이다.
② 교사에 의해 일정하게 짜여진 교육과정과 교재가 없고, 학습자들이 해당 교과시간에 하고 싶은 말이나 내용을 중심으로 배우면서 만들어 가는 교육과정이다.
③ 학습자 스스로 자신이 공부하고 싶은 내용을 묻고, 필요한 교재내용을 구성할 수 있으며, 이는 학습자의 흥미 유발을 일으키는 데 좋은 효과가 있다.
④ 격식이나 딱딱한 수업방식을 배제한 상태에서 공감대 형성을 통한 자유 수업방식을 채택한다.
⑤ 지적 측면뿐 아니라 정의적인 측면까지 고려한 전인적인 외국어 학습방법이다.

소집단 언어학습법의 장점은 학생들이 교사와 관계없이 하고 싶은 말을 안정된 분위기에서 자유롭게 표현할 수 있어서 발표를 조장할 수 있다는 것이다. 또한, 인간관계 설정이 보다 강조됨으로써 지적인 능력 향상과 아울러 학생과 학생, 교사와 학생은 다른 사람의 정의적 신장을 위해 서로 노력하고 협력함으로써 전인적 신장을 꾀할 수 있다. 단점으로는 교사가 양 언어를 구사할 수 있는 동시에 학습자 개개인에게 일어나는 내적인 문제를 파악할 수 있는 심리학적·언어학적 지식과 과학적인 분석력이 있어야 한다는 부담이 있다. 또한, 이 교수법은 소수 인원으로 된 학급이 편성되어야 가능하며 일정한 교육과정과 교재가 없기 때문에 성취해야 할 명확한 목표가 분명치 못하면 산만한 수업이 이루어질 가능성이 높다는 것이 문제이다.

▋ Ⅱ. 교실수업의 적용

1. 수업절차

① 교사와 학생이 인사를 나누고 다정한 분위기를 조성한다. 학생들이 원형으로 좌석을
  배치해서 앉는다.

② 교사는 학생에게 공부하게 될 내용을 스스로 정하도록 한다.

③ 학생들이 나름대로 주제를 정하고 대화를 하게 된다. 이 때 교사는 학생들의 대화 주
  제나 내용에 개입하지 않는다.

④ 모국어로 표현하는 학생의 말을 교사가 목표어로 번역하여 표현해준다. 이 때, 개념
  단위(chunk)로 번역해주면 좋다.

⑤ 학생은 교사의 목표어로 된 표현을 따라한다. 교사는 이를 녹음 테이프나 비디오 테
  이프를 이용하여 저장한다. ③의 주제에 벗어나지 않도록 하면서 ④와 ⑤의 과정을
  계속하도록 한다.

⑥ 모든 대화가 종결되면, 교사는 학생들에게 대화 중에 느낀 점을 서로 이야기 해보도
  록 한다. 이 때 교사와 학생, 학생들 간에 상호 공감의 분위기가 무르익어 서로 자유
  로운 감정의 표현이 가능하다.

⑦ 교사는 녹음 테이프나 비디오 테이프를 재생하여 학생의 목표어 표현을 함께 듣는다.

⑧ 이를 함께 모국어로 바꾸어 본다.

⑨ 교사는 수업 중 사용되고 저장된 표현들 가운데 중요한 것을 골라 판서하면서 학생들
  이 꼭 알아야 할 것들을 강조한다. 그리고 학생들은 다시 한 번 말해보고 테이프를
  다시 들으면서 함께 연습한다.

⑩ 수업을 마무리하면서, 교사와 학생은 수업 중 느낀 점을 서로 이야기 해본다.

2. 교수 학습활동 유형

Richards와 Rodgers(1986)는 소집단 언어학습법에서 혁신적 학습 과업과 학습활동을 전통
적인 것과 조화시켜 다음과 같은 활동유형을 생각해 볼 수 있다고 하였다.

① 번역(Translation): 학생이 표현하고자 한 말을 조그만 목소리로 모국어로 이야기하면
  교사가 목표어로 번역을 해주고 학생이 이를 반복한다.

② 소집단 활동(Group work): 소집단별로 주제를 준비하고 토의하며, 다른 학생들이나 교
  사에게 할 이야기를 준비한다.

③ 녹음(Recording): 학생들은 소집단 별로 활동을 통해서 목표어로 말한 내용을 녹음한다.

④ 전사(Transcription): 학생들은 자기들이 연습하고 분석하기 위해 녹음한 발화와 대화 내용을 전사한다.

⑤ 분석(Analysis): 학생들은 영어로 전사한 내용을 특정한 어휘의 용법이나 문법규칙에 역점을 두어 분석하고 학습한다.

⑥ 반성과 관찰(Reflection and observation): 학생들은 학급과 분단에서 자기가 경험한 것과 다른 학생들에 대한 느낌, 침묵에 대한 의견, 말하려고 했던 내용 등을 회상하여 보고한다.

⑦ 경청(Listening to class interaction): 학생들이 교실에서 상호작용을 하면서 말하지 못한 내용을 교사가 말해주면 학생들은 귀를 기울여 듣는다.

⑧ 자유대화(Free conversation): 학생들은 교사나 다른 학생들과 의견을 교환하며 자유스럽게 대화한다.

3. 현장적용시 유의점

소집단 언어학습법에 의한 수업진행에서 유의해야 할 점은 다음과 같다.

① 소규모의 학생으로 구성이 되도록 한다.

② 자발적으로 하게 되는 의사표현을 할 때, 학생들의 수준에 따라 점차 목표어를 허용하도록 한다.

③ 학생들에게 대화시간, 종결시간에 대하여 알려주는 것은 부담감을 줄일 수 있다. 예를 들면, 학생들에게 남은 시간을 말해 줌으로써 더 편안함을 줄 수 있다.

④ 학생들이 원형으로 모여 대화할 때 교사는 이들의 뒤에 서 있으면서, 자신이 학생들 앞에 있으므로 해서 학생들에게 줄 수 있는 권위나 월등한 지식에 대한 위협감을 줄일 수 있다. 이는 학생과 교사의 관계보다는 학생과 학생간의 상호 적응을 촉진시킬 수 있다.

⑤ 교사가 번역해주는 목표어의 수준은 학생들의 능력을 고려해야 한다.

⑥ 수업 중반 이후에 저장된 내용을 재생시켜 학생들에게 목표어의 표현을 제시할 때 교사는 바로 모국어로 전환시키지 말고 조용히 생각할 시간을 주도록 한다.

⑦ 소그룹의 소집단 활동은 학생 각자의 경쟁보다는 모든 구성원의 협력을 지향해야 한다.

⑧ 원활한 수업진행을 위해 교사는 좌석의 배치나 녹음 기구 등의 준비를 철저히 한다. 좌석의 배치는 6~12명의 학생이 한 모둠이 되어 녹음기가 놓여진 책상 주위에 둘러

앉고 교사는 학생들의 바깥에 위치한다. 한편, 수업진행과정에 대한 정확한 시간 배분이 선행되어야 한다.

⑨ 안정된 수업과 창의적이고 흥미로운 수업은 교사에게 우선적 책임이 있음을 명심하도록 한다.

Ⅲ. 수업모형 및 학습지도안

1. 수업모형

【표 12】소집단 언어학습법을 적용한 수업모형

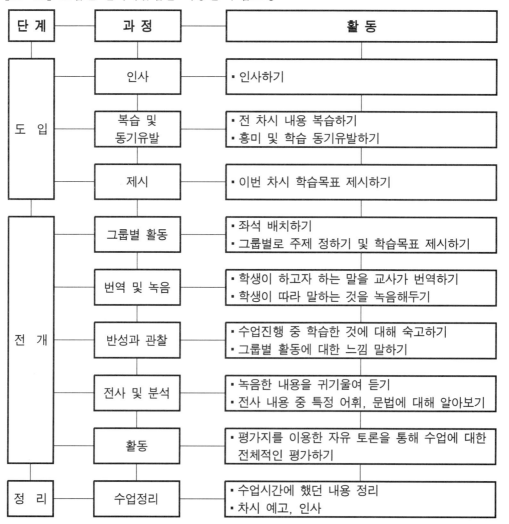

단 계	과 정	활 동
도 입	인사	• 인사하기
	복습 및 동기유발	• 전 차시 내용 복습하기 • 흥미 및 학습 동기유발하기
	제시	• 이번 차시 학습목표 제시하기
전 개	그룹별 활동	• 좌석 배치하기 • 그룹별로 주제 정하기 및 학습목표 제시하기
	번역 및 녹음	• 학생이 하고자 하는 말을 교사가 번역하기 • 학생이 따라 말하는 것을 녹음해두기
	반성과 관찰	• 수업진행 중 학습한 것에 대해 숙고하기 • 그룹별 활동에 대한 느낌 말하기
	전사 및 분석	• 녹음한 내용을 귀기울여 듣기 • 전사 내용 중 특정 어휘, 문법에 대해 알아보기
	활동	• 평가지를 이용한 자유 토론을 통해 수업에 대한 전체적인 평가하기
정 리	수업정리	• 수업시간에 했던 내용 정리 • 차시 예고, 인사

2. 학습지도안

Lesson	I Want To Be A Nurse.		Theme		Hope, Occupation
Objectives	• 희망사항을 이해하고 말할 수 있다. • 직업 표현을 이해하고 말할 수 있다.				
Contents	Words		직업표현: doctor, scientist, computer programmer		
	Expressions		I want to be a doctor./teacher.···I will do/go _____.		

Teaching Process

STEP	PROCEDURE	ACTIVITIES (T: Teacher S: Student)	TIME	MATERIAL
Introduction	Greetings	T: Good morning. S: Good morning. T: It is rainy today, isn't it? Do you like this weather? S: Yes./No. T: Why do/don't you like it? S: Because··· T: Last class, we talked about the future. Do you remember? S: Yes! T: Now, you can say about your future with the expression 'I will···', right? Make one sentence! S: I will go shopping this afternoon! T: Good! Then, what else can you say? S: Well, we don't know. T: Let's find out in this class!	3'	
	Review & Motivation			
	Presentation	♣ 공부할 문제 ♣ ☞ 장래의 희망사항에 대한 표현을 이해하고 말하기 T: Okay! Let's find out the topics of the future by ourselves! S: It sounds great!		
Development	Group Activity	T: Let's make groups of six. 둥그런 모양으로 마주보고 앉으세요. 이제 서로 장래희망에 관한 대화의 주제를 생각해 봅시다.	5'	

Teaching Process					
STEP	PROCEDURE	ACTIVITIES (T: Teacher S: Student)		TIME	MATERIAL
Development	Translation & Recording	S1: (to others) 무슨 주제가 좋을까? S2: How about what we will do after 50 years? S3: Well, it seems too difficult for us. S4: Then, why not talking about our jobs in the future? S5: That sounds good! S6: I also agree! (그룹A가 주제를 직업에 관해서 잡았을 경우) ♣ 공부할 문제 ♣ ☞ 직업 표현에 관해 이해하고 말하기 (그룹A 뒤에 교사가 선다.) S1: Ma'am, how can I say '나는 의사가 되고 싶어' in English? T: Listen carefully and repeat, 'I want to be a doctor.' (녹음기를 켠다.) S1: I want to be a doctor! (녹음기를 끈다.) 　　Ma'am, how can I say '난 아픈 사람들을 도울 꺼야' in English? T: Listen carefully and repeat, 'I will help sick people.' (녹음기를 켠다.) S1: I will help sick people.(녹음기를 끈다.) 　　Now, ma'am, how can I say '넌 뭐가 되고싶니?' T: Listen carefully and repeat, 'What do you want to be?'(녹음기를 켠다.) S1: (to S2) What do you want to be? (녹음기를 끈다.) S2: Ma'am, how can I say '난 컴퓨터 프로그래머가 되고 싶어' in English? T: Listen carefully and repeat, 'I want to be a computer programmer.' (녹음기를 켠다.) T: (그룹A에게) 오늘 무엇에 대해 이야기했고, 영어 표현 중 자신이 알게 되었다고 생각되는 것에 대해 이야기해 봅시다.		15'	녹음기

Teaching Process				
STEP	PROCEDURE	ACTIVITIES (T: Teacher S: Student)	TIME	MATERIAL
Development	Reflection & Observation	S1: 미래의 직업에 관하여 이야기를 나누었어요. S2: '나는 _____를 원한다'는 표현을 배웠어요. S3: 직업이름을 사용하는 방법을 알게 되었어요. S4: 다른 친구들도 영어 말하기를 어려워한다는 것을 알게 되었어요. S5: 영어가 대화하기 위한 수단이란 것을 느꼈어요.		
	Transcription and Analysis	T: 이제 녹음한 내용을 들으면서, 좀 전에 말로 해보았던 표현에서 사용된 구문과 새로운 단어들에 대해서 살펴볼까요? S: Yes! T: (녹음 재생기를 켜고, 녹음된 테이프를 맨 처음으로 돌려서 재생한다. 'I want to be a doctor!'라고 말했던 학생의 목소리가 들린다. 녹음 재생기를 끈다.) What does it mean in Korean? S: It means '나는 의사가 되고 싶어.' T: Good! (문장을 판서하면서) 'I want to be'에 직업이름을 덧붙이면 자신이 이러한 직업을 갖고 싶다는 표현이 되요. Then, how can you say '선생님이 되고 싶어' in English? S: It is 'I want to be a teacher.' T: You're right! Now, let's listen to another sentence and find out what other friend wants to be. S: Yes! T: (녹음 재생기를 켠다.)	10'	녹음재생기
	Activities	■ 평가지를 이용한 자유 토론하기 T: 이제 오늘 전체적인 수업을 통해 각 조별로 배운 점과 느낀 점을 이야기 해볼까요? (to Group B) 먼저, 그룹 B에서는 어떤 이야기들이 오갔지요? 누가 말해볼래요? S: (in group B): We talked about our jobs in the future. But some job names are very difficult. T: You're right! Was the conversation in your group helpful to know some names of jobs?		

Teaching Process				
STEP	PROCEDURE	ACTIVITIES ([T]: Teacher [S]: Student)	TIME	MATERIAL
Consolidation	Wrap up	[S] (in group B): Yes! Other students who know the names which I don't know gave me some tips! And this free talking class makes me easy so that I can talk in English. [T]: Today we learned some names of jobs and the way to say about them. What expressions have you learned this class? [S]: We learned 'I want to be …' And we had a conversation about the jobs we will have in the future. [T]: Yes, you all did good job. Next class, we will talk about some difficult names of jobs. Today's homework is to find out the names of jobs which you want to be. Have three names at least. [S]: Yes! [T]: OK. That's all for today. Don't forget to bring your homework to next class! Good bye. [S]: Good bye.	5' 2'	

함께 해 봅시다

그룹 구성원끼리 오늘 수업에 관해 이야기해 봅시다.

☞ 준비물 : 평가지 각 그룹에 한 장씩

교사는 수업의 학습목표와 수업진행 및 수업 결과에 대한 평가지를 수업 중에 만들어 수업활동 시간에 그룹별로 배분하여 자유토론 하게 합니다. 평가지는 나중에 회수하여 (부)교재를 만드는 데 사용하거나, 수업 중 활동 평가용으로 사용 가능합니다.

CLL에의 학습목표에는 수업 초기에 교사가 제시하는 목표와 각 그룹별로 학생들이 만든 목표가 있습니다.

함께 해 봅시다

그 룹 이름 :
구성원 이름 :

1. 학습목표
1) 오늘 수업의 학습목표는 무엇이었습니까?

2) 우리 그룹의 화제는 무엇이었습니까?

2. 수업진행
1) 모든 구성원이 수업에 적극 참여했습니까? 예 / 아니오

2) 모든 구성원이 수업에 참여할 수 있는 방법에는 어떠한 것이 있을까요?

3. 오늘의 영어표현
1) 새로 알게 된 단어는 무엇입니까?

2) 새로 알게 된 표현에는 어떤 것이 있습니까?

4. 자유 대화 수업에 대한 느낌
1) 우리가 스스로 만든 자유 대화 수업이 갖는 장점에는 무엇이 있을까요?

2) 우리가 스스로 만든 자유 대화 수업의 단점이 있다면 어떤 점이 있을까요?

암시교수법
(Suggestopedia)

암시교수법(Suggestopedia)은 학습자가 느끼는 여러 가지 심리적인 불안이나 긴장을 해소시킴으로써 학습자가 보다 효율적으로 학습할 수 있는 환경을 만들어 주고자 한다. 특히, 언어습득에 있어 언어를 유창하게 구사하고 보다 효과적인 의사소통을 할 수 있도록 도와준다. 이 교수법은 여러 가지 교수의 기능 중 정의적인 영역(affective domain)을 중시하여 학습환경을 인간화하는 데에 초점을 두며 짧은 시간 동안에 집중적인 학습을 시켜 학습효과를 높이고자 하는 것이 특징이다.

학습자는 학습을 할 때 무의식적으로 권위적인 분위기 등의 비교육적 환경과 교사가 제공하는 교육적 환경 등에 따라 무능력감, 파오를 범하게 될까하는 두려움, 새롭고 익숙지 못한 것에 대한 불안감 등 학습을 저해하는 방해 요소들을 느끼게 된다. 이러한 여러 가지 부정적인 암시적 요소를 역작용하도록 하여 효과적인 학습으로 이어지도록 고안한 것이 바로 이 암시적 교수법이다. 암시적 교수법은 학습자에게 정서적으로 안정감을 갖게 하여 자신감과 의사소통 욕구를 고취시킬 수 있는 효과가 있으며 또한, 음악과 미학적 원리를 이용하고 학습자와 교사간의 밀접한 상호작용을 통해 의사소통 능력은 물론 기억력을 증진시킬 수 있다.

I. 개 요

1. 의미

암시학(suggestopedy)으로부터 나온 이 교수법은 1965년, 불가리아 정신과 의사이며 교육자인 Lozanov에 의해 유래된 교수방법이다. Lozanov는 암시학이란 인류가 끊임없이 응답하고 있는 '비이성적 그리고/혹은 무의식적 영향에 대해 체계적으로 연구하는 학문'이라고 표현하고 있다(Stevick, 1976).

Lozanov(1978)는 학습에 게재하는 심리적 장벽(psychological barriers) 때문에 효과적인 학습이 이루어지지 않으며 인간의 두뇌에 보유된 능력을 다 발휘하지 못하는 것이라고 하였다. 인간이 두뇌에 보유된 능력을 많이 발휘하기 위해서는 자기 능력에 대하여 느끼는 한계를 암시를 통해 '제거(desuggest)'할 필요가 있다고 말한다. 암시적 교수법은 인간의 무의식이나 암시에 대한 연구를 교육학에 응용한 교수법인 만큼 무의식에 관심이 많다. 그리하여 암시적 교수법에서는 학습자들의 실패감을 없애고 학습의 장애를 극복하기 위해 암시 또는 무의식을 일깨우는 방법을 도입한다. Lozanov는 비언어적 기능인 정서적, 예술적 기능을 최대한 활용하여 이론을 전개하였는데 이는 무의식의 기능이 편중되어 있는 것이기 때문이다. 그래서 학습 분위기를 안락하게 하기 위해 밝고 명랑한 분위기의 실내 장식, 음악의 사용, 가벼운 조명과 연한 불빛, 교사의 인성과 태도, 얼굴의 표정, 목소리의 억양과 같은 비언어적인 암시의 요인들을 중시하였다.

2. 원리

1) 언어이론

암시교수법은 학습자들이 각자 설정한 목표에 따라 방대한 양의 어휘를 습득하도록 하는 데에 목적을 둔다. 그러므로 목표어의 단어항목과 그것을 모국어로 번역한 어휘쌍을 강조하는 것은 어휘가 중심이 되고, 문맥화보다 어휘의 번역을 강조하는 언어관을 보여 준다. 그러나 Lozanov(1978)는 때때로 '전체적으로 유의미한 글'로 된 언어 자료를 경험하는 것이 중요하다고 언급하고, 암시교수법 과정이 '학생에게 단어를 암기하고 말하는 습관을 습득하게 하는 것이 아니라 의사소통의 행위로 나아가도록' 안내한다고 언급하고 있다.

또한, 교과서는 아동의 동기유발을 위하여 흥미롭고 정서적인 내용을 담아야 하며, 언어는 자료(material)로서 학습되어야 한다고 본다. 교사의 능력도 중시하였는데 학습될 새로운 자료는 잘 훈련된 교사에 의해 읽혀지고 암송되어야 한다. 이는 학습자가 암시적으로 교사의 영향을 많이 받기 때문이다.

2) 학습이론

암시(suggestion)는 암시교수법의 핵심으로 '일종의 정적이고(static) 수면과 유사한 상태로서, 최면의 좁은 임상적 개념'과 다르다고 주장한다(Lozanov, 1978). 그는 암시교수법과 다른 형태의 심리 통제를 구별지어주는 것은 이들 다른 형태의 심리 통제에 '비암시 암시적 개념'이 결여되어 있다고 보았다. 비암시(desuggestion)는 기억 창고에서 바라지 않는, 또는 기억을 방해하는 기억들을 떨어내는 것을 의미한다. 암시(suggestion)는 바라거나 도움이 되는 기억으로 기억창고를 채우는 것이다. Bancroft(1972)는 비암시와 암시가 작용해서 기억 저장소에 접근하게 하는 주요한 이론적 구성요소를 다음과 같이 제시하였다.

(1) 권위

학습에 도움을 주는 가장 중요한 요소는 권위(authority)인데 학습자는 권위 있는 자료로부터 나온 정보에 대해 가장 잘 기억하고 신뢰한다. 다시 말해 아동이 권위 있다고 느끼는 사람의 교수가 가장 잘 기억될 수 있다는 뜻이다. Lozanov(1978)는 고도의 권위를 갖는 것으로서 의식적 위약 체계(ritual placebo system)를 제시하는데 의식적 위약이란 환자가 의사를 신뢰하면 위약을 가지고도 치료의 효과를 볼 수 있는 것과 같이 학습자가 교사에 대해 절대적인 신뢰를 가지고 교사의 암시에 따라 움직이는 것을 말한다. Lozanov(1978)는 '과학적인 음성언어, 고도로 긍정적인 실험자료, 그리고 교사를 진실로 믿는 태도' 등이 대부분의 학습자들에게 권위 있게 호소하는 의식적 위약 체계를 구성한다고 믿는다.

교사의 권위 있는 분위기는 교수방법과 교육기관에 대한 신뢰, 교사의 자신감과 활동능력, 교사에 대한 고도의 긍정적인 태도 등에서 느낄 수 있다.

(2) 아동화

아동화(infantilization)란 교수시에 학습자들로 하여금 아동의 역할을 맡게 함으로써 자신감, 자발성 및 수용성을 다시 얻도록 하는 학습효과를 말한다(Bancroft, 1972). 아동화를 촉진시키는 교실활동으로는 역할놀이, 게임, 노래, 체육활동이 있다.

(3) 양면성

학습자는 직접적인 교수의 결과(언어적 환경)뿐 아니라 그 교수활동이 이루어지는 환경(비언어적 환경)으로부터 학습한다. 이 역시 인간의 무의식에 대한 이해에서 비롯된 것으로써 아동들이 학습을 하는데 있어 환경의 영향이 큼을 뜻한다. 교실의 밝은 장식, 음악적 배경, 좌석의 모양, 교사의 인격 등 환경적인 요소들이 직접적인 교수자료 자체만큼이나 교수활동에서 중요한 것으로 고려된다.

(4) 억양, 리듬, 음악적 배경의 효과

언어자료의 첫 번째 제시에서 세 개의 구를 각각 다른 억양과 리듬으로 읽는다. 이를 두 번째 제시할 때에는 적절한 극적 읽기(dramatic reading)를 실시하는 데, 그것은 학습자들이 자료의 내용을 구체화하는 것과 기억을 도울 수 있다. 억양과 리듬은 모두 음악적 배경과 조화를 이루어야 한다. 음악적 배경은 이완된 태도를 유도하도록 도와주는데 Lozanov는 이를 '음악을 통한 의사 수동 상태(concert pseudo passiveness)'로서 언급한다. 이러한 상태는 학습을 위한 최적 조건으로, 걱정과 긴장 속에서 구제되어 새로운 자료에 대한 집중력이 일어나게 된다.

음악적 배경 또한 매우 중요한데, Lozanov에 의하면, 바로크 음악이 가장 적절하다고 한다. 바하(1685 1750)와 헨델(1685 1759)로 대표되는 바로크 음악은 예술과 개인의 감정을 표현하기보다는 일반적인 감정을 표현하였고, 이념과 감정을 생생하고 격렬하게 표현하려는 시도를 하였다. 바로크 음악은 듣는 사람의 심장의 박동에 영향을 끼쳐 정신력의 효율성을 획기적으로 증대시킨다는 견해가 있다(이완기, 1998).

3. 특징

암시적 교수법은 언어의 유창성과 의사소통 능력의 신장에 바람직한 교수법이다. 학습환경을 인간화함으로써 학습자의 심리적 장벽을 해소시켜 주어 학습능력을 높이고, 비언어적 기능, 즉 정의적 영역을 중시하며, 집중적인 학습으로 학습효과를 높일 수 있다(김진철 외, 1999).

암시교수법의 가장 두드러진 특징은 음악과 음악적 리듬을 학습의 중심에 두는 것이다. 따라서 암시교수법은 음악의 또 다른 기능적인 사용, 특히 치료적인 영역과 관련이 있다. Gaston(1968)은 음악적 치료의 기능을 세 가지로 정의한다. 음악은 개인적인 관계의 성립과 지속을 촉진해 주고, 음악공연에서 자기 만족을 높임으로써 자부심을 높여 주며, 독특한 리듬의 잠재성을 이용하여 활기와 질서를 가져다 준다. 마지막 기능은 언어적 자료의 제시를 구조화하고, 속도를 조절하고, 강조하기 위한 것뿐만 아니라 학습자를 편안하게 하기 위한 것으로 Lozanov가 활용한 기능이다.

그러나 학교 현장의 영어학습에 적용하기에는 몇 가지 문제점이 있으며 따라서 우리의 교육 환경에 알맞도록 개선할 필요가 있다(고광덕, 1997).

첫째, 우리나라 학교에서 암시교수법을 적용하는 데는 다인 수 학급과 교실환경 구성이라는 문제점이 있다. 암시교수법에서는 12명의 학생으로 구성된 학급을 대상으로 하고 있으며 암시교수법에서 요구하는 교실환경은 복잡성을 지니고 있다. 그러나 이와 같은 문제점은 어느 정도 해결 방법이 있다고 본다. 분단 편성으로 학습활동의 개별화를 시도할 수도 있고, 영어수업시간에만 전교생을 소인수 학급으로 편성하여 특별활동처럼 수업을 진행할 수도 있다. 교실환경의 문제는 학교에 여분의 교실을 영어학습실로 지정하여 암시교수법에서 요구되는 학습환경으로 꾸며 해결할 수도 있다.

둘째, 모국어와 외국어에도 능통하며 창의성과 감수성, 예술적, 교양적 소양까지 갖춘 유능한 교사의 확보가 필요하다. 그리고 암시교수법에 대한 충분한 이해가 필수적이므로, 암시교수법의 원리를 잘 적용하고 활용할 수 있도록 전문적인 교사 훈련 프로그램이 필요하다.

셋째, 암시교수법을 우리나라 영어교육에 그대로 적용하기에는 많은 어려움이 있으므로 우리 실정에 맞게 변형하고 다양하게 수업모형을 제시하여야 한다. 암시교수법에서 말하는 하루 4시간의 집중 프로그램은 우리 실정과 차이가 있다. 따라서, 한 시간 단위로 변형하거나 2시간 이어지는 학습 프로그램으로 학습 계획을 세워 지도하는 등 시간 배정을 다양화하여 적용하여야 한다.

■ II. 교실수업의 적용

1. 수업절차

Suggestopedia 수업은 세 단계로 구성된다. 이 수업의 단위를 'Suggestopedia Cycle'이라고 부르는데 그 세 단계는 다음과 같다(Bancroft, 1972).

1) 구두 복습부분(Oral Review Section) 단계
① 전시간에 학습한 내용을 교사와 12명이 함께 토론하는 단계이다. 주로 대화, 게임, 놀이, 그림 그리기를 통한 직접식 교수방법에 의하여 시작된다.
② 모든 학생은 특별히 고안된 의자에 원형으로 앉고 세미나 형식으로 토론한다.
   ⇒ 미시적 학습(micro studies) 및 거시적 학습(macro studies)과 관련이 있다.
   ※미시적 학습(micro studies)
   ‣ 문법, 어휘, 간략한 문법에 특별한 관심을 가짐.
   ‣ 생활과 밀접한 관련이 있는 질문이 더 좋음.
   【ex】 "What should one do in a hotel room if the bathroom taps are not working?"
   ※거시적 학습(macro studies)
   ‣ 역할놀이와 광범위한 언어 구성에 강조를 둠.
   【ex】 "Describe *boy* and *church* to someone."
③ 수업이 시작되면 각 학생들은 새로운 이름(new identities)에 새로운 역할을 목표언어

로 수행하도록 부여받는다.

⇒ 개개의 학생들은 대화(dialogues) 속의 인물들 중 한 사람의 역할을 하여 그들이 암시 받은 신분으로 학급동료들에게 잘 알려진다. 이 새로운 역할의 사용은 학생으로 하여금 그들이 결코 되어보지 못한 사람이 되도록 허용하여 그들의 제한된 능력의 선입견을 없애고, 고정관념에 근거한 학습의 벽을 허물도록 한다.

2) 본시학습 전개(text distribution ceremony) 단계

① 새로 배우게 될 학습자료가 제시되고 토론된다.

⇒ 교사가 대화(dialogues)의 복사본을 나누어주면, 편안한 안락의자에 반원형으로 앉아있는 학생들은 기쁜 마음으로 이것을 받아 대단히 의미 있는 선물로 생각한다.

② 교재의 모든 페이지는 두 쪽으로 나뉘어 오른쪽에는 목표언어, 왼쪽에는 동시 번역된 모국어 번역이 들어있다.

(이러한 설계배치는 적어도 사람들이 책을 왼쪽에서 오른쪽으로 읽어나가는 나라에서 심리적으로 그 페이지의 오른쪽에 초점을 맞추는 경향이 있다는 것에 따른 것이다.)

③ 학생이 받는 암시 : '교재의 분량은 많다. 그러나 나에게 그것은 틀림없이 쉽다.'

(They're given me a lot: It must be easy for me.)

④ 긴 대화와 번역을 받은 학생들은 그 내용을 훑어보고, 그 내용에 담긴 새로운 문법과 어휘를 익힌 다음 내용과 관련된 긴 담화 내용을 토론한다.

3) 모임(session) 또는 연주회(concert) 단계

두뇌의 무의식 단계에서 새로운 자아의 강화(암기)를 위해 제시된다.

① 능동적 연주회(active concert) 단계(45분간)

‣ 편안한 안락의자에 반 원탁으로 앉아있는 학생들은 교사가 들려주는 고전 또는 바로크(Classical or Baroque) 음악을 듣는다.

⇒ Haydn, Mozart, Beethoven, Brahms, Tchaikovsky, Chopin의 음악이 주종을 이룬다.

‣ 몇 분간 음악이 연주된 후, 교사는 마치 교사의 목소리가 오케스트라의 악기 중의 하나인 것처럼 음악의 억양에 따라 교재를 읽어나간다.

⇒ 교사의 목소리는 처음에는 약간 높게 그 다음에는 점점 여리면서 낮아지고 그 다음에는 노래하듯(속삭이듯) 낮아진다.

‣ 학생들은 능동적으로 교재를 따라 읽는다.

② 수동적 연주회(passive concert) 단계(20분간)
‣ 교사는 방안을 차분하고 편안한 분위기로 만든 뒤, 바로크 음악을 5분간 들려준다.
  ⇒ 학생들은 수동상태(passive)가 되어 보다 더 편안해진다.
‣ 수동적 연주회가 지속되는 20분 동안 학생들은 수면과 깨어있는 중간 상태에 놓여있
  는 즐거운 상태로 들어간다.
  ⇒ Lozanov는 "가수동상태(pseudo passiveness)라 부르는 이 상태는 특별히 학습에 공헌
    도(conductive)가 있다"고 했다.
‣ 음악을 소개한 후 교사는 자연스런 음조(intonation)로 교재를 읽기 시작한다.
‣ 연주회가 채 끝나기 전에 먼저 교사는 퇴장하고, 학생들은 하품을 하고, 기지개를 펴
  는(stretch) 등 자리에서 일어날 준비를 자연스럽게 한다.
‣ 학생들은 그 순간의 엄숙함을 유지하면서, 교재와 음악이 가능한 한 그들의 마음 속에
  울려 퍼지도록 동료들에게 아무 말도 하지 않고 그대로 교실을 떠나간다.

2. 교수 학습활동 유형

1) 구두 복습의 방법
① 은은한 조명 아래 배경 음악이 감미롭게 흐르고 학생들은 안락 의자에 원형으로 앉는
  다.
② 교실의 사방에 걸려있는 포스터들 가운데는 문법 정보를 담은 것들이 걸려 있다.
③ 인사를 나누고 이미 학습한 교재에 대해 세미나와 같은 토의가 이루어진다. 이 과정
  은 미시적 학습(micro studies)과 거시적 학습(macro studies)으로 이루어질 수 있다.
④ 교사는 안심이 되도록 말을 하고 목표어의 학습이 즐거움을 줄 것이라고 말한다.
⑤ 학습자의 상상력을 활성화하기 위해 상상여행을 한다.
⑥ 교사는 학생들이 성공적인 학습자가 될 것이라는 궁극적 암시를 준다.
⑦ 선택된 새로운 이름과 신분으로 서로 인사하고 직업에 대해 묻고 대답한다.

2) 제시와 토론의 방법
① 교사는 한글과 영어의 대역판으로 제작된 대화문의 유인물을 학생들에게 배부한다.
  한쪽 세로 난에는 한글이 쓰여있고 다른 쪽 세로 난에는 영어가 쓰여져 있다.
② 제시된 대화문과 관련된 영어문법, 어휘에 관하여 유의할 점이나 요점을 간단히 설명
  하고 간단하게 토론한다.
③ 흥미나 관심을 끄는 사항에 대해 질문과 대답을 한다.

3) 음악회

① 교사가 음악에 맞추어 대화문을 읽는다.

⇒ 몇 분간의 엄숙한 침묵이 있고 교사는 대화문을 읽기 전에 몇 악절의 음악을 들려
준다.

② 교사는 음악에 맞추어 음량과 억양을 조절하면서 읽는다.

⇒ 느린 박자와 저음을 가진 바로크 음악에 맞추어 학생들은 눈을 감고 호흡을 조절
하며 교사가 읽는 것을 듣는다.

③ 학생들은 모국어로 번역된 대화문을 보면서 교사의 낭독을 듣는다.

⇒ 이후, 바로크 음악에서 인용한 빠르고 경쾌한 플루트 곡을 2분 정도 듣고 학생들
은 침묵하며 교실을 떠난다. 학생들은 잠자기 전과 아침에 일어나기 전에 교재를
읽는 것을 제외하고는 어떤 가정 학습도 부과받지 않는다.

4) 모방

① 전 시간의 대화문을 꺼내들고 조별로 배역을 정하여 인물의 소도구를 사용하여 구연
을 한다.

② 조별로 분위기를 바꾸어 가며 다양하게 구연을 한다.

‣ 슬프게

‣ 화가 난 음성으로

‣ 사랑스러운 음성으로

‣ 심사를 받는다고 생각하고 실감나게

3. 현장적용시 유의점

암시교수법은 주로 초등학교 상급학년이나 중·고등학생들에게 적용할 수 있다. 그러나
처음에는 몸과 마음의 긴장을 풀기 위하여 호흡하는 방법, 가벼운 동작을 통해 긴장을 푸
는 방법 등을 가르쳐 주어야 한다. 이 방법은 문자로 쓰여진 교재를 사용하고 교사가 긴
대화문이 게재된 교재를 읽어주게 되어 있다. 그러나 교재의 내용이 학생에게 흥미를 주어
야 하고 대화문의 길이를 짧게 만드는 것이 필요하다.

현장에서는 이 교수법을 변형하여 교실수업의 도입과 정리활동을 하면서 음악을 들려주
는 것도 한 방법이 될 수 있다. 특히, 초등학교의 경우 학생들이 이미 알고 있는 서양 고전
음악은 물론 우리의 전통음악에서 적합한 감상곡을 선택하여 들려줄 수 있다(배두본,
1999).

한편, Lozanov(1978)는 교재를 제시하는 데 있어 필요한 교사의 행동을 다음과 같이 목록화 했다.

① 그 방법에서 절대적인 자신감을 보여라.
② 태도와 의상에서 깔끔한 행동을 보여라.
③ 교수 과정의 초기 단계를 적절히 조직하고 확실히 관찰하라.
④ 수업에 대하여 엄숙한 태도를 유지하라.
⑤ 평가에서 뒤떨어진 학생이 있으면 재치 있게 대응하라.
⑥ 교재에 대해 분석적인 태도보다는 통합적인 태도를 보여라.
⑦ 적절한 열성을 지녀라.

Ⅲ. 수업모형 및 학습지도안

1. 수업모형

【표 13】 암시교수법을 적용한 수업모형

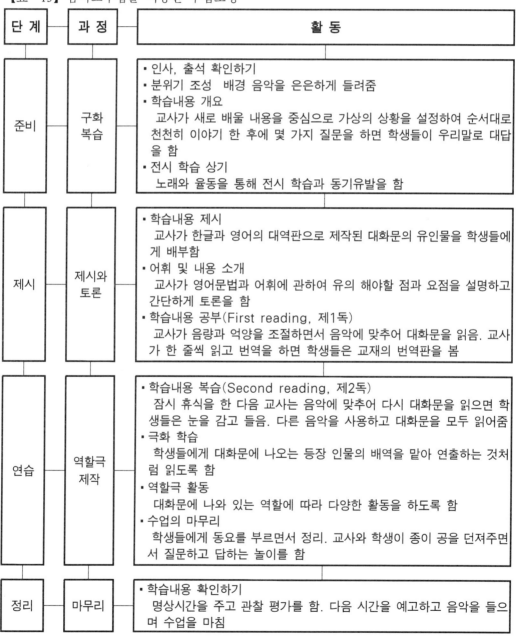

단 계	과 정	활 동

준비	구화 복습	▪ 인사, 출석 확인하기
		▪ 분위기 조성 배경 음악을 은은하게 들려줌
		▪ 학습내용 개요
		  교사가 새로 배울 내용을 중심으로 가상의 상황을 설정하여 순서대로 천천히 이야기 한 후에 몇 가지 질문을 하면 학생들이 우리말로 대답을 함
		▪ 전시 학습 상기
		  노래와 율동을 통해 전시 학습과 동기유발을 함

제시	제시와 토론	▪ 학습내용 제시
		  교사가 한글과 영어의 대역판으로 제작된 대화문의 유인물을 학생들에게 배부함
		▪ 어휘 및 내용 소개
		  교사가 영어문법과 어휘에 관하여 유의 해야할 점과 요점을 설명하고 간단하게 토론을 함
		▪ 학습내용 공부(First reading, 제1독)
		  교사가 음량과 억양을 조절하면서 음악에 맞추어 대화문을 읽음. 교사가 한 줄씩 읽고 번역을 하면 학생들은 교재의 번역판을 봄

연습	역할극 제작	▪ 학습내용 복습(Second reading, 제2독)
		  잠시 휴식을 한 다음 교사는 음악에 맞추어 다시 대화문을 읽으면 학생들은 눈을 감고 들음. 다른 음악을 사용하고 대화문을 모두 읽어줌
		▪ 극화 학습
		  학생들에게 대화문에 나오는 등장 인물의 배역을 맡아 연출하는 것처럼 읽도록 함
		▪ 역할극 활동
		  대화문에 나와 있는 역할에 따라 다양한 활동을 하도록 함
		▪ 수업의 마무리
		  학생들에게 동요를 부르면서 정리. 교사와 학생이 종이 공을 던져주면서 질문하고 답하는 놀이를 함

정리	마무리	▪ 학습내용 확인하기 명상시간을 주고 관찰 평가를 함. 다음 시간을 예고하고 음악을 들으며 수업을 마침

2. 학습지도안

Lesson	I'm happy		Theme		One's feelings
Objectives	Students can express/understand one's feelings.				
Contents	Words		happy, say, angry		
	Expressions		I'm happy. Are you happy?		

Teaching Process

STEP	PROCEDURE	ACTIVITIES (T: Teacher S: Student)	TIME	MATERIAL
Preliminary phase	Greetings	■ 의자에 기대어 편안한 자세로 눈을 감는다. 음악이 낮게 흐르는 사이 눈을 뜬다. T: Hi, everyone. How are you today? S: Fine, thank you. And you? T: I'm fine, thanks.	2'	음악 A (유모레스크)
	Relaxation of one's body	■ 테이프에 따라 몸의 긴장을 푼다. T: Well, let's relax our body. Under my directions, you get well soon. Let's do it together. S: (몸의 긴장을 푼다.)	3'	Body relax용 tape
	Relaxation of one's mind	■ 편안한 자세로 음악에 젖어들며 교사와 함께 mental trip을 경험한다. T: Close your eyes. And listen to me. ■ 편안한 이야기를 들려준다. T: You will get a light heart. Also, you feel better. Now, we start our imaginative journey to flower garden. Imagine a garden filled with flowers. There are a lot of trees in orchard. T: Let's review the last lesson. Do you remember this song? Let's sing together. S: (음악에 맞추어 노래를 부른다.)	5'	음악 A (유모레스크)
Presentation	Introducing learning point	T: Good. Now, let's read today's learning points. ♣ 공부할 문제 ♣ ☞ 감정을 표현하는 방법을 영어로 말하기	5'	녹음기, 녹음 테이프

Teaching Process				
STEP	PROCEDURE	ACTIVITIES (T: Teacher　　S: Student)	TIME	MATERIAL
Presentation	Active session	▣ 음악을 들으며 깊은 호흡을 소리 없이 한다. T: Well, let's breathe together. S: (조용히 호흡한다.) ▣ 비디오/CD ROM으로 I'm happy./angry.와 Are you happy?/angry?가 쓰이는 상황과 의미를 이해하게 한다.		음악 B (Beethoven의 piano concert No. 5, E.)
	Listen and speak	T: Let's watch video about today's lesson. S: (비디오를 본다.)	10'	
	First reading	▣ 비디오를 보고 난 다음 교사가 실감나게 본문의 대화를 읽어준 후 학생들에게 질문한다. T: How about Min ji when she gets some presents? S: Happy!/행복해요. T: How about Annie when she parts from her 　　grandparents? S: Sad!/슬플 것 같아요. T: How about Eun ju when she bumped into the ball? S: Angry!/화가 날 것 같아요.		
	Second reading	▣ 비디오를 다시 본 후 내용과 상황을 완전히 이해하게 한다. 몇 분 후 눈을 감고 음악에 맞추어 호흡한다. 음악에 맞추어 교사는 본문의 내용을 한번 더 읽는다.		비디오 테이프
	Pantomime	▣ 짝과 게임 활동을 한다. T: It's time to play an interesting pantomime with a 　　partner. Talk loudly and exaggerate your action. I'll 　　give you some picture cards to you. S1: 선물을 받고 기뻐하는 흉내 S2: I'm happy. S3: 전학을 가서 친구와 헤어지는 흉내 S4: I'm sad.	5'	그림카드
Practice phase	Singing a song	T: How about singing a song? S: That sounds great. T: Let's listen to the tune first. Then, let's sing 　　together.		

Teaching Process				
STEP	PROCEDURE	ACTIVITIES (T: Teacher S: Student)	TIME	MATERIAL
Consolidation	Announcing the next class	■ 조용한 음악이 흘러나오면 학생들은 눈을 감고 오늘의 학습내용을 생각한다. 이 때 음악은 계속 틀어 놓는다. T: All right. That's all for today, thank you. S: Thank you. T: Next time, we'll learn about the expressions "I'm sick or I'm sleepy." Bye. Have a nice day. S: See you later. ■ 음악소리를 더 크게 한다.	4' 4' 2'	녹음기 음악 C (바로크 음악 Vivaldi의 'Four Seasons')

함께 해 봅시다

암시교수법에 알맞은 음악곡목을 소개합니다.

No.	ACTIVE SESSION에 알맞은 곡		PASSIVE SESSION에 알맞은 곡	
1	Haydn	• Symphony No.67 in F Major • Symphony No.66 in B flatMajor	Haydn Corelli	• Continuatio of Symphony no.66 • Concerti Grossi Op.6, Nos. 10,11,12
2	Haydn	• Three Violin Concerti in C Major, G Major, and A Major	Bach	• Symphony in G Minor Op.6, No.6 • Orchestral Symphony No.2 • Sinfonia in D Major
3	Mozart	• Symphony No.38 in D Major, K504 ("Plaques") German dance	Handel Bach	• Organ Concerti Op.4 • Organ Works Vol.8
4	Mozart	• Violin Concerto No.3 in G Major No.3, K216 • Concerto No.4 in Major, K218 Violin Concerto in G, K 250	Bach	• Chorale Partita; Organ Works Vol.16; Fugue in C Minor; !Fantasia in G Major • Organ Chorales
5	Beethoven	• Piano Concerto No.5 in E flat Major Op.73	Vivaldi	• Concerti Grossi Op.4
6	Beethoven	• Violin Concerto in D. Op.61	Corelli	• Concerti Grossi Op.6. Nos.3,8,5,9.
7	Tchaikovsky	• Piano Concerto No.1, in B flat minor. • Op.23; Romeo and Juliet overture.	Handel	• Water music
8	Brahms	• Violin Concerto in D Major for Violin and Orchestra, Op.77	Couperin	• Parnasus or the Apothesis de Corelli

No.	ACTIVE SESSION에 알맞은 곡		PASSIVE SESSION에 알맞은 곡	
9	Schubert	▪ "Romantics" Impromtu in A flat Major. Op.90	Handel	▪ Concerti Grossi Op.3 No.456 ▪ Op.6, No3
	Chopin	▪ Noctorne Brillante in A Major. Op.34		
	Mendelsshon	▪ Rondo Corpreci		
	Listz	▪ Hungarian Rhapsody No.2 ▪ Consolation No.3, La Companella		
10	Mozart	▪ Concerti for Piano and Orchestra. No.18. in B flat Major K.456; ▪ No.12, in A Major K.414	Vivaldi	▪ The Four Seasons
11	Mozart	▪ Concerti No.27. in B flat Major K.595	Albinoni Bach	▪ 8th C Music for Harp Ensemble ▪ Adagio in G Minor ▪ Andante from Concerto D Major

호흡 연습방법을 다음과 같이 소개합니다.

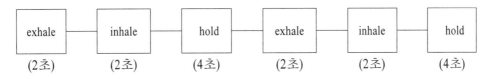

exhale	inhale	hold	exhale	inhale	hold
(2초)	(2초)	(4초)	(2초)	(2초)	(4초)

학습내용과 관련된 그림카드나 행동카드를 다음과 같이 제시해 봅니다.

선물을 받고 기뻐하는 아이의 모습

기차역에서 조부모님과 헤어지는 아이의 모습

다른 사람이 던진 공에 맞고 화가 나있는 모습

자연교수법
(Natural Approach)

Terrell(1997)은 스페인어를 가르치면서 얻은 경험을 통해 자연교수법이라 불리는 언어교수의 새로운 원리를 제안하였다. 이후 Terrell과 몇몇 동료들은 초보적 수준 및 상급 수준의 수업 현장에서 몇 가지 다른 언어들을 가지고 자연교수법에 대한 실험을 계속해 왔다. 동시에 그는 Krashen과 협력, 제2언어 습득에 대한 Krashen의 영향력 있는 이론을 이용하여 자연교수법의 이론적 근거를 튼튼하게 하였다.

이 교수법에 사용된 '자연(natural)'이라는 말은 자연교수법의 이론적인 바탕이 어린 아이들이 자연스럽게 언어를 배워 가는 원리들로부터 왔음을 강조하기 위함이었다. 그러나 자연교수법은 직접식 교수법과는 달리 교사의 독백, 직접적인 반복 및 형식적인 질문과 대답, 목표언어로 된 문장들을 정확히 표현하는 것을 강조하지 않고 연습(practice)보다는 노출(exposure)이나 입력(input)을 강조하고, 학습에 대한 흥미와 자신감을 갖게 하는 일, 언어학습자들이 언어를 표현하려고 노력하기 전에 들은 것에 주의를 기울이는 기간을 늘리는 일, 여러 가지 자료들을 이해 가능한 입력으로 이용하는 일 등을 강조하고 있다. 자연교수법은 교실에서 쓰이는 교수방법이나 기법이 매우 유동적이며 여러 가지 교수법들 중에서 어느 하나에만 전적으로 의존하지 않고 어느 것이든지 적절하게 통합하여 사용할 수 있다.

I. 개 요

1. 의미

자연교수법(natural approach)은 학습자가 규칙에 치중하지 않는 상황에서 모국어와 제2언어 모두를 습득하는 방법을 관찰하고 해석한 근거에 이론적인 틀을 세운 언어교수법이다.

이러한 교수법은 언어습득의 필요 조건으로서 언어의 문법적 구성(formal/grammatical organization)을 거부한다. Newmark와 Reibel(1968)은 "성인은 문법적으로 조직되지 않은 자료들에 의해서 효과적으로 배울 수 있으며 이러한 접근은 실제로 모국어 수준의 언어숙달을 낳을 수 있는 우리가 알고 있는 유일한 학습과정"이라고 주장한다. 자연교수법에서는 올바른 종류의 이해 가능한 입력의 제공뿐만 아니라, 이해와 유의미한 의사소통에 대한 강조가 교실에서의 성공적인 외국어 습득을 위한 필수적이고 충분한 조건을 제공한다. 이것은 다양한 자료들로부터 이끌어 온 교수기법의 통합과 적용을 위한 새로운 논리적 근거가 되었다. 자연교수법의 독창성은 유의미한 언어습득 활동이 일어나기 위해서는 이해 가능한 입력문의 역할이 절대적임을 강조한 데 있다. 목표어의 입력문이 많다는 것만으로는 부족하고 학습자의 언어 수준에 적절하고 활동 속에 긴밀하게 녹아든 입력문에 학습자들이 많이 노출되어야 한다는 것이다. 아울러, 언어의 선언적 지식에 속하는 언어의 정확한 문법이나 발음보다는 이해 가능하고 적절한 유의미한 연습 활동을 강조하는 교수법이라 할 수 있다.

2. 원리

1) 언어이론

Krashen과 Terrell은 의사소통을 언어의 주요기능으로 간주한다. 그리고 그들의 접근방법이 의사소통 능력을 가르치는 데 초점을 두기 때문에, 그들은 자연교수법을 의사소통적 접근방법의 한 예로 간주한다. Krashen과 Terrell(1983)은 자연교수법이 "오늘날 발전되고 있는 다른 의사소통적 접근방법과 유사하다."고 보았다. 그들은 문법을 언어의 중심 구성 요소로 간주하는 청화식 교수법과 같은 이전의 언어교수법을 거부한다. Krashen과 Terrell에 따르면, 이들 교수법의 주된 문제는 그들이 "언어습득에 관한 실제적 이론에 입각하여 만들어진 것이 아니라, 그 밖의 다른 것(예를 들어, 언어의 구조)에 관한 이론들에 기초를 두고 만들어졌다"고 보았다.

언어는 의미와 전달내용을 전하기 위한 매체로 간주한다. 그러므로 Krashen과 Terrell은 "언어습득은 사람들이 목표어로 된 전달내용을 이해할 때만 일어날 수 있다"고 주장한다. 그러나 언어에 대해 그들이 공공연히 인정한 의사소통적 접근방법에도 불구하고, 청화식 교수법 학자들과 마찬가지로 그들은 언어학습을 단계적인 구조의 숙달로 본다. 입력 가설은 목표언어를 습득하는 데 있어서 언어습득자가 다음 단계로 진행하기 위해서 다음 단계에 해당하는 구조를 일부 포함하는 언어입력을 이해할 필요가 있다고 진술한다(Krashen과 Terrell, 1983).

그래서 자연교수법에서는 어휘의 중요성이 강조되고 어휘항목의 배열과 입력문의 구조적인 복잡도를 고려한 내용의 계열적 구조를 강조하는 언어관을 만나게 된다. 분명히 이런 점에서 보면 전달할 내용의 유의미성을 강조한 것을 제하고는 특별히 새로울 것이 없다. 이해와 표현의 모든 기능에 어휘항목은 전달내용의 구성과 해석을 위해 매우 중요한 것으로 여겨진다. 전달내용에 포함된 어휘항목은 반드시 문법적으로 구조화되고, 보다 복잡한 전달내용은 보다 복잡한 문법구조를 수반한다. 비록 그들이 그러한 문법적 구조를 인정할지라도, Krashen과 Terrell은 문법구조가 언어교사에 의해, 언어학습자에 의해, 혹은 언어교수자료에 있어서 명시적 분석이나 주의를 요구해서는 안 된다고 주장한다.

2) 학습이론
자연교수법의 기초가 되는 이론적인 가설들이 여러 가지 있는 데, 이들을 살펴보면 다음과 같다(Krashen, 1981).

(1) 습득/학습가설(the acquisition/learning hypothesis)
습득/학습가설은 제2언어 또는 외국어를 배울 때 언어능력(competence)이 발달되는 데는 그 차이가 분명한 두 가지 방법이 있다고 주장한다. 습득과 학습의 구분은 【표 14】와 같다.

【표 14】 습득과 학습의 구분(Krashen과 Terrell, 1983:27)

Aquisition	Learning
similar to child first language aquisition	formal knowledge of language
'picking up' a language	'knowing' about a language
subconscious	conscious
implicit knowledge	explicit knowledge
formal teaching does not help	formal teaching help

습득은 어린이의 모국어 발달과 유사하다. 습득이란 언어에 대한 이해와 의사 전달을 위한 언어사용을 통하여 자연스럽게 언어에 능숙해지는 무의식적인 과정을 지칭한다. 학습은 이와는 대조적으로 하나의 언어에 대한 의식적인 규칙이 발달되는 과정이다. 그것은 결국 한 언어의 형태에 대한 명시적 지식과 이 지식을 입으로 표현하는 능력을 말한다. 학습이 일어나도록 하기 위해서는 형식적 교수가 필요하고 오류의 수정은 학습된 규칙들의 발달

을 돕는다. 이 이론에 따르면 학습이 습득으로 이끌어지지는 않는다.

(2) 모니터 가설(the monitor hypothesis)

우리가 제2언어 또는 외국어로 의사를 전달할 때 습득된 언어적 체계로 발화를 시작한다. 의식적인 학습은 이미 습득된 체계의 출력(output)을 점검하고 수정하는 감시자 또는 편집자로서 작용할 수 있다. 우리가 의사를 전달할 때 스스로를 수정하기 위해 이미 학습된 지식을 불러낼 수 있지만, 의식적인 학습은 오로지 이 기능만을 갖고 있다고 모니터 가설은 말한다.

성공적인 모니터 사용을 결정짓는 조건에는 세 가지가 있다.

① 시간(time): 학습자가 학습된 규칙을 선택하고 적용하기 위해서는 충분한 시간이 있어야 한다.

② 형태에 대한 초점(focus on form): 언어사용자는 출력되는 것의 정확성과 형태에 초점을 두어야 한다.

③ 규칙의 이해(knowledge of rules): 언어수행자는 언어규칙을 알아야 한다. 모니터는 두 가지 면에서 간단할 때 가장 잘 이루어지는데, 그것은 기술하기에 간단하고 복잡한 이동이나 재배치를 필요로 하지 않아야 한다.

(3) 자연순서가설(the natural order hypothesis)

자연순서가설에 의하면 문법적 구조의 습득은 예측 가능한 순서로 진행된다고 한다. 영어를 모국어로 습득할 경우 어떤 일정한 문법구조나 형태소들은 다른 것에 앞서서 습득되며, 제2언어습득의 경우에도 비슷한 자연적 순서가 발견된다고 하는 것이 연구에 의해 밝혀졌다. 오류는 자연스런 발달 과정의 표시이며, 습득되는 동안에는 학습자의 모국어가 그 어느 것이라 할지라도 비슷한 발달상의 오류가 학습자에게서 일어난다. 참고로, 영어 형태소 습득 순서를 말하면 다음과 같다(Krashen과 Terrell, 1983).

【표 15】ESL상황에서의 문법형태소 습득순서(Krashen과 Terrell, 1983)

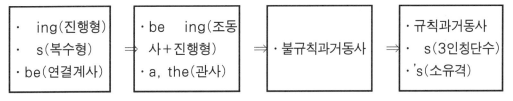

(4) 입력가설(the input hypothesis)

입력가설은 학습자가 한 언어에 대해 노출된 정도와 언어습득 사이의 관계를 설명하기 위한 주장이며 그 내용은 다음과 같다.

첫째, 이 가설은 학습이 아니라 습득과 관련되어 있다.

둘째, 사람들은 자신들이 가진 현재의 언어능력 수준(i)을 약간 넘는 입력(i+1)을 이해함으로써 언어를 잘 습득한다. 즉, 습득자가 가진 언어능력의 수준인 i단계에서 어떤 자연적 순서를 따라 i를 즉시 뒤따르는 단계인 i+1단계의 언어를 이해할 때 언어를 가장 잘 습득한다. 상황과 문맥, 언어 외적인 정보 및 세상에 대한 지식에 근거한 실마리들은 이러한 이해를 가능하게 한다.

셋째, 유창하게 말하는 능력은 직접 가르칠 수 없고 입력에 대한 이해를 통해 습득자 스스로 언어능력을 증진시켜 나감으로써 시간이 지나면 나타난다고 본다.

넷째, 충분한 양의 이해 가능한 입력이 있을 경우 i+1은 자동적으로 제공된다. 이해 가능한 입력이란, 표현된 언어 뿐 아니라 상황에 기초하여 학습자가 이해할 수 있는 입력을 지칭한다. 화자가 언어로 전달한 내용을 청자가 이해할 때, 화자는 청자의 현재의 언어능력 수준 주위에 해당하는 입력문을 많이 제공해야 청자가 학습자로서 보다 많은 양의 언어를 습득하게 된다.

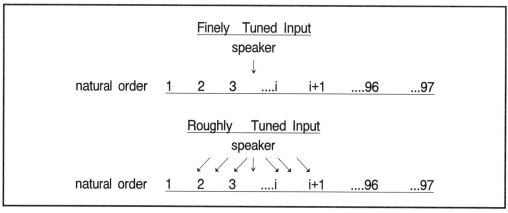

【그림 6】 그물가설(Krashen과 Terrell, 1983:33)

입력문을 학습자의 언어 수준에 맞춘다는 것은 말처럼 쉬운 것은 아니다. 특히, 입력문이 유의미한 의사소통 상황을 구성하기 위해서 기능이나 상황 위주로 구성되어 있고, 더욱이 학습자들의 언어능력이 서로 다를 때 교실 상황에서 학습자의 언어능력에 맞도록 세밀하게 맞추기는 어렵다. 따라서, 입력은 학습자의 현재 언어 수준에 세밀하게 조정될 수는 없고, 사실상 학습자들의 언어능력 수준이 서로 다양한 언어 수업에서는 세밀하게 조정될 수도 없다. 아래 그림이 시사하는 것은 자연적 습득 가설에 따른 언어 입력문의 수준이 있다고 하면, 수준에 세밀하게 맞출 수는 없는 것이고 대략적으로 현재 학습자들의 수준에 맞춘 i 3<i<i+3 정도의 입력문을 최대한 많이 도입하여 그물을 던져서 입력문을 잡듯이 구성해야 함을 보여준다.

(5) 정의적 여과가설(the affective filter hypothesis)

자연교수법은 학습자의 정의적 상태 또는 태도를, 습득에 필요한 입력을 자유로이 통과시키거나 방해하며, 또는 막아 버리는 조절 가능한 여과기로 본다. 정의적 여과가 낮은 것이 바람직한데 그것은 필요한 입력을 보다 덜 방해하고 보다 덜 막기 때문이다. 제2언어습득과 관련된 정의적 변인과 태도변인에는 세 종류가 있다.

① 동기(motivation): 학습자 자신의 일상생활과 관련성이 높고, 학습내용에 호감을 가지면 학습자의 동기가 높아지고 언어습득이 더욱 잘 된다.

② 자신감(self confidence): 자신에 대한 좋은 이미지를 갖고 학습하는 내용을 잘 이해하게 되면 학습자의 자신감이 높아진다.

③ 불안(anxiety): 개인적인 불안감과 수업에 대한 불안감이 낮을 경우 제2언어습득에 보다 도움이 된다.

정의적 여과가설에 따르면, 정의적 여과가 낮은 학습자는 더 많은 입력을 탐색하여 받아들이고 자신감을 갖고 상호작용하며, 자신들이 받은 입력에 대해 보다 더 수용적이라고 한다. 불안감이 높은 학습자의 경우는 정의적 여과가 높고 그로 인해 습득이 방해된다. 정의적 여과 가설의 입장에서 볼 때, 제2언어습득에 있어서 나이가 많은 습득자보다 어린이가 더 낮기 때문에 언어습득에 유리함을 알 수 있다.

이들 다섯 가지 가설들은 언어교수에 대해 분명한 시사점을 가지는데 요약하면 다음과 같다.

① 가능한 한 많은 이해 가능한 입력이 제시되어야 한다.

② 이해를 돕는 것은 무엇이든지 중요하다. 특히, 시각적 보조자료는 넓은 범위의 어휘에 노출시켜 주기 때문에 유용하다.

③ 교실에서는 듣기와 읽기에 초점을 두어야 하며, 말하기는 '출현하도록(emerge)' 허용되어야 한다.

④ 정의적 여과를 낮추기 위해 학생들의 과제는 형태보다는 의미의 전달에 중점을 두는 것이어야 한다. 입력은 흥미 있는 것이어야 하고 그래서 편안한 수업분위기를 만드는

데 공헌해야 한다.

3. 특징

자연교수법(natural approach)은 언어의 일차적인 기능을 의사소통이라 여기고 외국어 교육에서 의사소통 능력을 가르쳐야 함을 중요시하는 교수법을 말한다. 여기서 '자연'이란 표현을 쓰는 이유는 외국어 습득의 방법은 모국어 습득의 방법과 같이 무의식적이고 비공식적인 상태의 자연스런 상황에서 가능하다고 보기 때문이다. 외국어 학습의 환경 변수가 일정한 상태에서 발화 연습을 하기보다는 입력에의 노출과 학습에 대한 정서적인 준비 및 말하기 전에 많은 시간의 이해를 강조한다.

자연교수법의 기본 원리는 학생의 모국어에 의존하지 않고 어린이가 모국어를 자연스럽게 배우는 원리를 적용하여, 의사소통 상황 속에서 목표언어를 자연스럽게 배우는 원리를 직접 사용해서 가르치는 방법이다. 따라서, 목표언어 자체를 가능한 많이 접촉하도록 하고 언어를 배우려고 하는 심리적 태세를 극대화하며, 발화보다는 듣기에 더 큰 비중을 둔다. 또 이해 가능한 입력의 자료로서 글이나 그림 등의 여러 가지 자료를 적극적으로 이용한다는 것이 특징이며 이해 우선, 이해 중심의 교수법이라 할 수 있다.

자연교수법에서는 언어의 성질에서 의미의 중요성을 특히 강조하였는데, 그것은 언어교육에서 어휘의 역할을 강조한 것으로 여겨진다. 언어란 의미와 메시지 소통의 수단이며, 언어의 습득은 목표언어의 의미를 이해해야만 가능하다는 견해를 가지고, 학생이 충분히 이해할 수 있는 언어자료를 단계적으로 그리고 지속적으로 접하게 함으로써 목표언어를 습득하게 할 수 있다는 것이 이 교수법 원리의 근간이라 할 수 있다.

‖. 교실수업의 적용

1. 수업절차

자연교수법은 그 기법과 활동들을 각종 교수법으로부터 자유로이 채택하여 왔고 이를 아주 다양한 범위의 활동들에 사용해 보도록 제안하고 있다. 참고로 Richards와 Rodgers (1988)가 제안하는 자연교수법의 절차는 다음과 같다.

① TPR에서 사용하는 명령으로 시작한다. 처음의 명령들은 아주 단순하다.

② 신체 각 부분들의 이름을 가르치거나 숫자 및 숫자들의 연속을 도입할 때 TPR을 이용한다.

③ 교실 안의 기물 및 소품(props)을 명령문으로 소개한다. 교실에 가져올 수 있는 품목은 어느 것이든 이용할 수 있다.

④ 학급 구성원을 이름으로 확인할 때는 신체적 특징과 옷 이름을 사용한다. 교사는 중요 단어의 의미를 명확하게 하기 위해서 문맥 및 품목 그 자체를 이용한다. 그런 다음 그 학생을 묘사하고 이해를 돕기 위해 모방, 지적, 문맥 등을 이용한다. 또한 학생들에게 동료 학생의 이름을 기억해 내고 간단히 이를 발화하게 한다. 옷이나 색 등을 이용하여서도 같은 활동을 할 수 있다.

⑤ 새로운 어휘를 소개할 때 잡지의 그림 같은 시각 자료들을 이용한다. 또한 이 그림들은 학생들이 이름만 말함으로써 대답할 수 있는 활동을 위해 쓰여진다.

⑥ 그림을 사용할 때는 TPR과 결합시킨다.

⑦ 그림을 관찰할 때 명령이나 조건절과 결합한다.

⑧ 여러 장의 그림을 이용하여 학생들에게 묘사되고 있는 그림을 지적하도록 한다.

이 모든 활동에서 교사는 '이해 가능한 입력'의 흐름이 끊어지지 않도록 해야 한다. 입력에 대한 이해를 확실히 하기 위해서는 주요 어휘, 적절한 몸짓, 문맥, 반복, 그리고 부연 설명을 한다.

2. 교수 학습활동의 유형

앞서 말한 바와 같이 자연교수법에 근거한 특별한 교수절차는 없으며 여러 가지 교수법과 수업 기술을 적용할 수 있다. 배두본(1998)은 학생들의 언어 발달 단계를 발화 전 단계(pre production stage), 초보 발화 단계(early production stage), 발화 단계(speech emergent phase)로 나누어 이 교수법을 적용한 예를 보여 주고 있다. 발화 전 단계에서는 TPR 교수법을 사용하는 것이 필요하며, 초보 발화 단계에서는 간단하고 쉬운 질문에 대한 응답, 한 단어나 짧은 구를 이용한 표현, 인사말 등을 말하게 하고, 발화 단계에서는 게임과 놀이, 역할극, 간단한 대화 등의 활동을 하는 것이 좋다. 초보 단계에서는 말하기를 강요하지 않고 학생들의 오류를 수정해 주지 않는다. 우리나라 초등학교 3학년 학생들은 발화 전 단계에서 초보 발화 단계로 발전하는 과정에 있으며, 4학년 학생들은 초보 발화 단계와 발화 단계로 발전한다고 볼 수 있다.

초등학교 3학년에서 자연교수법을 적용한 예는 다음과 같다(배두본, 1998).

① 1차시(발화 전 단계): 그림, 비디오, 실물 등을 보여주고 상황과 말의 의미를 생각하여 이해하게 한다.

【예】 window, book, mouth, eye, eyes …

Open your book. Listen. Open your mouth.

② 2차시(발화 전 단계): 교사의 명령을 듣고 말의 의미를 이해하며 따라 행동하게 한 후에 명령을 듣고 실제 행동으로 반응하게 한다.

【예】 Walk to the window. Open the window. Close your eyes. Open your eyes. Listen. Stop. Open your book …

③ 3차시(초보 발화 단계~발화 단계): 발음을 듣고 의미를 이해하며 자발적으로 따라하게 한다. 간단한 인사말, 감사, 사과의 표현을 익혀 말하게 한다. 간단한 놀이와 게임을 하게 한다.

【예】 발음연습: Open your book. Open your mouth. Close the window. How are you?

챈트: Open, open, open your eyes/mouth. Close, close, close your eyes/mouth. …

④ 4차시(초보 발화 단계): 간단한 인사, 문답, 감사, 사과 등의 표현법을 익히게 한다. 간단한 놀이와 게임을 하게 한다.

【예】 놀이활동의 예

‣ Finding thing Game

‣ Relay Game

교사: How are …   학생: How are you?

교사: Fine …   학생: Fine, thanks.

⑤ 간단한 역할놀이: 친구와 오랜만에 만났다고 생각하고 영어로 인사말을 하게 한다.

자연교수법은 일련의 습득활동에 역점을 두어야 하므로 학생들의 이해를 증진시킬 수 있는 수단을 사용하여 학생들에게 감정, 의견, 욕구, 반응, 생각, 경험 등을 말하게 하는 정의적 인간적 활동과 문제해결 및 게임을 하도록 유도하며 다른 교과의 내용 등을 도입하여 적극적으로 활동하게 한다. 다만 학생들의 수준에 맞는 표현과 기법을 사용하여야 한다.

한편, 1시간 수업에서 자연교수법에 의거한 수업 흐름을 간단하게 서술하면 다음과 같다.

‣ 교사는 학생들과 인사를 주고받은 다음 수업주제와 관련된 가벼운 이야기로 흥미를 돋구고 편안한 분위기를 조성한다.

‣ 간단한 활동을 통해 지난 시간의 수업내용을 복습한다.

‣ 그림이나 비디오, 기타 자료를 통해 새로운 언어 자료를 제시한다.

‣ 새 자료를 가지고 게임이나 역할극을 함으로써 언어습득 활동을 전개한다.

‣ 언어습득 활동을 마친 후 교사와 학생, 혹은 학생들 사이에 질문을 서로 주고받는다.

3. 현장적용시 유의점

자연교수법의 목표는 기본적 의사소통 기능을 습득하는데 있으며, 기본적 의사소통 능력을 기르기 위해 목표어의 사용자와 의사소통하는데 사용할 수 있는 상황과 주제 및 기능들을 세분화할 수 있어야 한다. 이 교수법에서 교사가 하는 역할은 이해 가능한 언어 입력을 학습자에게 주고 학급 분위기를 흥미 있고 친근하게 하여 정의적 여과를 낮추는 일과, 다양한 집단의 구성과 집단과의 상호작용 및 학습내용을 고려하고 상황에 부합된 학급 활동을 선정·조직하는 것이다. 그러므로 일정한 교재나 교과서의 사용보다는 학습활동이 실생활과 연결되도록 하거나 학습자 상호간의 실질적 의사소통 활동이 가능하도록 실물 교재나 그림, 지도, 광고문, 게임 등을 이용할 것을 권장한다. 이를 요약하면 다음과 같다.

① 새로운 어휘들을 사용하되, 어휘들의 양을 적당히 조절해야 한다.

② TPR이나 역할극, 게임, 그 밖의 활동들을 통해 언어습득이 될 수 있도록 교실활동을 구조화한다.

③ 자연적 순서가설과 오류수정에 입각하여, 주로 옳은 표현에 대한 칭찬과 피드백을 해주고 틀린 답이나 오류에 대해서는 의사소통에 결정적인 영향을 주지 않는 한 지적을 삼가는 것이 좋다.

④ 창조적인 교실활동을 고려할 때는 언어내용뿐만 아니라 학습자의 인지적 수준도 고려해야 한다.

Ⅲ. 수업모형 및 학습지도안

1. 수업모형

【표 16】 자연교수법을 적용한 수업모형

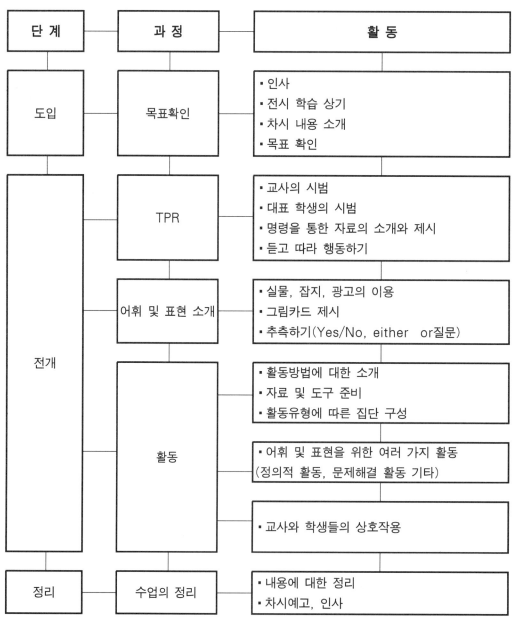

단 계	과 정	활 동
도입	목표확인	• 인사 • 전시 학습 상기 • 차시 내용 소개 • 목표 확인
전개	TPR	• 교사의 시범 • 대표 학생의 시범 • 명령을 통한 자료의 소개와 제시 • 듣고 따라 행동하기
	어휘 및 표현 소개	• 실물, 잡지, 광고의 이용 • 그림카드 제시 • 추측하기(Yes/No, either or질문)
	활동	• 활동방법에 대한 소개 • 자료 및 도구 준비 • 활동유형에 따른 집단 구성
		• 어휘 및 표현을 위한 여러 가지 활동 (정의적 활동, 문제해결 활동 기타)
		• 교사와 학생들의 상호작용
정리	수업의 정리	• 내용에 대한 정리 • 차시예고, 인사

2. 학습지도안

Lesson	What's This?		Theme	My Classroom
Objectives	Students can understand asking and answering the names of things.			
Contents	Words		bookbag, book, notebook, pencil, ruler, color, pencil, eraser	
	Expressions		What is this? It's a/an _____.	

Teaching Process

STEP	PROCEDURE	ACTIVITIES (T: Teacher S: Student)	TIME	MATERIAL
Introduction	Greetings	T: Good morning. S: Good morning.	7'	
	Motivation	T: (한 학생의 책상으로 다가가서 책을 들며) A book. (책을 놓고 물러서서 책을 가리키며) Point to the book. Listen carefully and do as I say. (책을 가리키며) Point to the book. S: (교사가 하는 행동을 따라한다.) T: Good job. (학생의 책가방을 가리키며) A bookbag. Point to the bookbag. S: (교사가 하는 행동을 따라한다.) T: Good job. Very good. Now, let's see what we have. First, let's see your bookbag. What do you see in your bookbag? S: (책가방 안을 살펴보며 여러 물건의 이름을 말한다.) T: (준비한 책가방을 책상 위에 올려놓고 물건을 하나하나 꺼내 놓으며) A book/notebook/pencil case. Oh! Let's see a pencil case. What do you see in your pencil case? S: (필통 안을 살펴보며 여러 물건의 이름을 말한다.) T: (준비한 필통 안을 열어 물건을 하나하나 보여주며) A pencil/ruler/color pencil/an eraser. T: What can we say asking and answering the names of things in English?		물건이 든 책가방 필통

Teaching Process

STEP	PROCEDURE	ACTIVITIES (T: Teacher S: Student)	TIME	MATERIAL
Development	Introduction learning points	T: Let's read today's learning points. S: (칠판에 적힌 공부할 문제를 다같이 읽는다.) ♣ 공부할 문제 ♣ ☞ 우리가 사용하는 물건의 이름을 묻고 답하는 대화를 이해하기		
	Look & Listen	T: Let's watch the video. ○○, turn on TV, please. I turn down the volume. Guess the dialogue. S: (TV를 보며 대화내용을 추측한다.) T: Do you understand? Please tell me the dialogue. S: (추측한 내용을 우리말로 답한다.) 물건의 이름을 묻고 답하는 대화라고 생각합니다. T: OK. Let's look and listen to the dialogue. ○○, turn up the volume. S: (대화내용을 들으며 화면을 본다.)		TV, VCR Cards
	Practice	T: I have some cards. I put three cards on the blackboard. (한 장은 그림이 보이지 않도록 뒤집어 붙여서 학 생들의 질문을 유도한다.) Point to the book. Point to the pencil. S: 선생님, 나머지 한 장은 무엇이지요? T: Do you want to know? Please repeat after me. "What's this?" S: What's this? T: (그림을 바로 붙이며) It's a notebook. Repeat after me. A notebook. S: A notebook. T: It's a notebook. S: It's a notebook. T: (이런 활동을 몇 번 반복한다. 그림을 5장, 7장 등 으로 늘려가며 'What's this?'를 유도하고 물건의 이름을 따라 말한다.) T: I ask the name of things and you answer. What's this?	18'	

Teaching Process					
STEP	PROCEDURE	ACTIVITIES (T: Teacher S: Student)	TIME	MATERIAL	
Development	Pair Work	S: (It's) A bookbag/pencil case/pencil/ruler/ color pencil/book/notebook. T: Let's do pair work. I give out seven picture cards to you. (카드를 나누어준다.) T: Do "Rock, paper, scissors." Who lost? Raise your hands. (이 때 교사는 말하면서 동작으로 표현을 해주어 학생의 이해를 돕는다.) OK. You say "What's this?" The winner says "(It's) A(n) ○○." If you are right, then you have the card. And do "Rock, paper, scissors" again. Do you understand? Now, here we go! S: (짝과 카드게임을 한다. 이 때 교사는 학생들이 목표어를 제대로 쓰고 있는지를 순회하며 확인한다.) T: Look at me, please. Did you have fun? S: Yes. T: Who's winner? Raise your hands. Wonderful! Everybody, give your big hands.	5'	학생용 카드	
	Activity	T: Let's play another game. Can you see this paper with a hole? I put it on the picture card. "What's this?" S: (추측하여 답한다.) It's a _____. T: Right/No. Try again. Now, one of your groups comes to me, then I give this paper to you. You ask "What's this?" Others guess the name of picture. The team that says first is winner. OK. Here we go. S: (구멍 뚫린 종이를 이리저리 옮겨가며 "What's this?"라고 묻고 나머지 학생들은 손을 들어 답한다.)	5'	그림카드 구멍 뚫린 종이 ※구멍크기를 다르게 한 종이를 준비하여 구멍크기가 커질수록 점수를 낮추는 방법도 재미있다.	

Teaching Process

STEP	PROCEDURE	ACTIVITIES (T: Teacher S: Student)	TIME	MATERIAL
Consolidation	Comprehension check up	T: Good! We are all excellent! T: What's this? S: It's a _____. T: ○○, what's this? S: It's a _____. T: ○○, what's this? S: It's a _____. T: You did very well. Time's up. Good bye.	5'	여러 가지 물건들

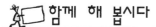 함께 해 봅시다

"What's this?" 주제와 관련하여 학생용 카드를 다음과 같이 제시하니 활용해 보시기 바랍니다.

bookbag

pencil

book

notebook

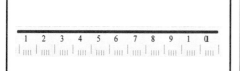

ruler

eraser

의사소통 중심 언어교수법
(Communicative Language Teaching)

> 의사소통 능력이란 단순히 문법을 알고 운용하는 언어능력 외에도 담화의 응집성과 일관성을 유지할 수 있는 담화능력, 대화상황에 적절한 말이나 화체(register)를 운용할 수 있는 사회언어학적 능력 및 언어사용 중에 의사소통의 장애가 발생하였을 때 언어적 또는 비언어적 수단을 동원하여 이를 극복하고 대화를 지속할 수 있는 전략적 능력을 포함한 거시적 개념이다. 이는 언어학습의 목표가 언어능력의 형성이라는 전통적인 미시적 시각을 탈피하여, 의사소통 상황에 적절한 말을 구사하여 의사소통 목적을 달성할 수 있도록 하는 의사소통 능력의 형성이어야 한다는 것이다. 이를 위해서는 미시적 시각에서 본 작은 언어단위인 음성 어휘 문법으로 이어지는 상향식 접근이 아니라 거시적인 시각에서 본 대화에 참여하는 화자, 청자 및 이들의 사회적, 심리적 관계와 대화의 장소, 시간 등을 고려한 상황을 먼저 이해하고 상황에 적절한 언어표현을 구사할 수 있는 하향식 접근으로 이루어져야 하고, 아울러 미시적 시각에서 보는 정확성보다는 거시적 시각에서 의사소통 목적을 수행할 수 있는 유창성의 발달을 더 강조하며, 정의적으로 여과장치가 낮아야 하며 이를 위해서는 발화 시의 교정은 최소로 해야 한다. 아울러, 의식적인 언어학습보다는 과업이나 유의미한 활동을 통해서 이루어지는 무의식 또는 잠재 의식적인 습득활동을 강조한다.
>
> 한 마디로 의사소통 중심의 교수법은 의사소통 활동을 강조하고, 의사소통 능력을 향상시키기 위해서 실제적이고 의미 있는 과제의 수행에 중점을 두는 교수법이라고 하겠다.

Ⅰ. 개 요

1. 의미

의사소통 중심 언어교수법(communicative language teaching)은 1960년대 후반 당시 영국

에서 유행하고 있던 상황적 언어교수법(situation language teaching)의 이론적 가설에 영국의 응용 언어학자들이 의문을 제기하고, 미국에서는 청화식 교수법(Audiolingualism)의 언어학적 이론이 거부되면서 그 대안으로 나타나게 되었다.

외국어 교수에 대한 다양한 접근법을 낳게 한 또 하나의 자극은 1971년 영국의 Halliday, Widdowson, van Ek, Alexandra, Wilkins 등 일련의 언어학자들이 유럽 공동시장과 공동 위원회의 상호의존도를 높이고자 공통된 언어로서 영어를 가르칠 필요성을 느꼈고(Richards와 Rodgers, 1995), Wilkins(1976)는 언어학습자가 이해하고 표현하는 데 필요한 의사소통 활동의 의미를 분석하여 의사소통적 언어교육 프로그램과 교과서를 설계하는데 큰 영향을 주었다.

1960년대 후반에 인지주의적 접근법의 입장을 취하는 사람들의 수가 점차 늘어난 것과 때를 같이 하여, '언어는 곧 의사소통'이라는 생각이 많은 호응을 받게 되었다. 이에 따라 교수법상의 구체적인 방법으로서, 의사소통 능력(Hymes, 1972)이라는 개념이 개발되고 이에 대한 관심이 높아지게 된 것이다. 이 관점에서 의사소통 능력을 언어교수의 목적으로 하고 언어와 의사소통의 상호 의존성을 인정하는 네 가지 언어기능을 지도하는 절차를 개발하는 데 목적을 둔 접근방법이라고 할 수 있다.

2. 원리

1) 언어이론

이 교수법에서 언어교수의 목적은 의사소통 능력(Hymes, 1972)을 개발하는 것이다. Hymes(1972)에 의하면 의사소통 능력은 언어의 문법성에 관한 지식, 언어능력의 한계에 관한 지식, 일정한 발화의 사회적인 의미의 타당성에 관한 지식, 일정한 발화의 사용 가능성에 관한 지식을 말한다. 즉, 의사소통 능력은 언어에 대한 지식, 실행 가능성, 적합성, 실용성, 수행 가능성을 포함하는 언어사용 능력을 말하는 것이다.

Halliday(1975)는 언어기능에 대한 강력한 이론을 상세화 하였는데 모국어를 배우는 학습자를 위해 언어가 수행하는 7가지 기본 기능을 다음과 같이 분류하였다.

① 도구적 기능: 사물을 얻기 위한 언어사용

② 통제적 기능: 다른 사람의 행동을 조절하기 위한 언어사용

③ 상호작용 기능: 다른 사람들과 상호작용 하기 위한 언어사용

④ 개인적 기능: 개인의 감정과 의미를 표현하기 위한 언어사용

⑤ 발견적 기능: 학습하고 발견하기 위한 언어사용

⑥ 상상적 기능: 상상의 세계를 창조하기 위한 언어사용

⑦ 표상적 기능: 정보를 설명하고 전달하기 위한 언어사용

　CLT는 언어의 인위적인 학습보다는 자연스러운 언어습득을 통한 유창성을 강조하며 구조나 어형보다는 의미에 초점을 두고 학습자에게 말할 수 있는 기회를 제공해 주며 어떠한 환경에서나 적절하게 그 언어를 선택할 수 있는 방법을 제공해 주는 학습방법(신용진, 1985)인데, Howatt(1984)는 CLT에는 약설(weak version: 보수적 입장)과 강설(strong version: 급진적 입장)이 있다고 언급하고 다음과 같이 구별한다.

　CLT의 약설은 학습자에게 의사소통 목적을 위해 영어를 사용할 기회를 제공하는 것이 중요하다고 강조하고 이러한 활동을 언어교육의 광범위한 계획에 통합시키려는 것이고 CLT의 강설은 언어가 의사소통을 통해 습득이 되며 학습자가 갖고 있는 언어지식을 활성화시키는 것이 중요한 것이 아니고 언어체계 자체의 발달을 꾀하는 것이 더 중요하다고 주장하는 것이다. 전자가 영어를 사용하기 위해 배우는 것(learning to use English)이라면 후자는 배우기 위해서 영어를 사용하는 것(using English to learn)이라고 할 수 있다. 이러한 주장에도 불구하고 CLT의 모든 유형에는 공통된 점이 있는데 그것은 언어학습이론이 의사소통 모형에서부터 그 출발점을 시작하고 있으며, 이 이론을 학습자료나 지도방법, 학습자와 교사의 행동과 역할, 그리고 기법에 반영시키고자 시도한다는 점이다.

　Canale과 Swain(1980)은 의사소통 능력이 다음의 네 가지 요소로 구성되어 있다고 주장한다.

(1) 문법적 능력(grammatical competence)
　문법적 능력은 언어기호 체계의 숙달과 관련되는 것으로 발화문의 의미를 정확하게 이해하고 표현하는데 요구되는 음운론적, 통사적, 의미론적 지식을 통칭하는 것이다.

(2) 사회언어적 능력(sociolinguistic competence)
　사회언어적 능력은 각기 다른 사회 문화적인 상황에서 발화문을 적절하게 표현하고 이해하는 것과 관련이 있다.

(3) 담화능력(discourse competence)
　담화능력은 구어로든 문어로든 간에 하나의 독립된 화제를 이루기 위해 문법적인 형태와 전달하려고 하는 의미를 어떻게 연결하느냐에 관한 지식이다.

(4) 책략적 능력(strategic competence)

책략적 능력은 언어수행 변이 때문에 실제적 의사소통 과정에서 중단이 생기는 것을 보상하고 의사소통의 효능을 높이기 위해 필요한 능력이다.

Richards와 Rodgers(1995)는 언어기능과 상호작용이 중시되는 의사소통 언어교수법의 언어이론을 다음과 같이 특징지었다.

① Language is a system for the expression of meaning.

언어는 의미를 표현하기 위한 체계이다. 의사소통을 위해서는 전달하고자 하는 의미가 중시되어져야 한다는 것이다.

② The primary function of language is for interaction and communication.

언어의 주된 기능은 상호교류와 의사소통이다. 언어는 의사를 전달하고 표현하는 도구로써 의미전달을 위한 의사소통의 수단인 것이다.

③ The structure of language reflects its functional and communicative use.

언어의 구조는 언어기능과 의사소통을 위해 사용된다는 것이다. 언어는 사과, 설득, 인사, 칭찬 등의 언어기능을 수행하는 의사소통의 도구로 사용된다.

④ The primary units of language are not merely its grammatical and structural features, but categories of functional and communicative meaning as exemplified in discourse.

언어의 단위는 구조적 범주가 아니라 언어기능과 의미의 범주에 의해 결정되고, 언어의 주요기능은 상호작용과 의사소통이라고 할 수 있다.

2) 학습이론

의사소통 언어교수법에서 보면 언어이론에 관한 저술이 방대한 데 비하여 이 교수법의 적용에 대한 구체적인 학습방법이나 이론은 찾아보기가 거의 힘든 편이다. Brumfit와 Johnson(1979), Littlewood(1981)도 역시 학습방법이나 이론에 대해서는 언급하지 않았다. 그러나 학습이론의 기초가 되는 몇 가지 요소들은 의사소통 언어교수법의 연습에서 발견된다.

첫 번째 요소는 '의사소통의 원리'로서 실제 의사소통에 관련된 활동이 학습을 촉진시킨다는 것이고 두 번째 요소인 '과제의 원리'는 의미 있는 과제를 수행하기 위해 언어를 사용하는 활동이 학습을 촉진시킨다는 것이다. 그리고 세 번째 요소는 '유의미의 원리'로서 학습자에게 의미 있는 언어가 학습과정을 유지시킨다는 것이다.

즉, 문형을 기계적으로 연습하는 것보다 실제적이고 의미 있는 과제의 수행에 의해 언어학습이 증진된다는 점과 언어학습의 과정보다는 조건이 중요하다고 하였다(Richards와 Rogers, 1995).

의사소통 언어교수법은 다음의 근거를 갖추어야 한다.

첫째, 학습의 기반을 언어구조라기보다는 언어가 사용되는 상황에 두고 언어 형식보다는 의사소통의 기능을 먼저 고려해야 한다.

둘째, 문법적인 정확성보다는 실제 상황에서 담화의 적절성을 중시한다.

셋째, 자극과 반응의 연쇄로 이어지는 기계적인 운동을 연상시키는 언어기능이 아닌 의사소통에 사용되는 실제의 능력을 개발한다.

넷째, 실생활에서 발화되지 않는 부자연스러운 예문을 연습시키는 것이 아니라 실제의 언어자료를 학습시킨다.

이러한 모든 상황들이 고려될 때 교사 중심의 수업운영에서 학습자 중심의 수업형태로 전환될 수 있을 것이다.

의사소통 기능, 담화의 적절성, 실생활에서 사용할 수 있는 능력과 실제적 언어자료의 학습을 중시하는 의사소통 언어교수법에서의 의사소통의 원리를 Morrow(1979)는 다음과 같이 제시하고 있다.

(1) 학습자는 행하고 있는 일이 무엇인지 알아야 한다.

학습자가 단순히 배운다라는 생각을 가지게 하는 것이 아니고 실제 행하고 있는 것을 배우고 있다고 생각하게 하는 것이다.

(2) 전체는 부분의 총합 이상이다.

의사소통에 필요한 것은 연속되는 문장을 다룰 줄 아는 능력이다. 다른 사람과 대화를 할 때는 적절한 대답을 하기 전에 그 사람이 말한 것을 다시 생각하고 적절한 답변을 모국어로 구성해서 영어로 번역하여 답을 할 수 있는 시간적인 여유가 없으며 모든 대화 과정은 주고받는 역할의 양자가 수용 가능한 시간 내에 이루어지는 것으로 순간적이다. 이와 같이 의사소통 방법의 특징은 실제 상황에서 실제 언어를 사용하는 방법이므로 담화 수준까지를 생각해야 한다.

(3) 과정은 형식보다 중요하다.

학생들이 외국어로 자기 의사를 전달할 수 있는 능력을 배양하기 위해서는 그 언어의 형식이 의사를 표시하는 구조 속에서 일어 날 수 있도록 가급적 의사 전달 과정을 반복해야 한다.

(4) 학습하기 위해서는 행동하라.

교육은 궁극적으로 학습과 관련이 있기 때문에 교실에서 일어나는 일에는 학생들을 참여시켜야 하고 학생에게 미친 영향에 의해서 평가되어야 한다. 교사가 주도하는 학습상황에서는 의사소통 활동은 활발히 전개되기 어렵다. 의사소통은 그 활동 과정을 통해서 학습될 수 있으므로 학습자 중심의 학습상황이 조성되어야 한다.

(5) 실수를 하면서 배운다.

의사소통 언어교수법에 대한 가장 많은 비난은 학생들의 실수를 허용한다는 것이다. 그러나 사소한 문법적 실수와 발음의 오류는 학생들이 그들의 메시지를 전달하고 있는 한 문제가 되지 않는다. 학생들은 미리 준비되지 않는 활동을 해야하므로 실수를 할 수밖에 없다. 한번도 사용해보지 않은 표현을 구사하려는 과정에서 나타나는 실수는 누구나 저지를 수 있는 일이다. 이러한 점을 무시하고 작은 실수를 비난하게 되면 학생들의 언어사용에 대한 능력을 저해시키는 일이 되고 말 것이다.

한편, 교실에서 적용될 의사소통 접근법의 원리를 다음과 같이 제시할 수 있다.

① 실제 상황에서 사용되는 언어를 소개해야 한다.

② 목표어는 학습대상이 아닌 교실에서 사용되는 다양한 언어형태를 배워야 한다.

③ 담화수준, 혹은 문장 이상의 수준에서 언어를 다룰 수 있어야 한다.

④ 한 기능이 다양한 형태로 표현될 수 있으므로 다양한 언어형태를 배워야 한다.

⑤ 교사가 할 일은 의사소통을 촉진할 수 있는 상황을 많이 만들어주는 것이다.

⑥ 교사는 의사소통 활동을 도와주는 조언자이다.

⑦ 사회적 상황, 기능, 담화자의 역할이 단어나 문법학습보다 우선되어야 한다.

⑧ 정확성보다는 유창성이 더욱 중요하므로 오류를 의사소통 발전과정에서 나타나는 자연스러운 결과로 보아 의사소통에 심각한 장애가 되지 않으면 교정하려고 하지 않는다.

⑨ 실제, 혹은 유사 의사소통 상황으로서 게임과 역할극 등을 적절히 이용한다.

3. 특징

의사소통 중심 언어교수법은 언어를 의미전달의 수단(a system for expression of meaning)이라고 보는 관점에서 출발한다. 즉, 의사소통은 최소한 한 두 사람 이상이 언어 및 비언어적 자료, 구어나 문어 및 시청각 자료, 발화와 이해과정을 통해 정보를 교환하는 협상의 과정이라고 볼 수 있다. 그래서 언어의 단순한 문법구조의 통달보다는 의사소통 능력을 중요하게 생각했다. 구체적인 특징을 살펴보면 다음과 같다.

① 교수법의 목표는 문법적 요인에 제한시키지 않고 의사소통의 모든 요인에 그 목적을 둔다.
② 언어기술은 학습자들이 실용적이고 올바른 기능적인 언어사용에 전념하도록 기획되어야 한다.
③ 정확성보다는 유창성에 중점을 둔다.
④ 교실에서는 실제 언어사용이 실시되어야 한다.
⑤ 언어의 네 기능을 듣기, 말하기, 읽기, 쓰기로 구분하지 않고 하나의 통합과정으로 설정한다.

이처럼 학습자의 요구에 따라 의사소통 기능 중심으로 교수요목을 구성하여 필요한 의사소통 능력을 기르게 하므로 학생 중심으로 교수요목을 작성하고 학생들이 말하고자 하는 의미를 효과적으로 전달하는 기술과 책략을 배우게 하고, 많은 경험을 갖도록 수업을 유도한다.

II. 교실수업의 적용

1. 수업절차

의사소통 중심 언어교수법은 학습자의 필요에 따라 교재내용이 달라지므로 이에 따라 수업절차도 다르다. 교재에 근거하여 수업을 하는 경우에는 구조주의에 근거하여 연습문제를 등급화 함으로써 수업절차가 정해지고, 게임, 역할극, 모의 상황(simulation), 과업 중심으로 구성되면 의사소통 활동을 하도록 자료를 준비할 수 있으며, 표지판, 광고문, 잡지, 신문 등 실물을 이용하여 수업을 진행할 수 있다. 학교에서 의사소통 중심 언어교수법을 사용하여 영어를 가르칠 경우 학생들의 수준과 능력을 고려하여 수업을 진행해야 한다. 한 예로 초등학교 6학년에서 다음과 같은 절차로 수업을 할 수 있다.
① 교사가 실생활에 관련된 그림이나 읽기 자료를 학생들에게 배부한다.
② 학생들이 그림이나 자료를 보고 상황과 느낌을 말하게 한다.
③ 그림과 자료를 중심으로 학생들이 해야 할 활동을 교사가 말해 준다.
④ 앞으로 전개될 상황과 이야기를 생각하여 말하게 한다. 이 때는 구문의 정확성보다는 의미전달에 역점을 두게 한다.
⑤ 담화 단위로 글을 훑어 읽어 가면서 이야기의 전개를 이해하게 한다. 이 때는 연결어

를 중심으로 논리적 전개와 전후 관계를 생각하고, 대명사와 동사를 중심으로 응집성을 생각하게 한다.

⑥ 이야기를 중심으로 간단한 놀이를 하게 한다.

⑦ 학생들에게 이야기와 수업에 대한 느낌을 말하게 한다. 학생들이 말하는 동안에 오류가 있어도 이를 수정하지 않고 말을 끝내게 한다.

⑧ 관련되는 그림자료나 이야기, 과업을 소집단별로 주고 역할놀이를 하게 한다. 학생들 스스로 의미를 전달하는 데 역점을 두어 말하게 한다.

⑨ 학생들이 역할놀이를 하면서 자기가 한 말을 상기하게 한다.

⑩ 교사는 소집단 별로 학생들이 활동을 하는 데 어려움이 있으면 도와주고 질문에 답한다.

⑪ 학생들에게 상대방이 무슨 말을 할 것인지, 다음에 어떤 이야기가 전개될 것인지를 자기가 알고 있는 영어 구문과 어휘를 사용하여 이야기하게 한다.

⑫ 역할놀이가 끝나면 학생들이 사용한 적절한 어휘와 문장, 구문을 말하게 한다.

⑬ 학생들에게 각자 집에서 시청각 보조자료를 보고 듣는 연습을 하도록 숙제를 부과할 수 있다.

2. 교수 학습활동 유형

이 교수법에서는 정보를 공유하고, 의미에 대한 협상, 상호작용의 과정을 통해 주어진 과제를 완수하는 것에 초점을 맞추는 것이 중요하다. 다음에서는 여러 학자들이 분류한 의사소통 활동의 유형을 알아본 다음 실제로 적용할 수 있는 교수 학습활동을 소개하려고 한다.

1) 의사소통 활동유형

(1) Littlewood에 의한 활동유형

Littlewood(1981)는 의사소통 활동의 유형을 크게 기능적 의사소통 활동과 사회적 상호작용 활동으로 구분하여 제시한다. 기능적 의사소통 활동의 주요 목표는 가능한 한 학습자들이 알고 있는 언어를 사용하여 의미를 효과적으로 전달할 수 있도록 하는 것이다. 기능적 의사소통활동의 단계는 다음과 같다.

① Sharing information with restricted cooperation

　　　　교사의 제한된 협력을 요하는 정보를 공유하는 활동
② Sharing information with unrestricted cooperation
　　　　교사의 제한된 협력을 탈피해 학생 중심의 독립된 형태 속에서 정보를 공유하는
　　　　활동들로 발전이 되는 활동
③ Sharing and processing information
　　　　모든 정보에 대해 스스로 공유하고 진행해 나가는 활동
④ Processing information
　　　　수집된 모든 정보들을 분석하고 처리하여 새로운 지식을 창출하는 활동

　　사회적 상호작용 활동은 기능적인 활동에 보다 명확히 정의되어진 사회적 맥락이라는
차원이 첨가된 것이다.

(2) Rivers에 의한 활동유형
　　의사소통 능력을 기르기 위한 활동유형에 관하여 Rivers(1972)는 첫 단계에서 언어기능을
습득하는 언어능력을 기르고, 둘째 단계에서는 자신이 습득한 언어를 사용하여 자발적으로
의사소통을 하는 연습활동을 시켜야 한다고 주장하고 있다. 즉, 언어형식을 다루는 첫 번
째 유형에서 소리를 내어 구나 문장을 표현하는 연습을 하고 가상적 의사소통 활동을 시켜
실제 상황에서의 활동에 가깝게 행동을 시키도록 권하였다. Rivers는 집중적인 실습과 연습
이 어떻게 가상적 의사소통으로 되어 가고 또 점진적으로 실제 의사소통 활동으로 진행되
어 가야 하는지에 관하여 네 가지의 지침을 제시하고 있다.
　① 연습을 구상할 때 교사와 학생, 학생과 학생이 의사교환 활동에 쉽게 이용될 수 있도
　　　록 상황을 설정해 주어야 한다.
　② 교사가 주도하는 연습을 한 다음에는 학생이 이끄는 연습을 시킨다.
　③ 간단한 구조라도 상상력을 가지면 자발적인 언어표현을 할 수 있다. 또한, 학생들 사
　　　이에 대화를 갖게 하기 위해서는 그 상황에 어울리도록 교사가 간접적으로 조언을
　　　하며 이끌어가야 한다.
　④ 한 구조를 배울 때 두 유형의 연습을 시킨다.

(3) Paulston/Bruder의 활동유형
　　Paulston과 Bruder(1976)도 교실수업에서 두 단계의 활동이 있어야 한다고 하였다. 첫째
단계에서는 기계적 연습, 유의적 연습, 의사소통 연습 등 세 가지 유형의 활동을 제안하고,
둘째 단계에서는 사회적 상투어와 대화, 지역사회 관련과제, 문제해결 활동, 역할놀이 등

네 가지 유형의 의사소통을 하는 상호작용 활동(communicative interaction)을 제안한다.

2) 수업에 적용할 수 있는 교수 학습활동
여기서는 Littlewood(1983)가 문제해결 활동의 원리가 반영된 네 가지 교실활동을 중심으로 다음과 같이 소개한다.

(1) 같은 그림 알아 맞추기
내용은 비슷하나 서로 다른 특징을 가진 5 6개의 그림을 A학생이 갖는다. 예를 들면 그 그림은 모두 거실을 나타내고 있지만 커튼의 색깔, 의자의 수, 라디오의 위치 등이 서로 다르다. B학생은 A가 가진 것과 같은 내용의 다른 그림의 세트에서 그림 하나를 교사에게서 받거나 자신이 뽑아 갖는다. A는 B에게 질문하여 B가 갖고 있는 그림을 알아 맞추는 내용이다. 이 연습에서 학생들이 필요로 하는 어휘는 주로 그림 속에 나오는 물건에 의해 결정되어진다. 더욱이 교사는 각 그림의 특징을 묘사함으로써 특정한 구문을 유도해 낼 수 있다. 예를 들면 서로 다른 그림을 구별하기 위하여 'What color…?', 'Where…?', 'How many…?' 등의 질문을 사용할 수 있다. 이 연습의 난이도는 구별되는 특징이 얼마나 많고 분명한지 그리고 쉽게 묘사할 수 있는지에 의해 좌우된다. 이것의 변형된 연습은 복사된 그림들을 칠판에 붙이거나 영사기로써 비치게 하여 한 학생에게 하나의 그림을 선택하게 하고 나머지 학생들로 하여금 그 학생에게 질문을 하여 그 학생이 어느 그림을 선택했는지를 알아 맞추게 하는 것이다. 다인수 학급에서는 많은 학생이 동시에 연습을 할 수 있게 하기 위하여 6 7명의 그룹을 만들어 학생 개인들에게 더 많이 말할 수 있는 기회를 제공할 수 있다.

(2) 파트너 찾기
이 연습은 'Find your partner'라고 부르기도 한다. 교사는 그룹 전원에게 그림카드 한 장씩을 나누어준다. 이 모든 카드가 다 다른 것은 아니다. 예를 들어 15명의 학생이 참여한다면 다섯 종류의 서로 다른 그림으로 구성된 세 개의 세트를 준비한다. 학생들로 하여금 상대방이 가지고 있는 그림카드에 대한 질문을 하게 해서 자기와 같은 그림의 카드 소지자, 즉 파트너를 찾는 연습이다.

(3) 비밀 찾기
이 연습은 한 학생이 한 개의 비밀정보를 갖고 있으며 집단이나 학급 학생들이 적절한 질문을 함으로써 비밀정보를 캐내는 것이다. 그 정보에 관한 직접적인 질문을 막기 위하여 질문유형을 yes/no question으로 제한할 수 있다. 그러나 질문자가 어떠한 단어와 구문을 사용할 것인지는 예측할 수가 없다. 시간과 질문의 수는 제한할 수 있다. 비밀내용은 유명인사, 구체적인 사물, 여행하고 싶은 나라, 수행하고 싶은 비밀업무, 지난 일요일에 방문한 장소 등 광범위하게 선택할 수 있다.

(4) 차이점 찾기

학생 A와 B는 각각 몇 가지 다른 특징을 가지고 있는 유사한 그림 또는 지도를 갖는다. 예를 들어, 두 거리의 광경은 같지만 그림 중 사람의 위치가 다르거나 자동차의 색깔이 다르다. 학생들은 그 차이점을 찾기 위해 서로 대화를 주고받는다.

네 번째 유형은 제시된 상황 속에서 학생들이 각자가 맡은 배역을 수행하는 역할극이다. 예를 들면 고객과 은행원, 우체국 직원과 방문객 등의 상황을 설정할 수 있다. 다음은 실제 수업 상황에서 활용할 수 있는 역할극의 몇 가지 예이다.

① 우체국에서

    A: I'd like to post this _____, please.

    B: Put it on the scale. Where to?

    A: To _____.

    B: That would be _____.

    A: _____.

    B: _____.

② 과일 가게에서

    A: Hello, I'd like an apple.

    B: Here you are. Anything else?

    A: No, thanks.

    B: One dollar, please.

    A: Here you are.

    B: Thank you. Goodbye.

    A: Goodbye.

또한, Paulston과 Bruder는 의사소통적 상호작용 활동들로서 ① 사회 관습적인 표현과 대화의 연습, ② 직접 그 목표언어를 사용하는 집단에 섞여 실제 상황에서 의사소통하기, ③ 문제해결 활동, ④ 일정한 상황에 따라 대화하는 역할극 등 네 가지 유형의 연습을 제시하면서, 이들은 학습자가 목표언어로 의사소통을 할 수 있는 능력을 개발하는데 필수적인 활동이라고 주장한다.

3. 현장적용시 유의점

이 교수법에서는 교사가 학생들의 수준을 고려하여 의사소통 이전 활동과 의사소통 활동으로 구분하여 처음에는 의미를 전달하는 데 사용할 수 있는 구문과 어휘를 이해하도록 하고 유사한 상황을 만들거나 상황을 말해 주고 이를 충분히 연습하도록 한다. 교수 학습 활동은 의사소통 활동으로 기능적 의사소통 활동(functional communication activities)과 상호 작용활동(social interaction activities)으로 구분되는데, 전자는 그림에서 빠진 부분을 찾아내고 단서를 가지고 문제를 해결하는 것과 같은 과업 중심으로 수업을 진행하고 후자는 대화와 토론활동, 역할극, 모의상황, 즉흥극으로 수업을 진행한다(Littlewood, 1981).

의사소통 능력을 향상시키기 위한 교사와 학습자의 역할, 학습자료의 중요성을 의사소통 접근법의 원리에서 보면 다음과 같다.

Breen과 Candlin(1980)은 교사의 역할을 학습자들이 다양한 활동에 참여하도록 의사소통 과정을 촉진하는 역할, 학습자에게 교실활동과 절차를 안내하는 역할을 들었다. 그리고 또 다른 역할로 교사는 학습자의 요구분석가, 학습활동을 확인하고 피드백 해주는 상담자, 교사 중심이 아닌 학습자 중심의 학습과정을 조직하는 관리자이다. 교사는 학생들에게 활동에 참여할 수 있는 기회를 많이 제공하고 상호 의존적으로 학습하도록 유도하며, 학생과 학생간의 활동, 과제간의 의사소통 과정이 원활하게 진행하도록 편의를 제공해 주어야 한다.

이 교수법에 사용될 수 있는 교재는 광범위하며 화제 중심(topic based) 교재와 과업 중심(task based) 교재가 있으며 수업에서는 실물교재를 사용할 수도 있다.

Ⅲ. 수업모형 및 학습지도안

1. 수업모형

【표 17】의사소통 중심 언어교수법 수업모형

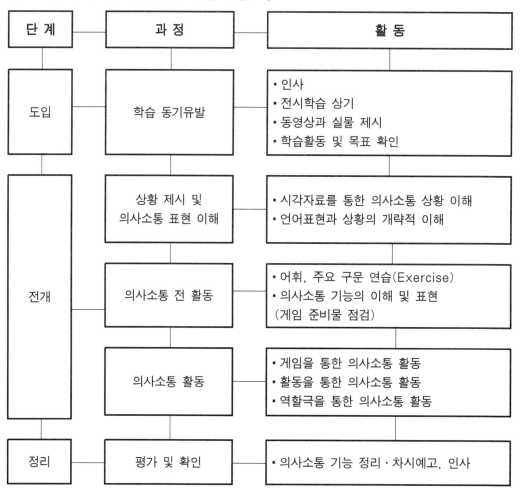

단 계	과 정	활 동
도입	학습 동기유발	• 인사 • 전시학습 상기 • 동영상과 실물 제시 • 학습활동 및 목표 확인
전개	상황 제시 및 의사소통 표현 이해	• 시각자료를 통한 의사소통 상황 이해 • 언어표현과 상황의 개략적 이해
전개	의사소통 전 활동	• 어휘, 주요 구문 연습(Exercise) • 의사소통 기능의 이해 및 표현 (게임 준비물 점검)
전개	의사소통 활동	• 게임을 통한 의사소통 활동 • 활동을 통한 의사소통 활동 • 역할극을 통한 의사소통 활동
정리	평가 및 확인	• 의사소통 기능 정리·차시예고, 인사

2. 학습지도안

Lesson	How much is it?		Theme	Prices of goods
Objectives	• Students are able to ask prices of goods. • Students are able to say and understand names of goods. • Students are able to say and understand prices and numbers.			
Contents	Words	bag, watch, bike, doll, hundred, won, help, want, please		
	Expressions	Can I help you?, I want a ___, How much is it? Here you are, Thank you.		

Teaching Process

STEP	PROCEDURE	ACTIVITIES (T: Teacher　S: Student)	TIME	MATERIAL
Introduction	Greetings Review Motivation Stating the aims of the lesson	T: Good morning. S: Good morning. T: Do you remember what we talked about last time? S: We talked about the names of goods and prices. T: Good. Let's review. What is it? S: It's a bag. T: Very good. How much is it? S: 5백 원입니다. 영어로는 잘 모르겠어요. T: Don't worry. We will learn about that. S1: 선생님, 장난감은 왜 가져오라고 하셨어요? S2: 저는 ○○가 가지고 있는 인형을 갖고 싶어요. T: Let's watch the screen. (시장에서 사람들이 물건을 사고 파는 동영상) T: What are they doing? S1: 아줌마가 인형을 사고 있어요. 옆에 있는 꼬마에게 주려고 하나봐요. S2: 저 아저씨는 자전거를 이리저리 살펴보고 있어요. 나도 자전거 갖고 싶어요. S3: 선생님, 저는 장난감을 사고 싶은데 영어로 어떻게 이야기하면 되나요? T: OK. We'll learn about prices of goods and names. And then today, We'll play '시장놀이'.	5'	picture card VTR CD ROM

Teaching Process					
STEP	PROCEDURE	ACTIVITIES (T: Teacher S: Student)	TIME	MATERIAL	
Development	Presentation	♣ 공부할 문제 ♣ ☞ 물건의 이름과 가격을 알고 물건을 사고 파는 시장놀이 해보기 T: Let's watch the screen again. (시장에서 사람들이 물건을 사고 파는 동영상) T: Before we play the game, let's listen to the dialogue. ■ presentation of dialogue A: Can I help you? B: Yes, please. A: How much is it? B: It's *five hundred* won. A: I want a *watch*, please. B: Here you are. A: Thank you.	5'		
	Pre communic ative Activities	T: Do you know the sentence 'Can I help you?' S: 물건을 사러 가게에 들어가면 가게 주인이 하는 말이에요. T: Do you know the sentence 'Can I help you?' S1: 물건을 사러 가게에 들어가면 가게 주인이 하는 말이에요. T: Right. Next, do you know the sentence 'How much is it?' S2: 물건값을 물을 때 하는 말입니다. T: That's correct. Last, do you know the sentence 'Here you are?' S3: 여기 있어요 라는 말이에요. T: Now, let's talk with your partner. S: OK. T: All right. Stop now. S: Yes.	10'	tape recorder ※ 이탤릭체로 쓰여진 것은 다른 어휘로 바꾸어 연습하도록 한다.	
	Communicative activities	T: It's time for game '시장놀이'. T: Who wants to be a seller? S1: Here.			

Teaching Process

STEP	PROCEDURE	ACTIVITIES (T: Teacher S: Student)	TIME	MATERIAL
Development		T: OK. ○○, △△, □□ are sellers, and others are customers. Are you ready? T: Let's start the game. A: Can I help you? B: Yes, please. A: How much is it? B: It's *five hundred* won. A: I want a *watch*, please. B: Here you are. A: Thank you. (위의 구문을 이용하여 학생들이 상점의 점원이 되고 손님이 되어 대화를 나눈다.) T: Shall we change roles? Let's start the game again. (위의 구문을 이용하여 학생들의 역할을 바꾸어 놀이를 계속한다.)	17′	※ 시장놀이를 하는 동안 가격은 다른 숫자를 이용하여 다양하게 정하고, 자기가 사고 싶은 물건들을 선택하여 산다.(가방, 시계, 인형, 장난감자전거, 등등)
Consolidation	Confirmation Questions and answers Closing the lesson	T: OK, that's enough. Well done. T: Let's review today's lesson. T: 물건을 사러 가게에 들어가면 가게 주인이 무엇이라고 합니까? S: Can I help you? T: Say it in English '이것 얼마예요?' S: How much is it? T: Try it in English '여기 있어요.' S: Here you are. T: You did good job. T: That's all for today. T: See you. S: Thank you. Bye.	3′	

🏃‍♂️📢 함께 해 봅시다

다음은 "시장놀이"에 활용할 수 있는 활동지입니다. 함께 해 봅시다.

☞ How much is it?

① 먼저 점원과 손님 역할을 할 사람을 뽑습니다. 그룹 활동으로 하기에 좋으므로 두 사람의 점원과 네 사람의 손님이 적당합니다.

② 손님이 된 학생들은 $50짜리 1장, $10짜리 5장, $5짜리 5장을 나누어 가집니다.

③ 가지고 있는 돈을 초과하지 않는 범위 내에서 자신에게 필요한 물건들을 삽니다. 이 때 점원이 된 학생만이 물건값을 알고 있으며 물건을 사고 팔 때엔 반드시 영어로 의사소통 해야 함을 주지시킵니다.

④ 활동 후 느낀 점을 자유롭게 발표해 보는 것도 좋습니다.

함께 해 봅시다

$50

$10

$10

$10

$10

$10

$5

$5

$5

$5

$5

함께 해 봅시다

함께 해 봅시다

Color pen $5	**Notebook** $5	**Stapler** $5	**Chair** $25
Cake $15	**Hot dog** $5	**Milk** $5	**Chocolate** $5
Roller skate $25	**Gloves** $15	**Basketball** $20	**Skate** $30
Dog $30	**Cat** $25	**Rabbit** $20	**Pig** $35
Watch $20	**Bag** $15	**Cap** $10	**Slipper** $10

총체적 언어 접근법
(Whole Language Approach)

    총체적 언어 접근법(Whole language approach)은 교실 상황에서 언어 기능들을 구체적으로 어떻게 가르칠 것인가에 대한 방법론(method)이 아니라, 학습자들의 언어사용을 격려하고 권장하는 교수 철학이며 교육 접근법(approach)이다(Altwerger, Edelsky와 Flores, 1991). 여기서 전체(whole)라고 하는 것은 개개의 부분(part)들의 합 이상의 의미이고 언어의 부분들은 전체 발화(whole utterance)내에서만 배워질 수 있다는 것을 의미한다. 총체적 언어 접근법 하에서는 언어의 제 기능들이 서로 독립적으로 교수되고 학습되는 것이 아니라 구어는 문어로 가는 다리 역할을 하고 문어는 구어로 가는 다리 역할을 하여 통합적으로 학습된다고 보는 것이다. 교실 상황에서 총체적 언어 접근법은 학습자가 그들의 경험을 다른 사람과 나누는 과정에서 언어에 대한 학습이 흥미롭고, 자극을 주며 교사와 학습자 모두에게 재미를 줄 수 있다는 점을 지향하고 있다.

Ⅰ. 개 요

1. 의미

    총체적 언어(whole language)라는 표현은 언어학자가 아닌 교육자들, Harte와 Burke(1977), Goodman 외 1인(1981), Watson(1989) 등이 사용한 용어로 영어를 모국어로 하는 아이들이 어떻게 책을 읽고 이해하게 되는가를 연구할 때 사용하였다. 이들은 문해력(literacy)의 개념을 강조했으며 쓰기의 개념을 자기가 생각하고 있는 것을 자기 힘으로 발견해내는 것으로 보았다. 그리고 독서는 텍스트와 독자의 상호작용 과정으로 기술하고 있다.

    총체적 언어 접근법의 시작은 영어를 모국어로 하는 아이들에게 읽기를 어떻게 지도하면 좋은가에 대해 생각한 끝에 상향식 지도(bottom up processing)가 아닌 총체적으로 지도해야 한다는 취지에서 이루어진 것이다. 따라서 읽기와 함께 쓰기지도가 이루어진다고 생각했으며 이어서 교사와 학습자의 역할을 고려한 교수 학습의 과정까지 접근하게 되어 네 가지 기능의 총체적인 지도 단계까지 이르게 되었다. 즉, 총체적 언어 접근법은 언어체계의 모든 자질의 사용을 강조하기 때문에 언어 처리과정의 네 가지 기능(듣기, 말하기, 읽기, 쓰기)을 결합시키고자 했다.

Goodman(1986)은 총체적 언어에서의 총체(whole)라는 개념을 다음과 같이 요약해서 말하고 있다.

① Whole language learning builds around whole learners learning whole language in whole situations.

② Whole language learning assumes respect for language for the learner, and for the teacher.

③ The focus is on meaning and not on language itself, in authentic speech and literacy events.

④ Learners are encouraged to take risks and invited to use language, in all its varieties, for their own purposes.

⑤ In a whole language classroom, all the varied functions of oral and written language are appropriate and encouraged.

2. 원리

Goodman(1986)은 총체적 언어 접근법의 교수 학습의 원리를 다음과 같이 정리하였다.

① 학교에서 읽기와 쓰기 프로그램은 학습자가 현재 가지고 있는 경험에 기초해서 만들어져야 하고 학습자 내부에 내재한 동기를 유발하는 것이어야 한다.

② 읽고 쓰는 능력은 전체에서 부분으로, 모호한 것에서 정확한 것으로, 세련되지 못한 것에서 세련된 것으로, 아주 구체적이면서 상황적 맥락이 분명한 것에서 보다 추상적인 것으로, 친숙한 것에서 친숙하지 않은 것으로 발전한다.

③ 표현(쓰기) 전략과 이해(읽기) 전략은 기능적이며, 의미 있고 적절한 언어를 사용함으로써 발전된다.

④ 읽기와 쓰기 능력이 발달되면 읽기와 쓰기의 형식을 알아야겠다는 동기가 유발되고, 그 결과 읽기와 쓰기의 형식에 대한 능력이 개발된다.

⑤ 읽기와 쓰기의 하위기능(subskill) 위계는 존재하지 않으며, 보편화된 계열이 반드시

필요한 것도 아니다.

⑥ 글을 읽고 쓰는 능력은 개인적/사회적 필요 때문에 개발된다. 그래서 문자가 사용되는 환경에서 자란 어린이는 취학 이전에 이미 읽고 쓸 수 있다.

⑦ 글을 읽고 쓰는 것을 가르치는 교수법과 학습방법은 일대일 대응되는 관계가 아니다. 교사는 동기를 유발하고, 언어 환경을 마련하며, 발달을 관찰하고, 적절한 교재를 제공하고, 학습자로 하여금 자발적으로 참여하도록 유도하면서, 글을 읽고 쓰는 사건과 학습 기회를 계획해야 한다. 학습자는 교사가 계획해서 제공하는 풍부한 언어 환경에서 지식과 지식의 구조 및 학습전략을 구성하는 주체가 된다.

⑧ 교사는 학습자의 읽기와 쓰기 전략이 발달하는 것을 관찰하면서 지원하고, 학습자는 의미의 소통에 초점을 맞춘다. 교사가 학습자의 글을 읽고 쓰는 능력을 발달시킨다는 것은 이중의 계획을 수행해야 함을 의미한다. 학습자는 읽기와 쓰기를 하면서 성취하고자 하는 목적(의미소통)에 초점을 둔다. 그러나 교사는 이 때 학습자의 언어 발달과 언어사용이라는 이중의 계획에 초점을 맞추고 관찰과 지원을 한다.

⑨ 읽기와 쓰기를 잘 하려면 모험을 할 줄 알아야 한다. 발달 단계에 있는 학습자가 글을 읽으면서 의미를 이해하려 할 때에는 예측과 추측을 하도록 격려해 주어야 한다. 그리고 글을 쓸 때는 표현하고자 하는 것이 무엇인지를 생각해 보게 하고, 문학 장르를 탐색하게 하고, 철자를 만들어 써 보게 하며, 구두점도 여기저기 찍어 보도록 격려해 주어야 한다는 것이다.

⑩ 동기는 항상 학습자 내부에서 일어난다. 아이들은 의사소통을 할 필요가 있고 의사소통을 원하기 때문에 읽고 쓰는 것을 배운다. 총체적 언어 프로그램에서는 외적인 보상을 사용하지 않는다. 학습을 못했다고 벌을 주는 일은 더욱 없다.

⑪ 교사가 쓰기를 하고 있는 학생이나 읽기를 하고 있는 학생에게 하는 질문은 언제나 "의미가 제대로 표현되고 있는가?", "의미가 잘 이해되고 있는가?"이다. 학습자도 쓰기를 하거나 읽기를 하면서 스스로 그와 같은 질문을 하도록 격려한다.

⑫ 가르치기 위한 교재는 의미 있고 적절한 전체 텍스트라야만 한다. 학교에 와서 처음으로 언어를 경험할 때부터 아이들은 기능적인 언어의 특성들을 경험해야만 한다. 읽기나 쓰기를 가르칠 목적으로 교재를 쉽고 단순화시킬 필요는 없다.

⑬ 전체 텍스트를 연습시키기 위해 부분으로 나누거나 요소로 나누어 따로 연습시키는 일은 하지 말아야 한다.

⑭ 어떤 학습자는 텍스트를 읽을 때 예측이 가능한지 아닌지를 통해 텍스트가 어려운가 쉬운가를 가늠한다. 예측이 가능하면 가능할수록 읽기가 더 쉬워지기 때문이다.

⑮ 학습자로 하여금 쓰기를 할 때 의미 표현 이외의 것에 신경을 쓰게 만들거나, 읽기를

할 때 의미를 이해하는 활동 이외의 것에 초점을 맞추게 하는 교재는 총체적 언어 프로그램에서는 적절하지 않다.

한편, Freeman 외 1인(1988)은 다음과 같은 학습 원리를 제시한다.
① 전체에서 부분으로 진전되어야 한다. 아이들은 전체의 개념을 이해한 후에 세세한 사실을 더 잘 이해할 수 있다.
② 학습자 중심으로 이루어져야 한다. 교사는 학생을 지켜보며 학생의 장점과 학생이 가지고 있는 이전의 지식을 활용하도록 권장한다.
③ 의미 있고 목적이 있어야 한다. 학생들은 활동에서 그 목적을 찾아야 한다.
④ 사회적 상호작용을 증진시켜야 한다.
⑤ 듣기, 말하기, 읽기, 쓰기의 네 가지 형태를 모두 포함해야 한다.
⑥ 학습자에 대한 교사의 신념을 반영해야 한다. 교사는 자신의 학생 모두에게 높은 기대감을 가져야만 한다.

위에서 살펴본 것처럼 총체적 언어학습에서는 언어가 전체로서 유지되고 듣기, 말하기, 읽기, 쓰기 등이 하나로 통합된 언어과정이며, 의미 이해에 중심을 둠과 동시에 학습자 위주의 학습이 됨으로써 개인의 필요와 흥미에 맞도록 기능적으로 학습되고 있는 것이다. 여기에서 가장 중요한 학습의 원리는 전체에서 부분으로 접근하며 실제적인 자연스런 언어학습을 강조한다는 것이다. 그리고 학생의 실수를 인정하며 학습자의 입장에서 교사와 학생의 능동적인 상호작용을 통해 모든 언어학습이 이루어진다는 데 있다(김지민, 2000).

3. 특징

최근 총체적 언어학습의 동향은 문학작품을 중심으로 한 읽기 지도와 언어 지도에 초점을 두고 아동들의 생활경험과 연관된 학습의 장을 제공하고 있다. 이러한 상황에서 중시되는 것은 아동의 개별학습 뿐만 아니라 사회적인 상호작용을 촉진하는 협력학습이다. 또한, 전체에서 부분으로의 접근방법에 의한 학습, 언어의 통합적 접근을 통한 개념학습, 또는 즐겁게 배우는 동기유발의 학습활동, 함께 나누는 독서 경험 등의 요소들이 포함된다. 총체적 언어학습은 그 활용의 범위를 넓혀 교과 내용 또는 방법 간의 의미 있는 통합을 통해 아동의 학습상황을 보다 활기 있고 의미 있으며 효과적으로 만들어 가는 체제를 구축해 가고 있다. 예컨대, 영어의 말하기, 듣기, 읽기, 쓰기에 수학의 셈하기를 통합하여 전통적인 3R's의 의미를 새롭게 재건하거나(이성은과 황경희, 1998a), 한 가지 주제를 중심으로 수, 과학, 언어, 음악, 미술, 사회의 제 요소를 상호 관련시켜 통합적 계획아래 수업을 전개해 나가는 방식을 취하고 있다. 학습활동 조직에 있어서도 개별 학습, 조별 학습, 전체 집단 학습 등 필요에 따라 자유롭게 학습 공간을 재배열한다.

　이상에서 제시한 교수 전략으로서의 총체적 언어학습은 아동의 학습과정을 중시한다는 점에서 그 특징을 찾을 수 있으며, 이를 전통적 학습과 비교하여 설명하면 다음과 같다(이성은과 황경희, 1998b).

　첫째, 총체적 언어학습의 과정에서 제시되는 모든 내용은 말하기, 듣기, 읽기, 쓰기의 언어 영역의 기본적인 의사소통수단을 긴밀하게 연결시켜 관련 교과와의 자연스러운 통합을 도모한다. 반면에 전통적 학습은 구체적인 언어기술을 향상시키는 데에 초점을 둔다.

　둘째, 총체적 언어학습은 아동과 교사가 활동의 종류를 함께 선택한다. 반면에 전통적 학습은 교사에게 학습내용, 방법, 교재 선택의 결정권이 있다.

　셋째, 총체적 학습은 개별화된 활동과 협력 활동을 적절히 조화시킨다. 반면에 전통적 학습은 교사에 의한 전체적인 학습이 주를 이루고 개별활동이나 협력활동은 가끔 일어난다.

　넷째, 총체적 언어학습은 표준화된 성취 수준에 의해서 아동들을 평가하지 않으며 학습과정 중에 끊임없이 평가한다. 반면에 전통적 학습은 획일적 평가 방법에 의해 정해진 시기에 객관적 기준에 의해 상대 평가를 한다.

　다섯째, 총체적 언어학습에서 학습과 훈련의 과정은 아동 자신에게 필요한 정보를 얻는 즐거움을 느끼게 하는 활동이 되게 한다.

　여섯째, 총체적 언어학습은 사회, 수학, 과학, 미술 등의 교과를 비롯하여 자연물, 각종 정보자료 및 시청각 매체 등 다양한 자료를 교재로 활용한다.

　이상의 내용을 표로 나타내면 다음과 같다.

【표 18】총체적 언어 접근법과 전통적 언어 접근법의 비교

구 분	총체적 언어교육 접근법	전통적 언어교육 접근법
학습목적	･ 학습자의 최대한의 성장과 장점의 확산 ･ 의미에 의한 언어능력의 전체적인 향상 ･ 관련 교과와의 자연스러운 통합	･ 언어기술의 향상
학습내용 및 방법	･ 교사와 아동이 함께 결정 ･ 학습시간과 계획에 융통성 부여 ･ 학교 내·외에서 학습의 장 선택 ･ 다양한 자료 활용 ･ 실수 수용	･ 교사에 의해 결정 ･ 학습시간과 계획이 고정 ･ 교실 내에서 학습의 장 마련 ･ 제한된 자료 이용 ･ 실수 교정

활동 조직	‣ 개별 · 소집단 · 전체집단 단위 ‣ 필요에 따른 학습공간 재배열	‣ 전체 집단 단위 ‣ 고정된 좌석
교사와 아동의 역할	‣ 공유하는 협동적 상황에서 의미를 함께 상의 ‣ 교사 · 아동 역할이 명백히 구별되지 않음: 교사, 아동이 함께 반응하고 함께 상의	‣ 교사에 의해 의미의 우선 순위 결정 ‣ 교사, 아동 역할이 명백히 구별됨: 교사는 지시, 명령/ 학생은 수용
평 가	‣ 학습과정 중에 지속적인 평가 ‣ 개별적 ‣ 교사관찰 기록, 교사평가, 아동평가 등 다양한 평가방법 활용	‣ 일년 중 몇 번 ‣ 객관적 ‣ 지필 검사에 의한 획일적 평가방법 활용

▌Ⅱ. 교실수업의 적용

1. 수업절차

우리가 총체적 언어 접근법으로부터 얻을 수 있는 시사점은, 억지로 또는 부자연스럽게 따라하고 외우게 하는 식의 외국어 교육을 지양하고 학생들에게 외국어를 배우고 사용해야 할 필요를 느끼게 하여 목적을 가지고 의사소통 하게 하는 수업의 장을 마련해 준다는 데서 찾아야 할 것이다. 언어의 전체적인 흐름이나 대강을 추측하고 이해하려는 학생들의 자발적이고 자연발생적 능력이 세부적인 것들을 정확하게 아는 일보다 우선되어야 한다.

수업절차는 일반적으로 추측단계, 이해단계, 적용단계로 나누어 적용할 수 있다. 추측단계는 아동이 시각, 청각자료를 통해서 언어상황을 추측하는 단계이고 이해단계는 교사의 지도 하에 의미를 파악하는 단계로 아동의 활동이 활발히 일어난다. 적용 단계는 학습한 내용을 다른 상황에 적용시키는 단계이다.

1) 1단계(추측 단계): 그림, 비디오, 실물 등을 보여주고 상황과 말의 의미를 생각하여 이해하게 한다.

【예】소개하는 상황, 처음 만나는 사람과 인사하는 상황, 생일에 초대받은 상황 등등

2) 2단계(이해 단계): 교사가 발문을 통하여 상황에 대한 설명을 해주고 주요 문형은 따

라하게 한다.

【예】Let me introduce myself to you. How do you do? Happy birthday to you! 등
3) 3단계(적용 단계): 학습한 내용을 다른 상황에 적용하게 한다.

【예】역할놀이, 영어 노래 만들기, 게임활동, 외국인과 대화하기, 영어로 메일 쓰
기 등

2. 교수 학습활동 유형

1) 친숙해지기(Getting to know you) 학습활동
(1) 이름 연결하기
‣ 방법: 한 학생이 자신을 소개하면 옆의 학생이 앞의 이름을 반복하고 자신을 소개한다.
‣ 유의점: 학기초 서로의 이름을 익히기 위해 사용하기도 하는데, 앞 학생의 이름을 반
복하려면 많은 이름을 암기해야 하므로 학생의 연령과 인지수준에 맞추어 그룹별 숫
자를 정한다.

(2) 개인정보 알아보기
‣ 방법: 질문이 담긴 준비된 표를 나누어주고 제한 시간 안에 표를 완성하도록 한다.
‣ 유의점: 면담식 조사 활동은 하나의 과제수행형 학습활동으로서 학습내용에 따라 다양
하게 응용 가능하다. 조사 활동 결과를 보고하게 할 수 있고, 쓰기가 가능한 학년에서
는 인터뷰 내용을 구두로 보고하게 한 후 작문하게 하여 유도 작문(guided writing) 단
계로 전이시킬 수 있다.

(3) 누구일까요?
‣ 방법: 자신에 관해 적은 종이를 접어서 교사에게 제출하면 이것을 다시 다른 학생에게
나누어주고 쓰여진 문장을 의문문으로 전환하여 물어봄으로써 누구에 관한 것인지 맞
춘다.
‣ 유의점: 학급 전체를 대상으로 하면 시간이 오래 걸리므로 그룹별로 하고, 한 학생에
게 여러 명의 개인 정보 용지를 나누어주어 여러 사람과 상호작용하게 한다.

2) 집단 협동학습(Collaborate learning in groups)
(1) 상투적 표현 익히기
‣ 방법: 간단한 인사말과 상투적 표현의 의미와 발음에 익숙하도록 지도한다.

(2) 대화 암기 조별 활동
· 방법: 3명이 한 조가 되어 한 명의 안내자를 정하고, 2 3분간 나머지 두 명이 학습했던 대화에 익숙해지도록 암기하거나 읽어본다. 대화가 길어서 다 암기하지 못하면 안내자 아동이 그 부분을 말하게 한다. 역할을 바꾸어서도 한다.
· 유의점: 의사소통 연습을 하기 이전 단계에서 학습했던 대화를 익숙하게 하기 위한 활동이다.

(3) 무궁화 꽃이 피었습니다
· 방법: 우리나라 '무궁화 꽃이 피었습니다' 놀이를 통해 술래는 'Freeze'라고 말함으로써 단어의 의미를 알고, 자연스럽게 숫자를 셀 수 있게 한다.
· 유의점: 'Freeze' 대신 'Green/Red/Yellow light' 같은 신호등 표시를 말하여 신호에 따라 움직일 수도 있고, 'Freeze'를 'Please'와 혼동하지 않도록 주지시킨다.

(4) 표정 놀이
· 방법: 그룹에 따라 다른 감정이 그려진 종이를 나누어준다. 종이는 두 눈을 표시하는 구멍 두 개만 뚫리고 나머지는 감정에 따른 표정이 그려져 있다. 이를 손에 끼고 다른 그룹의 학생과 대화하도록 한다.
· 유의점: 영어 수준이 높은 학년은 대화한 결과를 자기 그룹에서 보고하거나 글로 쓰게 한다.

3) 문화 이해
(1) 제스처
· 방법: 두 그룹으로 나누어 한 그룹은 학습할 표현의 카드를 보고 해당 표현에 알맞은 제스처를 하고, 나머지 그룹이 그 표현을 맞추도록 한다.
· 유의점: 의성어는 나라마다 다름을 알게 하고 한 그룹이 어떤 동물의 동작을 제스처로 나타내 보이면 다른 그룹에서 해당되는 의성어를 말하게 한다.

(2) 추수 감사절 연극
· 방법: 추수 감사절의 유래와 시기를 배우고 과일, 채소, 곡식, 이름을 익히며, 인디언이나 신대륙에 막 도착한 순례자 역할을 맡아 준비한 의상을 입고 연극을 한 후 가져온 과일과 음식을 먹는다.
· 유의점: 10월 31일은 미국, 캐나다에서 Halloween(만성절) 행사를 하므로 해당 날짜에 우리도 위와 같은 학습활동을 이용하여 소개해 줄 수 있다.

4) 읽기와 쓰기

(1) 그림카드를 이용한 파닉스(phonics) 익히기

▸ 방법: 종이에 그림과 단어를 적어 놓고, 음성으로 습득하게 한 후 시각적 감각을 이용하여 그림 중심으로 문자 소리 관계를 익혀 단어를 읽고 쓰게 한다.

▸ 유의점: 파닉스는 문자와 소리의 관계를 정리해서 모국어 학습자에게 읽기를 지도하기 위한 것이다. 그러나 파닉스가 말해 주는 규칙에는 예외 사항이 많다는 것도 염두에 두어야 한다. 이와 같이 예외가 많은 규칙들을 문맥이나 쓰이는 상황을 벗어나 따로 떼어서 학습장 속에서 괄호 넣기, 밑줄 치기 등으로 엄청난 시간과 정열을 바쳐 매달리는 것은 비생산적이다. 따라서, 수업 중에 텍스트에서 나올 때마다 가르치거나 놀이를 통해서 영어 알파벳과 소리의 관계를 익히게 하는 것이 좋다.

(2) 시각적 어휘를 이용한 철자 익히기

▸ 방법: 교과서, 신문, 광고지 등 다른 종류의 인쇄물의 텍스트를 읽고 의미를 이해한 후, 단어의 일부를 가리고 어떤 단어인지 알아 맞춘다.

(3) 외래어 읽기

▸ 방법: 상표, 포장지 등에 사용된 외래어와 교사가 조사한 외래어를 칠판에 적고 우리말 발음과 영어 발음을 비교해 본다. 그리고 우리말로 외래어가 들어갈 문장을 지어서 쓰고 영어로 쓰게 하여 읽어보게 한다.

(4) 영어로 둘러싸인 교실환경

▸ 방법: 교실 안을 둘러보고 사물을 관찰하게 하여 영어로 그 이름을 알려 주고 말하게 한다.

▸ 유의점: 한꺼번에 너무 많은 단어를 진열하여 부담되지 않도록 하고 조금씩 자주 해 주는 것이 효과적이다.

(5) 언어경험중심 읽기 지도(Language experience approach)

▸ 방법: 영어 혹은 우리말로 자기의 경험이나 이야기를 말하게 하고, 이야기를 그림으로 표현하게 한다. 전개에 따라 여러 장으로 그리게 하고 다시 한 번 그림에 맞는 내용을 말해 보게 한다. 자기의 경험을 이야기로 꾸며 텍스트를 꾸밈으로써 친숙한 내용을 말해보고 읽는다.

(6) 조각 이야기 맞추기(jigsaw story)

‣ 방법: 3 4개 그룹으로 나눠 각 그룹마다 잘려진 이야기 한 세트를 나누어주고 적절한 순서로 맞추어 이야기를 재구성하게 한다. 그룹마다 서로 비교해 볼 수 있고, 이야기가 올바르게 재구성되었다고 판단되면 제목을 붙이고 주인공을 찾아본다.

‣ 유의점: 새로운 텍스트를 자료로 하여 수업하므로 상당한 영어 숙달도가 요구된다. 초보 학습자의 경우 교과서에 수록된 이야기를 학습하기 전이나 후에 사용하여 영어 텍스트의 형식적 도식(formal schema)을 형성하게 한다.

5) 내용 중심 교수법(content based approach)

(1) 수학 T.P.R

‣ 방법: 사칙연산을 영어로 말하는 방법을 알려 주고 계산법을 영어로 몇 번 연습해 본후 계산법의 동사형을 가르쳐서 명령형으로 계산을 지시한다. 교사가 시범 보인 후 학생을 지명하여 그룹이나 전체 앞에서 명령하게 해 본다.

(2) 치수재기

‣ 방법: 치수에 관한 표현(How long/wide/high/deep is the⋯?)을 알려 주고 묻고 답하게 하여 언어경험중심 교수법을 활용하여 학습하도록 한다.

(3) 사회학습

‣ 방법: 화폐의 개념, 역할 등을 토론하고 효율적 소비경제의 원칙을 설명하여 작문하게 한다.

(4) 생물학습

‣ 방법: 식물의 부위별 명칭과 기능을 알고 정리한 후 언어경험중심 교수법을 중심으로 읽기 지도를 한다(이화자, 1994).

3. 현장적용시 유의점

총체적 언어교육은 학습자 중심의 언어교육으로 수업에 실제성 있는 자료를 사용하여 가능한 교실 바깥 세상에서 통용될 수 있는 의사소통 기능을 학습하도록 하는 내용적인 원칙과, 학습의 초기부터 양질의 책을 읽고 의미 있는 글쓰기를 하며 듣기, 말하기, 읽기, 쓰기를 따로 독립된 별개의 기능으로서가 아니라 통합된 전체로서 언어를 보는 기능적인 원칙이 있다. 다음은 총체적 언어교육을 현장에 적용할 때 유의해야 할 중요한 사항이다.

첫째, 학생이 영어로 말할 때 허용적인 분위기를 제공하는 것처럼 읽기와 쓰기를 배울 때도 실수에 대한 허용적인 분위기를 제공해야 한다. 다시 말해 학습자가 언어의 규칙형성을 하도록 시도하며, 실수를 할 경우 여러 번 수정하도록 한다. 구체적인 예로써, '고쳐쓰기'와 같은 과정을 포함한 글쓰기를 강조한다. 왜냐하면, 글쓰기와 읽기의 규칙은 초기부터 양질의 책을 읽고 의미 있는 글을 쓰는 과정에서 내재화된다고 믿기 때문이다. 결국 학습자들은 실수를 하며 읽기와 쓰기를 익히게 되는 것이다. 이러한 성장과정은 말하기를 배울 때와 똑같다.

둘째, 실제적인 학습자료와 학습활동을 요구한다. 생활주변에서 매일 접할 수 있는 교통신호나, TV의 광고, 상품의 포장지를 통해 문자의 특징을 알아보고 실제생활과 관련이 있는 내용을 주제로 하여 학습자가 비록 교실에서 학습하지만 실제생활을 하는 것처럼 학습하고 내용도 다루어야 한다.

셋째, 교실은 언어기술의 향상을 위한 환경으로 구성되어야 한다. 학습자들은 아무런 방해 없이 마음놓고 책을 읽을 수 있는 장소를 필요로 한다. 일부 교사들은 학습자들의 마음에 들만한 가구를 이용하거나 마분지로 만들어진 상자를 활용하여 교실 안에 읽기공간을 마련한다. 이처럼 학습자가 책에 몰입하게 하기 위해서는 책, 신문, 잡지 등의 읽기자료가 충분히 구비되어 있는 환경이 필요하며, 이러한 환경들이 학교에서 시간을 보내는 동안 충분히 활용될 수 있도록 교사는 적절한 기회를 제공해야 한다.

넷째, 학습자는 규칙적인 기본원리로 좋은 책을 소리내어 읽는 것을 들을 필요가 있다. 학생들에게 소리내어 책을 읽어주는 것은 학생들로 하여금 읽기와 쓰기에 대해 흥미를 느끼게 하는 방법일 뿐만 아니라 그들의 언어사용 능력을 증진시키는데 도움을 주는 방법이기도 하다. 일련의 연구들은 일관성 있게 책을 읽어주는 것이 학습자의 어휘와 언어 이해 기술에 긍정적인 효과를 갖고 있음을 지적하고 있다. 이러한 언어교육의 장점이 고학년 학생들에게만 국한되어 있는 것은 아니다. 모든 연령층의 학생들이 소리내어 읽기로부터 이점을 제공받을 수 있다. 초보 학습자들에게는 스스로 읽기에는 조금 어려운 책을 제공할 필요가 있다. 학생들은 스스로 읽지는 못하지만 만약 누군가가 읽어 준다면 그것을 이해할 수 있고 즐길 수 있게 될 것이다.

다섯째, 교실환경 면에서 교실은 학생들과 교사의 솜씨로 만든 작품들이 가득하며, 학교 수업은 집에서 하는 것처럼 편안해야 한다. 협동과 조화의 분위기가 형성되어야 하고, 성적이 비슷한 학생들이 아닌 흥미가 같은 학습자들을 그룹으로 구성해야 한다. 또한, 수업에서는 특정한 기술을 획득하는데 주력하기보다는 주제나 화제에 중심을 두며 교사는 학생들을 분류하거나 등급을 매기지 않는다.

Ⅲ. 수업모형 및 학습지도안

1. 수업모형

【표 19】총체적 언어 접근법을 적용한 수업모형

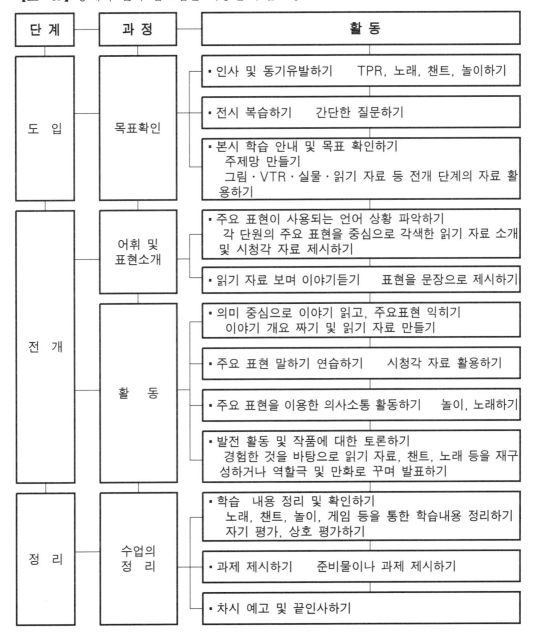

단 계	과 정	활 동
도 입	목표확인	▪ 인사 및 동기유발하기　　TPR, 노래, 챈트, 놀이하기
		▪ 전시 복습하기　　간단한 질문하기
		▪본시 학습 안내 및 목표 확인하기 　주제망 만들기 　그림·VTR·실물·읽기 자료 등 전개 단계의 자료 활용하기
전 개	어휘 및 표현소개	▪ 주요 표현이 사용되는 언어 상황 파악하기 　각 단원의 주요 표현을 중심으로 각색한 읽기 자료 소개 및 시청각 자료 제시하기
		▪ 읽기 자료 보며 이야기듣기　　표현을 문장으로 제시하기
	활 동	▪의미 중심으로 이야기 읽고, 주요표현 익히기 　이야기 개요 짜기 및 읽기 자료 만들기
		▪ 주요 표현 말하기 연습하기　　시청각 자료 활용하기
		▪ 주요 표현을 이용한 의사소통 활동하기　　놀이, 노래하기
		▪ 발전 활동 및 작품에 대한 토론하기 　경험한 것을 바탕으로 읽기 자료, 챈트, 노래 등을 재구성하거나 역할극 및 만화로 꾸며 발표하기
정 리	수업의 정리	▪ 학습 내용 정리 및 확인하기 　노래, 챈트, 놀이, 게임 등을 통한 학습내용 정리하기 　자기 평가, 상호 평가하기
		▪ 과제 제시하기　　준비물이나 과제 제시하기
		▪ 차시 예고 및 끝인사하기

2. 학습지도안

Lesson	3. Happy Birthday!		Theme	Celebration & Thanking
Objectives	Students understand expressions when they give some birthday presents.			
Contents	Words		Mom, Dad…	
	Expressions		This is for you. Thank you.	

Teaching Process

STEP	PROCEDURE	ACTIVITIES (T: Teacher S: Student)	TIME	MATERIAL
Introduction	Greetings	T: Good morning.	3'	
		S: Good morning.		녹음기,
	Review	T: (생일축하 노래를 틀어주며) Do you remember this song?		생일 축하
		S: Yes. It's a "Happy birthday."		노래 tape
		T: Last time, we learn "생일 축하해." in English. How can we say?		
		S: Happy birthday!!		
		T: Well done.		
	Motivation & Introducing learning points	■ 선물 상자를 보여준다.	3'	포장된 작은
		T: How can you say when you give some presents to friends?		상자
		S: 이거 네 생일 선물이야.		
		T: Well, we'll learn that in English. Let's read today's learning points.		
Development	Look & Listen	♣공부할 문제♣ ☞ 선물을 줄 때 하는 말을 듣고 이해하기	5'	※그림카드 제시도 가능
		■ 교과서 그림을 보고 학습내용을 짐작하게 한다.		
		T: Look at the picture.		
		S: (학습내용을 짐작한다.)		
		■ CD ROM 타이틀로 목표 구문을 제시한다.		
		T: Let's watch the screen. Look and listen carefully.		CD ROM
		S: (학습할 표현을 안내하는 내용을 CD ROM타이틀을 통해 보면서 듣는다.)		
		T: Can you imagine the situation?		

Teaching Process				
STEP	PROCEDURE	ACTIVITIES (T: Teacher S: Student)	TIME	MATERIAL

Development	Activity1
	Game
	
	Activity2
	Role play
		S: The children give some presents to their parents.
		(아이들이 부모님께 선물을 드리는 것 같아요.)
		T: Let's watch the screen and listen to the dialogue carefully.
		■ Dialogue
		① Min su : Mom, this is for you.
		   Min su's mom : Oh, thank you.
		② Min su : Dad, this is for you.
		   Min su's dad : Thank you.
		T: What does "this is for you?" mean?
		S: 이것은 당신의 선물입니다.
		T: What does "dad" mean?
		S: 아빠입니다.
		T: What does "mom" mean?
		S: 엄마입니다.
		■ 교과서를 보면서 들은 내용을 다시 한 번 확인하게 한다.
		T: Look at your book and listen again.
		T: We'll need some exercises. Let's do some interesting game.
		I'll divide you into two groups.
		I need one person in a group. In group A, any volunteer?
		S1: I'll do it!!!
		T: S1, go out for a moment. (S1이 나온 후), group B, point out one person. Today is his/her birthday. When S1 comes in, group A will sing "Happy birthday". S1 goes near him/her. You must sing more loudly. When S1 finds him/her, group A must tell "This is for you."
		T: Let's do pair work. One is a child, and the other is his/her mom or dad. Mime your parents. OK. Let's give and take some presents.
			10'
			
			10'
			
			5'	

Teaching Process

STEP	PROCEDURE	ACTIVITIES (T: Teacher S: Student)	TIME	MATERIAL
Consolidation	Review today's lesson Announcing next lesson	(예) S1: Happy birthday, dad. 　　선물(주위 학용품 대용)을 내밀며 　　This is for you. S2: Thank you. ■ 도입에 썼던 선물 상자를 다시 한 번 내보인다. T: How can we say in English when we give some presents? S: This is for you. T: And you take them, how must we say to him/her? S: Thank you. T: You are all excellent. Next time, we'll make a short story with today's expressions. 　　Time's up. Good bye. S: Bye. See you.	4'	포장된 작은 상자

함께 해 봅시다

　　"친숙해지기" 놀이에서 다음의 이름표를 나누어주고 함께 해 봅시다.

① 학기 초에는 자신의 이름을 적게 하고, 이미 친구들의 이름을 모두 알고
　있는 학기 중간이라면, 자신이 만든 새로운 영어 이름을 적게 하세요. 예쁘
　게 색칠도 하고 꾸미면 더욱 재밌겠지요.
　　【예】 Tom, Romeo, Jane……

② 왼쪽 가슴에 이름표를 달고 자신을 소개하거나 릴레이 방식으로 옆 사람
　을 소개하는 놀이를 합니다.

　　　Hi, I'm Tom. This is my friend, "Romeo."

　　　Nice to meet you. My name is Romeo. And this is, my friend, "Jane."

③ 다른 놀이방법도 생각해 보세요.

※ 그림자료는 확대 복사하여 사용하세요.

함께 해 봅시다

문학을 통한 영어지도법
(Literature based Language Learning)

> 영어교육은 단순히 청취력과 말하기 능력 등 기능적인 면의 신장에 그치는 것이 아니라 언어의 나머지 기능인 읽고, 쓰는 지도도 이루어져야 할 것이다. 이는 의사소통기능의 습득에 치우친 듣고 말하기 지도가 자칫 종래의 언어 실습실(Lab) 교육의 연장으로 여겨져 영어교육이 또 다른 면에서 단조로워질 우려가 있기 때문이다. 이를 위해 단순히 언어기능만이 아니라 문화 이해 교육도 이루어질 수 있는 문학을 통한 영어교육을 심도있게 생각해 볼 시점이라 하겠다. 문학 교육은 상대적으로 최근까지 외국어 수업에 있어 일부 그 가치를 인정하는 사람들만의 활동이었다. 더욱이 최근에 영어교육에서 실용적인 목적과 기술이 강조되면서 문학을 통한 영어교육의 위치가 심각하게 도전 받고 있는 실정이다. 하지만 문학이 언어적 자료를 제공하고 언어적 지식을 확장시켜 줌으로써 문학 교육을 통해 학습자의 언어기능 개발과 목표 문화와 자기 문화에 대한 인식을 넓힐 수 있다는 이점은 누구나 공감할 것이다. 이 장에서는 영어교육 현장을 중심으로 문학의 활용방법에 대해 살펴보기로 한다.

Ⅰ. 개 요

1. 의미

1) 영어교육과 문학

영어교육에서는 학습자들의 영어에 대한 흥미를 지속시키기 위해 학습자들의 특성에 맞는 다양한 교수법과 자료 활용을 권장한다. 이희숙(1991)은 '게임, 노래 등 영어교육을 위한 여러 가지 효과적인 방법이 많이 개발되어 적용하고 있으나 그 중에서도 문학을 통한 영어

지도는 흥미 있는 이야기를 듣고, 말하며, 역할극 등을 통하여 학습자 자신이 직접 이야기의 주인공이 됨으로써 영어에 대한 친밀감을 느끼게 하고 영어학습에 대한 동기를 높여 주는 최적의 학습방법이다.'라고 하며 문학을 영어교육에 활용할 것을 주장하고 있다. 이 때, 학습자의 수준을 고려하여만 하며, 예컨대 초등학생들에게 도입해서 사용하게 될 문학은 아동을 위한, 아동을 대상으로 한 아동문학(박화목, 1989)으로 동요·동시·동화·아동극 등의 아동의 발달 특성을 고려해서 만드는 것이 중요하다.

2) 문학지도의 중요성

영어를 배우는 학습자들의 가장 중요한 특징은 외국어로 사고하기 시작한다는 것이며, 이 시기에 문학작품을 대한다는 것은 언어를 통한 문학적 경험의 확대를 의미한다. 그것은 일상 생활에서 깊이 생각해 본 일이 없거나 잘 알 수 없었던 사실을 언어를 통해 깊이 생각할 기회를 갖고 또 미지의 세계와 다른 사람들의 생각과 감정을 이해하게 되는 통로를 갖는 것이다. 이렇듯 성장기는 문학 교육이 시작되고 심화·발전될 수 있는 매우 중요한 시기이므로 좋은 문학작품을 접할 수 있는 분위기를 조성해 주는 것이 필요하다(박유미, 1998).

한편 이상금과 장영희(1996)도 학습자들의 성장기에 문학작품을 통한 경험이 학습자들에게 미치는 영향을 다음과 같이 제시하면서 문학 지도의 중요성을 강조하였다.

첫째, 문학작품 속의 주인공에 동화되고 그 느낌이나 판단에 공감을 느끼면서 삶을 배우고 경험을 확대해 나간다.

둘째, 학습자들이 상상의 날개를 펼 수 있도록 도와준다.

셋째, 생명에 대한 신비로운 감동, 인간 관계의 오묘함, 삶의 아름다움, 상호 협동의 위대함, 질서와 조화의 아름다움 등 미에 대한 인식을 일깨워 준다.

넷째, 음성언어로 이루어지는 경우 언어의 아름다움을 깨닫게 해 준다.

다섯째, 문학작품 속에 등장하는 인물들의 대화를 통하여 말하는 관습과 용법을 익히며 어휘를 학습한다.

2. 원리

문학을 통한 영어수업에서는 문학교재가 중요한 위치를 차지하므로 학습자의 수준에 맞는 교재의 선정에 대해 Littlewood(1981)가 제안하고 있는 문학작품 선정의 기준을 제시하고자 한다.

첫째, 언어구조가 구조적 적합성의 기준을 제공하는 문학교재이어야 한다. 초·중등 영어학습자에게는 그에 맞는 난이도와 반복연습이 교재에 포함되어야 하고, 상급 수준의 학습자에게는 단순화되지 않은 자료를 제시한다.

둘째, 문체는 학습자의 수준에 맞게 선택해야 한다.

셋째, 문학작품에 기술된 세계는 학습자에게 흥미를 주고 적합하여야 한다. 즉, 영어교육에 사용되는 교재는 언어학적 수준, 문화적 타당성, 학습자의 수준에 적합한 어휘와 소재 선정이 이루어져야 한다. 그러므로 영어교육에 있어서 학습자의 관심과 흥미를 유발할 수 있는 장르를 배열하여야 하고 학습자의 수준에 맞는 교재 선정이 문학지도의 첫 단계이다. 이것을 지도하는 방법으로는 교재를 중심으로 학습자들이 반응할 수 있도록 진행되어야 하며 그 반응은 언어적 반응이 아니라 문학적 반응이어야 한다.

이렇게 영어과 교수에서 문학을 성공적으로 지도하기 위해서는 무엇보다도 문학과 언어의 지도가 상호 연관을 갖도록 해야 하는데 이런 점에서 성장기의 학습자들에게 적합한 지도 교재로는 동화, 우화 등의 문학과 학습자들이 비교적 쉽게 접근해서 용이하게 이해할 수 있는 내용들이 적합하다고 할 수 있다.

3. 특징

Ellis와 Brewster(1991)는 이야기책을 통해 동기 부여를 하면 사회적인 경험의 공유 및 학습자들의 듣기 능력이 향상되고 시각 자료의 활용으로 집중력이 길러진다는 이점을 들면서 문학을 통한 영어교육의 필요성을 강조하였다.

여러 학자들의 견해를 종합하여 문학을 통한 영어교육의 특징을 살펴보면 다음과 같다.
① 문학을 통해 영어에 대한 학습자들의 흥미도를 높이고 영어의 올바른 표현이나 느낌을 아주 자연스럽게 터득하게 한다.
② 문학교재의 대표라 할 수 있는 동화나 우화의 문장들은 간결하면서 같은 문장이 반복되는 경향이 많으므로 반복되는 표현을 쉽게 익힐 수 있다.
③ 학습자들의 경험이나 선수학습을 통해서 이미 잘 알고 있는 이야기를 활용함으로써 흥미와 연상의 효과를 살릴 수가 있다.

▌ II. 교실수업의 적용

1. 수업절차

문학을 통한 영어수업절차는 그 활동유형에 따라 다양한 절차가 나올 수 있는데, 여기에서는 낭독(reading aloud)의 기법을 활용하여 역할놀이로 전개하는 수업절차를 살펴본다.

1) 수업 준비단계

본 수업에 앞서 교사가 이야기책을 미리 읽어보고 학습계획을 수립하는 단계이다. 수업에 앞서 이야기책을 미리 읽어두면 내용을 더 깊이 이해할 수 있다. 이야기를 통해 가르치고자 하는 언어 내용 및 각 활동에 할당할 시간을 정한다. 각 단위 시간에 들려줄 이야기의 분량은 한번에 조금씩 읽어줄 것인가, 한꺼번에 읽어줄 것인가를 고려하여 결정한다. 영어 이야기를 이해하는데 필요한 언어를 어떤 순서로 가르치고 수정은 어떻게 할 것인가도 염두에 두어야 한다. 언어를 수정할 경우는 낯선 어휘를 잘 알려진 어휘로 바꾸고 문장구조도 조정한다.

2) 영어 이야기 들려주기 전 단계

이야기의 배경을 설정하고 흥미를 유발하는 중요한 단계이다. 이 단계에 얼마만큼의 비중을 둘 것인가는 이야기의 배경에 대한 학습자들의 경험적 지식 여부에 따라 달라진다. 이 단계에서는 이야기의 제목을 주고 그 이야기에 대해 아는 바를 영어로 말해보게 하거나, 그림을 보여주고 이야기를 나름대로 상상하게 해 본다. 이 단계에서 이야기를 어떻게 소개하느냐에 따라 동기유발과 선험지식의 활성화(schema activation)가 가능해지며 학습자들이 목적을 가지고 이야기를 듣게 된다.

3) 들려주기 단계

주로 교사가 책을 읽어주고, 영어 읽기에 익숙하지 못한 학습자는 교사를 주시한다. 교사는 진지하고도 실감나게 그리고 학습자들의 주의를 끌면서 언어에 몰입되도록 책을 읽는다. 이 단계의 시범자는 주로 교사가 되지만 부모, 또는 영어 읽기 능력이 우수한 다른 학습자가 될 수도 있다. 또한, 이 단계의 읽기 지도에서 시범자는 이야기 구연 기법이나 낭독 기법을 활용해서 읽기 시범을 보여준다.

4) 개인적인 읽기 연습 단계

개인적인 읽기 연습 단계에서는 교사의 지도나 보살핌 없이 혼자서 읽기 연습을 할 기회가 학습자에게 주어진다. 이 단계의 학습자는 혼자서 읽기 활동에 참여해서 읽기 학습을 스스로 통제하고 고치고 지시하며 끊임없이 오류와 자기 교정을 거치는 시기이다. 이 때 교사는 주위에 머물면서 필요할 때 도와준다.

5) 참여 읽기 단계

이 단계에서 교사는 학습자의 읽기에 대한 욕구나 관심이 매우 높은 점을 감안하여 학생들이 읽기 활동에 적극 참여하도록 권장한다. 즉, 교사는 설명 중에나 가르치는 중에나 시연을 하고 있는 중에라도 언제든지 읽기 학습자의 참가를 환영한다. 이 단계에서는 주로 다른 사람이 읽어주는 동화를 듣다가 이야기에 나오는 동물소리 등을 흉내내거나 반복되는 구절을 합창독 하면서 책을 읽는다. 그럼으로써 눈으로 단어와 문장을 조금씩 읽을 줄 알고, 직접 읽은 내용의 의미를 파악하기 시작하게 된다.

6) 적극적인 혼자 읽기 단계

학습자 혼자서도 낭독은 물론 묵독이나 동화의 텍스트를 암기하고 대사에 감정을 넣어서 듣는 사람에게 동화구연을 들려줄 수 있는 단계를 말한다.

7) 역할놀이 개관 단계

역할놀이를 준비하는 첫 단계로 역할놀이 상황을 설정하여 제시하고 대본을 구성하는 단계이다. 지도 내용은 다음과 같다.

① 역할놀이 상황을 제시한다.

역할놀이를 위해 제시할 상황 자료는 학습자들의 흥미와 사고력을 자극할 수 있도록 노래, 게임, 문자 자료(읽기 자료 만화, 동화 등), 그림자료(삽화, 사진 등), VTR자료, 인형 등의 다양한 형태로 구성하도록 한다.

② 역할놀이 대본을 구성한다.

한 그룹을 다시 소그룹으로 나누어 대본을 구성하고, 학습자의 영어 능력에 따라서 영어 입문기의 학생이라면 제시된 상황을 바탕으로 문자 대신 만화 형식의 그림으로 줄거리를 구성하게 할 수도 있다.

8) 역할놀이 계획단계

대본의 전체적인 내용의 완전한 파악이 이루어진 후 소집단별로 역할놀이 실연계획을 세운다. 역할놀이 배역선정은 소집단 내에서 자체적으로 선정하도록 한다.

9) 역할놀이 지도단계

① 대본을 외운 다음 유창성 지도를 한다.

교사는 잘못된 발음 및 억양에 대해 정정 지도를 하고, 끊어 읽기, 리듬, 강세를 지도한다. 이 과정에서는 자기 배역의 대사뿐만 아니라 상대방의 대사도 알아야 하므로 반복하여 읽고 연습하도록 한다.

② 실연연습을 한다.

정서지도에 중점을 두고 비언어적 측면의 지도가 충분히 이루어지도록 한다. 학생들 나름대로의 창의성을 강조하므로 대사, 동작 등에서 변형이 가해지기도 한다. 대사 표현에 있어서 어휘적인 정확성도 중요하나 더욱 중요한 것은 언어 표현의 목적을 살리는 일이다. 특히, 몸짓 언어, 손과 발 동작, 웅얼거림, 주저함 등 의사소통의 비언어적 요소들이 많이 가미된다.

10) 실연단계

역할놀이 대본운용의 마지막 단계로 학생들이 일정 시간 동안 서로 힘을 합하여 연습한 창의적인 작업을 다른 학생들 앞에서 보여 주는 역할놀이의 완결 단계이다. 역할놀이 시연 시 교사는 학습자의 자유로운 신체활동이 가능하도록 전통적 책상 배열을 지양하고 교실을 재배열해야 한다. 한편, 역할놀이가 진행되는 동안 교사는 역할놀이 장면을 녹음하거나 녹화를 시키는 것이 좋다.

11) 정리 및 평가 단계

이 단계에서는 학습자들에게 역할놀이를 마친 후, 어려웠던 점, 잘된 점을 발표하도록 하는데, 교사는 되도록 잘한 점을 찾아내어 발표하도록 유도한다. 또한, 소집단별로 역할놀이 소감을 발표시킨 뒤 교사가 전체 역할놀이를 간단하게 논평한다. 유의할 점은 수업을 마치기 전에 반드시 역할놀이에 사용된 대화를 한번 더 복습시켜 다양한 상황에서 활용할 수 있도록 해야 한다.

2. 교수 학습활동 유형

1) 낭독(reading aloud)

낭독은 책을 읽어주는 활동이다. 타인과의 상호작용을 하는 활동이면서 한쪽은 독자 (reader)가 되는 것이고, 한쪽은 청자(listener)가 되는 것이다. 낭독을 이용한 방법은 대체로 학생들의 흥미를 유발하고 학생과 교사 간의 공감대를 형성할 수 있으며 직접 참여를 통해 학습활동을 촉진하고 감수성을 계발할 수 있다. 또한, 교사 자신도 즐거운 마음으로 영어 교육에 임함으로써 교과서, 공책, 칠판으로 구성된 기존의 학습 분위기를 색다르게 조성할 수 있다. 구체적인 방법을 보면 새로운 단어가 나올 경우 이야기의 진행에 크게 관련이 없을 경우에는 낭독을 계속하되 학생이 질문을 하면 즉시 칠판에 써서 설명하거나 혹은 괄호를 하고 다음에 설명해 주기로 약속함으로써 학생들의 새 단어에 대한 불안감을 없애 준다. 그리고 제목과 저자를 적절하게 밝혀서 관심을 유도하며 감정을 넣어 읽도록 한다.

2) 합창독(choral speaking)

주로 노래, 시 또는 동요를 지도할 때 효과적으로 사용할 수 있는 방법들이다. 낭독의 경우와 마찬가지로 혼자 해야 할 곳과 함께 해야 할 곳 그리고 음향 효과가 적절히 표시된 차트가 필요하다.

3) 촌극(skit)

짙은 우화성과 상상의 세계를 담고 있는 동화나 우화를 각색하여 학생들에게 다양한 상황과 다채로운 역할극이 이루어지게 공연한다면 교사나 학생들 모두에게 입체적이고 창조적인 학습 기회가 부여될 수 있을 것이다. 그리고 이 방법은 최근에 강조되고 있는 의사소통식 영어교수법, TPR 등의 교수법에 가장 잘 쓰이는 역할극의 기회를 제공해 준다. 이는 여러 학생들이 참여함으로써 말하기의 양을 신장시킬 수 있고 영어로 말하는데 소심한 학습자들에게 자신의 역할을 분명히 해줌으로써 두려움을 제거해 줄 수 있다.

4) 이야기 다시 말하기(retelling)

책을 읽거나 들은 후, 혹은 이야기를 들은 후 입력된 이야기를 다시 자신이 이해한대로 남에게 들려주는 활동이다. 여기에 덧붙여 Yopp 외 1인(1996)은 retelling picture book을 이용한 활동을 예로 들어 주인공이나 배경을 바꾸어 원래의 이야기를 각색해서 이야기하는 것을 retelling활동이라 말했다. 어휘력이나 문장력이 부족한 초보 학습자의 읽기 활동에 적합한 것으로 보인다.

retelling은 학습자가 읽은 내용에 대하여 질문하거나, 요약하도록 하는 기회를 제공하는 활동이므로 수업의 정리 단계에 교사가 학생을 대상으로 읽기 자료에 대한 의미 이해 정도를 확인하기 위한 방법으로 활용될 수도 있겠고, 학교 밖에서 이루어지는 함께 읽기 활동에 적용될 수도 있을 것이다. 특히, 영어 읽기가 쉽지 않은 저학년 학부모나 어린 동생을 대상으로 학생들이 이야기를 읽을 때는 중심 내용을 요약하거나, 자신의 생각을 덧붙인 retelling방법을 사용할 수도 있다.

5) 분독(shared reading) 활동

분독 활동은 학생들이 낭독 활동이나 Big Book을 이용한 함께 읽기 활동을 통해 이미 경험한 책을 이용하여 다른 사람과 함께 책을 읽어보는 것이다. 과정을 보면 한 사람이 책에 있는 문장을 가리키며 먼저 한 줄의 문장을 읽고 나면 다른 사람이 따라 읽는 식으로 전체 이야기를 한 번 읽는다. 그 다음은 한 사람이 문장을 읽다가 마지막 부분, 또는 어떤 부분에 가서 멈추면 그 부분을 다른 사람이 채워 넣으면서 읽는다(cloze reading). 그 후에는 한 사람이 이야기에서 반복적으로 나오는 부분을 읽고, 책의 나머지는 다른 사람이 듣는다. 그리고 나서 교사와 함께 전체가 책을 읽는다. 마지막으로 학생들이 책을 읽고, 전체 읽기 활동이 끝나면 개인적으로 읽기를 하도록 시간을 준다. 활동의 형태로 보아 협의의 분독은 교실수업에서 낭독방법을 적용한 교사의 시연이 끝난 후, 교사와 학생들 간에 책의 내용을 나누어서 읽는 방법으로 적용될 수 있을 것이다.

6) 이야기 구연(story telling)

stroy telling의 사전적 의미는 '이야기를 들려주는 활동'(Oxford, 1989)이다. story telling은 우리나라에서 흔히 '이야기 구연'이라는 용어로 많이 쓰이는데 구연이라는 말의 사전적 의미를 살펴보면 문서에 의하지 않고 입으로 사연을 말하는 것을 뜻한다. 즉, 글로써 전달되는 것이 아니라 말로써 의사가 전달되는 것으로 사연이나 이야기를 연출하듯이 표현하는 것을 구연이라고 한다(박춘식, 1987). 이 경우에는 이야기를 전달하는 방법에 초점을 두어 듣는 사람들 앞에서 감정을 살려 생동감 있게 이야기를 들려주는 것을 의미한다(Petty와 Jenson, 1980). 오래 전부터 이야기 구연은 학습자들에게 즐거움과 교훈을 주는 하나의 기술이 되어 왔는데 기술적인 면에서 보면 이야기 구연은 그것이 진실이든 상상이든 하나의 사건이나 일련의 사건을 이야기하는 것으로 정의할 수 있다(Whitehead, 1968). 이야기 구연의 적용을 보면 먼저 준비단계에서는 이야기를 선정하는데 이것은 이야기 구연의 가장 중요한 요소가 되므로 교사와 학습자 모두에게 적합한 이야기를 선정해야 한다. 그리고 이야기의 재구성에서는 너무 단순해지면 원래 이야기가 가지고 있는 매력을 상실할 수도 있으므로 전반적으로 이야기를 변화 있게 만든다. 즉, 이야기를 반복하여 리듬감 있게 이야기와 관련된 노래, 율동, 소품 등을 제시할 수 있도록 고려해야 한다.

이야기 구연의 활용방안을 보면 첫째, 이야기책을 영어교과서 내용으로 사용하는 것이다. 이 경우에는 이야기를 잘 분석하여 언어 내·외적인 요소를 고려한 학습내용을 선정하여 지도하여야 한다. 특활 영어지도나 상설 영어반을 지도할 때 특정한 교재가 준비되어 있지 않은 경우나 소규모 그룹을 대상으로 하는 경우에 교사가 교수요목을 설계하여 실시할 수 있다. 둘째, 일반 영어수업에서처럼 영어교과서 중심으로 지도하는 경우, 학습목표에 따라 학습목표 내용이 들어있는 짧은 이야기를 선정해 수업 중에 활용하는 방법이 있다. 이 때에는 이야기 구성이 매우 단순한 단점이 있지만 매번 새로운 이야기를 듣는 즐거움이 있다. 이처럼 이야기를 수업에 이용하는 목적과 방법은 상황에 따라 다르다. 그러므로 이야기를 수업에 도입해야 하는 목적을 분명히 파악하고 그 목적에 따라 적합한 이야기를 선정하여 수업계획을 세우는 것이 필요하다.

한편, 문학을 통한 교수 학습방법에 사용될 수 있는 자료 및 기술을 소개하면 다음과 같다.

▶ 플란넬 판(flannel board)

플란넬 판은 그림이나 인형을 붙여두는 하나의 전시판으로, 그림이나 인형을 자유롭게 조직함으로써 다른 문학적 활동을 보다 활기 있게 해 주는 도구다. 플란넬 판을 통해서 학습자들은 교실에서의 일상적인 단조로움에 공간적 변화를 준다. 플란넬 판은 주로 어떤 이야기를 보여주기 위한 전시판으로 활용되는데 이 판을 이용하여 이야기하는 방법으로는 기본적으로 세 가지가 있을 수 있다.

① 교사 혼자서 조작자와 구연자를 동시에 하기
② 교사가 구연자가 되고 학습자들이 조작자가 되기
③ 각 학습자들이 조작자가 되는 동시에 구연자가 되기

이러한 3가지 방법을 이용할 경우 이를 행할 수 있는 적당한 시간과 장소를 물색해야 한다. 이 판을 이용하는데 적합한 내용의 이야기는 다음과 같다.

‣ 학습자들에게 익숙한 등장인물이나 사물(나무, 꽃, 동물, 소년, 소녀 등)을 다룬 이야기
‣ 구연자 입장에서 비교적 쉽게 기억할 수 있는 내용의 이야기
‣ 기본적으로 만족할 만한 구성을 지닌 이야기

이 판을 성공적으로 이용하기 위해 몇 가지 고려해야 할 점에는 구연하기에 앞서 컷아

웃(cutouts)에 순서대로 번호를 붙이도록 할 것, 그 컷아웃을 플란넬 판에 붙이기에 적합한
지 미리 시험해 볼 것, 연습해 보면서 이야기하는 시간이 너무 길지 않은지 살펴보고 판에
붙였을 때 잘못된 점이 없는지 살펴볼 것, 학습자 모두가 볼 수 있도록 플란넬 판을 적당
한 높이와 거리에 걸어둘 것, 번호를 매긴 컷아웃을 순서대로 책상에 배열하고, 플란넬 판
의 오른쪽, 보는 사람의 왼쪽에 서거나 앉도록 한다음 이야기 화자는 학급 친구들을 보면
서 이야기하게 하는 것 등이다. 마지막으로 판에 너무 많은 그림을 붙이지 말고 친구들이
그림을 잘 볼 수 있도록 충분한 시간을 준 후 떼어내는 등 세부적인 절차를 고려한다.

▶ 손가락 연극(finger plays)

손가락 연극은 손가락을 조작하여 어떤 이야기나 등장인물을 묘사함으로써 문학을 감상
하는 것을 말한다. 이 방법을 통해 학습자들은 문학과 어휘에 대한 이해력을 증진시키고
손과 근육의 협응력을 기르며 자기를 표현하는 기술을 배우게 된다. 손가락 연극을 할 때
기억해야 할 점은 다음과 같다.

청중의 수준에 맞는 시나 산문, 간단한 이야기를 선정한다. 행동이나 대화가 많이 포함
되어 있는 자료가 좋다. 교사가 직접 손가락 연극을 할 때에는 어린 학습자들이 함께 참여
하게 하는 것이 좋으며 고학년에서는 학습자들에게 직접 행하게 할 수 있다. 일단 연극이
시작되면 연극을 하는 학습자들은 청중을 향하도록 한다. 손가락 연극을 하는 동안 교사는
그 연극과 관련하여 한 두 번 시를 암송해 주거나 그와 관련된 행동을 해 보인다. 이어 학
습자들은 교사와 함께 이를 암송한다.

▶ 그림자 연극(shadow play)

그림자 연극은 그림자를 만들어 여기에 적절한 대사를 넣거나 아니면 특별한 대사를 하
지 않고 그림자 자체로 시나 이야기의 장면을 연출하는 것을 말한다. 이는 각 학년 수준에
맞게 적절한 조정만 한다면 모든 학년에게 이용될 수 있는 좋은 방법이다. 이 연극에 이용
될 수 있는 이야기는 움직임이 많은 대사, 주의를 끌만한 구성, 특색 있는 등장인물과 배경
을 포함한 내용이어야만 효과를 볼 수 있다. 대체로 저학년 학습자들에게는 그림책을 이용
한 이야기가 적합하며 좀더 나이든 학습자들에게는 전래 동화 등이 적합하다. 그림자 연극
에 사용할 막은 투명한 천으로 만드는 것이 좋다. 막의 크기는 가로 1미터, 세로 1.5미터
정도가 적당하다. 준비된 막은 막대기에 매달거나 고정시킨다. 또한, 그림자가 질 수 있도
록 일반 전등이나 강한 회전등을 준비한다. 전등을 설치할 때에는 인형이나 다른 물체의
그림자는 잘 비치되 연기자는 비치지 않도록 특별히 신경 써야 한다.

▶ 꼭두각시 인형극(puppets)

꼭두각시 인형극의 유형은 매우 다양하며 여기에 이용될 수 있는 이야기도 대단히 많다. 꼭두각시 인형극은 손으로 인형을 조작하는 연극의 한 형태로 여기에는 크게 두 가지 형태가 있다.

① 인형을 직접 손에 끼워서 하는 경우
② 끈에 인형을 매달아 손가락으로 이를 조작하는 경우

어느 학년의 학습자들이건 간단한 인형극을 직접 해봄으로써 더욱더 꼭두각시 인형극으로부터 즐거움을 얻게 될 것이다. 사실상 꼭두각시 인형극을 제대로 연출하는 것은 대단히 어려운 일이기 때문에 고학년의 소수 학습자들만이 실제로 이를 직접 행할 수 있다. 그러나 어떤 형태의 꼭두각시 인형극이든 모든 학년이 여기에 참여할 수 있어야 한다. 그러기 위해서는 이 인형극을 준비하는데 학습자들을 참여시키고 너무 전문적인 인형극을 연출하게 하기보다는 간단한 인형극을 꾸며보게 하는 것이 좋다. 꼭두각시 인형극을 연출하기 위해 가장 먼저 해야 할 일은 이에 적절한 이야기를 선정하는 것이다. 꼭두각시 인형극으로 꾸미는데 적합한 이야기는 다음 요소들을 포함하고 있는 것이 좋다.

‣ 간단한 독백과 생생한 대화가 많이 포함되어 있어야 한다.
‣ 이야기는 빠르게 진행되어야 한다. 인형의 표정이나 동작을 연출할 때 맥이 끊어지면 안 되기 때문이다.
‣ 같은 책에 있는 내용으로 몇 작품의 극을 꾸밀 수 있어야 한다.
‣ 학습자 자신의 용어로 바꿀 수 있는 언어로 쓰여져 있어야 한다. 즉, 쉽게 쓰여진 책이어야 한다.
‣ 한 무대에 필요한 꼭두각시 인형이 단지 서너 개 정도인 내용이어야 한다. 너무 많으면 이를 제대로 표현할 수 없기 때문이다.
‣ 몇몇 간단한 배경을 포함하고 있어야 한다. 그래야만 효과가 크기 때문이다.
‣ 모든 나이의 학습자들이 인식할 수 있는 등장인물이 설정되어 있어야 한다.

3. 현장적용시 유의점

1) 이야기 선정
① 무엇보다도 교사 자신이 좋아하고 말하기 좋은 것이어야 한다.
② 내용이 학습자들에게 적합하고 흥미 있는 것이어야 한다.
③ 이야기가 나타내는 가치관이 받아들일 수 있는 것이어야 한다.
④ 학습자들이 쉽게 이해하고 풍부한 경험을 얻을 수 있어야 한다.

⑤ 맥락 속에서 비슷한 유형의 반복이 있으면 더욱 바람직하다.
⑥ 다양한 활동으로 연결짓기 쉬워야 한다.

2) 이야기를 할 때의 요령
① 이야기하기 전에 학생들이 이야기를 들을 마음의 준비를 갖게 한다. 물리적인 간격을 좁힐 뿐만 아니라 정신적으로도 좀더 편안한 마음을 갖게 하는 등 일반 학습과는 다른 분위기를 조성한다. 학습자들이 이야기를 들을 마음(story mind)으로 빨려 들어가게 하기 위해서 이야기를 시작하기 전에 이야기 주머니(story telling bag)와 같은 것을 보인다든지 이야기를 하기 위해 배경에 나오는 소리나 그림 등을 미리 들려주거나 보여주는 방법 등이 있다.
② 이야기를 암기하는 것이 중요하다. 특히, 이야기의 처음과 끝, 그리고 핵심이 되는 것을 기억해야 되는데 이것이 쉽지만은 않다. 사람마다 자기에게 맞는 방법을 개발하는 것이 중요하다.
③ 선정된 이야기는 오로지 학습자를 위한 것이다. 필요에 따라서 빼고 더하고 변경하고 강조할 수 있다.
④ 목소리를 최대한 이용한다. 큰 소리와 조용한 소리, 빠른 소리와 느린 소리 등 이야기의 내용과 분위기에 따라 목소리를 달리한다. 이야기를 말할 때에는 일반적으로 휴지를 길게 주고 일상 대화보다 느리게 하는 것이 효과적이다.
⑤ 때로는 해설자가 되고, 때로는 주인공이 되고 또 때로는 교사 자신의 이야기나 학습자에 대해 말하기도 한다.
⑥ 표정이나 제스처 등을 많이 사용한다.
⑦ 학습자들과 눈을 맞추면서 학습자의 반응을 살피고 적절히 피드백을 준다.
⑧ 학습자의 이해를 돕기 위하여 관련된 그림을 보여주고 반복하여 말해준다.
⑨ 학습자의 예측을 자극해 가면서 이야기 속으로 끌어들인다.

3) 교사 및 학습자의 준비상태 또는 준비물
① 교사는 책을 미리 읽어보고, 수업할 순서나 수정 사항을 미리 염두에 두고 수업계획을 세운다.
② 교사는 수업계획에 맞추어 녹음기, 단어카드, 역할놀이 소품 등을 미리 준비한다.
③ 학습자는 미리 배울 수업내용에 대해 읽어봄으로써 수업에 적극적으로 참여할 수 있는 배경 지식을 갖는다.

4) 기타

문학을 하나의 언어교육 자료로써 영어교육을 하려 할 때는 문학의 교육적 측면을 고려하여 학습자들이 흥미 있어 할 여러 교수자료들을 수업에 적용해 보고 더 많은 자료를 개발 보급하는 것이 필요하다.

Ⅲ. 수업모형 및 학습지도안

1. 수업모형

【표 20】 이야기 구연을 이용한 영어수업모형

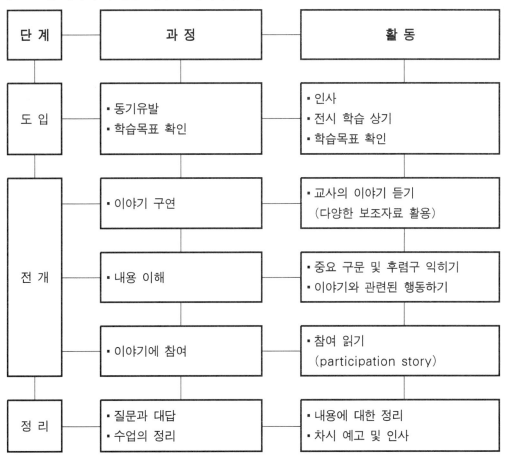

단 계	과 정	활 동
도 입	• 동기유발 • 학습목표 확인	• 인사 • 전시 학습 상기 • 학습목표 확인
전 개	• 이야기 구연	• 교사의 이야기 듣기 (다양한 보조자료 활용)
	• 내용 이해	• 중요 구문 및 후렴구 익히기 • 이야기와 관련된 행동하기
	• 이야기에 참여	• 참여 읽기 (participation story)
정 리	• 질문과 대답 • 수업의 정리	• 내용에 대한 정리 • 차시 예고 및 인사

2. 학습지도안

Lesson	I can swim		Theme	The Gingerbread Man
Objectives	Students can say "I can do something" or "I can't do something".			
Contents	Words		can, can't, catch, run, come back ⋯	
	Expressions		You can't catch me, I'm ○○, Come back ⋯	

Teaching Procedure

STEP	PROCEDURE	ACTIVITIES (T: Teacher S: Student)	TIME	MATERIAL
Introduction	Greetings	T: Hello, everyone. How are you today? S: Fine, thank you and you? T: I'm fine. Do you remember these pictures? S: Yes! T: (수영하는 그림을 보여 주며) Can you swim? S: Yes, I can./No, I can't. T: (하늘을 나는 그림을 보여 주며) Can you fly? S: No, I can't. T: (달리기하는 그림을 보여 주며) Can you run? S: Yes, I can. T: Good. Now, let's read today's learning points. S: (칠판에 적힌 공부할 문제를 다같이 읽는다.) ♣ 공부할 문제 ♣ ☞ 이야기를 들으며 배운 내용 따라 말하기	5'	Pictures (Swimming, Flying, Running⋯)
	Warming up			
	Introducing learning points			
Development	Listening Understanding the story	T: I tell you a funny story. (융판에 등장 인물을 하나씩 붙여가며 미리 외운 이야기를 자연스럽게 진행한다.) T: (이야기가 끝난 후) Can you understand? Say words in this story. S: Run/can't catch me/gingerbread man⋯ T: Excellent! (여기서 우리말로 이야기의 내용을 대충 들려준다. 이 때 어휘학습도 같이 하면 좋다.) Now, I'll tell you the story again. I want you to help me. (gingerbread man이 뛰는 모습을 보여 주며) If you see this picture, you shout "Run, run, run! As fast as you can. You can't catch me. I'm the Gingerbread Man." OK. Repeat after me. (달리는 시늉을 하며) Run, run, run!	10'	Flannel board

Teaching Process					
STEP	PROCEDURE	ACTIVITIES (T : Teacher　S : student)	TIME	MATERIAL
Development	Participation story	S: (동작을 따라 하며) Run, run, run! (이런 식으로 다른 구절을 반복하여 익히게 한다.) T: Good job. I need one helper. He or she will move picture cards on the flannel board. Who'll be a volunteer? S: Me!/Let me try! T: (손을 든 학생 중에 한 사람을 지명하면서) ○○, come here please. (그 학생에게 융판과 등장 인물 그림 및 배경 그림을 사용하는 법을 간단히 가르쳐 준다.)	10'	
	Story telling	T: Do you remember your words? S: Yes. T: I have a candle. If I turn on the candle, the story is started. If I finish telling the story, you blow out the candle. Are you ready? S: Yes. We are ready. T: (양초에 불을 붙인 다음 이야기를 시작한다.) S: (이야기를 열심히 들으며 함께 외쳐야 할 부분에서 동작을 섞어 크게 말한다.)	8'	※초는 하나의 상징물로서 이야기의 시작과 끝을 알리게 된다.
Consolidation	Review	T: Did you have fun? S: Yes. It's very interesting. T: Me too. (그림을 보여 주며) Can you skate? S: Yes, I can./No, I can't. T: (이런 식으로 반복연습한다.) T: Time's up. Good job! See you.	7'	동작을 나타내는 그림자료

진한 글씨로 표현된 부분을 후렴구로 사용하면 됩니다.

그밖에도 반복되거나 쉬운 표현은 학습자들이 할 수 있도록 유도하면 유익하며 "The Gingerbread Man"으로 역할놀이를 하고자 한다면 다음 사이트가 도움이 될 것입니다.

☞ http://www.edubox.com (2001년 2월 현재)

The Gingerbread Man

Once upon a time, a woman made a Gingerbread Man.

When she opened the oven door, out jumped the Gingerbread Man!

Away he ran. "Stop!" cried the woman. But the Gingerbread man just laughed.

"Run, run, run,

As fast as you can.

You can't catch me,

I'm the Gingerbread Man."

The Gingerbread Man ran past a field. He saw a farmer. "Stop!" cried the farmer. But the Gingerbread Man just laughed.

"Run, run, run,

As fast as you can.

You can't catch me,

I'm the Gingerbread Man."

The Gingerbread Man ran into the woods. He saw a dog. "Stop!": cried the dog. But the Gingerbread Man just laughed.

"Run, run, run,

As fast as you can.

You can't catch me,

I'm the Gingerbread Man."

Then the Gingerbread Man came to a river. He saw a crocodile.

"Please, Mr. Crocodile, take me across the river." said the Gingerbread Man.

"Certainly, little Gingerbread Man." said the crocodile. "Just climb on my nose."

"Come back." said the woman.

"Come back." said the farmer.

"Come back." said the dog.

But the Gingerbread Man just laughed.

The crocodile swam away with the Gingerbread Man on his nose.

When they came to the middle of the river, the crocodile said,

"Good bye, little Gingerbread Mann⋯!"

The crocodile opened his mouth and⋯

SNAP! GULP!

That was the end of the Gingerbread Man!

◀ 참 고 문 헌 ▶

강덕신. (1997). 『우화 활용을 통한 초등학교에서의 영어지도에 관한 연구』. 한국교원대학
    교 석사학위논문.

고광덕. (1997). 『초등학교 영어수업에서 암시교수법을 적용한 실험 연구』. 한국교원대학교
    석사학위논문.

권경민. (2000). 『동화의 Shared Reading이 초등 영어 읽기 능력과 태도에 미치는 효과』. 부
    산교육대학교 석사학위논문.

김선명. (1999). 『재즈 챈트와 동화를 활용한 초등학교 영어지도 및 학습에 관한 연구』. 한
    국교원대학교 석사학위논문.

김선미. (1998). 『침묵식 교수법을 응용한 초등학교 영어 음성 지도 연구』. 한국교원대학교
    석사학위논문.

김성문. (2000). 『초등영어교육을 위한 교수법 연구』. 대구교육대학교 석사학위논문.

김성식. (1997). 『자연교수법을 적용한 초등 학교 영어교수방법의 연구』. 한국교원대학교
    석사학위논문.

김영희, 정동빈, 이혜란. (1997). 『초등 영어지도 실제 노래, 챈트와 게임의 활용 연구』. 서
    울: 민지사.

김정렬, 김현주, 황경호. (1999). 『살아 있는 교실 영어』. 서울: 교문사.

김정렬. (2000). 『내용, 방법 및 매체를 중심으로 본 21C 영어교육』. 서울: 홍릉과학사.

김지민. (2000). 『총체적 언어 접근법을 적용한 영어 읽기 지도에 관한 연구』. 한국교원대학
    교 석사학위논문.

김진철, 고경석, 박약우, 이재희, 김혜련. (1998). 『초등 영어교수법』. 서울: 학문출판사.

김진철, 김덕규, 김영숙, 김영현, 김익상, 김점옥, 김종숙, 김혜련, 도명기, 박약우, 우상도,
    유범, 윤여범, 윤희백, 이재희, 최명주, 허구, 홍명숙. (1999). 『현장 수업 적용을 위한
    초등 영어지도법』. 서울: 한국문화사.

김충배, 정동빈. (1991). 『영어교육론』. 서울: 한신문화사.

류지형. (1993). 『전신 반응 학습활동을 통한 영어의 의사소통 능력 신장방안 연구』. 충북대
    학교 석사학위논문.

문종진. (1996). 『우화 및 신화를 이용한 초등영어교육방안 연구』. 한국교원대학교 석사학

위 논문.

문희순. (1994).『Community Language Learning을 응용한 국민학교 영어지도법 연구』. 한국 교원대학교 석사학위논문.

박경수. (1998).『초등 영어교육론』. 서울: 형설출판사.

박성애. (1998).『동화 SKIT를 이용한 초등영어지도방법 연구』. 한국교원대학교 석사학위논 문.

박유미. (1998).『초등학교에서의 영어지도를 위한 storytelling 활용에 관한 연구』. 한국교원 대학교 석사학위논문.

박은아. (1998).『외국어 학습에 있어서 정의적 요인의 중요성과 교수법에의 적용방안』. 숙 명여자대학교 석사학위논문.

박의재. (1989).『영어학습 지도의 이론과 실재』. 서울: 학문사.

박화목. (1989).『아동 문학 개론』. 서울: 민문교.

배두본. (1996).『영어교육학』. 서울: 한신문화사.

배두본. (1997).『초등학교 영어교육 이론과 적용 』. 서울: 한국문화사.

배소영. (1993).『Suggestopedia 교수방법 연구』. 진주: 경상대학교 출판부.

서상곤. (1998).『Whole Language Approach를 통한 의사소통능력 신장 연구』. 군산대학교 석사학위논문.

서영란. (2000).『의사소통 능력 향상을 위한 초등영어지도』. 진주교육대학교 석사학위 논 문.

신성철, 박의제. (1987).『영어교수법』. 서울: 한신문화사.

신용진. (1982).『교수 학습이론과 실재』. 서울: 한신문화사.

신용진. (1994).『영어교수 공학』. 서울: 한신문화사.

신용진. (1997). The whole language approach와 세 가지 주요 교수법의 구문지도 비교. *Foreign Language Education, 3,* 21 45.

심우길. (1996).『초등학교에서 동화를 이용한 영어지도 연구』. 한국교원대학교 석사학위논 문.

안효숙. (1989).『협력학습을 통한 중학교 영어과 학습 부진아의 학력향상에 관한 연구』. 전 북대학교 석사학위논문.

오마리아. (1996).『놀이로 가르치는 초등학교 영어』. 서울: 홍익미디어.

원성용. (1998).『교실영어 활성화를 통한 듣기와 말하기 능력 향상에 대한 연구』. 강원대학 교 석사학위논문.

원숙민. (2000).『전신 반응 교수법을 통한 효과적인 초등 영어 듣기 지도방법』. 진주교육대학교 석사학위논문.

유경환. (1996).『의사소통 중심 영어교수법을 적용한 실험연구』. 한국교원대학교 석사학위
        논문.

이귀염. (2000).『영어이야기 들려주기를 통한 어휘인지도 비교 연구』. 서울교육대학교 석
        사학위논문.

이상금, 장영희. (1990).『유아 교육론』. 서울: 교문사.

이성은, 황경희. (1998). "총체적 언어학습이 초등학교 아동의 영어학습 성취와 영어
        불안에 미치는 효과".『초등영어교육』, 4, 157 179.

이성은. (1994).『총체적 언어교육: 교실적용의 이론과 실제』. 서울: 창지사.

이완기. (1998).『초등영어교육론』. 서울: 문진미디어.

이홍수. (1999).『초등 영어교육론』. 서울: 한국문화사.

이화자. (1994).『조기 영어학습자를 위한 Whole Language Approach의 효과에 관한 연구』.
        서울: 한국문화사.

이희숙. (1991). 조기 영어교육을 위한 아동 문학 활용 연구.『서울교육대학교 논문집』.

임경빈. (1998).『영어 동화를 이용한 초등학교 영어지도에 있어 reading aloud 기법의 효과
        적 이용에 관한 연구』. 한국교원대학교 석사학위논문.

정동빈. (1999).『조기영어교육론』. 서울: 한국문화사.

조명원, 선규수. (1992).『외국어 교육의 기술과 원리』. 서울: 한신문화사.

최윤석. (1999).『초등 영어교육에서 역할놀이를 통한 의사소통 능력 향상 방안 연구』. 공주
        교육대학교 석사학위논문.

최윤성. (2000).『초등영어교육의 스토리텔링 적용에 관한 연구』. 대구교육대학교 석사학위
        논문.

최진황. (1986).『영어교수법 이론과 적용』. 서울: 민족문화문고간행회.

최진황. (1997).『초등 영어수업모형과 교실 영어』. 서울: 영탑.

홍재표. (1993).『Silent way의 적용에 관한 실험 연구: 국민학교 4학년 학생을 대상으로』.
        한국교원대학교 석사학위논문.

Asher, J. (1965). The Strategy of the total physical response: An applicaition to learning
        Russian. *International Review of Applied Linguistics, 3*, 291 300.

Asher, J. (1966). The Learning strategy of the total physical response: A review. *Modern
        Language Journal, 50*, 79 84.

Asher, J. (1969). The total physical response approach to second language learning. *Modern*

Language Journal, 56, 133 139.

Asher, J. (1977). *Learning Another Language Through Actions: The Complete Teacher's Guide Book*. Los Gatos, CA: Sky Oaks Productions.

Asher, J. (1981a). The extinction of second language learning in American schools: An intervention model. In H. Winitz (Ed.), *The Comprehension Approach to Foreign Language Instruction* (pp. 49 68). Rowley, Mass.: Newbury House.

Asher, J. (1981b). The fear of foreign language. *Psychology Today*, 15(8), 52 59.

Asher, J., & Price, B. S. (1967). The learning strategy of the total physical response: Some age differences. *Child Development, 38*, 119 127.

Asher, J., Kusudo, J. A., & De La Torre, R. (1974). Learning a second language through commands: the second field test. *Modern Language Journal, 58*, 24 32.

Bancroft, W. J. (1972). The psychology of suggestopedia or learning without stress. *The Educational Courier, Feb.*, 16 19.

Breen, M., & Candlin, M. N. (1980). The essentials of a communicative curriculum in language teaching. *Applied Linguistics, 1*(2), 89 112.

Brumfit, C. J., & Johnson, K. (Eds.). (1979). *The Communicative Approach to Language Teaching*. Oxford: Oxford University Press.

Bruner, J. (1966). *On Knowing: Essays for the Left Hand*. New York: Atheneum.

Curran, C. A. (1972). *Counseling Learning: A Whole Person Model for Education*. New York: Grune and Stratton.

Curran, C. A. (1976). *Counseling Learning in Second Languages*. Apple River, IL.: Apple River Press.

Edelsky, C., Altwergel, B., & Flores, B. (1991). *Whole language approach: What's the difference?* Portsmouth, NH: Heinemann.

Freeman, D., & Freeman, Y. (1988). *Whole language for second language learners*. Portsmouth, NH: Heinemann.

Ellis, G., & Brewster, J. (1991). *The storytelling handbook for primary teachers*. Penguin Books.

Gaston, E. T. (1968). *Music in Therapy*. New York: Macmillan.

Gattegno, C. (1972). *Teaching Foreign Languages in Schools: The Silent Way* (2nd ed.). New York: Educational Solutions.

Gattegno, C. (1976). *The Common Sense of Teaching Foreign Languages*. New York: Educational Solutions.

Goodman, K., & Goodman, Y. (1981). *A whole language comprehension centered view of reading development: A position paper*. Tucson, AZ: University of Arizona, Program in Language & Literacy.

Goodman, Y. (1986). *What's whole in whole language?* Portsmouth, NH: Heinemann.

Halliday, M. A. K. (1975). *Explorations in the Functions of Language*. London: Edward Arnold.

Harte, J. C., & Burke, C. L. (1977). A new hypothesis for reading teacher education research: Both the teaching and learning of reading are theoretically based. In P. D. Pearson (Ed.), *Reading: Research, theory, and practice: Twenty sixth yearbook of the National Reading Conference*. Chicago: National Reading Conference.

Howatt, A. P. R. (1984). *A History of English Language Teaching*. Oxford: Oxford University Press.

Hymes, D. (1972). On communicative competence. In J. B. Pride & J. Holmes (Eds.), *Sociolinguistics* (pp. 269 293). Harmondsworth: Penguin.

Krashen, S., & Terrell, T. (1983). *The natural approach*. Oxford: Pergamon press.

Krashen, S. (1981). *Second Language Acquisition and Second Language Learning*. Oxford: Pergamon.

La Forge, P. G. (1983). *Counseling and Culture in Second Language Acquisition*. Oxford: Pergamon.

Littlewood, W. (1981). *Communicative Language Teaching*. Cambridge: Cambridge University Press.

Lozanov, G. (1978). *Suggestology and Outlines of Suggestopedy*. New York: Gordon and Breach.

Mackey, W. V. (1972). *Bilingual Education in a Binational School*. Rowley, Mass.: Newbury House.

Morrow, K. (1979). Communicative language testing: revolution or evolution. In C. Brumfit, & K. Johnson (Eds.), *The communicative approach to language teaching*. London: Longman.

Moskowitz, G. (1978). *Caring and Sharing in the Foreign Language Class*. Rowley, Mass.: Newbury House.

Newmark, L., & Reibel, D. A. (1968). Necessity and sufficiency in language learning. *International Review of Applied Linguistics, 6*(2), 145 164.

Paulston, C. B., & Bruder, M. N. (1976). *Teaching English as a second language*. Cambridge. Mass: Winthrop Publishers.

Povey, J. (1972). Literature in TESL programs: The language and the culture. In Allen &

Campbell (Eds.), *Teaching English as a Second language*. New York: McGraw Hill Inc.

Richards, J. C., & Rodgers, T. S. (1986). *Approaches and Methods in Language Teaching.* Cambridge, UK: Cambridge University Press.

Richards, J. C., & Rodgers, T. S. (1995). *Approaches and Methods in Language Teaching*: A description and analysis (2nd edition). Cambridge: Cambridge University Press.

Rivers, W. (1972). *Speaking in many tongues*. Rowley, Mass: Newbury House.

Sorenson, M. (1981). Storytelling Techniques. In L. Lamme (Ed.), *Learning to Love Literature*. USA: National Council of English.

Stevick, E. W. (1976). *Memory, Meaning and Method: Some Psychological Perspectives on Language Learning*. Rowley, Mass: Newbury House.

Tranel, D. D. (1968). Teaching Latin with the chromachord. *The Classical Journal, 63.*

Watson, D. (1989). Defining and describing whole language. In whole language. *Elementary School Journal, 73*(2), 160 168.

Wilkins, D. A. (1976). *Notional Syllabuses*. Oxford: Oxford University Press.

Yopp, H., & Yopp, R. (1996). *Literature Based Reading Activities*. NY: A Simon & Schuster Company.

제3부 구성주의

구성주의자들은 지식은 사전 경험을 바탕으로 개인이 구성해 나간다고 본다. 따라서, 경험이 다른 두 사람은 똑같은 지식을 가질 수 없고, 지식은 자기 중심적으로 형성될 뿐만 아니라 사회환경에 따라 다르게 형성된다고 주장한다. 더 나아가 지식은 매우 합리적으로 개인 내에서 창출된다는 것이다. 하지만 인식에 대한 다양한 견해차 때문에 구성주의를 한마디로 표현하기는 어렵다. Piaget를 중심으로 한 전통적인 구성주의자들은 개인적인 사고와 의미 창조를 강조하였고, 새로운 형태의 구성주의자들은 사회적인 맥락에서 개인들간의 상호작용과 협력을 통해 지식이 형성된다는 것을 강조하였다. 지식의 생성이 개인적으로 일어나느냐, 혹은 사회적으로 일어나느냐를 떠나서 구성주의자들의 전반적인 견해를 종합해 보면 다음과 같이 정리할 수 있다(황윤한, 1998).

- 지식은 기존 경험으로부터 개개인의 마음속에서 구성된다.
- 지식 구성은 자신이 속한 사회의 구성원들에 의해 영향을 받는다.
- 지식은 역동적이며, 개인적, 사회적, 합리적으로 창출된다.

구성주의는 인식의 형성 방법뿐만 아니라 그 인식의 구조가 개인의 행동에 미치는 영향에도 관계가 있다고 본다. 구성주의에 의하면, 개개인은 자기의 인식 범주에 의해 해석하고 행동한다. 이 이론은 다른 여러 인지론적 접근에서처럼 어떤 사건이 단순히 원래 형태 그 자체로서 개인에게 나타난다고 보지 않고, 개인이 자신의 인지구조체계에 의해서 경험을 형성한다고 본다. 사람들은 어떤 상황에 단순히 수동적으로 행동하는 것이 아니라 자기들의 행동을 자기가 생각하고 제재하려고 하는 방향으로 변화를 주려고 능동적으로 행동한다.

1. 교수 학습이론

교수 학습의 구성주의적 접근은 교육학자들과 심리학자들에 의해 발전되어 오고 있다. 구성주의 교육의 출발이 교육 현장에서 각광을 받기 시작한 것은 그렇게 오래되지는 않았지만, 무수한 형태의 주장과 이론이 쏟아져 나오고 있다. 다양한 관점을 인정하는 것이 또한 구성주의 철학이기에 시간이 흐를수록 더 많은 이론들이 나올 것으로 예측된다. 주요 흐름으로는 J. Piaget를 중심으로 한 인지발달적 구성주의와, L. Vygotsky를 중심으로 한 사회적 구성주의를 들 수 있다. 한편, 구성주의의 선두주자 가운데 한 사람인 Bruner는 발판 이론(scaffolding)을 전개하였는데, 초기의 Piaget 입장으로부터 점차 Vygotsky의 입장을 취하는 모습을 보이고 있으며, 관련 저서로는 *Acts of Meaning*(1990), *The Culture of Education* (1996) 등이 있다(Cameron, 2001).

구성주의의 핵심 이론가로 추앙 받고 있는 Piaget는 인지발달에 대한 연구를 60여년간 지속적으로 추진해 왔다. 그 결과 '지적 발달은 유전적 요인과 환경적 요인의 교류에 의해 생기는 결과'라는 '인지적 발달 이론'을 도출하게 되었으며 이는 곧, 학생들이 성장하면서 끊임없이 자신의 환경과 교류하는 과정에서 지식이 창조 및 재창조된다는 것을 의미한다. Piaget에 따르면, 인간에게는 즉시 이해되고 활용할 수 있는 정보가 주어지는 것이 아니라 그들 자신이 지식을 먼저 구성(construct)해야 한다는 것이다. 경험을 통하여 자신의 지식을 쌓아가고 경험이나 신념, 가치, 사회문화적 역사, 또는 기존 인식들이 인지구조의 한 단위인 인지도식(schema)을 창출하게 된다. 이러한 도식들은 동화(assimilation)와 조절(accommodation)이라는 적응과정을 통해 변화하고, 확장되며, 보다 정교해진다.

한편, Vygotsky(1962, 1978)의 이론은 사회발달이론의 기초가 되었는데 인간과 환경의 교류에서 조정(mediation)이라는 개념을 도구뿐만 아니라 기호(sign)의 사용에 접목시켰다. 그는 언어나 글 또는 수체계와 같은 기호체계(sign system)는 인류 역사의 과정에서 성립하였으며, 또한 사회형태 및 그 사회의 문화적 발달 수준의 변화 과정과 더불어 성립하였다고 하였다. Vygotsky는 문화적으로 발생된 기호체계를 내면화하는 것은 행동의 변형을 가져오고, 개개인의 초기와 후기의 발달 형태를 연결시키는 통로를 형성한다고 믿었다. Vygotsky 이론체계의 주요 주제는 학습자들의 사회적 교류가 인식 발달에 있어서 기초적인 역할을 한다는 것이다. Vygotsky는 학생의 문화적 발달에 있어서 주의집중, 논리적 사고, 개념형성 등을 포함한 인지 기능은 두 차례에 걸쳐 나타나는데 사회적인 수준에서 먼저 일어나고 후에 개인적인 수준에서 일어난다고 했다. 즉, 사람과 사람 사이에서 먼저 일어난 후에 학생의 개인 내에서 일어나며 모든 고등정신기능은 개개인 사이의 실제적인 관계에서 일어난다는 것이다. Vygotsky 이론의 또 다른 관점은 '근접발달영역'(Zone of Proximal Development; ZPD)이라 불리는 개념과 관련된다. 근접발달영역은 실제 발달수준과 도달가능한 잠재적 발달수준 이라는 개념으로 자연교수법에서 말하는 영어 입력문의 i+1에서 현재 수준에서 발달 가능한 잠재적 발달영역인 +1 영역을 말한다. 실제발달수준은 학생의 독자적인 문제해결을 측정하 는 것에 의지하여 얻어지며, 잠재적 발달수준은 성인의 지도 혹은 능력 있는 동료와의 협력 하에 이루어지는 문제해결을 통해 밝혀진다. 따라서, 근접발달영역은 실제발달수준과 잠재 발달수준 간의 차이이다. 인지발달의 가능성은 바로 이 근접발달영역에 한정되어 있고 더 나아가 근접발달영역의 완전한 발달은 사회적 교류에 전적으로 달려있다는 것이다. 이렇게 성인의 도움이나 동료와의 협조에 의해 발달할 수 있는 기능의 범위는 개인이 혼자서 얻을 수 있는 것보다 훨씬 앞선다. 따라서 교육에 있어서 교사의 적극적인 참여가 학생 발달에 중요한 역할을 한다. Piaget와 Vygotsky의 이론들을 바탕으로 출발한 새로운 이론들이 많이 출현하고 있는데, 이들을 도표화 해보면 다음과 같다(황윤한, 1999:53).

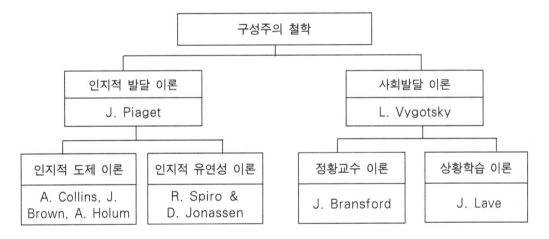

2. 교수 학습활동

 von Glasersfeld(1989)는 지식은 단순히 존재하고 있는 대상의 표현이 아니라 활용할 수 있는 개념도(concept map)로 생각되어야 한다고 주장한다. 그렇게 되기 위해서는 교육과정 에 필요한 학습주제와 학습자료는 보다 효과적으로 연구되어져야 한다. 어떤 것을 이해하 거나 유용한 지식으로 만들기 위해서는 지식의 암기나 반복이 아무런 도움이 되지 못함을 교사들은 깨달아야 한다. 실질적인 학습은 일상 생활과 관련된 학습상황에서 일어난다. 즉, 다양한 정보와 같은 인지적 도구 또는 다른 사람들의 도움을 받아 학생들이 자신과 관련된 어려운 문제를 확실하게 파악할 수 있는 기회를 가졌을 때 학습은 일어난다. 따라서, 교단 선진화와 같은 학습 환경이 중요한 변수로 작용한다. 학습자는 문제해결을 하면서 개개인이 현장에서 직접 이미 알고 있는 지식을 사용하고 새로운 지식을 창출하는 연구를 통해 자신들의 아이디어를 이와 비슷한 방법으로 적용하고 또 의미를 새겨 봄으로써 그와 관련된 내용을 이해하게 된다.

한편, 구성주의자 교실은 학생들이 자신 스스로 지식을 쌓고 구성하는 환경이다. 이는 혼자 따로 배운다거나 다른 학생들이 배운 것을 배우지 않는다는 말은 아니고 다른 학생들과 함께 하는 활동을 통하여 지식을 구성해 나간다는 것이다. 따라서, 구성주의자들의 교육환경은 비디오 디스크에 저장된 수많은 상황들을 학생들이 탐구해 가면서 과학적, 수학적 개념들이 자연스럽게 습득될 수 있도록 한 상황학습(anchored instruction) 환경, 컴퓨터 시뮬레이션을 통해서 학습자들이 실생활에서 발견할 수 있는 주요 쟁점사항을 역동적으로 경험할 수 있는 Microworld 환경, 지식이 산더미처럼 쌓여 있는 전자 교과서, 전자사전, 비디오테이프, 비디오 디스크, 인터넷 등의 정보은행 환경, 편집을 하거나 그림을 그릴 때 컴퓨터의 발전으로 더욱 편리해진 여러 가지 기호의 활용, 레고, 학습막대, 수학자료, 모형 건축자재 등과 같은 구성물체(construction kits), 말하기, 듣기, 쓰기 등을 총체적으로 접근(whole language)할 수 있도록 조성된 학습 환경 등이다. 오늘날 컴퓨터나 인터넷의 발달로 이러한 환경은 점차적으로 조성되고 있다. 이러한 환경에서의 학습자는 능동적이고, 창조적이며, 개성과 무한한 발달 가능성을 가지고 있다. 학습자는 교사가 제시하는 지식을 수동적으로 받아들이는 것이 아니라, 그것을 자기 경험에 비추어 분석·평가할 수 있으며, 재구성하고 새로운 환경과 상황에 적용할 수 있다. 학습자는 뚜렷한 개성을 가지고 있으며, 어느 누구도 똑같은 생각을 갖고 있지 않다. 그들 생각이나 아이디어는 독창적이고 때에 따라서는 상상을 초월할 수 있다. 학습자는 사회활동을 통해 그들이 발전할 수 있는 범위를 최대한으로 넓힐 수 있으며, 사회교류를 통해 상대방의 생각이나 아이디어를 존중하고 협동으로써 어려운 문제도 풀 수 있다고 믿는다.

영어과 교수·학습방법 상에 나타난 구성주의적 교수법들은 다음과 같으며, 제3부에서 이들을 하나씩 순서대로 살펴보도록 한다.

- 인지적 교수법(Cognitive Language Learning)
- 과제수행 교수법(Task based Approach)
- 경험 언어학습(Experiential Language Learning)
- 열린교육에서의 영어지도법(English Teaching Method in Open Education)
- 컴퓨터를 이용한 영어교수법(Computer Assisted Language Learning)
- 웹 기반 영어교수법(Web based English Teaching)

인지적 교수법
(Cognitive Language Learning)

> 　인지적 교수법은 심리학적으로는 인지주의를, 언어학적으로는 Chomsky의 변형 생성 이론을, 철학적 배경으로는 이성주의를 바탕으로 하는 교수법이다. 인지적 교수법은 인간의 언어능력의 발달은 인지 능력의 발달과 밀접한 관계가 있다고 보고, 인간의 인지 능력을 최대한 영어학습에 활성화시키자는 것이다. 다른 교수법과는 달리, 굳이 언어기능별로 습득의 순서를 엄격하게 정해놓지는 않았지만 대체로 인지활동에서 이해 기능을 먼저 도입하고 후에 표현 기능을 도입한다. 또한, 영어의 구조와 문법을 학생들에게 가르치되 의미 있는 상황을 제공하여 의미와 규칙을 인지적으로 내재화하는 것을 강조한다.
>
> 　인간의 언어능력은 행동주의자들이 주장하는 것처럼 백지상태에서 자극과 반응 및 강화에 의해서 형성되는 것이 아니라 선천적으로 거의 모든 언어능력을 갖고 태어나서 주위의 언어환경에 따라서 다른 언어로 발현될 뿐이라는 것이다. 그리고 언어능력의 중심은 문법능력이고 언어학습은 인간의 언어능력이 최대한 발현될 수 있도록 적절한 입력과 활동을 제공하면 발현된다는 것이다. 또한, 제2외국어 습득에서는 목표어의 학습대상 문법을 먼저 인지적으로 파악하고 이해 활동인 듣기 및 읽기 학습 후 점차 표현 활동인 말하기 및 쓰기 활동을 하면서 파악한 문법규칙이 내재화될 수 있도록 자동화(automatization) 과정을 거친다.

Ⅰ. 개 요

1. 의미

인지적 교수법(cognitive approach)은 엄밀한 의미에서 학습이론이라 할 수 있으며 이는 인지적 언어학습(cognitive code learning) 이론이라고도 한다. 이 교수법은 1960년대 중반 청화식 교수법의 대안으로 등장하였는데 '변형된 최신형 문법번역 이론'(modified, up to date grammar translation theory, Carroll, 1966)이라고도 하며 변형된 최신형 직접식 이론(modified, up to date direct method approach, Hester, 1970; Diller, 1971)이라고도 한다.

이 교수법은 언어의 의식적 습득을 강조하며 인지 심리학과 변형문법에 그 이론적 기초를 두고 행동주의와 구조 언어학적 접근을 반대하는 입장이다. 인지주의적 원칙으로 Diller(1978)는 다음과 같이 네 가지를 든다.

① A living language is characterized by rule governed creativity.
② The rules of grammar are psychologically real.
③ Man is specially equipped to learn language.
④ A living language is a language in which we can think.

인지란 정신적 이해와 깨달음에서 실행까지의 과정을 말한다. 즉, 언어능력의 의식적 습득에서 의식적 적용까지를 인지라고 본다. 그러므로 영어학습이란 영어로 생각하는 것을 배우는 것이며 의미 있는 연습만이 영어학습의 유일한 방법이다. 학생들은 새로운 구조의 형식에 관한 설명을 듣지 않으면 구조를 이해할 수 없으므로 문법과 언어 규칙을 의식적으로 가르치고 언어를 하나의 체계로 이해시키며, 이를 위해 연습을 해야 하는데 연습은 창조성을 기르기 위한 의미 있는 자료가 된다고 주장한다(Carroll, 1965).

2. 원리

1) 언어이론

Chomsky(1957, 1965)는 변형생성문법이론을 통해서 화자의 기본적인 언어능력(underlying competence)을 구성하고 있는 규칙의 추상적인 성질과 이러한 규칙의 보편성을 강조한다. 이것은 말의 표면 구조에서 언어를 관찰하고, 언어 사이의 차이를 강조하는 구조주의와는 크게 대조를 이룬다(Ellis, 1990). 특히, Chomsky는 어린이가 주변에서 접한 언어자료만으로 그 언어의 문법규칙을 습득한다는 것은 불가능한 일이며, 어린이가 발화를 듣고 그 속에서 숨겨진 언어 규칙(hidden rule)을 발견해 내고 언어능력에 도달하는 것은 LAD(Language Acquisition Device) 또는 보편문법(Universal Grammar)이라고 불리는 인간의 내적 언어습득 장치 때문이라고 주장한다. 그가 제시한 중요한 개념은 다음과 같이 요약할 수 있다(김영숙 외 5인, 1999).

① 언어사용은 규칙에 의해 통제되고, 언어사용자는 이 한정된 규칙으로 무한한 말을 생성할 수 있는 언어지식을 가지고 있다.

② 인간의 언어능력과 언어수행은 구별된다.

③ 인간은 표면구조만 듣고도 언어를 배울 수 있는 천부적 혹은 보편적 능력이 있으며 모든 언어에는 공통적인 문법의 요소, 즉, 보편적인 문법이 있다.

④ 문장이 가지고 있는 심층구조와 표층구조의 관계는 생성규칙(generative rules)과 변형규칙(transformational rules)으로 설명된다.

2) 학습이론

인지적 학습이론은 외국어나 제2언어의 학습을 복잡한 인지적 기능의 습득으로 보며 학습을 인지적 과정이라고 한다. 영어의 습득은 적합한 어휘, 문법적 규칙, 언어사용을 규제하는 화용규칙을 선택하는 절차가 포함되며 자동화(automatization)와 재구성(reconstruction)에 의해 언어수행 능력이 발달된다고 한다. 자동화란 기능의 일상화로서 인지적, 사회적 영역으로부터 정보를 입수하여 이를 조정하고 통합하는 일을 의미하고, 자동화 과정은 학습자가 점차 더 어려운 수준의 학습으로 이행함을 말한다. 재구성이란 학습자가 복잡한 기능을 습득할 때 새로운 정보를 해석하기 위해서 새로운 구조와 조직을 고안하는 과정으로, 재구성 과정은 자동화 과정을 보완한다.

인지적 접근방법의 학습이론을 요약하면 다음과 같다.

① 교수책략이나 학습과제는 학습자의 발달단계에 적합한 것이어야 하고, 학습내용도 학습자의 인지적 발달수준을 충분히 고려한 것이어야 한다.

② 유의미한 영어학습을 위해서 학습하는 내용이나 활동이 학습자들의 흥미를 유발하거나 학습자와 직접 관련이 있어야 한다.

③ 전체에서 부분으로 학습해 가는 하향식 방법이 바람직하다.

④ 학습자 중심의 학습활동이 이루어져야 하며, 교사는 보조자의 역할을 수행하도록 한다.

3. 특징

인지적 교수법은 영어습득에서 문법의 습득은 필수적이며 문법학습은 실제의 언어행위와 직결되는 것이 바람직하다는 가설에 근거한다. 그러므로 영어학습은 의미 있는 상황에서 이루어져야 하며, 언어행위는 창조적인 것이므로 교사는 학습자가 창조적인 언어활동을 촉진하도록 학습을 유도해야 한다고 주장한다. 다만, 영어문법의 습득은 불규칙 동사표의 기계적 암기나 문법 용어 자체의 이해로 되어지는 것이 아니라는 점을 강조한다.

인지적 교수법은 언어에 관한 정신적 이해와 인식을 통해 연습을 하고 구조에 관한 공부를 한 후에 상황에서의 사용을 제안하므로 연역적 방법의 학습을 원칙으로 한다. 그러므로 교재는 구조적 형태와 기능에 주안점을 두고 연습을 하도록 구성되며, 매 학습시간마다 새로운 언어자료와 연습문제, 규칙의 적용을 위한 활동을 하도록 되어 있다(Chastain, 1971, 1976).

Celce Murcia(1991)는 인지주의적 접근법을 취하는 수업방식의 특성을 다음과 같이 제시하고 있다.

① Language learning is viewed as rule acquisition, not habit formation.

② Instruction is often individualized; learners are responsible for their own learning.

③ Grammar must be taught but it can be taught deductively (rules first, practice later) and/or inductively (rules can either be stated after practice or left as implicit information for the learners to process on their own).

④ Pronunciation is de emphasized; perfection is viewed as unrealistic.

⑤ Reading and writing are once again as important as listening and speaking.

⑥ Vocabulary instruction is important, especially at intermediate and advanced levels.

⑦ Errors are viewed as inevitable, something that should be used constructively in the learning process.

⑧ The teacher is expected to have good general proficiency in the target language as well as an ability to analyze the target language.

인지적 교수법과 문법 번역식 교수법은 언어의 분석, 연역적 방법을 취한다는 점에서 기본 방향이 같다. 그러나 인지적 교수법은 확고한 언어이론과 언어학습이론에 기초하고 있고, 언어의 네 기능을 모두 중요시하며, 오류를 학습과정의 한 단계로 인식하는 점에서 문법 번역식과는 크게 다르다고 하겠다.

목표어의 규칙을 아는 것도 암기보다는 이해를 중시하는데 새로운 상황에서 새로운 문장을 구성할 수 있는 능력을 키우기 위한 것이다. 그러므로 언어의 창조적인 사용과 의미 있는 학습이 중요시된다(Chastain, 1976).

Ⅱ. 교실수업의 적용

1. 수업절차

인지적 교수법은 학생들이 새로운 영어문법 개념을 이해하고 연습문제를 통해 문맥에 맞는 구조를 연습한 다음에 읽기와 듣기를 학습하는 절차로 진행한다. 인지적 교수법의 수업절차를 도식화하면 다음과 같다.

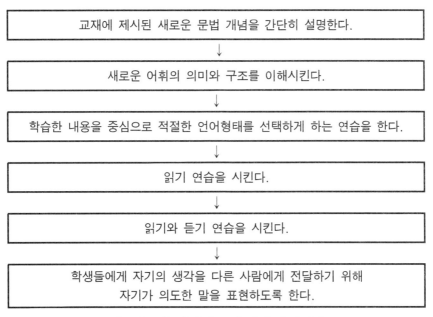

교재에 제시된 새로운 문법 개념을 간단히 설명한다.

↓

새로운 어휘의 의미와 구조를 이해시킨다.

↓

학습한 내용을 중심으로 적절한 언어형태를 선택하게 하는 연습을 한다.

↓

읽기 연습을 시킨다.

↓

읽기와 듣기 연습을 시킨다.

↓

학생들에게 자기의 생각을 다른 사람에게 전달하기 위해 자기가 의도한 말을 표현하도록 한다.

【그림 7】 인지적 교수법의 수업절차

2. 교수 학습활동의 유형

Chastain(1976)에 따르면 언어습득은 이해(understanding), 훈련(drill) 그리고 적용(application)의 세 단계를 거치게 된다고 한다. 이를 토대로 인지적 교수법의 수업활동을 간략히 살펴보면 다음과 같다.

① 1단계(이해 단계)
　　교재에 제시된 새로운 문법 개념을 간단히 설명한다.

새로운 어휘의 의미와 구조를 이해시킨다.

② 2단계(훈련 단계)

학습한 내용을 중심으로 적절한 언어형태를 선택하게 하는 연습을 한다.

읽기 연습을 시킨다.

읽기와 듣기 연습을 시킨다.

③ 3단계(적용 단계)

학생들에게 자기의 생각을 다른 사람에게 전달하기 위해 자기가 의도한 말을 표현
하도록 한다.

3. 현장적용시 유의사항

인지적 교수법은 학생들이 새로운 영어문법개념을 이해하고, 연습문제를 통해 문맥에 맞
는 구조를 연습한 다음에 읽기와 듣기를 학습하는 절차로 진행한다. 이 교수법은 언어의
사용과 학습상황의 제공보다는 언어분석을 강조한다. 또한, 영어발음을 중요하게 다루지
않고 영어 읽기 학습에 필요한 어휘를 가르치는 데 역점을 둔다. 그러므로 이 교수법은 중
등학교와 초등학교 상급 학년에서 간단한 문법규칙을 가르칠 때 적용할 수 있다. 그렇지만
실제 이 방법을 적용하여 의사소통 능력을 기를 수 있다는 증거는 아직 발견되지 않았으므
로 교실수업의 적용에 신중을 기하여야 할 것이다.

이 교수법은 수업에서 반복연습을 하는 것은 효과가 없고 묵묵히 앉아서 공부하는 것을
권장한다. 영어수업에서 시청각 자료, 이야기, 다른 여러 가지 수단을 사용하여 상황을 제
시하고, 개인 활동과 소집단 활동을 권장한다. 교사는 학생들을 통제하는 권위자가 아니라
학습을 쉽게 도와주는 사람의 역할을 하며, 학생들이 이해하지 못하면 모국어를 사용하여
설명하고 번역을 해주는 것이 허용된다. 학생들의 오류는 학습과정에서 생기는 필연적인
산물이므로 교사가 체계적으로 가르쳐 주고 설명을 해주며 가능하다면 오류를 치유하는
것이 좋다고 본다.

교수방법에서 몇 가지 적용할 수 있는 것이 많지만 성장기의 학습자들이 아직 어려서 논
리적 사고력이 부족한 경우, 변형 생성 문법에서 도출한 많은 규칙을 가르쳐 주는 것은 연
령에 맞지 않으며 또다른 학습부담을 줄 염려가 있다. 다만, 연습을 할 때 기계적 연습보다
는 의미 있는 연습을 하도록 유도해야 한다.

Ⅲ. 수업모형 및 학습지도안

1. 수업모형

【표 21】 인지적 교수법을 적용한 수업모형

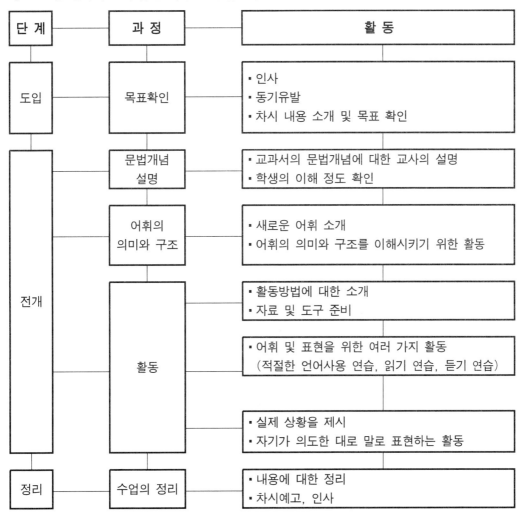

2. 학습지도안

Lesson	Taller and Bigger		Theme		Comparison
Objectives	Students listen and understand comparative expressions within conversational situation.				
Contents	Words		longer, shorter, bigger, smaller, older, younger, fatter, thinner, than and so on.		
	Expressions		A is _____er than B.		

Teaching Process

STEP	PROCEDURE	ACTIVITIES (T: Teacher S: Student)	TIME	MATERIAL
Introduction	Greetings	T: Good morning. S: Good morning. T: Today, let's study unit three. ■그림카드를 제시한다.	5'	그림카드
	Motivation	T: This is a pencil. It's long. 　　This is a pencil. It's short. ■ 다른 그림카드를 제시하여, 대답을 유도한다. T: How about this one? S: That is a man. He is fat. 　　That is a man. He is thin. T: Good. Let's compare two cards. 　　How can we say when we want to compare things 　　in English? 　　Let's read today's learning points. (칠판에 적힌 공부할 문제를 함께 읽는다.)		
Development	Introducing learning points	♣ 공부할 문제 ♣ ☞ 비교 표현을 대화 상황 속에서 듣고 익히기	5'	VCR, TV
	Look & Listen	T: Let's watch the video. ■ 비디오를 두 번 보여 준다. 그 다음에는 등장인물 의 대화를 한 번 정도 따라 하게 한다. T: Let's watch the video. (After watching two times) 　　And let's follow the dialogue. ＜Script＞ A: I'm thirteen years old. How about you? B: I'm eleven years old. I am younger than you. A: Um. I am older than you.		

Teaching Process

STEP	PROCEDURE	ACTIVITIES (T: Teacher S: Student)	TIME	MATERIAL

Development	Explanation of grammar points	T: I'm twenty eight years old.
		   Min su! How old are you?
		S: I'm thirteen years old.
		T: (칠판에 붙여진 문장 카드를 떼어내면서) I'm older than you.
		   Well, I said that I'm older than you. I want to compare your age with mine. Here, older means 나이가 더 많은, and than means ~보다. Do you know what 'old' means?
		S: '나이가 많은'입니다.
		T: Good. After the word like 'old, young and short,' we add er. It's used to compare things.
		   In Korean, 더 ~한. Do you understand?
		S: Yes.
			15'	문장카드

	Introducing new vocabularies & comprehension activity	■ 단어카드를 떼면서 비교급 단어들을 더 제시해 준다. (longer, shorter, smaller, bigger, fatter, thinner, faster.) T: Here are some more expressions related to compare two things. Let's read together and say what they mean in Korean. ■ longer를 나타내는 단어카드를 학생들에게 제시한다. S: Longer! T: What does it mean? S: '더 긴'입니다. ■ 위와 같은 방법으로 학습하고자 하는 비교형 어휘를 연습한다.		단어카드
	Activity (group work)	T: Let's do group work. I'll give out four picture cards to each group. You have to make comparative sentences and make them for a song. For example, think about any songs you want. 서태지, H.O.T., 박지윤 or songs learned in class. ■ 그룹별로 문장을 만들고, 노래로 표현한다. (순회하면서, 잘못된 표현이 없는지 도와준다.)	10'	비교하는 대상의 특징이 잘 나타나 있는 그림카드

Teaching Process

STEP	PROCEDURE	ACTIVITIES (T: Teacher S: Student)	TIME	MATERIAL
Consolidation	Comprehension check up Introducing next time	T: Good. Clap your hands three times. How do you like it? Exciting? S: Yes. ■ 각 조별로 모두 노래를 발표하도록 한다. T: Now, show your songs to your friends. Which group, first? O. K. Stand up and sing. T: Good! You are all excellent singers! T: (지우개와 책가방을 들고) What's this? S: It's an eraser. T: What's this? S: It's a bag. T: Let's compare these things. S: The eraser is smaller than the bag. T: Good! All right. That's all for today, thank you. Next time, we will learn more expressions about comparison and do some practice. Bye, everyone. S: See you.	5'	지우개, 책가방 실물이나 그림

🧑‍🏫 함께 해 봅시다

group activity에 사용할 그림카드를 다음과 같이 소개합니다. 학습목표가 비교구문을 익히는 것인 만큼 비교하기 위한 특징이 잘 나타나도록 과장된 그림카드를 사용하는 것이 좋겠습니다.

발전 단계에서는 단어카드를 흩뜨려 놓고 어순대로 배열하게 하는 활동을 해 보는 것도 도움이 될 것입니다. 쓰기 연습의 예비 단계로 실시해 보는 것이 좋을 듯 합니다.

【예】 코끼리와 쥐 그림을 주고

| the elephant | than | smaller | is | the mouse |

함께 해 봅시다

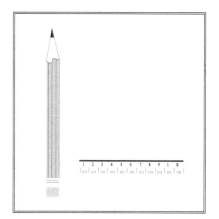

과제수행 교수법
(Task   based Approach)

> 학교 영어교육의 중요한 목표는 학습자로 하여금 영어를 공부하게 하거나 언어 연습을 하도록 유도하는 것이 아니라, 영어를 실제로 사용할 수 있는 능력을 기를 수 있도록 그 터전을 마련하는 것이다. 의사소통 중심 언어교수법의 중요한 한 갈래인 과제수행형 교수법(TBL)은 교사의 가르침보다는 주로 학습과제 자체를 학습자의 학습과정 속으로 끌어 들여 학생들이 학습의 과정에 능동적으로 참여하도록 하는 것이다. 과제수행 교수법은 학생들에게, 영어로 의사소통을 하면서 서로 협력해야만 해결할 수 있는 과제를 고안하여 제시하고 그 과제를 완수하도록 하는 교수방법으로 이 과정에서 교사는 주로 학생들의 과제수행상의 어려움 등을 해결해 주고 도와주는 활동을 하게 된다.
> 이 장에서는 여러 언어학자들의 과제수행 절차와 과제제시 유형을 통해 실질적인 측면에서 과제수행 교수법의 현장적용 가능성을 살펴보게 될 것이다.

Ⅰ. 개 요

1. 의미

학습자는 "자연스러운 과정(natural process)"에 의해 언어를 배우므로 목표언어의 체계에 근거하여 실제적이고 사실적인 언어 입력을 해야 한다(Skehan, 1996). 즉, 학습자는 교사가 임의로 제시하는 순서대로 언어를 배우는 것이 아니라, 이미 내재된 자연스러운 발달 과정에 따라 언어를 배우므로 이에 맞는 입력을 해야 한다는 것이다(Long과 Crooks, 1993).

과제수행 교수법은 최근의 언어교수 접근방법인 학습자 중심의 접근방법(learner centered approach)의 이론적 원리라 할 수 있는 차별화와 상호의존적인 학습자의 개념을 반영하고 있어, 여기에서 제시되는 과제(task)는 학습자들이 이미 알고 있는 지식과 새로운 지식에 대하여 협의(negotiation)의 형식으로 문제해결에 접근하게 되며 이러한 활동을 통해 목표언어를 사용하게 함으로써 그 자체를 의미의 협의(negotiation of meaning)로 보기도 한다 (Candlin과 Murphy, 1987). 따라서, 과제수행 교수법은 학생들이 배울 목표언어의 언어 요소를 중심으로 조직하는 것이 아니라 목표언어를 사용해서 달성해야 할 과제를 중심으로 가르칠 내용을 조직하게 된다. 이것은 목표언어의 언어 요소 그 자체에 초점을 두는 것이 아니고 목표언어를 사용해서 해결해야 하는 과제를 학생들에게 부여하여 그 문제를 해결하는 과정에서 간접적으로 목표언어를 배우게 하는 방법인 것이다(김진철 외, 1998).

2. 원리

과제수행 교수법에서는 목표언어를 사용하도록 하는 과제를 제시하는 것이 중요하다. 예를 들어 다음에 설명할 정보 차 활동(information gap)을 이용하여 두 사람간의 정보에 공백을 만들어 주면 정보의 공백을 메우기 위해서 스스로 생각도 많이 해야 하고 상대방이 가진 정보도 이용해야 하므로, 모국어를 사용하지 않는 진정한 의사소통에 매우 근접하게 접근할 수 있다. 이와 같이 언어의 실제 사용 측면과 더불어 무엇보다도 중요한 것은 학생들이 스스로 생각하면서 다른 학생과 상호 활동을 해본다는 것이다. 다시 말해서 학생들이 학습 과정에 직접 참여하여 경험을 축적해 나간다는 것이다.

이를 위해서는 한 학급의 전체 학생을 여러 개의 조나 소집단으로 나누어 그룹별로 활동을 시켜야 한다. 그룹별로 활동을 하면 진정한 의미의 언어사용(의사소통)을 할 수 있는 이유를 제공해 줄 수 있을 뿐만 아니라, 언어 연습의 경우에도 학생들이 같은 형태의 질문이나 대답을 반복하는 데에 대한 이유를 제공해 줄 수 있다. 교사가 전체 학생을 대상으로 질문하고 대답하는 것보다 학생들이 조별로 질문하고 대답하게 하면 학생들 개개인의 언어 연습 기회가 훨씬 많아진다. 또, 학생들이 그룹별 활동을 함으로써 학생들 개개인이 사용하는 전체적인 영어의 양이 그렇지 않은 경우보다 훨씬 많아진다. 이것은 언어사용의 실제성을 보다 크게 반영하는 방식이기도 하며, 학생들의 학습 참여 강도를 높여서 언어 연습의 질을 높이는 방법이기도 하다. 과제를 부여하여 그룹별로 활동을 하면, 학생들 자신이 자신의 학습과정에 참여하게 되므로 그 학습에 대하여 책임지는 셈이 되고, 책임감을 가지면 가질수록 학습한 내용은 그만큼 학생들 자신의 것이 될 확률이 높다.

3. 특징

과제수행 교수법에서 해결해야 할 두 가지 큰 문제는 첫째, '목표언어의 개별 구조를 어느 정도까지 가르쳐야 하는가'와 둘째, '어떻게 가르치는 것이 개개인의 학습자에게 적용이 될 것인가'라는 문제이다. 이것은 학습자들을 위하여 일반적인 계획을 어느 정도까지 세워야 하고 그 반대로 학습자의 차이를 고려하기 위하여 어느 정도까지를 자세하게 안내해야 하는가의 문제라 할 수 있다(Doughty와 Pica, 1986).

하나의 과제에 대한 다양한 결과는 학습자, 과제, 과제수행 상황간의 예측할 수 없는 상호작용의 결과이다(Breen, 1987). 따라서, 과제의 결과는 개개인의 과제에 대한 공헌, 특정 과제의 유형, 그리고 과제가 완성되는 특정한 상황의 기능으로 볼 수 있다. 더 나아가 학습의 결과는 학습자 자신이 무엇을 해야할 것인가에 대한 결정 여부, 과제 자체의 속성과 과제가 요구하는 것을 보는 관점, 그리고 과제 상황에 대한 개인적인 정의 등 학습자 자신의 인지에 따라서 상당히 달라질 수 있다. 다시 말해, 언어학습 과제는 학습자에 의하여 학습자 자신의 용어로서 재해석 될 수 있다.

과제수행 교수법에서 교사는 촉진자(facilitator)로서 항상 학습을 위한 주요 조건을 유지해야 한다(Nunan, 1989). 학습을 촉진하는 것은 노출의 양과 언어사용의 적당한 양과의 조화를 말한다. 과제수행 교수법에서 강조하는 것은 교사의 안내를 통하여 학습자가 주로 짝이나 소집단으로 과제를 수행하는 것이다. 과제수행 교수법에 있어서 각 단계별로 교사의 역할이 중요한데, 과제 전 단계에서는 교사가 미리 구성한 과제를 학습자가 이해한 후 수행할 수 있도록 적절하게 안내하는 역할을 하고 과제단계에서는 과제의 목표에 따라 학습자들이 능동적으로 참여하여 과제를 수행하도록 한다. 이 때 교사는 수행할 과제의 목표에 따라 역할을 달리한다. 과제 후 단계에서 교사는 언어의 형식에 초점을 둠으로써 언어 안내자(language guide)로서의 역할을 하기도 한다.

즉, 넓은 의미에서 교사는 학습과정의 전체적인 목표와 과제의 구성요소가 학습목표를 어떻게 달성하는지를 설명하며, 학습자가 수업시간동안 달성해야 할 것이 무엇이고 수업이 끝난 후 달성한 것이 무엇인가를 정리해 주는 역할을 한다.

한편, Hyun과 Finch는 과제수행 교수법의 특징을 다음과 같이 설명하고 있다.

① 교사는 학습의 촉진자 겸 장려자, 충고자, 상담자이다.
② 학습자는 학습과정에서 능동적인 참여자이다.
③ 책상은 소집단별로 배치되고 학생들은 서로 마주 본다.
④ 교사는 집단을 순회 지도하며, 학습자는 교사에게 주목할 필요가 없다.

⑤ 교사와 학습자가 서로 협의하여 진행 중인 과정의 교수요목을 결정한다.

⑥ 학습자가 학습자료의 선정에 관여하여 자기의 진도에 따라서 공부한다

⑦ 적절한 학습 책략을 충분히 검토하여 선정 할 수 있다.

⑧ 언어학습은 상호작용하는 여러 요소의 복합적인 과정이다. 따라서, 언어는 종합적인 방법으로 습득될 수 있다.

⑨ 언어를 문맥 속에서 파악하고자 하며 구성 요소의 집합 이상으로 본다.

⑩ 사회언어학적 능력에 주목한다.

⑪ 수행할 과제에 포함된 표현들은 실제 생활에서 일어나는 언어사용을 반영하는 자료이다.

⑫ 언어를 총체적으로 사용하는 과제 중심 문제해결 활동이다.

⑬ 의사소통에 방해가 될 때에만 오류를 지적한다.

⑭ 교사와 협력하여 학습자가 자신과 동료들의 진전 정도를 평가할 수 있다.

⑮ 학습이란 진행 중인 순환 과정으로 본다.

한편, 지금까지 설명한 내용을 중심으로 과제수행 교수법의 장점을 열거하면 다음과 같다.

① 과제수행 교수법은 잠재력이 강하고 광범위하게 적용될 수 있으며 모든 나이, 어떤 배경의 학습자에게도 적용될 수 있다.

② 학습자가 상대적으로 비슷한 배경에 속해 있을 때 효과적이고, 전통적인 교실 학습 형태에 익숙하지 않은 학습자에게 효과적이다.

③ 언어와 함께 문화적이고 인지적인 삶의 기술을 배우는데 유용하다.

④ 과제수행 교수법은 학습자들 스스로 과제의 선택과 수행에 능동적인 역할을 함으로써 학습에 대한 동기유발이 용이하다.

‖ Ⅱ. 교실수업의 적용

1. 수업절차

① 주제와 과제의 소개(INTRODUCTION of topics and tasks)

② 학생들의 과제수행(TASKS done by students in pairs/group)

③ 과제수행 결과보고 준비(PLANNING the report of their tasks)

④ 과제수행 결과보고(REPORT what they found)
⑤ 중요 표현 배우고 익히기
    (LANGUAGE FOCUS analysis and practice of language forms and use)

2명의 학생들을 한 조로 묶어 그들에게 공동으로 해결해야 할 과제를 준다. 그 과제는 두 학생이 서로 협력해야 해결이 가능하고, 상호간의 협력은 반드시 영어를 사용해서 해야 한다. 이를 위해서는 어느 한 학생에게 문제해결에 필요한 정보를 모두 주지 않고, 두 학생에게 필요한 정보를 골고루 나누어준다. 두 학생은 모두 과제 해결이라는 공동 목표를 위해 자신이 갖고 있는 정보를 다른 학생에게 가능한 한 자세하게 영어로 알려 주고, 다른 학생도 자신이 갖고 있는 정보를 자세하게 전달해 주어야 할 것이다. 이렇게 두 사람의 정보가 합쳐져야 하나의 완전한 정보가 되고, 주어진 과제는 그 합쳐진 정보에 의해 해결될 수 있다. 이것은 학생들을 과제라는 일종의 궁지에 빠뜨린 다음, 학생 자신들이 가지고 있는 모든 언어적 자원이나 능력을 동원하여 그 궁지를 빠져 나오도록 하는 하나의 '자생력 시험' 방식이다. 이 때, 교사는 학생들의 과제수행 과정을 유심히 관찰하고, 학생들이 매우 어려워하는 부분에 한해서 제한적으로 도와줌으로써 학생들이 그 궁지를 빠져 나오도록 한다.
Willis(1996)와 Skehan(1996)이 제안하고 있는 과제수행 절차를 참고로 하여 차시별 과제수행 수업절차를 살펴보면 과제 전 단계와 과제 단계, 과제 후 단계로 이루어짐을 알 수 있다.

1) 과제 전 단계(pre task)
학생은 브레인스토밍을 통하여 창의적인 생각이나 주제와 관련된 개인의 경험 말하기, 주제 또는 화제와 관련한 단어 말하기, 과제수행 방법 생각하기, 유사한 과제에 관하여 듣기활동을 통하여 과제수행을 위한 준비를 한다. 교사는 학생에게 과제의 주제와 목표를 개인의 경험과 관련하여 제시하거나 마임, 브레인스토밍을 통하여 제시한다. 또한, 유용한 단어나 구를 가르치지는 않지만 과제를 수행하기 위하여 필요한 단어나 구를 미리 안내한다.

2) 과제 단계(task)
학생은 짝이나 소집단으로 과제를 수행하고 소집단별로 자신들이 수행한 과제의 결과나 과정에 대하여 학생들 앞에서 발표를 한다. 교사는 학생들의 동기를 촉진시키고 소집단별로 모니터의 역할을 하며, 어려움을 갖고 있는 소집단에 참여하여 문제의 해결에 도움을 준다.

3) 과제 후 단계(post task)

과제나 과제수행에 대한 느낌을 이야기하고, 자기 평가 및 조별 평가를 조별로 실시한다. 교사는 많이 쓰인 단어나 구를 정리하여 주고 이후의 과제 활동을 위하여 과제수행에 필요한 표현 정리 및 결과를 확인한다.

2. 교수 · 학습활동 유형

앞서 설명한 것처럼 과제수행 교수법에 있어서 과제란 매우 중요한 의미를 갖는다. 교사들의 교수활동에 도움이 되도록 하기 위해 우선, 이 교수법에서 말하는 과제의 유형을 Willis, Prabhu, 그리고 Pattison을 중심으로 간략히 살펴본 다음 과제 제시 방법과 활용의 예들을 알아보도록 하겠다.

1) 과제의 유형

(1) Willis(1996)가 제안하는 과제 유형
① 나열하기(listing)
   - 브레인스토밍(Brainstorming): 학습자의 지식이나 경험을 바탕으로 짝이나 소집단 활동을 통해 브레인스토밍하기
   - 사실 찾아내기(Fact finding): 다른 사람에게 묻거나 책을 참고로 하여 사실 찾아내기
② 순서 정하기와 분류하기(ordering and sorting)
   - 차례 정하기(Sequencing): 논리적, 시대적으로 어떤 행동이나 사건의 차례를 정하기
   - 순위 정하기(Ranking): 개인적인 가치나 특정 기준에 따라 순위 정하기
   - 범주화하기(Categorizing): 주어진 주제별로 분류하기
   - 분류하기(Classifying): 각각 다른 방법으로 범주를 주지 않고 분류하기
③ 비교하기(comparing)
   넓은 의미에서 비슷한 속성을 지닌 정보를 비교하는 것으로 정보를 주고 이에 관하여 공통점과 다른 점을 발견하기 위해 비교한다.
④ 문제해결하기(problem solving)
   논리적인 문제에 대한 퍼즐이나 실생활에 관한 문제의 해결책을 평가하고 동의하는 과정을 포함하며 지능적이고 추론적인 능력을 필요로 한다.
⑤ 개인의 경험 나누기(sharing personal experience)

학습자에게 그들 자신이나 경험한 것에 대하여 보다 자유롭게 많은 이야기를 할 수 있도록 격려하는 활동으로 다른 과제와는 달리 직접적으로 목표 지향적이지 않다.

⑥ 창의적인 과제(creative task)

주로 기획과제(project)라 불리기도 하며 좀 더 자유로운 과제를 위하여 짝이나 소집단으로 이루어지는 활동으로서 종종 교실 밖에서의 조사가 필요하며 실생활의 예행연습이 되기도 한다. 예를 들면 그림 그리기, 시 쓰기, 어떤 지방을 방문하는 계획하기, 학급 신문 만들기 등이 이에 속한다.

(2) Prabhu(1987)가 제안하는 과제 유형

① 정보 차 활동(information gap)

주어진 정보를 한 사람에게서 다른 사람 또는 한 장소에서 다른 장소로, 또는 하나의 형태에서 또 다른 형태로 전달하는 것을 포함하는 활동으로서 종종 관련 정보를 선택하는 것뿐만 아니라 전달할 때 완성이나 정오의 기준이 있기도 한다.

② 추론 차 활동(reasoning gap)

주어진 정보로부터 연역적 혹은 귀납적 방법에 따라 새로운 정보를 이끌어내는 활동으로 정보 차 활동과 다른 점은 전달된 정보가 처음 주어진 정보와 동일하지 않다는 점이다.

③ 의견 차 활동(opinion gap)

개인적인 선호나 주어진 상황에 대한 태도의 표현 또는 확인의 과정을 포함한다. 예를 들면 불완전한 이야기를 완성하거나 사회적인 문제를 토론하는 것을 들 수 있다.

(3) Pattison(1987)이 제안하는 과제 유형

① 질의·응답

주로 정보 수집이나 정보 차를 이용하는 활동으로 질문과 응답을 통해 정보 차이를 좁히는 활동이다.

② 대화와 역할극

전적으로 짜여진 각본에 의하거나 즉석으로 행하는 방법이 있는데 주어진 대화를 반복하는 것보다 학습자에게 얼마간 언어 선택을 허락하여 성취감을 얻게 하는 것이 좋다.

③ 연결

서로 관련되는 항목끼리 짝을 짓거나 전체를 완성하는 활동으로서 빙고게임, 부분대화(split dialogue) 등이 이에 속한다.

④ 의사소통 전략

학습자들이 바꾸어 말하기(paraphrasing), 낱말차용이나 발명, 몸짓 이용, 반응 요구, 단순화와 같은 의사소통 전략을 고안하도록 하는 활동이다.

⑤ 그림 이야기

의사소통 활동에 가장 손쉽게 활용할 수 있는 자료인 그림과 사진을 이용하는 활동이다.

⑥ 수수께끼 및 문제해결

학습자로 하여금 추측하게 하고 학습자의 일반적인 지식과 경험을 이끌어내며 상상력과 논리적 추론을 하게 하는 것이다.

⑦ 토론과 결정

학습자로 하여금 정보를 직접 수집하고 서로 나누게 함으로써 결정에 이르도록 하는 방법이다. 예를 들어, 사막에서 생존하기 위해 꼭 필요하다고 생각하는 항목을 목록에서 고르게 하는 활동 등을 들 수 있다.

2) 과제 제시방법

일단 과제가 선정되고 나면 과제에 대한 안내는 해야 할 과제가 무엇이고 과제의 결과로서 무엇이 기대되는지에 관하여 설명한 후, 학습자들이 무엇을 해야 하고 어떻게 시작해야 하는지 안내한다. 이 단계는 초보 학습자에게 있어서 중요한 부분으로 과제의 내용을 확실히 알리기 위해서 필요하다면 모국어로 과제를 설명해도 좋다. 마찬가지로 학습자들이 이미 알고 있는 단어를 중심으로 목표언어에 대한 노출을 증대하기 위하여 영어로 안내함으로써 또 다른 학습의 기회를 제공할 수도 있다. 과제의 특성에 따라 각각 다른 방법으로 제시하는 데 수업에 사용할 수 있는 방법의 예는 아래와 같다.

① 학습자들이 스스로 과제의 수행 순서를 읽어보게 한다.

> T: Get into pairs/groups. Read your card/blackboard. And then think.
>
> Do you have any questions or comments?
>
> ......
>
> After a few minutes, we'll begin the task.

② 교사가 우수한 학습자의 예시를 보여준다.

문제의 해결이나 게임인 경우에는 과제의 일부만을 학습자와 실제 해봄으로써 학생들이 스스로 할 수 있도록 한다. 이 경우 교사는 수업 전에 미리 예시를 보일 학습자에게 생각할 수 있는 시간을 주어야 한다.

T: I will ask Tae ho to do this task. Look and listen.
③ 과제가 이루어지는 비디오를 보여줌으로써 과제를 이해하도록 한다.

T: Watch the video. After it you will be doing the same kind of task.

이 경우, 처음에는 학습자 스스로 하게 한 후 나중에 보여주거나 들려줌으로써 학습자들이 과제에 대하여 생각해 볼 수 있는 기회를 준다.

3) 활동유형

(1) 정보 전달 활동(information gap activities)

이 활동은 어느 한 학생이 알고 있는 것을 다른 학생에게 알려주어 빈칸을 메우게 하는 것으로 한 학생은 정보를 전달하기만 하고 다른 학생은 정보를 전달받기만 하는 일방적인 전달 방식, 두 학생이 서로 다른 정보를 전달하는 양방향 전달 방식, 여러 학생이 서로간에 정보를 주고받는 다방향 전달 방식이 있다. 양방향 정보 전달 방식으로 학생들이 영어로 서로 말하고 듣는 활동을 한 후 과제를 마친 다음에 서로의 것을 나란히 놓고 비교해보면 의사소통이 바르게 되었는지 아닌지를 즉석에서 알 수 있다.

(2) 맞추기 활동(bingo games)

이 활동은 가로, 세로, 또는 대각선으로 상대방이 불러준 것을 모두 맞추었을 때 "빙고" 하면서 과제를 완성하였다는 것을 알리는 발견 놀이이다. 이 활동에서는 한 학생이 기본 카드를 들고 찾을 것을 말하면 그 구성원 각자가 그것을 찾기만 하면 되므로 일방적인 의사 전달 방식이다. 이것도 일종의 정보 활동이라고 할 수 있다. 빙고 놀이로 양방향 또는 다방향 정보 전달 놀이를 하려면 학생들이 빙고판을 들고 다니면서 질문을 하여 그에 대하여 긍정적인 대답을 하는 사람의 이름을 적게 하면 된다. 긍정적인 대답을 한 사람의 이름을 가로, 세로, 또는 대각선으로 모두 적었으면 "빙고"라고 말하면 된다. 이 경우 바르게 질문하고 대답하였는지를 교사가 확인해보는 것이 중요하다.

(3) 놀이판 활동(board games)

이 활동은 놀이판을 만들어 윷이나 주사위를 던져서 나오는 수대로 움직이면서 각 도달 점에서 지시하는 대로 말하게 하는 것이다. 놀이판은 학생들 상호간에 듣고 말하는 연습을 자발적으로 할 수 있도록 하는데 매우 유익하다. 예를 들어, 놀이판의 각 지점에 지시문을 써 두고, 윷이나 주사위를 던져서 놀이판의 어느 한 지점에 이르면 그곳의 지시대로 말하거나 행동하게 함으로써 상호간에 의사소통을 하게 한다. 지시문의 내용으로는 이야기의 주제, 어떤 행동의 지시, 질문과 대답 등 수업활동에 있을 수 있는 대부분의 내용을 담을 수 있다. 이러한 놀이를 하면서 일상생활에서 가장 기본적인 영어표현을 배울 수 있다.

(4) 카드를 이용한 놀이(card games)

이 활동은 카드를 이용하여 의사소통 연습을 하게 함으로써 실제 생활에서 일어날 수 있는 유사한 상황을 교실에서 연출하는 것이다. 카드놀이는 교실에서 가상적인 실제를 자유자재로 구성할 수 있으므로 활용하기에 가장 좋은 놀이 중의 하나이다. 카드는 거의 모든 소집단 학습활동에 활용할 수 있는데 새로운 어휘의 제시, 말하기의 단서 제공, 기본 문형 익히기, 이야기 구성하기, 역할놀이, 모의 활동 등에 이용할 수 있다. 이것은 만들기 쉬울 뿐만 아니라 교사의 적절한 지도만 있으면 학생들 스스로 말하고 익히게 할 수 있는 데 사용할 수 있는 유용한 자료가 된다(현태덕, 1999).

3. 현장적용시 유의점

과제수행 교수법은 학습자가 학습과정의 중심이 되고, 학습자 자신의 필요와 관심에 따라 학생이 스스로 생각해 보면서 다른 학생과 상호작용하도록 하는 것이다. 이에 따라 교사는 학생이 학습의 과정에 능동적으로 참여하도록 하며, 학습과정에서의 개인차를 고려해야 한다. 그리고 교사는 주로 학생들의 과제수행상의 어려움 등을 도와주는 활동을 하면서, 학생들의 자발적·능동적 활동을 위한 학습의 안내자, 조력자의 역할을 한다. 또한, 학습과정에서 교사가 전체 학생을 대상으로 질문하고 대답하는 것보다 학생들이 조별로 질문하고 대답하게 하면 학생들 개개인의 언어 연습의 기회가 훨씬 많아진다. 또, 학생들이 조별 활동을 함으로써 학생들 개개인이 사용하는 전체적인 영어의 양이 그렇지 않은 경우보다 훨씬 많아진다.

Ⅲ. 수업모형 및 학습지도안

1. 수업모형

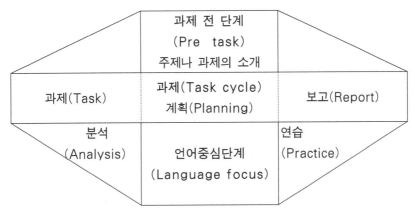

【그림 8】 과제수행 수업모형(Willis, 1996)

【표 22】 과제수행 교수법을 적용한 수업모형

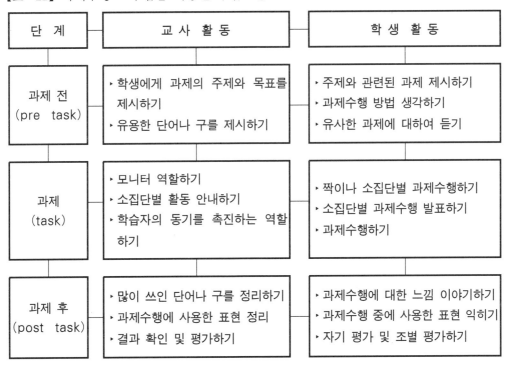

단 계	교 사 활 동	학 생 활 동
과제 전 (pre task)	‣ 학생에게 과제의 주제와 목표를 제시하기 ‣ 유용한 단어나 구를 제시하기	‣ 주제와 관련된 과제 제시하기 ‣ 과제수행 방법 생각하기 ‣ 유사한 과제에 대하여 듣기
과제 (task)	‣ 모니터 역할하기 ‣ 소집단별 활동 안내하기 ‣ 학습자의 동기를 촉진하는 역할하기	‣ 짝이나 소집단별 과제수행하기 ‣ 소집단별 과제수행 발표하기 ‣ 과제수행하기
과제 후 (post task)	‣ 많이 쓰인 단어나 구를 정리하기 ‣ 과제수행에 사용한 표현 정리 ‣ 결과 확인 및 평가하기	‣ 과제수행에 대한 느낌 이야기하기 ‣ 과제수행 중에 사용한 표현 익히기 ‣ 자기 평가 및 조별 평가하기

2. 학습지도안

Lesson	Do you have a ruler?		Theme	Names of things
Objectives	Students can ask and answer if they have school items that are required in the classroom.			
Contents	Words	book, pencil, ruler, eraser		
	Expressions	What are in the bookbag/pencil case? There are…, Do you have…, How many? 등		

Teaching Procedure

STEP	PROCEDURE	ACTIVITIES (Ⓣ: Teacher Ⓢ: Student)	TIME	MATERIAL
Pre task	Greetings Motivation Introduction of learning points	Ⓣ: Good morning. Ⓢ: Good morning. ■ Odd one out Ⓣ: I have two pictures. Two pictures are similar but there are something different from each other. Look at pictures and tell me the differences. Ⓢ: Pencils. The left pencil is yellow, the right pencil is blue. Ⓢ: Book! There is a book in the left picture but there is a notebook in the right picture. Ⓢ: The left picture has a ruler but the right picture has an eraser. Ⓣ: Good job. Now, let's read today's learning points. Ⓢ: (칠판에 적힌 공부할 문제를 다같이 읽는다.) ♣ 공부할 문제 ♣ ☞ 사용하는 물건의 이름 묻고 답하기	5'	그림 준비
Task	Task1 (Pair Work)	■ Information gap Ⓣ: Let's do pair work. I give out a picture to each one of you in the pair. The two pictures are different. For example, from one picture you know things in the book bag, but you don't know what are in the pencil case. Ask your partner what are in the pencil case and you draw things in the pencil case. After you're done, compare yours with your partner's.	10'	Picture A, B

Teaching Process				
STEP	PROCEDURE	ACTIVITIES (T: Teacher S: Student)	TIME	MATERIAL
Task	Task2 (Intragroup)	S1: What are in the book bag? S2: There are four books. What are in the pencil case? S1: There are three pencils. What are in the book bag? S2: There are two notebooks.… ■ Guessing game T: Now, let's play the guessing game. Close your eyes. (상자 안에서 학습 연필을 한 자루 꺼낸다.) What is it? This is long. We can write with this. Can you guess what I have? S: It's a pencil. T: You're right. S: Bring it to me, please. T: Here you are.(한 학생에게 준다.) S: Thanks a lot. T: Now, do it with your group.	10'	물건이 든 상자 (연필, 공책, 책, 지우개, 자 등)
Post task	Task3 (Intergroup)	■ Survey T: We are going to do a survey. (Worksheet를 나누어주고 잘 하는 학생 두 명에게 시범을 보이도록 한다.) S1: Do you have pencils? S2: Yes, I do. S1: How many? S2: Two./I have two pencils. T: Do you understand? OK, let's do it. 단, 모든 조에 가서 그 조의 한 사람씩을 조사하도록 하세요.	10'	Worksheets
	Language Focus	T: Good. Excellent! Now, draw what I say. Draw one book/two books and one pencil/three pencils. Do you see the differences between book and books? S: One book and two/three books. T: Well done. T: Time's up. Good bye. S: Good bye.	5'	

함께 해 봅시다

▶ Motivation에 활용할 그림

확대 복사해서 다음과 같이 색을 칠해 자료로 활용하면 됩니다.
- 연필   노란색, 파란색 · 책, 공책   빨간색
- 공책   갈색   · 자, 지우개   회색

※ 같은 물건일 경우 색을 다르게 칠하고 다른 물건일 경우엔 같은 색을 칠하여 시각적인 유사성을 불러일으킵니다.

▶ Task1 Information gap에 사용할 Worksheet

짝활동으로 할 수 있도록 복사해서 나누어줍니다. 일찍 끝낸 조는 색칠공부를 시켜도 됩니다.

▶ Task3 Survey game에 사용할 Worksheet

조별로 돌아다니며 하는 게임이기에 자칫 소란한 분위기가 될 수 있습니다. 앞, 뒤 번호를 짝으로 한다든지, 순서를 정하여 산만함을 미리 줄이도록 하면 좋겠습니다. 반드시 영어를 사용하여 조사하도록 하고 활동에 자신이 없는 학습자들을 잘 지도해 주세요.

함께 해 봅시다

(　)번　이름(　　　　　)

♣ 가방 안엔 다음과 같은 물건들이 있습니다. 하지만 필통 속엔 무엇이 들어 있는지 잘 모르겠네요. 옆 친구에게 물어서 그려 넣어 봅시다.

필 통

필 통

함께 해 봅시다

( )번   이름(   )

♣ 필통 안엔 다음과 같은 물건들이 있습니다. 하지만 가방 속엔 무엇이 들어 있는지 잘 모르겠네요. 옆 친구에게 물어서 그려 넣어 봅시다.

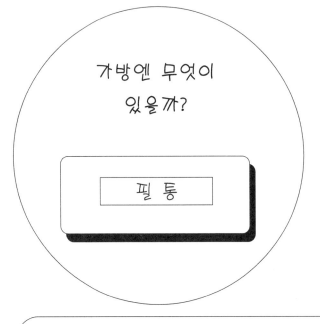

함께 해 봅시다

친구들은 어떤 물건들을 가지고 있을까?

(　)번　이름(　　　　)

♣ 자신의 가방 속에 든 물건들을 조사해서 그 숫자를 아래 표에 써 봅시다.
　 다른 조로 가서 친구들이 가진 물건도 조사해 봅시다.

학용품 이름	연필	책	공책	지우개	자
(　 조)					
(　 조)					
(　 조)					
(　 조)					
(　 조)					
(　 조)					

♣ 이번 수업에서 느낀 점이 있다면 아래의 칸에 적어 봅시다.

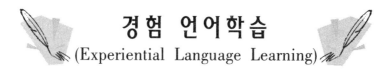

경 험 언 어 학 습
(Experiential Language Learning)

> 경험 언어학습이란 언어습득을 위해 단순히 자연스런 경험을 제공해 주는 것 이상으로, 전인적인 인간으로 성장하도록 해주며 학습방법을 학습자들에게 의도적으로 가르치는 것이라고 할 수 있다(Eyring, 1991).
>
> 이 이론은 인지발달이론을 기초로 구성된 것으로 학습자들에게 지식을 발견하게 하거나, 학습자들의 사고 기능을 발달시키는 최선의 방법은 환경과의 사고작용에 기초를 두어야 한다는 학습이론이다. 따라서, 교사는 학생의 발달 수준에 맞는 적절한 경험을 선정·제공하고 학생들에게 다양한 경험을 해석하고 일반화하는 방법을 학습하도록 도와주어야 한다는 것을 강조한다. 이 장에서는 경험학습의 개요를 살펴본 다음 영어지도에 적용할 수 있는 다양한 방법에 대해 모색하고자 한다.

Ⅰ. 개 요

1. 의미

경험학습은 Dewey(1938)의 진보주의, Lewin(1951)의 사회심리학, Piaget(1970)의 발달인지심리학, Jung(1979)의 인간심리유형에 관한 연구, Kelly(1955)의 개성인지 심리학, Rogers(1975)의 인간주의 심리학 등에 이론적 기초를 두고 있다.

경험학습에 대한 출발점은 Kelly(1955)의 개인적인 구성이론이다. Kelly의 기본적인 가정은, 개인은 그들 자신이 오랜 기간 발전 시켰던 구성물을 통하여 세계를 이해한다는 것으로, 인간은 기대된 결과를 기초로 해서 계획을 세우면서 미래의 현상에 관한 기대를 생각하며 행동하고, 따라서 개인 각자는 능동적이고 책임감 있는 참여자이며 수동적인 반응자가 아니고, 그들이 인지하는 실제적인 것에 기초를 두고 선택한다고 하였다.

이어서 Rogers(1975)는 인간주의 심리학에서 개인이 가진 개념은 환경과의 상호작용을 통하여 점진적으로 공유된 사회적 산물이라고 주장하였다. 개인의 자기 개념은 자기와 관련된 인식을 조직화하고 통합한 형태이며 점진적으로 차별화 되고 복잡해진다. 이러한 건전한 자기 개념의 발달은 긍정적인 자기 관심에 의해 촉진되고 발달되기 때문에 경험학습에서 개성의 발달에 대한 개인적인 경험이 중요하다고 할 수 있다.

따라서, 경험은 학습자의 주관적인 경험, 태도와 자신의 학습에 관한 느낌의 중요성에 대해 의식적인 관심을 갖는 것부터 시작되며 학습과정에서 얻어진 학습경험은 학습자의 인지적이고 정의적인 특성의 발달에 누적적인 효과를 갖게 된다(Kohonen, 1989).

2. 원리

1) 일반적인 경험학습모형(Kolb)

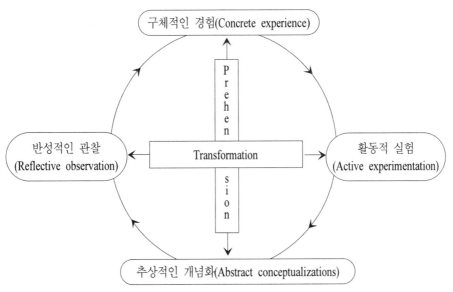

【그림 9】Kolb(1984)의 경험학습모형

Kolb(1984)의 경험학습이론은 '경험과 사고의 결합'이라는 개념을 상세하게 설명해준다. 그는 학습의 네 가지 형태로서 구체적 경험, 반성적인 관찰 혹은 사고, 추상적인 개념화, 활동적·능동적 실험을 제시하였는데 여기서 구체적 경험은 개인적인 경험에 관심을 갖고 사고보다는 느낌을 강조함을 말한다. 반성적 관찰 혹은 사고는 신중한 관찰에 의해 생각과 상황의 의미를 이해하고 다른 관점에서 생각해 보는 자세라고 할 수 있다. 추상적인 개념화는 문제해결에 대해 논리적이고 체계적인 접근 방식을 취하여 정확한 개념 체계에 대한 경향을 갖는 것이고, 활동적·능동적 실험은 실제적인 적용을 강조하는 것이다.

또한, 파악은 개인이 경험을 취하는 방식을 말하며, 변형은 행동과 활동적인 실험, 그리고 반성적인 사고를 통한 경험의 변형을 의미한다. 【그림 9】와 같이 네 가지 학습 형태가 파악과 변형의 과정을 거치며 순환적으로 이루어질 때 최상의 학습이 이루어진다고 할 수 있다.

2) 제2언어에서의 경험학습모형(Kohonen, 1989)

경험학습은 규칙에 대한 학습을 점진적으로 내면화하여 이끄는 순환적인 과정으로 볼 수 있다. 여기서 Kohonen의 경험학습 순환과정은 Kolb의 경험학습모형과 일치하는데, 경험, 반성, 개념화 그리고 활동적인 실험의 계속적인 순환과정을 필요로 한다. 단, 언어 경험자료를 제공할 때 자료의 의미는 모국어로 제공된다.

언어학습은 입력자료의 계속적인 순환과정이며 그 체계의 정교한 이해와 규칙의 자연스런 사용 향상에 목적을 둔다. 만약 의미 있는 학습과정이 계속 된다면 학습자의 제2언어능력은 늘어나고 복잡한 언어자료를 효율적으로 다룰 수 있게 될 것이다.

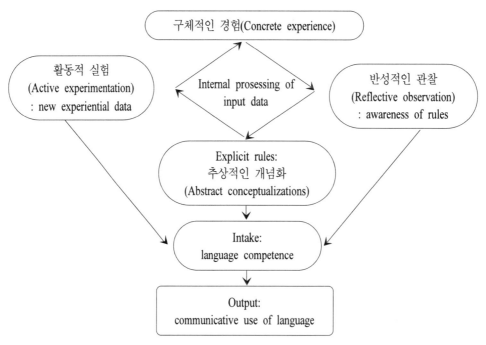

【그림 10】Kohonen의 제2언어에서의 경험학습모형

3) 경험 순환과정(Davies, 1989)

Davies(1989)에 따르면 경험학습은 언어가 그 목적이 아니라 학습자가 과업을 통하여 학습을 하기 위한 수단으로 생각하며 교실에서 경험에 대한 초점은 자료, 학습자와 과업의 상호작용에 집중된다. 이런 개념을 이루는 구성요소는 다음과 같다.

① 즉시적 학습(learning in the here and now): 어떤 불확정적인 미래의 목적을 위한 전통적인 학습이 아니라 즉시 실현될 수 있는 어떤 특별한 목적을 위한 학습으로의 전환을 말하며, 현재의 학습이 즉시적인 관련성이 있다는 것을 아는 학습자는 즐겁게 열성적으로 학습을 한다.

② 실험(Experiment)과 반성(Reflection): 실험이란 가설을 설정하고 실험을 통해 입증하고 발견을 통해 찾아내는 학습을 가리키는 것으로, 다른 말로는 '행함으로써 배우는 학습(learning by doing)'을 말하며, 반성은 실험을 통해 반성하고 결론을 이끌어내며 새로운 가설을 만드는 학습을 말한다.

4) 경험학습활동의 차원(Morgan, 1983)

Morgan은 경험학습활동의 차원을 두 개의 중추모형으로 제시하였는데, 이론적으로는 C 영역이 경험학습의 목적측면에서 전인적인 학습자로 발달시킬 수 있는 가능성이 가장 크며 다른 영역은 정도에서 차이가 난다는 것을 보여주고 있다. 경험학습에서 사용되는 기법은 학생중심이라고 할 수 있으며 교사 주도적인 활동도 정도의 차이는 있지만 경험적이라고 할 수 있다.

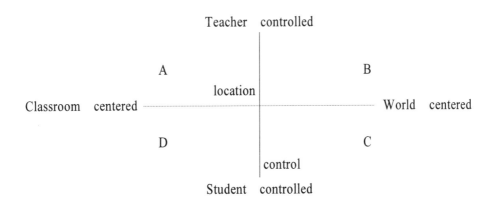

여기서 교사 주도의 교실활동은 소품과 실제 물건, 영상물을 사용하여 수업하는 과정과 게임과 노래, 기타 여러 매체들을 통한 수업활동을 말하며 학생 주도적인 교실활동으로서 역할극, 모의학습, 노작활동, 그리고 컴퓨터를 이용한 학습활동 등을 포함하게 된다.

3. 특징

1) 학습자 주도의 학습

경험학습이론은 개인성장의 한 부분으로서 경험학습의 목적은 학습자가 점차적으로 자기 주도적이 되도록 하며 자신의 학습에 대해 책임감을 갖도록 하는 데 있다. 이러한 학습의 과정은 학습의 주도권이 교사에게서 학습자에게 점진적으로 이행한다는 것을 의미하며 학습자의 개인적인 참여와 경험은 학습의 중요한 요소가 된다.

2) 협동학습의 강조

학습은 인간과 환경의 상호작용 및 변환을 의미하며, 그 결과 지식이 획득되고 상호 발전적 방향으로 변해간다. 즉, 교실에서의 의사소통 상황은 협동학습의 토대 내에서의 소집단과 짝활동을 통해서 이루어진다. 짝과 소집단 활동은 협동학습의 이점을 구체화하고 제2 언어에서 학생들이 의사소통을 하도록 도와주는 중요한 방법이다. 특히, 경험학습에서는 협동학습을 통한 간접 경험을 통해 학습자의 언어기능을 넓힌다.

3) 감각을 이용한 학습

경험학습은 외국어를 처음 접하는 학생들이 유아가 세상에서 지식을 얻는 방법과 동일한 방법을 취한다. 즉, 학습자의 오감과 기타 감각을 이용하여 직접 경험함으로써 학습자 스스로 언어의 의미를 발견하여 외국어 습득을 이룬다는 점에서 감각을 이용한 학습은 경험학습의 중요한 특징이라고 할 수 있다.

4) 과정 중시 학습

지식을 고정불변의 것으로 보지 않고, 경험을 통해 구성되어지는 것이라고 본다. 그러므로 학습은 경험에 의해 개념들이 계속 수정되어 가는 과정으로 말할 수 있다. 학습내용과 표현을 강조하기보다는 학습 기능, 자기 탐구, 사회적이고 의사소통적인 기능을 강조하고 있다. 이러한 경험교육 모형의 특징적인 내용을 정리하면 다음과 같다.

- 학습의 관점   지식의 변형을 통한 학습자 스스로의 재구성 과정
- 교사의 역할   학습자와 함께 하는 조언자로서의 교사
- 학습자의 역할   학습을 촉진하고 협력하는 전문가
- 지식의 관점   개인적인 지식의 구성, 문제의 확인
- 교육과정의 관점   활동적이고 교재의 융통성 있는 구성, 개방된 부분과 통합
- 학습경험   과정을 강조, 자기 탐구, 사회적이고 의사소통적 기능 중시

> ‣ 과정의 통제   학습자 강조, 자기 지시적 학습
> ‣ 동기유발   내재적 동기유발
> ‣ 평가   과정 평가

이상과 같이 경험학습법의 이론적 배경과 성격을 고찰해본 결과 경험학습의 기본입장을 다음과 같이 정리할 수 있겠다.
　① 학습자의 흥미, 욕구 및 목표가 교육프로그램의 근간이다.
　② 교육에 있어서는 학습자의 전인적 발달을 고려해야 한다.
　③ 문제해결 학습이 효과적이다.
　④ 여러 활동들은 학생과 교사가 협동적으로 계획해야 한다.

‖ II. 교실수업의 적용

1. 수업절차

경험학습과정의 각 단계는 기능과 활동의 종류에 따라 달라진다. 논리적 사고 과정을 이루고 있는 이 절차는 학생들이 문제 단계에서부터 해결에 이르는 연속적인 과정을 나타낸다. 이 경험 수업의 절차는 크게 자유로운 탐색, 안내된 탐색, 분류활동으로 나뉜다(박성익, 권낙원, 1989).

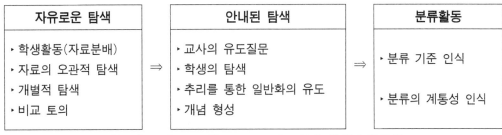

【그림　11】 Bank와 Hernerson(1989)의 경험수업모형

경험수업모형은 학습할 내용을 관찰하는 자유로운 탐색활동으로부터 시작한다. 다음으로는 추리하고 개념을 형성하는 안내된 탐색을 하고 마지막으로 분류 기준과 계통성을 인식하는 분류과정을 거친다. 즉, 관찰하고 분류하는 탐구 과정을 강조하고 있는 것이다. 예

를 들어 언어학습은 실제상황에서 어떤 대화들이 이루어지는지를 듣고 관찰하여 사용하는 어휘들의 의미를 이해하고 의견교환(분류 활동)을 해보는 것이라고 할 수 있다. 이러한 학습활동을 통하여 기초적인 탐구 능력이 신장된다고 본다.

2. 교수 학습활동 유형

경험언어학습의 교수 학습활동 유형을 살펴보기 위해 이 절에서는 배두본(1997)이 제시한 방법들을 참고로 하여 듣기·말하기·읽기·쓰기 수업으로 나누어 설명하고자 한다.

1) 듣기 수업

듣기 수업은 학생들의 흥미와 체험을 토대로 주변에서 간단한 영어를 실제 듣고 상황과 의미를 이해하도록 한다. 듣기 수업절차는 자유로운 탐색, 안내된 탐색, 의견 교환의 절차를 거쳐 진행된다. 자유로운 탐색 단계에서는 체험 자료를 제시하고, 학생들이 자신의 오감을 사용하여 할 수 있는 모든 체험을 하도록 하며, 안내된 탐색에서는 체험 활동을 하며 교사에게 모르는 말을 물어보고 교사는 그 말을 영어로 들려준다. 또한, 학생들이 듣고 행동할 수 있도록 명령하며 CD ROM 등의 시청각 매체를 통해 상황과 의미를 이해하도록 한다. 의견 교환 단계에서는 자신이 체험했던 활동에서 맞는 체험을 했는지를 확인하며 활동에 대한 느낌을 이야기한다.

【표 23】듣기 활동 수업절차

단 계		교수 학습활동	
		교사활동	학생활동
자유로운 탐색	듣기 전 활동	· 동기유발하기 · 체험 활동 안내하기 · 학습목표 제시	· 자료를 오감으로 탐색하기 · 학습목표 알기
안내된 탐색	듣기 중 활동	· 영어 들려주기 · CD ROM 보여주기	· 체험 활동하며 듣기 · 듣고 행동하기 · 상황과 의미 보면서 생각하기
의견교환	듣기 후 활동	· 결과 확인하기 · 평가하기	· 느낌 발표하기 · 자기 평가하기 · 정리하기

초등학교 3학년을 대상으로 색깔에 관해 배우는 듣기 수업을 예시로 들어본다(배두본,

1997).

(1) 동기유발(Motivation)

학생들이 경험을 통하여 언어기능을 습득할 수 있도록 사전 활동, 중간 활동, 사후 활동을 계획하고 준비한다. 그리고 이 단계에서는 학생의 전반적인 수준을 알아보고 수업의 수준을 조정한 다음 수업목표에 대해서 이야기해 주도록 한다.

> (예) T: What's this?
>   Ss: (An) apple.
>   T: Right. What color?
>   Ss: No./I don't know.
>   T: What's this?
>   Ss: (An)orange.
>   T: What color?
>   Ss: No./I don't know.
>   T: Orange. It's the name of the color.

위와 같이 실물을 예로 들어 학생들이 색깔의 영어표현에 대해 얼마나 알고 있는지를 알아보도록 한다.

(2) 활동

듣기 활동에서는 교사가 다양한 멀티미디어 자료를 제공하여 학생들이 이미 가지고 있는 지식과 경험을 토대로 흥미 있게 들을 수 있도록 한다. 또한 다른 사람의 말을 주의 깊게 듣도록 권장한다.

‣ 듣기 전 활동(pre listening activities)

① 그림이나 자료가 제시되는 경우 예상되는 내용을 추측한다.

② 선택적 듣기(selective listening)를 하도록 한다(task based short segments).

③ 내용어와 기능어를 유의해서 듣도록 한다.

④ 화자의 억양이나 언어 외적인 면으로 대화의 분위기 등을 예측하게 한다.

⑤ 듣기 전에 상황이나 내용에 관하여 간략하게 설명한다

> (예) T: How many pictures can you see?
>   Ss: Five pictures.
>   T: Right. Look at the first picture. What is it?
>   Ss: (A) mouse.

    T : Right. And what's the second picture?

    Ss: I don't know.

    T: It's butterfly. Can you tell me the color?

    Ss: No, I can't.

▸ 듣기 중 활동(while   listening activities)

① 진위형 질문

② 받아쓰기 연습

③ 예측 연습

④ 완성하기 연습(Close   test)

⑤ 나선형 이해 사이클: 같은 내용을 여러 번 들으며 다각도로 접근하도록 한다.

   (예) T: Watch the screen first. (CD   ROM을 보면서 색깔 이름을 듣게 한다.)

       T: Watch the screen again. (CD   ROM을 다시 보면서 색깔 이름을 듣게 한다.)

       T: Look at the pictures on your text book. Ask the colors and answer the questions.
          (개인별로 혹은 소집단별로 할 수 있도록 한다.)

▸ 듣기 후 활동(post   listening activities)

① 들은 내용이나 질문에 대한 대답하기

② 연음, 동화 등에 대한 추측 및 연습하기

③ 학생들이 범하는 많은 오류를 분석하고 다시 연습하기

   (예) T: Look at the pictures on your text book. Listen to the tape. And point to the color.

2) 말하기 수업

말하기 수업활동에서는 실제 사용하는 말이 일어날 수 있는 상황을 학생들이 접하고 자연스럽게 말을 할 수 있도록 환경을 조성해주어야 한다. 말하기 수업은 듣기와 같은 단계로 진행된다.

(1) 자유로운 탐색단계

학생들은 자신들의 오감을 이용한 체험활동을 통하여 자유롭게 학습하고자 하는 내용을 탐색하여 학습에 대한 흥미와 동기를 갖도록 한다. 학생들은 이 단계에서 교과서의 그림이나 CD   ROM을 보고 이야기의 상황과 의미를 추측해 보고 나서 사용 가능한 말을 자유스럽게 발표하도록 한다. 그리고 나서 교사는 해당 차시에 학습하고자 하는 목표를 학생들에게 제시한다. 이 단계는 말하기 학습과정상 실제로 말하기에 들어가기 앞서 말하고자 하는 내용에 대해 교과서의 그림이나 활동을 보고 상황을 파악하여 사용될 수 있는 말을 알아보

는 활동을 주로 하게 되므로 말하기 전 활동이라고 할 수 있다.

(2) 안내된 탐색단계

교사는 먼저 해당 차시의 학습에 필요한 영어를 음성으로 들려주어 학생들이 듣도록 하며 학생들은 자신들이 추측한 대화가 실제 들리는 지를 찾아보고 새로운 표현이 있으면 질문한다. 교사는 학생들에게 대화를 반복하여 연습하도록 하지 않고 학생들이 말하고 싶어 하기 전까지 강요하지 않도록 한다. 학생들은 들은 내용을 중심으로 자신의 짝이나 소집단별로 하고 싶은 대화를 자유스럽게 한다. 이 때 교사는 학생들이 영어로 말하는 것에 대해 직접적인 수정을 하지 않고 즐겁게 대화를 할 수 있는 분위기를 조성하는 역할을 한다. 학생들은 실제로 친구들과 하고 싶은 말을 하는 과정에서 서로의 학습을 도와주며 사용되는 말의 쓰임에 대해 스스로 알게 된다. 이 단계는 학생들이 추측한 대화와 CD ROM의 내용을 중심으로 본격적인 말하기 활동을 하게 되므로 말하기 중 활동이라고 말할 수 있다.

(3) 의견 교환단계

이 단계에서 학생들은 자신들이 서로 대화한 내용에 대해 확인하며 자기 평가를 하게 된다. 학생들은 친구들끼리 대화한 내용의 어려운 점이나 자기 생각과 다른 점, 말하고 난 후의 느낌에 대해 이야기한다. 여기서는 말하기 활동이 끝난 후에 말한 내용을 정리하는 활동을 하므로 말하기 후 활동이라고 할 수 있다.

말하기 수업절차는 다음과 같다.

【표 24】말하기 활동 수업절차

단 계		교수 학습활동	
		교사활동	학생활동
자유로운 탐색	말하기 전 활동	· 동기유발하기 · 체험 활동 안내하기 · 학습목표 제시	· 자료를 오감으로 탐색하기 · 학습목표 알기
안내된 탐색	말하기 중 활동	· 영어 들려주기 · CD ROM 보여주기 · 관찰하고 도와주기	· CD ROM 보기 · 친구와 대화하기 · 대화의 쓰임을 알며 말하기
의견 교환	말하기 후 활동	· 결과 확인하기 · 평가하기	· 느낌 발표하기 · 자기 평가하기 · 정리하기

① 말하기 전 활동(pre speaking activities)
‣ 상황이해하며 듣기
‣ 듣고 행동하기, 복습
② 말하기 중 활동(while speaking activities)
‣ 그림보고 내용 생각하기
     T: Look at this picture.
‣ CD ROM 보면서 영어 대화 듣기
     T: It's time to watch the screen. Look and listen carefully.
‣ 대화의 내용을 간단하게 설명하기
‣ CD ROM을 보면서 발음에 유의하여 따라하기
③ 말하기 후 활동(post speaking activities)
     T: Listen and repeat.
‣ 소집단 또는 짝끼리 역할을 정하여 대화 연습하기
‣ CD ROM을 다시 보면서 대화내용 확인하기

3) 읽기 수업
읽기 활동에서는 교사가 학생들이 흔히 접할 수 있는 영어 문자나 글을 제공하고 연습하게 한다.

(1) 읽기 전 활동(pre speaking activities)
읽기 전 활동을 통해 텍스트와 자신과의 관계를 알아보는 학습자 중심의 의미를 구성할 수 있고, 저자가 의도하는 또는, 다른 학습자들이 이해하는 의미들을 교환하면서 최종적인 텍스트의 의미를 형성할 수 있는 기회를 제공한다.

(2) 읽기 중 활동(while reading activities)
읽기 중 활동은 읽기 전 활동과 엄격히 구분될 수 있는 것은 아니나, 읽기 전 단계에서 주어진 질문에 대한 답을 찾아 행할 수 있는 과제를 제시하여 활동할 수 있는 기회를 부여하는 것이 좋다. 읽기 중 활동이 끝나면 즉각적인 피드백이 주어져야 한다.

(3) 읽기 후 활동(while speaking activities)
읽기 후 활동은 읽기 학습의 결과를 내면화하여 이전에 습득한 다른 내용과 함께 다른 활동을 활용하는 데 목적이 있다. 이를 위해서는 내용에 따라 문법, 어휘, 구조 및 담화의 특성 등에 대한 정리를 할 수도 있고, 읽은 내용을 중심으로 토론이나 간단한 역할극을 할 수 있다.

4) 쓰기 수업

영어 문자와 문장의 구성을 주의 깊게 관찰하고 바르게 쓰도록 지도한다. 자기가 쓴 문자와 글을 다른 학생들이 잘 읽을 수 있는지를 살펴보도록 하는 활동도 포함되며, 영어의 대문자, 소문자, 구두점 등을 바르게 쓰고 문법에 맞게 간단한 문장을 쓰도록 유도한다. 여기서는 학습자의 흥미와 관심을 끌면서 쓰기 활동을 할 수 있는 지도방법을 소개한다.

(1) 그림을 활용한 쓰기 지도

그림을 활용한 쓰기 지도는 학습자들의 흥미와 관심을 끌 수 있고 아울러 구두언어로 배운 낱말을 써 보는 기회가 되기 때문에 유용하게 활용될 수 있는 방법이다. 특히, 실생활과 관련된 그림은 추상적인 글자보다 의미 파악에 있어 학습자들에게 큰 도움이 되기 때문에 초기 단계의 학습자들에게 적절한 방법이라 할 수 있다.

(2) 텍스트(text)를 활용한 쓰기 지도

텍스트는 쓰기와 밀접한 관계가 있으며, 보통 읽기와 쓰기 두 기능을 통합하여 사용한다. 교사는 베껴 쓰기나 문법구조 및 구두점 사용 익히기, 통제 및 유도 글쓰기 지도, 글의 구성 지도 등에 텍스트를 이용할 수 있다.

(3) 시청각 자료를 활용한 쓰기 지도

지도(map)나 그래프, 만화, 비디오, 오디오 등의 시청각 자료도 학생들의 쓰기 지도에 유용하게 활용될 수 있다. 지도나 그래프 등의 시각 자료는 의사소통 접근법이 대두된 이래 자연스럽게 쓰기 지도에 도입되었는데, 이는 실생활에서 이러한 자료를 바탕으로 글을 쓰는 일이 많아졌기 때문이다. 그러므로 지도를 이용하여 길 찾기, 지시문 쓰기나 장소 안내서(travel guide) 작성하기, 그래프나 도표를 이용한 설명문 작성하기 등은 학습자의 생활 경험에 맞도록 재구성하거나 내용의 난이도를 학습자 수준에 맞게 조정하여 사용한다면 학습자들의 흥미를 유발하는 유익한 쓰기 학습의 도구가 될 수 있다.

5) 다양한 시청각 자료의 활용

교과서뿐 아니라 Chart, 그림, 사진, 지도, 도표, 교육방송, TV, Radio, Tapes, 영어교육용 비디오 테이프, 컴퓨터, CD ROM 등과 그 외에 실생활에서 흔히 접할 수 있는 다양한 자료를 활용한다.

6) 학습활동과정과 참여도를 기초로 지적, 정의적 발달을 평가한다. 이 때, 결과에 대한 성적 기록보다는 학습을 수행하는 과정을 관찰하거나 포트폴리오를 이용하여 계속적인 학습과정을 평가하도록 한다. 평가하고자 하는 내용을 행동적 학습목적으로 진술하고, 교사가 개발한 자료 중 사용하지 않은 유사한 내용의 자료를 평가 도구로 활용하며, 표준화된 질문 기법을 개발하여 동료학생이나 학부모의 도움을 받아 개별화 학습을 시키는 데 사용한다.

3. 현장적용시 유의점

1) 준비단계
학생들의 발단 단계의 특징을 이해하고 있어야 한다. 학생들의 지적 발달이 어떻게 이루어지는가를 이해하면 할수록, 그리고 학생들이 무엇을 할 수 있고 어떤 것을 알 수 없는가를 파악하면 할수록, 교사는 교수 학습 사태를 더욱 잘 이끌어 갈 수 있다.

2) 학습환경 조성
경험 언어학습을 원활히 진행시킬 수 있도록 다음과 같은 학습환경 조성이 필요하다.
① 학생들의 흥미를 존중하고 가치 있는 것으로 인정해 준다.
② 학생들이 질문을 자유스럽게 할 수 있는 분위기를 조성하고 질문하는 것을 부끄러워하는 것은 어리석은 일임을 느끼도록 한다.
③ 학생들에게 질문에 대한 답변을 할 수 있는 능력이 누구에게나 있다고 격려해준다.
④ 교사나 동료의 발언을 귀담아 듣도록 장려한다.
⑤ 흥미 있고 관심 있는 활동에 적극 참여하도록 권장한다.

3) 듣기 활동 단계
교사가 시청각 자료를 다양하게 제공하여 학생들이 이미 가지고 있는 배경 지식과 경험을 토대로 흥미 있게 들을 수 있도록 한다. 또한, 다른 사람의 말을 주의 깊게 듣도록 권장한다.

4) 말하기 활동 단계
발음하는 모습을 보고 모방하여 발음하는 연습, 상황에 맞게 간단하게 발화하는 활동, 자유스러운 분위기에서 자기의 생각과 느낌을 표현하는 활동을 하게 한다. 또한, 학생들이 활동에 적극적으로 참여하는 태도를 기르도록 한다. 말하기에서는 문법적 설명을 지양하고, 유의적 연습과 의사소통 연습을 많이 시키도록 한다. 의사소통 연습을 위해서는 우선, 의사소통을 하는 목적이나 상황을 이해하는 것이 중요하다. 어휘의 도입과 연습에는 단어나 짧은 구 등의 의미를 간단히 설명하고 보조 교구를 사용하여 상황을 이해하는 데 도움을 주어야 한다. 실물이나 그림, 행동이나 무언극, 몸짓 등을 이용하면 이해에 많은 도움을 준다. 또한, 의미를 이해시키기 위해서는 경우에 따라 예시와 설명, 번역을 하는 것도 무방하지만 이 경우 많은 주의를 요한다. 새로운 언어형태나 문법구조에 대한 설명을 하는 대신 학습자들이 듣거나 볼 수 있도록 구두로 새로운 형태를 제시하고 의사소통 기능에 맞는 언어형태를 제시한다.

5) 평가 계획 단계
① 결과 위주의 평가보다는 학생들의 토의 활동이나 학급 내에서의 제반 학습활동을 기초로 한 수행과정을 중심으로 학생의 지적, 정의적, 신체적 발달을 판단하는 것이 바람직한 일이다.
② 전통적인 교수 학습활동과는 전개 과정이 다르므로 교과서나 학습 보조자료를 사용하지 않게 되고 보다 많은 경험 중심 활동을 전개하게 되므로 아동 발달 이론에 따라 교육목적과 학습활동을 진술해야 한다.
③ 표준화 검사가 거의 없기 때문에 교사 자신이 진단적 평가자료나 과정을 개발하는 것이 바람직하다.

경험 언어학습에서 교사가 하는 역할은 학생들에게 직접 조작할 수 있는 구체적 자료를 제공하여 공동 작업을 통하여 경험할 수 있도록 하는 것이다. 교사가 설명과 예시를 하는 것이 아니라 활동방법을 학생들에게 말해준 다음 직접 활동을 하게 한다. 즉, 교사가 질문이나 안내를 하면 학생들은 스스로 그에 알맞은 활동이나 대화를 하는 것이다. 이 때 교사는 학생들이 활동하고 대화하는 것을 관찰하고 대화의 의미를 파악해야 한다.

6) 과제
과제는 미리 제시하여 학생이 다양한 각도로 생각해 볼 수 있는 기회를 주도록 한다. 일주일의 단위로 과제 제시표를 그 전 주에 나누어주어 준비할 수 있도록 한다. 과제는 학생이 흥미를 가질 수 있는 것으로 제시하도록 하는데 예를 들어, 컴퓨터를 사용할 때 쓰여지는 영어들을 기록하여 보고서를 작성하거나 길거리의 간판에 쓰여진 외래어들을 조사하여 무슨 의미인지 파악해 보는 것을 들 수 있다.

7) 좌석배치

수업내용에 따라 융통성 있게 구성한다. 간단한 단어를 배우는 경우에는 혼자서 해도 학습이 가능한 것이니 평소의 좌석배치와 같이 해줄 수 있고, 배운 것을 게임에 활용하는 과정에 있다면 4~5명의 소집단을 구성할 수도 있다. 날씨를 묻거나 고향 등에 대해서 묻고 답하는 대화체의 문장을 배우는 것이라면 학생들이 그 표현을 배운 다음 돌아다니면서 친구들에게 묻고 답하는 자연스러운 분위기에서 학습할 수 있도록 할 수도 있다. 학습자는 주어지는 여러 가지 경험에 자발적으로 즐겁게 참여하도록 한다.

경험학습은 그 이름에서부터 알 수 있듯이 경험을 통해서 배우는 것이다. 단순한 지식이나 정보만을 획득하는 것이 아니라 직접 경험함으로써 학습하고 사고과정을 발달시키는 것이다. 이를 위해서는 교사의 역할이 매우 중요하다. 수업 중에 학습자가 다양한 경험을 할 수 있도록 학습자의 발달특성을 고려하여 자료나 활동을 제시하여 주도록 한다.

▌Ⅲ. 수업모형 및 학습지도안

1. 수업모형

【표 25】 경험 언어학습을 적용한 수업모형

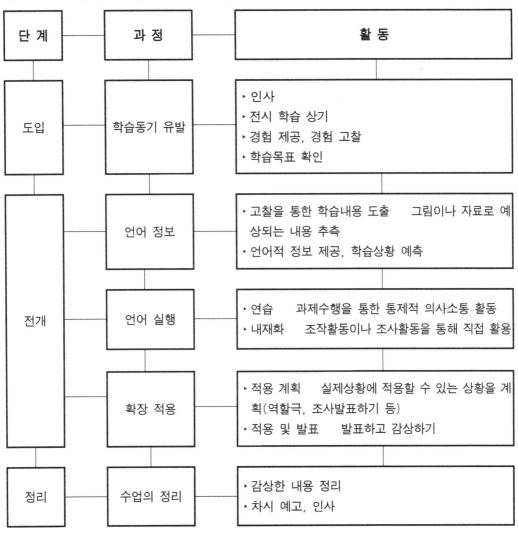

단 계	과 정	활 동
도입	학습동기 유발	‣ 인사 ‣ 전시 학습 상기 ‣ 경험 제공, 경험 고찰 ‣ 학습목표 확인
전개	언어 정보	‣ 고찰을 통한 학습내용 도출 그림이나 자료로 예상되는 내용 추측 ‣ 언어적 정보 제공, 학습상황 예측
	언어 실행	‣ 연습 과제수행을 통한 통제적 의사소통 활동 ‣ 내재화 조작활동이나 조사활동을 통해 직접 활용
	확장 적용	‣ 적용 계획 실제상황에 적용할 수 있는 상황을 계획(역할극, 조사발표하기 등) ‣ 적용 및 발표 발표하고 감상하기
정리	수업의 정리	‣ 감상한 내용 정리 ‣ 차시 예고, 인사

2. 학습지도안

Lesson	6. This is our town		Theme		Place
Objectives	· Students will be able to understand expressions of places. · Students will be able to speak expressions of places.				
Contents	Words		town, park, police station, bank, post office, bus stop, hospital		
	Expressions		There is _____. Where is your house? next to, in front of, turn right, turn left, go straight.		

Teaching Process

STEP	PROCEDURE	ACTIVITIES (T: Teacher S: Student)	TIME	MATERIAL
Introduction	Greetings Motivation Presentation	T: Good morning, everyone. Did you have a good weekend? S: Yes. T: I had a good weekend. Three of ex students came to my house. S: 우리도 선생님 집에 놀러가도 되요? T: Of course. Let me show you where my house is. Look at the map. This is my town. (ppt 자료로 그림 지도를 보여준다.) T: This is a bus stop. You'll get off at this bus stop. Next to the bus stop, there is a police station. In front of the police station, there is a hospital. Next to the hospital, there is a park···. T: Now, let's review. This is a bus stop. Next to the bus stop, there is···. S: Police station. T: Right. This is a bank. T: OK. Now, find my house. My house is in front of the post office, and next to the police station. S: It's your house. T: Can you find my house? S: Yes. T: Can you say where my house is? Talk with your partner.	5'	PPT자료 computer ※동네 구경을 하듯 자연스럽게 건물의 이름과 위치를 제시

Teaching Process

STEP	PROCEDURE	ACTIVITIES (T: Teacher S: Student)	TIME	MATERIAL
Development	Stating the aims of the lesson Information	S: It is in front of the post office, and next to the police station. T: Now, you can visit my house. We'll learn about expressions of places. ♣ 공부할 문제 ♣ ☞ 건물의 이름과 그 위치를 말해 보기 T: I'll show an interesting story. It's 'Town Mouse and Country Mouse'. Let's watch the screen. S: (CD ROM을 보며 이야기를 듣는다.) T: Let's watch the screen again. This time, you check the place card while listening to the story. S: OK. (CD ROM을 보면서 건물의 그림에 표시한다.) T: Raise your hand if you know the answer. What is it? S1: It's a bank. T: Right. Where is the bank? S2: Go straight. It's in front of the post office. T: Yes, you've got it. T: Where is the hospital? S3: Turn right. Next to the park. T: Where is the police station? S4: Turn left. Next to the bus stop.	10'	computer CD ROM picture card ※짝활동으로 친구들에게 동네이야기를 한다.
	Practice (pair work)	T: OK. Now, talk about the place with your partner. S1: What is it? S2: It's a house. S1: Where is the park? S2: Next to hospital.		
	Application (group work)	■ 지도그리기 활동 T: Good. Now, let's make the map and draw the building, hospital, bank,··· in your town. Work in group of six. Talk about the place while drawing. Let's start. S: Yes. S1: First, draw a bank. S2: OK. Where is the bank?	15'	paper drawing materials

Teaching Process

STEP	PROCEDURE	ACTIVITIES (T: Teacher S: Student)	TIME	MATERIAL
Development	Presentation	S1: In front of the post office. Let's draw.	7'	※다른 조의 발표를 들으면서 틀린 표현이나 잘된 점을 이야기한다.
		T: Are you done?		
		S: Yes.		
		T: Then, let's show it to other friends.		
		S1: We'll do it.		
		T: OK. Ready go.		
		S: This is the post office. It is next to the fire station.		
		......		
		T: Good job. Next group?		
Consolidation		S2: We'll try.	3'	
		T: OK. Ready go.		
		T: Excellent.		
	Summary of the lesson	T: Today we've studied about places. We can do some quick reviewing.		
		T: Where is the hospital?		
		S: Turn right. Next to the park.		
		T: Where is the police station?		
		S: Turn left. Next to the bus stop.		
	closing	T: What do you think about today's lesson?		
		S: Wonderful.		
		T: Time is over. Now, let's stop here. Good bye.		
		S: Good bye.		

함께 해 봅시다

( )번 이름 ( )

♣ 아래의 지도를 보면서 건물의 위치를 묻고 답해 봅시다.

Where is it? / It is ….

🎬 함께 해 봅시다

♣ "Town Mouse and County Mouse" 이야기를 들으면서 나오는 건물의 그림 카드에 ∨표시해 봅시다.

열린교육에서 영어지도법
(English Teaching Method in Open Education)

우리나라에서 수년간 교육 열풍을 일으켰던 열린교육은 이제는 다소 시들해진 감이 있으며 다인수의 학급규모와 학교시설 등의 현실적 상황들이 열린교육에서 추구하는 것과는 차이가 있어 많은 문제점들을 남긴 채로 쇠퇴해지고 있다. 하지만 학생들에게 보다 많은 자유를 허용하고 넓고 다양한 학생 중심 환경에서 자신들의 흥미와 발달속도에 따라 자발적으로 공부하도록 하는 교육사상은 오늘날의 학습자 중심 교육과정의 성격을 강하게 내포하고 있다고 할 수 있다. 열린교육은 종래의 많은 학생들을 상대로 한 경직화된 획일적, 주입식, 일제수업을 지양하는 대신 탄력적인 커리큘럼의 운영과, 개방된 인간 관계 속에서 학생들이 '개성'과 '창의성', '자주적 태도'를 길러갈 수 있도록 하는 교육이다. 자유의 원리, 환경의 원리, 존중의 원리에 의하여 학생의 흥미와 자발성을 기르고, 풍부한 학습환경의 제공으로 체험활동의 폭을 넓힘으로써 학생이 자기 학습력을 기르는 인성 본위의 교육이라고 정의할 수 있는 것이다. 이 장에서는 열린교육에서 출발한 그룹 유형에 따른 소집단 학습유형을 중심으로 소집단별 그룹학습을 통한 영어지도방법에 대해 살펴보고 다양한 활동 유형들을 제안해 보고자 한다.

Ⅰ. 개 요

1. 의미

열린교육은 전통적인 방식으로부터 교육의 패러다임 전환을 의미한다. 즉, 교육은 죽어 있는 단편적인 지식을 전수하는 것에서 학생들의 지적 호기심을 유발하는 역동적이고 실제적인 학습 환경을 창출하여 학생들에게 창의적으로 문제를 해결할 수 있는 능력을 길러주고 이런 결과로 얻은 통찰력을 삶으로 연계시킬 수 있도록 교육의 방향이 전환되어야 함을 의미하는 것이다. 전통적인 교육과 열린교육의 차이점을 각 항목에 따라 비교해보면 다음과 같다.

【표 26】전통적인 닫힌 교육과 열린교육의 비교

항 목	닫힌 교육	열린교육
학습자의 역할	수동적인 수용자	능동적 창조자
교사의 역할	전달자, 지휘자	촉진자, 안내자, 조력자
교육과정	의도적 교육과정	잠재적 교육과정
교육방법	교과서 중심 강의, 암기, 일제 수업	협동수업, 소집단 활동
강조점	완전 학습	비판적 사고, 창조적 사고
평가	양적(결과 중심)	질적(과정 중심)
결과에 대한 책임	학습자	교사 자신

2. 원리

1) 독립된 인간으로서의 학생 존중 원리

학생은 태어나면서부터 스스로 성장하려는 의지를 가진 독립적인 존재로 교사가 학생의 자주적 학습력을 신뢰하는 것으로부터 교육은 시작된다. 즉, 교사는 학생의 안내자, 조력자로서의 역할을 다하여 학생들이 현실적 적응능력, 지식, 경험의 확장 기회를 갖도록 하여 그들의 성장 발달을 지원해야 하는 것이다.

2) 개별화 지향의 원리

학생들은 보편적인 성장의 원리를 거치는 동시에 유전적, 환경적 요인에 의해 각자의 개별적 특성을 갖는다. 따라서, 학생의 이러한 개별화를 인정하고 그에 합당한 교육이 이루어지도록 해야 한다.

3) 개방성, 자율성의 원리

학생은 능동적인 행위자로 자신이 가진 개별적 관심과 흥미에 의하여 학습 과제를 선택하고 해결할 수 있는 책임감 있는 존재이다. 교사는 학생들이 자신의 학습에 대한 조력력과 자신감을 키우도록 학생이 자신의 활동에 대하여 결정하고 책임감 있게 끝까지 추구해가는 가운데 무엇이 학습되어야 하고 임무가 어떻게 맡겨지는가를 안내한다. 그리고 경험의 효과나 결과를 사고하는 과정에서 배울 수 있도록 학생의 자유를 존중해야 한다. 그런 가운데 교사의 권위나 역할은 줄어들고 정직과 감수성을 바탕으로 한 아이디어와 탐구하려는 관심사들이 경험을 통해 길러지며 사고가 확장되어 가게 된다. 학생들의 새로운 도전들과 아이디어들은 정직하고 개방적인 방법에 의해서 더욱 확장되고 자기 학습력이 길러지며 전인으로 성장을 해 나갈 수 있게 되는 것이다.

4) 환경과의 상호작용 원리

학생들은 호기심이 많고 탐구적이며 활동적이다. 그리고 환경과의 상호작용을 통하여 발전해 나가는 존재이다. 학생들이 스스로 성장해 나가는 능동적 행위자로서 호기심 많고 활동적으로 학습에 임할 때 더 효과적임을 고려하여 교사는 학생들이 보다 적극적으로 환경과의 상호작용을 할 수 있도록 학생의 발달단계, 관심 영역 등을 고려하여 학습의 효과를 높일 수 있도록 해야 할 것이다.

3. 특징

열린 수업은 정형화된 틀을 거부하며, 어느 한 교실에서 사용한 수업형태나 흐름을 그대로 일반화하려 해서도 안 된다. 또한 교사 자신도 흐름에 따라 끊임없이 창의적으로 변화해야 한다. 이러한 측면에서 영어과의 열린교육은 개방성, 다양성, 개성화, 개별화를 근간으로 다음과 같은 특성을 가진다.

① 영어과의 학습지도 형태 면에서, 다양성과 창조성을 추구하며 학습력을 기르는 개별학습지도에 주력하여 다양한 교육 프로그램을 전개하는 풍요로운 학습환경을 조성함으로써 개인차를 존중하는 학생 중심교육에 힘쓴다.

② 영어교과를 학습하는 학생과 이를 지도하는 교사 면에서, 학생은 개성을 발휘하는 적극적 참여자이며 자기 선택으로 학습하는 주체자로서 탄력적 집단에서 활동한다.

③ 영어교육의 여건 면에서, 개방적이고 열린 공간을 가지며 시간 운영의 유연성을 지닌다. 또한, 교육과정 재구성에 대한 재량권이 확대되고 학습능력의 수준이 서로 다른 탄력적인 집단을 수용하며, 학생, 교사, 학부모가 완벽하게 참여하는 개방된 교육활동이 가능하다.

따라서, 열린 영어수업에서는 학생들간의 영어학습능력과 학생 개개인의 학습 진도 차이를 고려하고, 학생이 갖는 관심과 흥미를 존중하여 의사소통 능력을 자연스럽게 높일 수 있어야 한다.

‖. 교실수업의 적용

1. 수업절차

영어과에서 적용할 수 있는 열린 수업의 모형은 여러 가지가 있으나 한 가지 예를 들어 그 절차를 살펴보면 다음과 같다(배두본, 1998).

1) 요구의 분석(needs analysis)
학생들의 개인별 수준과 능력을 진단하고, 학생들이 학습하고자 하는 언어기능, 내용, 활동 등 학생의 요구를 조사한다. 이것을 바탕으로, 학습하기를 원하는 내용의 순서를 정하도록 한다.

2) 집단구성(grouping)
학생들의 학습수준과 요구가 다양하기 때문에 요구를 집단화하도록 한다. 예를 들어, 테이프를 듣고 싶어하는 집단, 시청각 자료를 이용하여 듣기 활동을 하고자 하는 집단, 노래를 통해 영어를 학습하고자 하는 집단 등으로 나눌 수 있다. 교사는 학생들이 한 가지 과업을 완료하면 다음 과업으로 이동하도록 지시한다.

3) 동기유발(motivation)
개인별로 학습목표를 결정하도록 함으로써 학습 동기를 유발한다. 개인별로 목표를 결정하기가 어려우면 교사가 집단별로 학습해야 할 목표를 개략적으로 설명하거나 제시할 수 있다.

4) 수업전개(task Ⅰ)
수업은 소집단별, 개인별로 진행하므로 학생의 학습 책략, 학습유형에 따라 다양한 교수법을 적용한다. 교사는 개인별 또는 집단별로 다양한 교재, 시청각 자료, 과제, 과업을 제공하고, 학생들이 수업목표에 어느 정도 도달하고 있는지를 스스로 점검하게 한다. 또한, 학생들이 자기의 학습성과에 관하여 서로 토론하도록 유도한다.

5) 평가(evaluation)
학생들은 설정한 학습목표와 동기, 학습내용 등에 관하여 스스로 평가한 후에 다음 단계로 넘어가게 되는데, 평가는 학생들이 스스로 목표가 무엇인지를 인식하고 도달 정도를 평가하는 과정이므로 학생들이 작성한 자기 보고서와 교사의 관찰 평가를 이용한다. 교재에 자기 평가를 할 수 있는 난이 있으면 이를 활용하도록 한다.

학생이 스스로 미흡하다고 느끼면 자기의 요구와 동기를 재점검하고 다시 학습을 하도록 유도한다.

6) 집단 구성(grouping)

학생들이 집단별로 지정된 과업과 활동이 완료되면 다음 단계로 진행해야 하므로 다른 집단으로 이동하여 다음 단계의 활동을 하도록 지도한다.

7) 동기유발(motivation)

개인별, 집단별로 학습목표를 결정하도록 한다. 개인별로 목표를 결정하기가 어려우면 교사가 집단별 학습목표를 개략적으로 설명할 수 있다.

8) 수업 전개(task Ⅱ)

수업은 소집단별, 개인별로 진행하므로 교사는 개인별 또는 집단별로 다양한 교재, 시청각 자료, 과제, 과업을 제공하여 활동하게 한다.

9) 평가(evaluation)

5)에서와 마찬가지로, 평가는 학생들이 작성한 자기 보고서와 교사의 관찰 평가를 이용한다. 한 시간 동안에 한 집단에서 한가지 과업과 활동을 수행하고 다음 단계로 넘어가 다른 활동을 하면서 3 4가지의 과업을 하도록 수업을 진행할 수 있다. 또는, 듣기와 읽기, 말하기와 쓰기 등의 두 가지 기능을 하나의 과정으로 보아 3 4개의 과업과 활동으로 분류하여 수업을 진행할 수 있다.

2. 교수 학습활동 유형

열린교육에서의 교수 학습활동 유형을 논하기 전에 먼저, 학습유형부터 살펴보기로 한다.

1) 열린교육에서의 학습유형

(1) 소집단 협력학습(Jigsaw)
학생들 상호 간에 가르치고 배우는 상호 의존적인 소집단 학습으로 사회과 학습에 효과적이나 영어학습에도 충분히 활용할 수 있는 유형이다. 토의, 요약 능력 및 발표력이 어느 정도 신장되어 있는 학년에 적합한 학습법으로 알려져 있는데 활동방법은 다음과 같다.

먼저, 교사는 학습자의 학습능력을 고려하여 조를 편성하고 각 조원들에게 고유번호와 학습 과제를 번호별로 부여한 다음 가정이나 학습집단에서 충분히 조사하도록 한다. 수업이 시작되면 Rug Meeting이 이루어지고, 교사는 그 시간의 학습내용과 학습과정을 안내한다. 모집단 활동에서 학생들은 학습계획이나 교재의 재구성 및 학습 진행 방법을 모색한다. 그리고 미리 부여된 각 번호의 학생들이 모여서 리더를 뽑아 전문가 집단을 만들어 자율협력학습을 한다. 협력학습이 끝나면 모집단으로 돌아와 전문가 집단에서 학습한 내용을 바탕으로 그 시간의 주요 학습내용이 포함된 대화문을 비디오나 녹음 자료를 통해 듣고 익힌다. 그리고 각자의 능력에 맞는 선택학습이 끝나면 조별로 역할극이나 대화문, 챈트 등을 연습하여 발표한다.

이러한 협동학습은 영어 읽기 지도에 유용한 것으로 알려져 있으며, 그밖에도 듣기, 말하기 기능의 배양을 위해서 다양한 제재의 영어수업에도 효과를 거둘 수 있다.

(2) 협동학습(Team Teaching)

두 명 이상의 교사가 팀을 구성하여 한 교사가 먼저 전체 학생을 지도하고, 다음에 그룹별로 한 사람씩 지도하는 형태가 일반적이다. 이 때 전체를 지도하는 교사는 그 학습내용에 전문성이 탁월해야 하며, 다른 교사는 이 교사가 지도할 때 같이 학습하는 계기가 된다.

먼저, 핵심적인 학습내용의 주도적 역할을 맡은 교사가 전체적으로 지도를 한 후 코너학습을 실시한다. 이 때 학생들 스스로의 자율학습이 어려운 코너가 있으면 보조교사가 참여하여 학습활동을 도와주어 학습이 원활히 이루어지도록 돕는다.

Rug Meeting시에 영어학습 지도능력이 제일 우수한 교사가 전체에게 오늘의 학습내용을 안내하고 학습요점을 지도한다. 이 때 Pointing Game을 실시하거나, 학생들이 교사의 지시에 반응을 나타내어 보이는 전신반응(TPR)을 이용하여 학생들에게 새로 배운 낱말을 익히게 하며, 자연교수법(natural approach)의 기법으로 영어입력을 제공한다.

(3) 순서 선택학습

단원 또는 제재를 단위로 학습과제를 학생이 각자의 흥미, 관심에 따라 스스로의 판단대로 순서를 정하여 학습하도록 하는 개별화 학습방법으로, 학습활동이 이루어지는 방법에 따라 10가지 모형으로 분류되는 수업모형 중의 하나다.

① 완전 습득학습	② 도달도별학습	③ 자유진도학습
④ 무학년제학습	⑤ 적성처우학습	⑥ 순서 선택학습

⑦ 발전과제학습   ⑧ 과제 선택학습   ⑨ 과제 선정학습
⑩ 자유 연구학습

(4) 물레방아학습

교실에서 학생들의 생활을 눈 여겨 살펴보면 서로 만나 대화하는 친구의 수가 고정되어 있고 반복되는 좁은 인간관계를 발견하게 된다. 이런 상황 속에서 모든 학생들이 함께 만나 여러 친구와 돌아가며 대화하는 학습형태가 바로 물레방아학습이다.

학습형태로 보면 개별학습을 모태로 하는 조사학습, 소개학습, 인성학습, 설문학습, 설명학습 등에 적용될 수 있다. 적용할 수 있는 적합한 주제는 다음과 같다.

- 인사나 이름을 묻고 대답하기
- 사물의 이름 묻고 답하기
- 가족에 대해 묻고 답하기
- 직업에 대해 묻고 답하기
- 날씨나 요일을 묻고 답하기
- 좋아하는 동물이나 취미, 스포츠를 묻고 답하기
- 하루의 생활에 대해 묻고 답하기
- 길 안내, 전화통화 익히기

(5) 자리학습

이 학습유형은 수업의 초점을 열린 교실의 성원인 각 개별 학습자에게 두고, 모든 개별 학습자가 학습목표에 도달하도록 주력하는 것이다. 그러므로 각 학습자의 경험, 배경, 흥미, 능력, 성취속도, 개인의 욕구 등의 개인차를 학습활동에 고려하는 학습형태여야 한다. 즉, 여러 개의 다른 프로그램을 만들어 학습자로 하여금 스스로 선택하여 학습하도록 하기 위해, 학습의 개별화를 위한 코너를 마련해주고 학생들 스스로 자기가 좋아하는 활동의 코너를 선택하도록 하는 학습자의 개별성을 존중한 유형인 것이다.

코너라는 말은 다양한 학습마당으로서 작은 학습공간을 말하며, 교실에서 코너학습을 실시할 경우에 코너의 설치는 크게 상설코너와 일시코너로 구분할 수 있다. 상설코너에서는 일정 기간 계속해서 학습을 해 나가도록 하는 학습의 장으로 여기에는 취미학습이나 보상학습의 내용으로 설치할 수 있다. 한편, 일시코너에서는 단위시간의 학습활동을 위해서 설치하는 학습의 장으로서 교사의 계획 하에 설치 운영한다. 코너학습의 방법으로는 학생들이 한 코너에서 주어진 시간 내내 학습하는 고정 코너학습이 있고, 또 하나는 주어진 시간 내에 여러 코너를 돌면서 학습하는 이동 코너학습이 있는데, 이는 단원 및 교재의 특성에 따라 다르게 운영될 수 있다.

(6) 소규모 활동학습(small group work)

소규모 활동 중심 학습이란 학생들을 조, 분단, 짝으로 나누어 상호작용 활동을 전개하

는 학습유형을 말한다. 소집단 활동유형은 학생들의 능력과 의사소통 활동유형에 따라 여
러 가지 형태로 소집단을 나누어 활동하게 하며 다음과 같은 활동유형이 있다.

① 짝활동(pair work) : 영어학습의 초기 단계에서 많이 사용하는 활동으로 먼저 전체 학
   급을 여러 조나 짝으로 나눈 후, 서로 상호작용하도록 유도한다. 수업의 조직은 정확
   성에 역점을 둔 활동과 유창성에 역점을 둔 활동에 따라 다르다.

② 다중채널활동(multi channel work) : 한 사람이 여러 사람과 상호작용 활동과 대화를
   할 수 있으므로 의사소통 활동, 토론, 게임 등을 할 때 바람직하다.

③ 원형활동(circle work) : 바로 옆에 앉아 있는 학생과 주로 대화를 나누게 하고 활동하
   게 하는 방법인데, 학생들간의 연결관계가 충분하지 않다는 것이 단점이다.

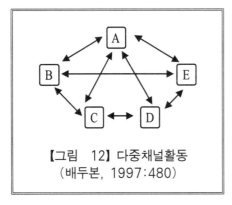

【그림 12】 다중채널활동
(배두본, 1997:480)

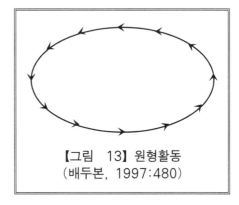

【그림 13】 원형활동
(배두본, 1997:480)

④ Y자형활동 : 한 학생이 먼저 두 학생과 대화를 나눈 후에 또 다른 학생에게 말을 전
   달하도록 좌석을 배치하는 유형으로 원형 구성방법보다 의사 전달속도가 느리다.

⑤ 수레바퀴형활동 : 한 학생이 중간에 위치하여 정보를 전달해 주는 역할을 하므로 문
   제해결 활동을 하는 경우에 효과적이다. 그러나 과업이 복잡해지면 중간 학생의 부담
   이 커지게 되어 효과가 감소한다.

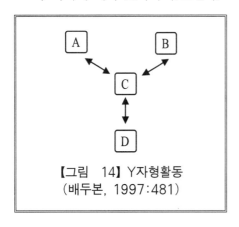

【그림 14】 Y자형활동
(배두본, 1997:481)

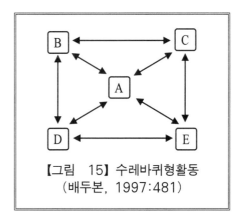

【그림 15】 수레바퀴형활동
(배두본, 1997:481)

⑥ 4·6·8형활동 : 교실의 학생 수, 학습의 규모와 크기, 활동 내용에 따라 분단의 인원
　구성을 다양하게 할 수 있다.

　이러한 소집단별 수업활동은 영어학습의 초·중·상 단계에서 모두 사용할 수 있다. 먼
저 정확성에 역점을 둔 소집단 활동으로는 듣기 연습, 학습한 구문과 어휘를 사용하여 대
화하기, 문법 연습, 제목 만들기, 역할극, 게임, 퀴즈, 질문지를 이용한 조사 활동 등이 있
다. 유창성에 역점을 둔 소집단 활동에는 대화하기, 그림보고 활동을 묘사하기, 문답하기,
차이점과 찾아내기, 활동을 계획하기, 말판놀이, 역할극, 게임, 토론 등이 있다. 문제해결
활동은 여행자 퍼즐, 단어의 설명을 듣고 가로와 세로로 글자 맞추기, 설명한 내용을 듣고,
단어를 추측하여 말하기, 숨겨진 보물찾기, 초청장 작성하기, 게임이나 이야기 만들기, 역
할극 등을 들 수 있다.

　2) 열린교육에서 영어지도를 위한 교수 학습활동 유형
　한 차시의 수업 전개를 통해 교수 학습활동 유형을 소개하면 다음과 같다.

　(1) 제시 단계(5 10분 정도)
① 인사를 한 후 교사가 학생이 사용할 언어 요소를 선정 제시한다.
② 원어민 발음을 녹음기를 사용하여 들려준다.
③ VTR을 통해 상황, 상황별 언어 소통 장면을 보여준다.
④ 5 6명 학생의 간단한 발표를 통해 언어 요소를 확인한다.
⑤ 전체 학생들이 할 수 있는 노래, 챈트, 게임 중 한 가지를 택하여 언어 요소를 재확인
　한다.
⑥ 코너학습 내용을 안내한다.
⑦ 원하는 코너학습을 학생이 선택한다.

　(2) 연습 및 발화 단계: 코너학습(20 30분)
　▶ 팀 리더(team leader)의 활용
　열린 영어교육의 코너활동에서 팀 리더는 매우 중요한 역할을 한다. 영어를 미리 학습한
학생은 자칫하면 영어학습시간에 흥미를 잃게 되는데 이러한 학생을 팀 리더로 지명하여
사전에 코너활동 내용을 숙지시켜 팀을 이끌어 가도록 한다.
　▶ 코너학습의 예
　① Review Corner　전시 학습이 부족한 학생들이 활용하는 복습 코너로 녹음 테이프나

그림자료 등을 준비한다.

② Game Corner 학습한 언어 요소를 이용하여 게임을 해 보는 코너로 학습과 관련된 여러 가지 게임자료를 준비한다.

③ Role Play Corner 학습한 내용을 역할놀이를 통해서 실연하는 코너로 인형, 소도구, 모형이나 그림 등을 준비한다.

④ TPR Corner 지시나 명령을 익숙하게 하는 코너로 게임과 병합하면 재미있다(예: 'Simon says' game).

⑤ Survey Corner 학습한 언어를 창의적으로 사용하여 발화해 볼 수 있는 코너

▶ 코너학습시 유의 사항

① 열린학습인 만큼 학생들의 자유로운 선택권을 최대한 존중해야 한다.

② 본시의 언어 요소 이외에도 전시 학습한 모든 언어 요소를 많이 사용할 수 있도록 학습활동을 계획한다.

③ 각 코너별로 새로운 언어 요소의 연습, 발화 단계가 반드시 들어갈 수 있도록 계획한다.

④ 교사는 각 코너를 순회하며, 어느 정도의 통제나 유도를 통해 질서 있는 수업진행을 돕는다.

⑤ 학습자의 실수에 대해서 개입하지 않고 활동이 끝난 후 전체학습에서 가볍게 교정해 준다.

⑥ 의사소통은 완벽한 영어가 아니어도 가능하므로 유창성에 중점을 둔 코너학습을 유도한다.

(3) 정리 단계: Rug meeting(5 10분)

① 코너학습 활동 중에 제시된 언어 요소에 대해 학생들이 이해하지 못했던 부분과 핵심적인 내용을 다시 설명해 주거나 시범을 보여준다.

② 다양한 활동을 통해 학습한 내용을 정리한다.

③ 챈트나 노래를 통해 인사를 한다.

3. 현장적용시 유의점

열린교육은 풍부한 학습자료의 제공, 통합교육과정, 교실에서의 능동적인 상호작용, 그리고 교실 활동의 효과적인 조직으로 그 특징을 대변할 수 있다. 특히, 교실에서의 효과적인 조직이 능동적인 상호작용을 가능하게 한다는 것을 잊어서는 안 된다. 따라서 풍부한

학습자료 제공과 능동적인 상호작용, 그리고 교실활동의 효과적인 조직들을 충분히 고려해야만 한다. 열린 영어교육에 있어 주의할 점을 바람직한 영어교사상, 학생들에게 안정감을 심어주는 방법, 물리적인 환경, 책상배열, 교실활동의 효과적인 상호작용, 교실영어 등을 중심으로 살펴보면 다음과 같다.

1) 바람직한 영어교사상
① 능력: 교사는 누구나 계획적인 학습활동지를 구성할 수 있다.
② 태도: 학생을 존중하고, 개인차에 대해 현실적이어야 한다.

2) 학생들에게 안정감 심어주기
① 안정감은 학생들 언어학습에서 최대의 성과를 얻기 위해서 필수요건이다.
② 안정감이 있는 학습 분위기를 창조하는 방법
    교사가 자신들을 책임지고 있다는 느낌을 학생들이 느끼게 해야 한다.
    학생들에게 친구처럼 교사와 서로 이야기를 할 수 있다는 생각을 갖게 한다.
    학생들이 말하려 하는 것은 언제든 수용한다.
    교사나 학생들이 친구의 실수를 비웃지 않도록 해야 한다.
    학생들에게 교실에서 실제 일을 맡김으로서 책임감을 가지게 한다.
    물리적인 보상이나 상을 주어서는 안 된다.
    짝활동과 역할담당을 통해 새로운 언어에 대한 자신감을 갖게 한다.

3) 물리적인 환경
① English corner
    교실의 한 구석이라든지 교실의 벽면을 이용해 학생들이 엽서, 그림, 흥미로운 것 등을 붙이고 넣어둘 수 있는 조직적인 'English corner'를 만든다.
② 풍부한 학습자료
    풍부한 학습자료는 학생들에게는 뜻을 전달하는 주요한 수단이므로 폭넓은 교수 보조자료는 외국어 학습에 필수적이다.

4) 책상배열
학생들이 여러 활동을 자유롭게 할 수 있는 책상배열을 고안해 사용한다.

5) 학급조직 및 활동

짝활동과 분단 활동 등의 협동학습을 통해 문제를 해결하게 한다.

6) 교실영어

    교사는 학생들이 영어를 들을 수 있는 기회를 많이 주어야 하고, 교사의 영어는 간단하면서도 자연스러워야 하며 학생들의 수준에 맞아야 한다.

Ⅲ. 수업모형 및 학습지도안

1. 수업모형

【표 27】 열린교육에서의 일반적인 영어수업모형

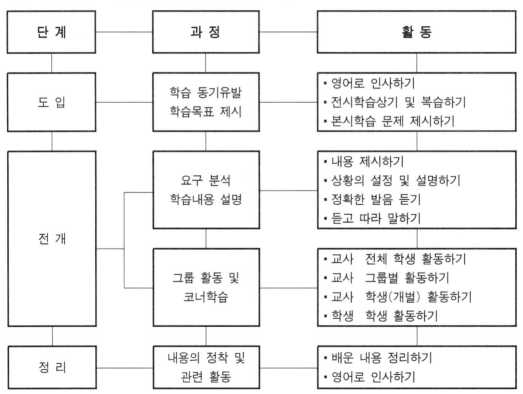

2. 학습지도안

Unit (Theme)	3. What color do you like?		Class	4 ♡	Instructor	○○○
			Period	3/4	Page of text	26 27

Objectives	· Through the corner activities, the students are able to ask and answer by using "What color do you like?" "I like _____."				

Stratergy for open class	Type of study	Single subject and plural activity model		
	Organizing group for study	Small group or whole class study		
	Activities for experience	Game, Song, Chant, Survey		
	Materials for experience	Teacher's needs		Students' needs
		Flash cards, TV, Computer etc.		pencils, papers, crayons

Teaching Process

Stages (content)	Flow chart	Open learning activities		Time	Teaching aids and remarks
		Experiential learning acts	Teaching acts as helper		
Introduction Greeting		• Greeting Hello, ma'am. Fine, thank you. And you?	• Greeting Hello, everyone? How are you today? I'm fine too. Good! Look at the sky.	5'	
		It's sunny/cloudy.	How's the weather? OK. Today's sunny/cloudy.		
Motivation Review		(Everybody sings)	Let's sing 'Red shirt song' with motion. Now, let's review the last lesson.		Flash cards 실물화상기
		It's yellow. Yes, I do/No, I don't.	What color is this? Do you like yellow?		
Question & answers		I like _____. I like pink. How about you?	• Question and answers What color do you like? I like yellow and pink	5'	
		Yes.	• Let's chant together Are you ready? OK. Very good.		
Presentation of aims & activities		(Look at the TV)	Look at the TV Look at the TV		TV Computer

♣ 공부할 문제 ♣
☞ 색깔이름 묻고 답하기
☞ 좋아하는 색깔 묻고 답하기

Teaching Process				
Stages (content)	Flow chart	Open learning activities		Time	Teaching aids and remarks

Stages (content)	Flow chart	Experiential learning acts	Teaching acts as helper	Time	Teaching aids and remarks

Development
 	
Needs analysis
 	
Group activities
		(Look and listen.)
		
		• Grouping
			• Guide corner activities.
			
			• Divide this class into 4 groups
			  What do you want to do first in this class?
			  Who wants to do survey/dice game/flapper game/TPR
				25'	TV
					Computer
					
					Assistants as Helper
					Survey cards
					Dice
					Dice tables
					Paper fish
					Crayons
					Flash cards

		‣ Activity 1 ‣
		Survey
		Ask and check
		S1: Do you like yellow?
		  What color do you like?
		S2: Yes, I do/No, I don't.
		  I like orange.
		S1: (Check)
			‣ Activity 2 ‣
			Dice game
			S1: Toss up dice
			All: What color is this?
			S1: It's red.
			  Move the marker.
			  Red 1 Orange 2
			  Yellow 3 Blue 4
			  Green 5 Forward 6
					※All students join the activities.
					※If any activity finish faster than others, then give the supplementary activity

		‣ Activity 3 ‣ **Flapper game** All: What color is this? TL: It's blue. S: (Flap the card of blue)	‣ Activity 4 ‣ **TPR** TL: Pick up a red crayon. Say "red" two times. S: Red, Red TL: Draw a nose ···		

Consolidation
Question & answers
 	
Think & check
		Yes.
		Survey/Dice game/Flapper game /TPR.
		(Students put their stickers.)
		I like red/green/pink ···
		How about you?
		(Think and check)
		
		Thank you. Good bye.
			• Check up
			  Did you have fun?
			  Which activity did you have fun?
			  Put your sticker on the board.
			  I check today's lesson.
			  What color do you like?
			  I like pink and yellow.
			  This time, let's do self check
			• Arrangement
			  So much for today.
			  Thank you. See you.
				5'	Whiteboard
					Stickers
					Self check paper

Stages (content)	Flow chart	Open learning activities		Time	Teaching aids and remarks
		Experiential learning acts	Teaching acts as helper		
Supplementary & Enriched activity		**Supplementarym activity** Yes/No game 1. Prepare two chairs. 2. Ask "Is this a red?" 3. If answer is correct, sit down 'Yes chair', if it isn't, sit down 'No chair.'	**Enriched activity** Wear a Red Dress game 1. First, let's color the clothes. 2. Color the sweater red. 3. Color the jacket pink. 4. Color the T shirt blue. 5. Cut them out. When you finish coloring. 6. Father wants to wear a red sweater …		Chairs Yes/No Paper Crayons Clothes Paper Scissors

Table title: **Teaching Process**

🎯 함께 해 봅시다

다음은 벨크로 회전판(Velcro Dart Wheel) 제작 및 활용방법에 관한 내용이니 활용해 보시기 바랍니다.

1. 준비물

≪P.P골판지≫

    ♣형태 : 종이 골판지와 같음.

    ♣재질 : 비닐 계통의 P.P.

    ♣장점 : 가볍고 가공이 쉬운 편임.

≪합판≫

    ♣재질 : 나무(0.3~0.5cm정도)

    ♣장점 : 주변에서 쉽게 구함.

    ♣단점 : 무겁고 가공이 힘들며 교사가 사용하기 불편함.

≪Velex천≫

    ♣특징 : 부직포보다 Velcro(찍찍이)가 잘 붙는다.

    ♣Velcro와 Velex가 짝을 이루어야 자료로서 역할을 확실히 함.

    ♣Velex는 용도에 따라 여러 가지가 있음. 그 중에서 뒤에 접착제가 부착된 것에 사용.

≪할핀(Y핀)≫

≪기타≫

    ♣볼펜 깍지, 색지, 코팅지, 먹지 등

2. 제작방법

① P.P골판지에 반지름 25cm정도의 원을 그린다. 그 내부에 정팔각형을 그린다.【그림 1】

② P.P골판지나 합판을 정팔각형으로 잘라낸다. velex천 뒷면에 부착된 종이 위에 골판지보다 약 3cm정도 더 큰 쪽으로 정팔각형을 그린다.【그림 2】

③ velex천을 벗겨내고 접착면에 P.P골판의 중심을 맞춰 부착시킨 뒤 velcro천의 여유 부분을 골판지의 뒤를 넘겨가며 부착시킨다.【그림 3】

④ wheel의 뒷면에 velex가 겹치는 부분을 가위 등으로 잘라낸다.【그림 4】

⑤ P.P골판지 등을 20cm×40cm정도 잘라 둔다.

⑥ velex천이 입혀진 wheel에 중심을 표시하고 punching한 뒤 ring을 끼운다.
【그림 5】

※ ring을 끼우지 않을 경우 할핀에 의한 마모가 심해 내구성이 떨어진다.

⑦ 5번 과정에서 준비한 골판지에 칼집을 내어 할핀을 낄 수 있도록 한 뒤 볼펜깍지를 약 1cm정도 잘라둔다.

⑧ 준비된 wheel과 지지대, 볼펜 깍지 등을 결합 시킨다.【그림 6】

⑨ 준비를 해 둔 색지를 삼각형으로 오려, 코팅한 뒤 지지판에 붙여 화살표 표시를 한다.【그림 7】

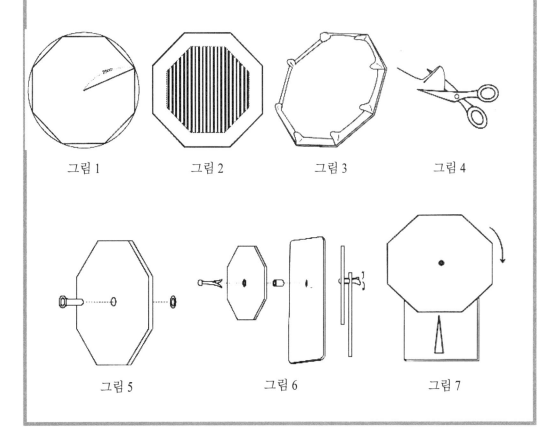

그림 1   그림 2   그림 3   그림 4

그림 5   그림 6   그림 7

3. 활용방법

평면의 대형 보드만 사용하는 것이나, 대형 주사위를 사용하는 것보다 wheel 을 돌려가며 게임 하는 것을 학생들이 훨씬 재미있어 한다.

① 가운데에는 1~8까지 칸이 나누어진 코팅한 판을 붙인다.

② 학습 주제에 맞는 그림이나 단어카드의 뒤에 velcro(찍찍이)를 붙인다.

③ 그림카드/단어카드를 dart의 가장자리에 붙인다.

④ 두 편으로 나누어 한 명씩 나와서 회전판을 돌린다.

⑤ 회전판을 돌린 편이 묻고, 다른 편이 함께 대답을 한다.

⑥ 화살표가 가리키는 회전판의 수만큼 대형 보드의 말을 옮긴다.

⑦ 빠르게, 한 사람도 빠짐없이 열심히 참여한 팀에게 1점을 얻게 하며 게임 해도 좋다.

⑧ 먼저 도착지에 도달하는 편이 이긴다.

⑨ 이긴 팀에게 상품을 주는 것보다는 기분 좋게 환호를 외치거나 만세를 부르는 것이 더 좋다(예: Abraca dabra. Oh, Yea! Salaca doola Menchica boola 짝! 짝! 짝!).

⑩ 순서를 바꾸어 가며 경쟁보다는 협동심과 남을 배려하는 마음을 갖게 한다.

◈ 대화문 예(1)

♣ 주제: Is there a book?

♣ 판의 가장자리에 학용품 그림을 붙인다.

    A' S1:(판을 돌려 book이 나온다.)

    A' team: Is there a book?

    B' team: Yes, there is.

◈ 대화문 예 (2)

♣ 주제: What is he?

♣ 판의 가장자리에 직업을 나타내는 인물모습을 붙인다.

    A' S1: (판을 돌려 야구선수의 모습이 나온다.)

    A' team: What is he?

    B' team: He is baseball player.

4. 응용

① 8칸 중에 1칸을 비워 놓고, 화살표가 빈 칸을 가리키면 '꽝'으로 해도 재미있다.

② 어느 한 칸을 'back'으로 설정하여 뒤로 가기로 해도 게임의 변화를 줄 수 있다.

③ 가운데 부착하는 판의 칸수를 6칸 또는 12칸으로도 할 수 있다.

　【예】 12칸의 경우 시계로 생각하고 하루의 일과에 대해 묻고 답할 수 있다.

　　회전판을 돌려 화살표가 숫자 8을 가리킬 경우

　　(학교 가는 모습의 그림카드가 붙어 있음)

　　A: What time do you go to school?

　　B: I go to school at 8.

이와 같이 대화를 하며 게임을 통해 언어연습을 한다.

컴퓨터를 이용한 영어교수법
(Computer Assisted Language Learning)

다양한 현대 기술의 급속한 발전은 언어학습자와 교육자를 새롭고 혁신적인 교육 환경으로 유도하고 있다. 이러한 변화에 가장 크게 영향을 미치고 있는 것이 컴퓨터 하드웨어(hardware)와 소프트웨어(software)의 개발과 보급이다. 1960년대부터 컴퓨터 보조 언어학습(Computer Assisted Language Learning: CALL)이 언어교육계에 실제적으로 소개된 이래로, 여러 이론적인 논쟁과 기술적인 진보를 거쳐 최근에는 글자, 소리, 그림, 사진, 애니메이션(animation), 비디오(video) 등의 자료를 통합해서 다룰 수 있는 멀티미디어 컴퓨터(Multimedia computer) 즉, 다중매체 컴퓨터와 같은 교육 기재의 도입이 이루어지고 있다.

이렇게 컴퓨터는, 영어교육 환경에 꼭 필요한 실제적인 자료를 제공하고 교수 학습상황에서 교사에게나 학습자에게 보다 용이하고 다양한 형태의 상호작용을 가능하게 함으로써 교사와 학습자의 역할을 변화시켰을 뿐만 아니라, 학습활동유형을 다양하게 구사할 수 있도록 하였다. 이러한 현상은 컴퓨터가 가진 잠재적 가능성과 더불어 교육용 멀티미디어 프로그램의 활용에 대한 기대와 관심을 보여준다. 이 장에서는 CALL과 관련된 이론의 요약에서부터 구체적인 현장적용까지를 정리해보았다.

Ⅰ. 개 요

1. 의미

언어교육에 컴퓨터가 활용되기 시작한 것은 1960년대이다. 현재까지 CALL의 발전은 교육적 이론과 기술의 진보에 따라 3단계로 나누어지는데, 이는 행동주의적(behavioristic)

CALL, 의사소통적(communicative) CALL, 통합적(integrative) CALL이다.

행동주의적 CALL은 1950년대에 고안되어 60대와 70년대에 도입된 것으로 행동주의 학습이론에 바탕을 두고 있다. 따라서, 이 형태의 CALL은 기계적이고 반복적인 문형연습이라는 특징을 갖고 있으며, 컴퓨터는 육체적으로 지치지도 않고 학생을 비판하지도 않는 기계적 가정 교사의 역할을 맡았다. 행동주의적 CALL의 예로는 PLATO라는 시스템을 들 수 있는데, 이는 중앙 컴퓨터와 터미널로 구성이 된, 자체의 특별한 하드웨어로 작동되는 시스템이었다.

의사소통적 CALL은 1970년대 후반과 1980년대 초반에 출현하였는데, 이 시기는 언어교육에서 행동주의적 접근법이 퇴조된 시기와 맞물린다. 의사소통적 CALL의 주창자들은 컴퓨터에 기초한 언어활동은 언어형태보다는 사용에 초점을 맞춰야 한다고 주장하였으며, 문법은 명시적(explicit)이 아니라 암시적(implicit)으로 가르쳐야 한다고 하였다. 그리하여 학생들은 한정된 구문을 기계적으로 반복하기보다는 창조적인 문장을 의사소통을 위해 생성하도록 권장되었다. 이 형태의 CALL은 학습의 발견과 표현, 그리고 발전의 과정이라는 인지주의적 이론에 바탕을 두고 있다. 이 시기에 개발된 CALL 소프트웨어는 문자 재구성 프로그램(text reconstruction programs)과 시뮬레이션을 포함한다. 문자 재구성 프로그램은 학생들이 언어의 패턴과 의미를 발견하기 위하여 단어나 글을 재구성하는 프로그램을 뜻하고, 시뮬레이션은 학생들이 소그룹으로 나뉘어 토론을 통해 스스로 학습목표를 달성할 수 있도록 고안된 프로그램이다.

통합적 CALL은 1980년대 후반과 1990년대 초반에 나타났는데, 그 당시 많은 교사들이 인지주의적 접근에서 벗어나 사회적 인지주의 교육 접근법을 받아들이고 있었다. 사회적 인지주의 접근법은 실제적이고도 사회적인 맥락에서의 언어사용을 강조하여 실제적 환경에서의 과업 중심과 내용 중심의 언어활동을 권장한다. 또한, 학습활동은 듣기, 말하기, 읽기, 쓰기 등 모든 언어기술을 통합한 형태로 개발되었다. 기술적인 면에서 보면 앞서의 의사소통적 CALL이 개인 컴퓨터와 더불어 발전된 형태라면, 통합적 CALL은 멀티미디어와 연계된 컴퓨터의 출현으로 가능하게 되었다. 따라서, 통합적 CALL은 언어기능의 통합뿐만이 아니라 기술의 통합도 의미하는 것이다.

요약한다면, 초창기의 개별화 학습 형태에서 전체 소집단 학습 형태의 활용으로, 단순한 주제의 제시 및 반복연습의 형태에서 모의 실험과 게임을 이용한 다양한 문제해결 중심 환경으로, 문법 연습 등 단일 기능 학습에서 다양한 기능을 통합한 교육과정 접근 형태로, 그리고 최근에는 단순한 텍스트 제시에서 그래픽과 애니메이션의 차원을 넘어 멀티미디어 학습 환경의 창출에까지 진화되었다.

2. 원리

1) 프로그램 학습이론(Programmed Instruction theory)

프로그램 학습이론은 Skinner가 주장한 행동주의적 학습이론으로, 영어학습자에게 새로운 언어 자료를 투입하고 그에 대한 기계적인 연습과 훈련을 통하여 새로운 언어적 습관을 형성시킬 수 있다는 이론에 근거한다. 프로그램 학습은 등급화 된 단계에 따라 교수 체제가 연속적으로 진행하게 되며 학생에게 교재나 테이프, 디스크에 수록된 최소한의 단계를 제공하고, 학생들은 자기의 진도에 따라 다음 단계로 진행한다. 이 이론은 언어의 구체적이고 형식적인 분야를 각각의 단계로 나누어 제시함으로써 학생들은 자기 나름의 학습 속도를 결정하고, 즉각적인 피드백이 제공될 수 있다는 것이 중요한 특징이다. 그러나 즉각적인 피드백은 성인들에게는 장점이 될 수 있겠으나 영어 입문기에 들어선 학생들에게는 즉각적인 피드백이 자칫 좌절감을 느끼게 하여, 오히려 영어에 흥미와 자신감을 갖지 못하게 할 수 있다. 피드백은 질과 제공 방식이 더욱 중요한 것이다.

2) 정보처리이론(Information Processing Theory)

정보처리이론은 인간의 두뇌에서 정보를 처리하는 과정을 학습에 적용한 이론이다. 컴퓨터를 이용한 영어교수와 학습에서 다룰 수 있는 언어적 단계는 문자, 단어, 구문, 의미, 기능, 담화, 화용적 의미 등이 있으며 각 단계에 따라 효과적인 정보처리 즉, 단기 기억과 장기 기억이 가능하게 할 수 있다. 문자단계에서 쓰기는 필기와 타이핑을 통해 가능하며 읽기는 개개의 문자를 구별하는 능력을 가르칠 수 있다. 단어단계에서는 의미를 고려하지 않고 다만 기계적으로 단어를 인식하고 표현하도록 하는데, 영어의 철자를 가르치거나 음성과 문자의 일치를 인식시키는 일은 쓰기를 통하여 가능하며, 읽기 기능에서는 단어를 인식하는 기술이나 읽는 동안에 눈을 움직이는 방법을 가르칠 수 있다. 그러나 유의적인 단어 사용에 관한 기능을 가리키는 것은 어휘교수와 관련되며 퀴즈, 번역, 동의어의 제시 등을 통하여 가르칠 수 있다.

구문단계에서는 영어의 문형을 이해하고 표현하는 기능을 기를 수 있도록 하는 것이고, 담화단계는 텍스트를 사용하는 경우와 대화를 사용하는 두 가지가 있다.

3) 내용요소 제시이론(Component Display Theory)

내용요소 제시이론은 Merrill 외 5인(1983)이 개발한 것으로 CALL과 교수 설계에 적용되는 과학적인 이론이다. 내용요소 제시이론에 의하면 효과적인 교수 학습이 이루어지기 위해서는 교육목표, 수업, 평가간의 일관성(consistence)이 있어야 하며, 각 내용요소들은 적절하게 갖추어야 할 특성들을 제시하는 적절성(adequacy)이 있어야 한다고 강조한다. Merrill 등은 학습내용을 개념, 절차, 원리로 분류하고 학습자들이 도달해야 할 수행 수준을 사례를 기억함, 일반성을 기억함, 일반성을 활용함 등 세 가지로 분류하고 있는데, 개념(concept)이란 각각 다른 개체이면서 특정한 공통점을 가지고 있는 사물, 사건 혹은 상징의 집합이고, 절차(procedure)란 목적하는 결과의 사례를 산출하기 위해 요구되는 순차적인 단계이며, 원리(principle)란 어떤 특정한 개념이 다른 개념으로 변화함으로써 이로 인하여 왜 변하는가 하는 개념간의 변화 관계를 설명해 주는 법칙을 가리키는 용어로 사용된다.

4) 상호작용적 발견학습(Interactive Discovery Learning)

상호작용적 발견학습은 수학과 과학의 학습에 주로 적용되는 이론인데, 영어의 학습은 프로그램 학습이나 내용요소 제시이론에서 유도하는 기계적인 학습만으로는 습득되지 못할 언어기능과 의사소통 기능 영역이 있으므로, 이 기능들은 유의적 학습과 의사소통 활동과 유사한 상호작용 학습을 통하여 어느 정도 가능하다고 본다.

CALL에 적용되는 상호작용적 발견학습이론은 컴퓨터가 상호작용적 기능이 있으므로 상호작용적 기능을 살리고 통제적 발견학습을 통하여 언어적 개념과 의미, 사용 규칙 등을 습득하고 생성하는 과정을 스스로 체험하면서 학습할 수 있도록 한다는데 근거를 둔다. 컴퓨터를 이용한 영어학습은 본질적으로 상호작용적 학습이라 할 수 있다.

3. 특성

CALL의 특성은 학습자와 언어, 컴퓨터의 상관 관계에서 찾아볼 수 있다. 장점만 부각하여 CALL 학습이 마치 영어교육의 모든 것을 이루어 줄 수 있는 것처럼 과장하거나, 단점을 강조해 극단적인 CALL 무용론을 펴는 것은 양쪽 다 바람직하지 못하다. 중요한 것은 CALL의 장점을 살려 교육적 가치와 활용의 가능성을 논하고, 단점은 문제점으로 인식해 보완하고 극복해 가는 노력이 필요하다는 것이다. 컴퓨터를 영어학습에 활용함으로써 얻을 수 있는 장점은 다음과 같다(김인석, 1998).

1) 컴퓨터를 통한 동기유발

학습자가 컴퓨터를 매체로 하여 영어학습을 할 때 특별한 동기를 유발하느냐에 관하여 컴퓨터 학습이 도입된 이래 많은 연구가 있어왔는데, 대부분의 연구는 컴퓨터를 통하여 학습자가 학습을 할 때 많은 동기유발을 느낀다고 밝히고 있다(김인석, 1998). 컴퓨터는 다양한 학습자료를 흥미롭고 입체적으로 제시할 수 있기 때문에 학습자의 정의적 필터(affective filter)가 내려가 학습이 촉진된다고 볼 수 있다.

2) 컴퓨터를 통한 자신감 기르기

학습자는 일반적으로 외국어를 학습할 때, 불확실한 상황 때문에 다소의 불안감을 갖는데 이러한 불안감은 외국인과 직접 대화할 때 외국인의 질문에 답을 해야한다는 강박감 때문에 더욱 고조될 수 있다. 때로는 이러한 불안감이 학습을 저해할 수도 있다. 그러나 컴퓨터 프로그램 학습에서는 학습자가 어느 정도 학습상황을 통제할 수 있고 남의 시선을 의식하지 않고 스스로 연습해 볼 수 있다. 특히, 많은 컴퓨터 학습 프로그램은 모의적인 학습환경을 토대로 구성되어 있으므로 언어능력의 전이가 용이하여 학습자는 자신감 있게 실제 상황에서 대화를 할 수 있게 된다.

3) 학습자 중심의 학습

일반 교실에서의 학습은 교사의 지시에 따라서 수업이 이루어지기 때문에 학생들은 수동적인 학습을 하기 쉽다. 그러나 컴퓨터 학습 프로그램에서는 모든 학습과정을 자신이 주도할 수 있어서 자기 주도적인 학습을 할 수 있으며, 외부적인 권위에 따르지 않고 본인의 학습량과 속도에 맞게 조절할 수 있다는 점이 학습자에게 긍정적인 요소로 작용할 수 있다.

4) 내향적인 학습자

학습자는 크게 외향적인 학습자와 내향적인 학습자로 나눌 수 있다. 외향적인 학습자는 장소나 시간에 관계없이 학습활동을 활발하게 전개할 수 있는 반면, 내향적인 학습자는 본인의 기분이나 마음의 상태를 밖으로 내보이지 않으려고 하기 때문에 학습에 참여하려는 의욕이 약하다. 하지만 컴퓨터 학습 프로그램에서는 남의 시선을 의식해야 할 필요가 없으므로 편안한 학습 분위기에서 스스로 학습을 이끌 수 있다. 따라서, 컴퓨터 학습 프로그램은 내향적인 학습자에게 상당히 효율적이라고 볼 수 있다.

5) 개별화된 학습

보통 학습에서는 모든 학습자가 동시에 같은 속도로 배우지만 컴퓨터 학습시간에는 학습자가 일정한 프로그램을 선정하여 연습을 하고 어려움이 있으면 계속적으로 반복하여 자기훈련(self training)을 할 수 있기 때문에 개별화된 학습이 가능하게 된다. 따라서, 모든 학습자가 동일한 학습경로를 밟아서 학습을 하지 않고 학습자 자신이 선택한 경로를 따라 학습을 할 수 있다.

Ⅱ. 교실수업의 적용

1. 수업절차

컴퓨터를 이용하는 수업에는 특별한 단계가 없이 모든 수업에서 활용 가능하다. 단지, 어떤 프로그램을 처음 활용하는 수업에서는 학생들이 그 프로그램에 대한 기본적인 작동 방법과 지식을 익힐 수 있도록 수업을 구성해야 한다.

예를 들어 CD ROM을 가지고 수업을 하는 경우, 교사가 이 CD ROM이 수업활동 중 어디에 활용되는지 알려주고 클릭하면 링크되어 구체적인 내용이나 활동을 할 수 있다는 것을 시범적으로 보인다. 또한, 아동이 직접 해 보도록 하여 나중에 다른 수업에서 CD ROM을 활용할 경우, CD ROM에 대한 이질감을 없애고 학생이 스스로 학습할 수 있는 기본적인 능력을 갖출 수 있도록 수업을 진행한다.

한편, 한 차시 영어수업에서 컴퓨터를 이용한 수업의 흐름을 간단하게 살펴보면 다음과 같다.

① 학생들에게 흥미를 일으킬 수 있는 자료(CD ROM이나 파워포인트 및 그림자료)를 제시한다.
② 제시한 자료에 대해서 아동의 이해 정도를 확인한다. 예를 들어, 제시된 상황이나 대화의 내용 분위기 등을 추측하게 한다.
③ 상황에 맞는 새로운 표현에 대해 학습한다.
④ 새로운 표현을 컴퓨터를 이용하여 연습하고 다른 상황에 응용한다. 예를 들어, 컴퓨터가 제시한 새로운 상황에 맞게 응용하여 연습한다.
⑤ 동료들 간에 표현을 주고받으면서 동료 평가와 자기 평가가 자연스럽게 이루어지도록 한다.

2. 교수 학습활동 유형

컴퓨터를 활용하여 학습을 진행하는 방법에 따라 여러 가지의 학습유형으로 분류할 수 있다. 학습유형의 선택은 학습내용, 학습자의 능력, 물리적인 환경 등을 고려하여야 하겠지만 전적으로 교사의 판단에 따라 융통성 있게 적용하는 것이 효과적이다.

1) 개별학습(individual learning)
컴퓨터를 통한 개별학습이란 학습자가 자신의 컴퓨터를 이용하여 그것에서 제공되는 학습 프로그램을 혼자서 학습하는 형태를 말한다. 이 학습방법은 컴퓨터의 교육적 활용에 있어서 가장 뛰어난 장점 중의 하나로 학습의 개별화를 촉진시킬 수 있다. 교사가 일방적으로 수업을 진행시키지 않고 학생들이 선택을 하도록 유도하며, 학생들은 상호작용적 피드백을 받으며 자신의 능력수준과 학습속도에 맞추어 학습을 할 수 있다.

2) 소집단 학습(small group learning)

컴퓨터를 통한 집단학습이란 대개의 경우 소집단(3~4명)이 하나의 컴퓨터 앞에서 함께 학습을 진행하는 형태를 말한다. 이 때, 집단 학습에의 참여자는 다른 학습자의 해결 과정을 관찰하거나 전해 듣고 흉내내는 기회를 갖게 되며, 참여자들은 서로 해결책을 진단, 평가, 수정할 기회를 갖는 이점이 있다. 또한, 집단학습은 문법적 정확성의 필요성에서부터 해방되어 소집단내의 상호작용을 통해 다른 학습자와의 관계를 좀 더 수용적이고 풍부하게 만들며 창의적인 학습자를 길러낼 수 있기 때문에 소집단 활동은 언어교수상 필수적이다.

3) 유도학습(guided learning)

유도학습이란 학습자의 학습과정을 수시로 모니터링 함으로써 수업진행에 대한 의사결정을 하여 그에 따라 적절한 조치를 내리는 형태의 교수방법을 말한다. 이 때, 교사는 특정의 학습자에게 언제든지 접근할 수 있고 그에 대한 조언이나 해결책을 제시해줄 수 있어야 하며, 또한 성공적인 학습자에게는 적절한 독립적인 별도의 교재를 부과하고, 부족하거나 실패한 학습자에게는 보충이나 구제 학습을 시키는 등의 조치를 취해야 한다.

한편, CALL의 학습형태는 일반적으로 언어학습내용, 규칙과 예시 등을 학습자에게 제시하고, 연습을 통하여 강화하게 하며, 학습한 정도를 평가하여 피드백을 해 주고 점수를 매겨 교사가 이를 참고하도록 되어 있다. 학습유형에 따라 개인 교수형(tutorial mode), 반복연습형(drill and practice mode), 발견학습형(discovery learning mode), 모의 연습형(simulation mode), 게임형(game mode), 문제해결형(problem solving mode) 등으로 나눌 수 있으나 (Merrill 외 5인, 1996), 한 가지 학습형태만으로는 학습이 효과적으로 이루어질 수 없기 때문에 이를 보완하기 위해서 두 가지 이상의 학습형태를 복합하여 제작된 프로그램이 많이 사용되고 있다.

(1) 개인 교수형(tutorial mode)

개인 교수형은 프로그램 학습원리에 따라 컴퓨터가 교사의 기능을 대행하여 개별 지도와 학습을 진행시키는 방식이다. 이 프로그램은 교재, 교수·학습요령, 테스트, 진단처방의 학습 평가논리에 근거하여 컴퓨터에 기억시키고, 학생들의 사전지식, 학습기술, 독해속도, 이해력 등에 따라 학습속도와 학습소요시간이 다르게 조작하도록 되어 있다.

> 개요부문 → 정보제시 → 질문과 응답 → 응답에 대한 판단 → 피드백·수정 → 끝맺음

(2) 반복연습형(drill and practice mode)

반복연습형은 미리 학생에게 언어의 의미와 개념, 규칙, 절차 등을 보여 주고 학생이 연습문제를 풀게 한다. 이 프로그램은 대개 한 가지 단원이나 항목의 완전학습이 끝나면 다음 단원이나 항목으로 진행하게 구성되어 있다. 이 프로그램은 학생이 정확하게 대답을 해야 다음 항목을 학습할 수 있다. 이 학습형태는 저장된 연습문제를 학생이 선택하여 공부하거나 교사가 임의로 문제를 제시하여 훈련시키는 방식이며, 영어의 번역, 문법과 문형연습, 발음훈련 등에 많이 사용된다.

> 개요부문 → 문항선정 → 질문과 응답 → 응답에 대한 판단 → 피드백 → 끝맺음

(3) 발견학습형(Discovery Learning Mode)

발견학습형은 학습자가 시행착오를 통하여 내용을 이해하도록 하는 유형이다. 이 프로그램은 컴퓨터에 저장된 질문에 학생이 응답을 하면 그 선택된 응답에 따라 후속 문제들이 계속 제시되어 학생이 알고자 하는 개념, 사실, 정보 등을 확인하게 한다. 이는 학생이 알고자 하는 문제나 설명을 자의적으로 선택하고 컴퓨터를 호출하여 해결을 의뢰하지만 컴퓨터는 문제를 귀납적으로 풀이해 준다. 이 학습형태는 수학과 사회과학, 자연과학 등의 학습에서 많이 이용되고 있다. 그러나 의사소통 활동을 하는 경우에 담화의 흐름이 여러 가지로 달라질 수 있으므로 상황의 변화를 고려하여 프로그램을 개발하면 영어학습용으로도 활용할 수 있다.

> 문제의 제시 → 시행착오 → 문제의 해결 → 피드백 및 수정 → 끝맺음

(4) 모의 연습형(simulation mode)

모의 연습형은 '시뮬레이션'이라고도 하는 데 복잡한 실험이나 해석이 곤란한 현상, 환경 등을 컴퓨터의 지시에 따라 현실 세계와 닮은 경험을 해보도록 제작된 프로그램이다.

시뮬레이션은 기능의 현실성(reality of function), 모의환경(simulated environment), 구조(structure)가 포함된 개념이다. 기능의 현실성이란 참가자가 말하는 것, 행동하는 것, 생각

하는 것을 현실감 있게 제공한다는 말이며, 모의 환경이란 참가자와 외부 세계 사이에 직접 접촉이나 상호활동, 결과가 나타나지 않아 안전한 환경을 제공해 준다는 의미이다. 이와 같은 시뮬레이션은 문제 중심적이고 현실감 있게 구성되어 있다.

시뮬레이션이란 실생활의 환경이나 과정을 추상화한 모형으로 컴퓨터가 추상적이고 간소화된 모형을 통하여 학생에게 실제의 사실에 대한 정보를 제공하고, 학생은 그 정보를 바탕으로 어떤 결정을 내리며, 컴퓨터는 이 결정을 분석하여 새로운 사실을 다시 제시한다. 학생은 이 과정을 통하여 정보를 얻고, 경험을 하며, 보다 발전된 문제를 풀어나가는 절차로 수업이 진행된다. 이 프로그램에서 사용하는 담화는 응집력(cohesion)과 기능(function)이 필수적 요소이므로 의사소통 기능을 중시하는 영어교육에서 이용될 가능성이 높다.

모의 환경 제시 → 과업제시 → 메뉴얼 참고 → 학습 및 실행 → 수정 → 끝맺음

(5) 게임형(game mode)

게임형은 현실세계에서 발생하는 경쟁적, 갈등적 상황을 인위적으로 제시하여 학습효과를 높이도록 하는 학습유형으로 시뮬레이션과 유사한 점이 많다. 이 프로그램은 학생들에게 많은 흥미를 줄 수 있다. 그러나 이를 교육용으로 이용하려면 교사가 프로그램을 사전 점검하여 학습해야 할 기능과 문제유형을 바로 알아두어야 한다.

준비 → 시나리오 제시 → 행동요구 → 사용자 반응 → 상대방 반응 → 재정비 → 끝맺음

(6) 문제해결형(problem solving mode)

문제해결형은 주어진 문제를 해결하고 그 과정을 통해서 언어학습이 되도록 구성하는 학습 형태로서 학생이 문제를 해결하고 해결안을 논리적으로 분석한 후 다음 문제해결에 참고하는 학습 형태이다. 이 프로그램은 학생이 컴퓨터와의 상호작용을 통해서 자신의 자료를 컴퓨터에 입력시켜야 하므로 컴퓨터의 사고나 행동 형태에 대한 이해가 특히 요구된다. 그러나 컴퓨터가 시나리오를 제시하고 사용자의 행동을 요구하면 사용자는 절차와 언어를 임의대로 선택하여 과업을 완성한다. 또한 주제에 따라 제시된 여러 개의 단어와 구를 사용자가 임의대로 선택하고 조합하여 글을 완성하거나 토론을 하면서 글을 완성할 수 있다.

준비 → 시나리오 제시 → 행동요구 → 학습반응 → 재정비 → 끝맺음

3. 현장적용시 유의점

① 수업시간에 오류가 발생하면, 교사가 의도한 대로 수업이 이루어지지 않기 때문에 교사는 수업에 이용될 프로그램의 오류나 컴퓨터 기기 작동의 점검을 수업 전에 미리 해 두어야 한다. 또한, CD ROM과 같은 자료는 전체가 필요하지 않을 수 있고 교사의 의도와는 다른 부분이 있을 수 있으므로 교사는 자료들에 대하여 미리 검토하여 수업에 제시할 부분을 계획한다. 그리고 교사가 이미 만들어진 자료를 활용하는 것 외에도 스스로 기본적이고 간단한 자료는 제작할 수 있을 정도로 컴퓨터를 다룰 수 있는 기초적인 능력을 갖춘다.

② 평소에 컴퓨터를 이용해 본 경험이 있는 아동은 문제가 되지 않지만 컴퓨터를 사용해 본 경험이 없는 아동은 컴퓨터를 이용한 수업의 처음 차시에서 기본적인 컴퓨터 작동 방법을 지도할 수 있도록 계획하고, 수업 중 컴퓨터의 다른 프로그램 작동을 제한한다.

③ 수업 전반부에 전 시간에 배운 내용을 간단하게 질문의 형식으로 상기시켜서 본시 수업목표의 성취에 도움이 될 수 있도록 한다.

④ 교사는 설명을 위해 어느 정도 모국어 사용이 허용되나, 학습자는 모국어 사용을 제한한다. 또한, 컴퓨터 사용시 많은 영어단어들이 언급되기 때문에 학습내용 외의 영어 성취가 가능하다.

⑤ 오류수정에 관해서는 수업에 큰 영향을 미치지 않는 범위의 오류는 꼭 수정하지 않아도 되나, 수업에서 중요한 내용에 대한 오류는 짚고 넘어가야 한다.

⑥ 교실의 좌석 배치나 기타 유의할 사항에 관해서는 컴퓨터를 이용하는 수업이기 때문에 학교에 활용 가능한 컴퓨터실이 갖추어져 있어야 하고, 소집단 수업의 경우 교사가 미리 좌석을 배치하도록 한다. 이외에 컴퓨터 사용시 유의할 점을 학습자에게 충분히 환기시키도록 한다.

Ⅲ. 수업모형 및 학습지도안

1. 수업모형

【표 28】 CALL을 적용한 수업모형

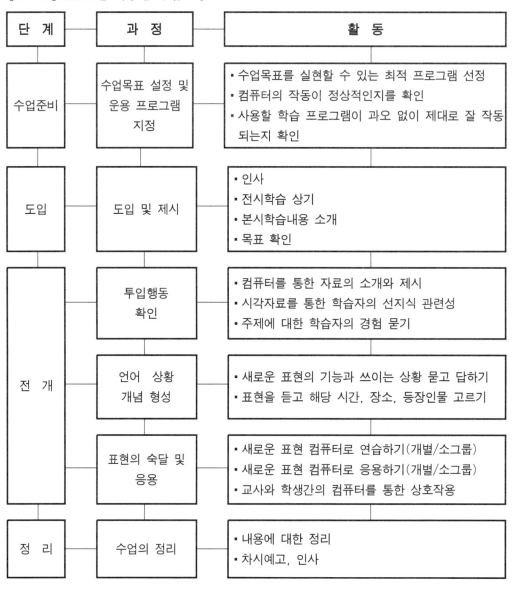

단 계	과 정	활 동
수업준비	수업목표 설정 및 운용 프로그램 지정	▪ 수업목표를 실현할 수 있는 최적 프로그램 선정 ▪ 컴퓨터의 작동이 정상적인지를 확인 ▪ 사용할 학습 프로그램이 과오 없이 제대로 잘 작동되는지 확인
도입	도입 및 제시	▪ 인사 ▪ 전시학습 상기 ▪ 본시학습내용 소개 ▪ 목표 확인
전 개	투입행동 확인	▪ 컴퓨터를 통한 자료의 소개와 제시 ▪ 시각자료를 통한 학습자의 선지식 관련성 ▪ 주제에 대한 학습자의 경험 묻기
	언어 상황 개념 형성	▪ 새로운 표현의 기능과 쓰이는 상황 묻고 답하기 ▪ 표현을 듣고 해당 시간, 장소, 등장인물 고르기
	표현의 숙달 및 응용	▪ 새로운 표현 컴퓨터로 연습하기(개별/소그룹) ▪ 새로운 표현 컴퓨터로 응용하기(개별/소그룹) ▪ 교사와 학생간의 컴퓨터를 통한 상호작용
정 리	수업의 정리	▪ 내용에 대한 정리 ▪ 차시예고, 인사

2. 학습지도안

Lesson	It's snowing.		Theme		weather
Objectives	Students can make a suggestion and sing a song "It's cold."				
Contents	Words		cold, everyone, gloves, make, outside, put, snow, snowman		
	Expressions		It's ____. Put on your ____. Let's ____.		

Teaching Process

STEP	PROCEDURE	ACTIVITIES (T: Teacher S: Student)	TIME	MATERIAL
Introduction	Greetings	T: Hi, boys and girls. S: Hi, Mr/Ms. ____. T: How's the weather? S: It's snowing. T: Right. It's snowing. Now, listen carefully and act.		
	Review	T: Now, It's snowing. S: (눈이 내리는 모습을 흉내낸다.) T: Let's make a snowman. S: (눈사람 만드는 과정을 흉내낸다.) T: Fine. Let's chant 'It's snowing.' We learned last class. S: Yes.(율동과 함께 즐겁게 챈트를 한다.)	5'	
	Introducing aims of the lesson	T: You did very well. Let's see the learning point. ♣ 공부할 문제 ♣ ☞ 지시와 제안하는 말하기 ☞ "It's so cold" 노래 부르기		
Development	Presenting materials using the computer	T: (CD ROM을 작동시켜 컴퓨터 모니터 화면을 TV 로 보여주며) Let's look at the picture on the screen. When do you put on your gloves? S: Cold/추울 때요.		CD ROM, TV, computer
	Priming	T: When it's snowing, what can we do? S: Snowman/눈사람을 만들 수 있어요. T: Good. In this lesson, we'll learn about making a suggestion. We'll learn a song 'It's cold.'	10'	

Teaching Process

STEP	PROCEDURE	ACTIVITIES (T: Teacher S: Student)	TIME	MATERIAL
Development	Practicing new expressions using the computer (individual/ small group) Extending new expressions (Individual/ small group) teacher students interaction using the computer	T: Now, turn on the computer, and run a CD program, please. S: (컴퓨터를 켜고 학습자용 CD ROM을 작동시킨다.) T: First, you click the clown icon and dialogue icon, then study this lesson's main expression. Next, click the song's icon, learn to sing a song 'It's so cold.' Do you understand? S: Yes, I do.(각자 학습자용 CD ROM으로 정해진 아이콘을 클릭하여 학습한다. 이 때 교사는 순회하면서 개별 지도를 한다.) *Flow Chart* CD-ROM 대화 제시 ↓ 대화 듣기 ← ↓ NO 내용 이해 → YES ↓ 노래 듣기 ← YES ↓ NO 따라하기 → YES ↓ 게임하기 ↓ 학습 정리	20'	학습자용 CD ROM 학습자용 CD ROM, computer, ear micro phone.
Consolidation	Wrap up	T: Did you finish? S: Yes. T: OK. Now, let's sing a song 'It's so cold' altogether. (교사용 CD ROM 타이틀을 틀어서 함께 부른다.) T: Let's review today's lesson. If I act, you say in English.(추워서 오들오들 떠는 흉내를 낸다.) S: It's cold.	5'	

Teaching Process				
STEP	PROCEDURE	ACTIVITIES (T: Teacher S: Student)	TIME	MATERIAL

Consolidation	closing	T: (장갑을 한 학생에게 주며 끼라는 시늉을 한다.)
		S: Put on your gloves.
		T: (눈 스프레이를 뿌리며 좋아한다.)
		S: It's snowing.
		T: (한 학생의 손을 이끌며 눈사람 만들자고 몸짓을
		   한다.)
		S: Let's make a snowman.
		T: You did a good job. Next class, we will role play
		   'The ant and grasshopper.' Bye bye.
		S: Bye bye.
				장갑,
				눈 스프레이

함께 해 봅시다

영어 CD ROM에 대한 평가지

_____학년   성별 (남, 여)

♣ 아래의 항목에 여러분이 학습한 CD ROM에 대하여 느꼈던 점을 해당되는 점수란에 (V)표 해 주세요.

☞ 5: 매우 그렇다. 4: 비교적 그렇다. 3: 그저 그렇다. 2: 별로 그렇지 않다. 1: 전혀 그렇지 않다.

평 가 문 항	점 수				
	5점	4점	3점	2점	1점
1. CD ROM 내용이 학습에 도움이 되었습니까?					
2. 영어에 대한 흥미를 주었습니까?					
3. 여러분의 수준에 맞다고 생각합니까?					
4. 소리가 나오는 속도는 알맞습니까?					
5. 단어나 말들의 양이 여러분이 학습하기에 알맞습니까?					
6. 화면에 나타난 색상은 알맞습니까?					
7. 화면에 나타난 글씨의 크기는 알맞습니까?					
8. 듣기 학습에 도움을 줍니까?					
9. 말하기 학습에 도움을 줍니까?					
10. 도움말이 여러분에게 도움을 주었습니까?					
11. 컴퓨터를 잘 못하더라도 쉽게 사용할 수 있었습니까?					
12. 문제의 수준과 양이 알맞습니까?					
13. 화면에 나타난 동영상의 크기와 질은 알맞습니까?					
14. 학습목표를 매 단원마다 알 수 있었습니까?					
15. 이 CD ROM으로 다시 영어공부를 하고 싶습니까?					
16. CD ROM이 컴퓨터에서 잘 작동됩니까?					
17. 이 CD ROM이 가지고 있는 좋은 점은 무엇이라고 생각합니까? ☞					
18. 이 CD ROM이 가지고 있는 부족한 점은 무엇이라고 생각합니까? ☞					

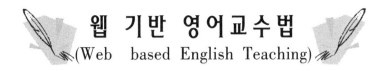

웹 기반 영어교수법
(Web based English Teaching)

인터넷이 빠르게 성장함에 따라, 웹은 무한한 정보를 제공할 수 있고, 쉽게 접근이 가능하며, 상호작용적이면서 다양한 학습경험을 제공할 수 있는 동적인 매체가 되어가고 있다. 이는 교육의 새로운 패러다임을 예고하고 있는데, 실제로 웹은 학생들로 하여금 전에는 가능하지 않았던 새로운 학습경험을 개발하기 위한 기회를 제공한다. 전 세계의 학생들이 웹 상에서 다양한 학습 자원을 동등한 입장으로 접근할 수 있는 것이다.

거기에다 인터넷 정보의 약 80%이상이 영어로 되어 있어서, 영어학습에 있어 좋은 조건을 제시하므로, 웹 기반 학습을 통한 영어교육은 제7차 교육과정에서 주어진 영어교과 단위수의 부족을 극복할 수 있는 방법으로 활용될 수 있다. 더욱이 정보·통신 기술(Information & Communications Technology) 활용교육이 대두되면서 인터넷과 웹을 활용한 교수 학습방법은 갈수록 그 중요성이 커질 전망이다. 이 장에서는 웹 기반 교수 학습방법을 적용한 영어지도에 대하여 집중적으로 살펴보게 될 것이다.

Ⅰ. 개 요

1. 의미

웹 기반 수업은 컴퓨터 통신망 보급이래 가장 쉽고 빠르게 접속할 수 있는 방법인 웹을 주요 교수매체로 하는 새로운 수업방법이라고 할 수 있다. 즉, 웹사이트의 구성이 교수를 위해 제작되고 활용되는 것을 말한다. 반면에 웹 기반 학습은 웹을 통하여 제공되는 학습자의 학습과정을 지원하는 다양한 사태를 이용하여 학습자가 자기교수에 따라 학습하는 형태이다. 다시 말해서, 웹 기반 수업은 수업사태를 구조화시키는데 관심이 있지만 웹 기반 학습은 학습자의 학습과정을 구조화시키는데 관심이 있다고 하겠다(엄성용, 2001).

그리고 80년대까지 교수이론은 크게 행동주의와 인지주의로 분류되어 발전되어 왔으나 사회의 정보화, 다양화, 복잡화, 컴퓨터화가 급속히 이루어짐에 따라 교육에도 이를 반영한 새로운 교수이론이라 할 수 있는 구성주의가 등장하게 되었다. 이러한 시대적 배경을 갖고 있는 구성주의는 웹 기반 교육과 같은 시대에 논의되는 이론과 기술로서 서로 영향을 주고 받으며 발전해 왔는데 구성주의에 입각한 교수 원리를 요약해보면 다음과 같다.

① 학습자에게 의미 있는 과제를 제시한다.
② 학습자들이 의미를 구성하는 과정을 보조한다.
③ 교사가 조력자의 역할을 수행할 수 있도록 보조한다.
④ 학습의 환경은 실제환경의 복잡함을 그대로 반영하여야 한다.
⑤ 학습자들이 실제로 상호작용 할 수 있는 환경을 제공한다.
⑥ 동료와의 상호작용을 촉진하는 환경을 제공한다.
⑦ 주제에 대한 실제 전문가와의 상호작용이 가능하도록 한다.
⑧ 학습과정에 대해 반추해 볼 수 있는 환경을 제공한다.

웹 기반 교육에서는 정해진 교수내용과 정해진 교과과정을 반복적으로 전달하는 기존의 틀을 벗어나 계속해서 변화하는 세계가 그대로 반영된 생생한 자료로 교육이 이루어질 수 있는 환경을 제공하게 되며, 인간학습의 유의미성을 증가시키기 위해 웹이 교수에 활용된다는 점이 강하게 부각되고 있다. 또한, 기존의 학교 체제에서는 교실과 자료실, 도서관, 시청각실이 분리된 형태였으나, 웹 기반 교육에서는 이러한 장소의 통합을 가능하게 한다. 덧붙여서 서점이나 공공기관의 방문을 통한 학습, 박물관 견학 같은 교실 외적 수업까지도 통합할 수 있는 길을 제공한다. 이로써 교수자와 학습자 모두에게 통합적 환경을 제공하게 되는 것이다. 결국 웹 기반 교육은 월드 와이드 웹이 제공하는 풍부한 정보와 통합적 환경을 활용하여 이루어지는 원격교육의 일종이라고 할 수 있다.

2. 원리

웹 기반 교육의 궁극적인 개념은 학습자 집단의 모든 개개인이 지식과 기술을 공유하기 위한 구조를 만들기 위한 것이고 필요한 자원에 접근하는 방법을 배우기 위한 것이며 새로운 지식을 창조하고 그 결과를 학습 사회의 부분이나 전체에 퍼트리기 위한 교육방법이라고 할 수 있다.

웹 기반 교육은 변화나 저항을 유도하여 현존하는 체계를 뒤엎을 수도 있지만, 현재의 교수에 새로운 능력과 수정을 가하여 기존의 교육과정과 교수의 한계를 넓힐 수 있다.

웹 기반 교육의 원리를 간단하게 살펴보면 다음과 같다.

1) 상호작용학습

웹 기반 상호작용학습은 전체 웹 기반 교육의 설계에서 매우 중요한 역할을 수행한다. 컴퓨터의 일방적인 제시 방식으로는 교육적인 효과를 제대로 가져올 수 없다는 문제의식에서 출발하여 상호작용학습은 최적의 상호작용 환경의 제공을 통하여 학습자의 주도적인 참여와 의미 있는 학습의 실현을 목적으로 한다. 따라서, 상호작용학습은 학습자의 참여를 유도하면서도 의미 있는 학습을 지원하기 위한 컴퓨터 교수 학습 환경설계의 중요한 이론적·실제적 요소가 된다. 웹이 지니고 있는 풍부한 자료 제시 기능을 벗어나서 웹 기반 교육이 실제로 의미 있는 학습을 가져올 수 있기 위해서는 상호작용 설계가 효과적으로 이루어져야 한다.

2) 자기 주도적 학습

자기 주도의 가장 보편적인 개념은 요구 분석과 계획, 수행, 학습경험 평가 등과 같이 외부적으로 관찰할 수 있는 학습활동과 행동에 초점을 맞추고 있다. 따라서, 자기 주도성은 정신적·내부적 경향을 가진 용어라기보다는 외적으로 관찰할 수 있는 학습활동 혹은 행동자라는 용어로 보통 정의되어진다.

웹을 비롯하여 인터넷의 다양한 기능은 유의미한 지식을 구성하는 효과적인 교수 학습 환경으로서 역할을 수행할 수 있다. 웹은 학습자들에게 다양한 자원을 활용하여 과제를 선정하고, 실제와 동일한 학습맥락을 제공하며, 수평적인 상호작용을 경험하게 하고, 또 학습결과에 대해 검토해 볼 수 있는 최적의 환경을 제공한다. 따라서, 웹은 구성주의 교수원리를 실현하는데 매우 효과적일 수 있다. 인터넷은 교실 외부 학습자원을 쉽게 연결함으로써 학습에 필요한 물적, 인적 자원의 한계를 벗어나 교사와 학생들이 학교 외의 기관에 있는 과학자나 연구자들과 의사소통을 할 뿐만 아니라 교과서 외의 학습자료도 검색할 수 있으며 학습자 개개인의 수준에 따라 사용할 수 있다.

3) 문제중심 학습

문제란 어떤 목적을 달성하고자 하고, 그 목표를 달성하기 위한 수단을 찾아야 하는 상황을 말한다. 문제는 학생이 주어진 상태로부터 목표달성에 즉각적이고 쉽게 도달할 수 없을 때 생기고, 주어진 상태로부터 목표에 도달할 때까지 깊은 사고가 요구되는 상황이다.

그리고 문제는 개인적 관점, 관련지식의 획득 정도, 주어진 상황에 대한 경험의 유무, 능력, 흥미 등의 차이에 따라 다르게 인식된다. 이러한 문제에 대한 인식의 차이는 문제해결 과정의 차이를 유발하게 된다. 구성주의의 원리에 의하면 학습은 개인적인 경험에 의해 세계에 대한 이해를 구성하는 과정이므로 효과적인 학습을 위해서는 실제적인 경험이 주어져야 한다. 즉, 지식이 사용되는 실제적인 맥락 안에서 제시되어야 하며 유의미한 문제나 과제로 제시되어야 한다는 것이다.

경험의 주체는 교사가 아닌 학습자이므로, 학습의 중심은 학습자가 되어야 하고, 교사는 학습자의 경험의 구성을 도와주는 촉진자의 역할을 한다. 문제중심 학습은 모든 학습내용을 학습자 스스로 찾아서 학습하는 학습자 중심의 환경이며, 수업은 그룹활동을 통해 문제를 해결하는 협동학습과 자기 스스로 학습을 하는 자기 주도적인 학습형태를 띈다. 학습자는 웹을 통해 다양한 정보자료를 확인하고, 찾고, 평가하는 방법을 학습할 뿐만 아니라 그 자료들을 문제해결의 도구로 사용하는 것을 배운다.

고차원 사고능력과 문제해결 학습을 위해서는 다양한 자료와 정보가 필요하고 다양한 사람들과의 의사소통이 요구된다. 그러나 전통적인 학교교육은 이러한 기회를 제공하는데 많은 한계를 가지고 있다. 이에 비해 웹은 학생들이 이러한 능력을 개발하는데 뛰어난 역할을 할 수 있다. 한 마디로 웹은 문제해결 학습에 도움이 된다.

4) 자원기반학습

자원기반학습(Resource Based Learning)은 집단교육의 상황에서, 계획된 학습자원과 상호작용 미디어와 같은 기술의 통합을 통해 학습자 중심의 학습을 촉진하기 위한 일련의 통합된 전략들을 말한다. 문제중심 학습의 경우는 특정한 내용 영역의 지식을 가르치기 위해 문제중심의 방법을 사용하는 것이라면 자원기반학습은 정보 문제해결 능력을 기르기 위해 특정 교과의 주제를 이용하는 학습방법이라고 할 수 있다. 즉, 보다 일반적인 문제해결 능력을 기르기 위한 교수 전략의 하나이다.

교사는 학습목표를 설정하고, 학습목표에 맞는 적합한 주제를 선정한다. 그 후 학생에게 유의미한 질문을 제시한 후 학생들이 인터넷상에서 관련된 자료를 탐구하여 해결방법을 제시하도록 요구한다. 교사는 먼저 적합한 인터넷 사이트를 검토, 선정하여 학생들에게 제시하고, 학생들로 하여금 자료를 수집 및 기록할 때마다 자료의 출처와 검색 과정을 밝히도록 요구한다. 이런 일련의 자료 탐색, 자료 평가 및 활용 과정은 개인 또는 소집단 프로젝트로 실시할 수 있다. 학생들은 함께 인터넷에서의 자료 탐색 과정을 분석하고 해결방안의 적절성을 논함으로써 훌륭한 탐구학습 뿐 아니라 정보해결 능력을 개발하게 된다 (나일주, 1999; Rake, 1996).

3. 특징

웹은 구성주의적 학습원리들, 예컨대 능동적인 학습, 실제적인 학습, 상호작용적이면서 협동적인 학습을 가능하게 하는 매체이므로, 웹을 활용한 학습은 교수 학습활동에 있어서 기존의 학습과는 다른, 다음과 같은 독특한 특징을 가지고 있다.

웹은 어떤 통신수단보다도 많은 양의 최신 정보를 빠른 시간 내에 교류할 수 있도록 함으로써 효과적인 정보교류의 수단을 제공할 뿐만 아니라, 이러한 빠른 통신수단은 기존의 단방향 매체 전송과는 달리 고도의 상호작용적 의사소통을 가능하게 하며, 역동적이면서도 다양한 의사소통을 할 수 있게 해 준다.

상호작용적 웹 활동은 크게 동시적 상호작용과 시간과 공간을 초월한 비동시적 상호작용으로 나누어 볼 수 있다. 이러한 학습자들 간의 경제적인 상호작용의 용이성은 시간과 공간을 초월한 협력학습 체제를 가능하게 한다. 그리고 독특한 사회 심리적 커뮤니케이션 구조를 제공하여 줌으로써 면대면의 교실상황에서는 어려운 긍정적 학습 효과를 가져온다. 학습 참여 기회가 확대되고, 학습 동기가 지속되며, 보다 역동적인 의사소통이 가능해진다. 아울러 웹을 통한 학습자들의 참여는 학습자를 보다 능동적인 위치에 있게 한다.

지역을 넘어서는 웹을 통한 상호작용은 이문화간 교차적인 협력학습의 기회를 제공하며 이를 통해 학습자들은 중요한 체험을 직접적으로 할 수 있다.

웹 기반 교육 이론과 특징을 바탕으로 웹을 영어교육에 활용할 때 얻을 수 있는 장점을 정리하면 다음과 같다.

① 영어학습에 강력한 본질적 동기를 증진시킨다.
② 웹은 영어학습자들에게 영어 사용권의 문화를 살아있는 그대로 전달해 줄 수 있다.
③ 원어민과 다양한 형태의 상호작용을 할 수 있다.
④ 창조적인 학습을 경험하고 제시하는 매체역할을 할 수 있다.
⑤ 웹은 영어학습자에게 가상 현실 환경을 제공해 줌으로써 상호작용을 가능하게 해 준다.
⑥ 웹 커뮤니케이션의 기본 언어가 영어이다.
⑦ 실제적(authentic) 과제를 부여할 수 있다.
⑧ 개별학습 혹은 자기 주도적 학습환경을 구축할 수 있다.
⑨ 멀티미디어 학습자료 제시를 통하여 학습내용의 파지를 향상시킨다.

‖ II. 교실수업의 적용

1. 수업절차

Hackbarth(1996)는 웹 활용 교육에 있어서 학습자의 나이, 동기, 그리고 과목에 관계없이 전반적으로 유효하게 적용할 수 있는 교수 학습 수행절차로 준비, 실행, 추후활동, 평가를 제시하고 있다. 머리 부분에 해당하는 준비단계는, 수업목표를 생각하며 활용할 웹 페이지가 그에 부합되는지 확인하는 교육과정 구성요소 확인단계 및 이에 관련된 활동으로 구성되고, 꼬리 단계에 해당하는 정리 및 평가 단계는 학습이 끝난 다음 학업성취도를 평가한 후 나타난 문제점을 중심으로 활동 프로그램을 평가하는 단계이다. 몸통에 해당하는 실행단계의 절차를 교사와 학생활동의 내용과 지도상의 유의점별로 도표화 해보면 다음과 같다.

【표 29】 실행단계의 절차

단계	교사활동	학생활동	지도상의 유의점
수업 전 활동	• 전자게시판을 이용한 학습목표 제시 • 학습 주제와 제목에 관련된 질문 • 학생들의 배경 지식 추출	• 제목 및 시각 자료를 통해 내용 예측하기 • 학습주제와 관련된 의미망 활동 • 본문에 등장할 낱말 예측하기 • 본문에 나오는 낱말 미리 읽혀 두기	• 쓸모 없는 웹 자원을 검색하는 데 학습 시간을 소비하지 않도록 학습목표를 상기시킴 • 학습자의 동기유발 • 학생들의 선행지식 활성화
수업 중 활동	• 학습 과제지 배부 • 개별 학생 영어지도 • 학생 컴퓨터 장애 요인 해결	• Skimming(웹 정보를 대충 훑으면서 과제와의 관련성 파악) • Scanning(과제지에 제시된 문제해결을 위한 구체적 정보 찾기) • 추출정보를 활용하여 문제해결하기	• 필요한 정보를 취사 선택할 수 있도록 Skimming과 Scanning 능력의 개발에 초점 • 웹 상에서 학습 방향감을 상실하지 않도록 친절한 학습 안내 제공
수업 후 활동	• 수업내용을 요약, 정리해 주기 • 학생들의 질문에 대한 피드백 제공	• 전자 게시판을 이용하여 해결한 과제 내용 발표하기 • 이해도 확인 문제 풀기 • 방명록이나 E mail을 이용한 개인적 질문하기	• 피드백 제공 • 학습과정의 평가 • 학습 결과에 대한 강화와 교정

후속 활동	• 본시 학습 주제와 관 련된 그룹별 과제 제 시	• 수업 외의 시간에 그룹별 과제 해결을 위한 웹 자료 수집 • 전자게시판을 이용 그룹별 과 제 결과물 제출 • 전자출판 활동	• 개별 혹은 그룹별 과제 제시를 통해 학습자들의 능동적인 학 습 참여 유도 • 과제 결과물을 전자 출판함으 로써 학습 소집단 의식 조장

실행단계에서는 먼저 학생들이 수행해야 할 학습목표를 상기하고 학습자들이 가지고 있는 이전의 지식들을 활성화시킴으로써 잘못된 편견이나 인식에서 벗어나 원활한 활동이 이루어지도록 한다. 이 때, 교사는 학생들이 학습자료를 통해 스스로 학습할 수 있도록 보조하거나 안내해 주는 역할을 한다. 또한, 정리단계에서는 학습한 본문의 내용과 관련된 어휘, 이해도 문제, 주제문 찾기 등의 학습화면으로 스스로 학습내용을 정리하게 하고 읽은 글에 대한 표현능력을 향상시키기 위해서는 게시판 등의 글에 대한 요약이나 느낌을 발표할 기회를 준다. 후속활동은 본시 학습시간에 학습한 주제에 대한 보충 또는 심화학습의 형태로 개별 혹은 그룹별 과제를 제시하여 학습된 내용을 계속 발전시킨다. 그룹별 과제의 경우, 과제 완성시기는 보통 1~2주에 걸쳐 이루어지도록 하고 학생들은 각기 역할을 분담하여 정규 수업시간 외에 웹을 통해 제시된 과제와 관련된 다양한 정보원을 검색하고 수집·편집하여 최종 결과물을 디스켓에 저장하여 제출하도록 한다. 이 결과물을 영어학습 홈페이지에 출판하여 다른 학생들이 참고하거나 비평하도록 함으로써 학습 소집단 의식을 조장한다.

2. 교수 학습활동 유형

1) 개인간 의사 교환 활동

① 전자 펜팔(keypals) 활동

E mail이나 뉴스그룹, IRC 등을 이용하여 의사교환을 하는 활동으로(Harris, 1997), 학생들은 영어권 원어민 학생들이나 관심 분야의 전문가들과 짝을 이루어 의사소통 활동을 함으로써 영어를 실제 사용할 수 있는 기회를 제공받을 수 있게 된다. 이 때 교사는 학생들에게 단순한 친교활동에 국한되지 않도록 의사 교환의 목표와 시기, 회수 그리고 분량을 정해주는 것이 좋다.

② 전자 가정교사(electronic tutoring) 활동

웹은 지식이 쓰이는 실제 세계를 학습자와 연결시켜 주는 역할을 제공할 수 있다. 이러한 역할을 담당하는 전자 가정교사 활동은 대학, 기업, 정부 또는 학교의 해당 지식분야의 전문가들이 상호작용적 형식으로 특별한 주제를 학습하고자 하는 학생들을 위하여 전자 가정교사의 역할을 수행하게 하는 활동이다.

2) 교실연결(classroom connection) 활동을 통한 협력학습

전통적인 교실수업에서는 주로 개인적인 성취가 강조되어 왔다. 이에 반해 웹을 활용한 수업 환경에서는 학습자들이 동료, 전문가, 교사, 또는 지역사회의 인사와 협력이 이루어질 수 있는 환경을 제공함으로써 자연스럽게 협력학습방법을 익힐 수 있게 한다. 웹을 통한 협력학습의 유형에는 시사문제, 여러 나라의 기후조건, 자연현상 관찰, 10대들의 패션 감각, 좋아하는 인용구, 각국의 식사습관 및 요리법, 고유명절 등 다양한 주제와 관련된 정보를 교환하는 정보교환(information exchange) 활동과 자신이 속해 있는 지역의 자료를 수집하여 서로의 학습내용과 결과를 공유하는 자료생성(database creation) 활동 그리고 정보 수집과 교환활동의 결과를 전자신문, 전자잡지, 전자저널과 같은 형태로 웹 상에 출판하는 전자 출판(web publishing) 활동이 있다(Harris, 1997).

3) 문제해결 활동(problem solving projects)

문제해결 활동은 모든 연령의 학습자들에게 제공할 수 있는 가장 도움이 되는 교육활동이며 웹은 전 세계의 사람들과 협동하여 하나의 문제를 해결할 수 있는 활동으로 확장될 수 있다.

① 정보검색 활동(information searches)

이 활동에서 학생들은 하나의 문제를 해결하기 위한 단서를 제공받고 관련된 자원들을 탐색하는 활동이다. 정보 검색 활동은 장기간 지속될 수 있으며 참여 학생들은 광범위하고 학문적인 조사활동이나 분석, 의사소통 활동 등을 할 수 있다.

② 연속 창작(sequential creation) 활동

학생들이 일반적인 문서나 시, 단편소설 혹은 그림 등을 서로 협동하여 하나씩 완성해 나가는 활동이다. 예를 들면, '세계 평화'에 관한 시를 창작하기 위하여 교사가 다른 학교의 학생이나 전 세계의 프로젝트에 참가하는 학생들에게 시의 1연을 제시하면 학생들은 다음 연부터 협동하여 시를 완성해 나간다. 이러한 과정을 몇 번이고 반복하면서 전 세계의 학

생들이 창작할 수 있어 서사시의 양만큼 시를 완성해 갈 수 있다.

③ 동시적 문제해결(parallel problem solving) 활동

다양한 유형의 웹사이트들은 학생들에게 공통의 해결해야 할 문제를 제시하고 학생들이 개별적으로 학습한 뒤 그들의 문제해결 방법이나 결과를 공유하는 활동이다. 이는 문제해결에 필요한 정보를 쉽게 얻을 수 있으며, 동시에 같은 문제를 해결하는 또 다른 방법을 교환할 수 있다는 장점으로 인해 학습자들의 학습을 촉진하거나 강화시키는 방법이 된다.

④ 가상 모임(virtual gatherings) 활동

가상 모임 활동은 지리적으로 떨어져 있는 전 세계의 교사와 학생들이 채팅 활동에 참여하여 실시간으로 대화하거나 정해진 시간에 E mail을 사용하여 하나의 주제와 관련된 토론을 하는 활동이다.

⑤ 시뮬레이션(simulations) 활동

이 활동은 학생들에게 소설이나 희곡의 주요 인물의 역할을 담당하게 하여 새롭게 내용을 구성해 보도록 하는 것이다.

4) 프로젝트 학습

프로젝트 학습의 특징은 학생들이 그룹별로 스스로 프로젝트의 목표와 단계 및 소요 기간을 설정하고 듣기, 말하기, 읽기, 쓰기의 네 가지 언어기능을 이용하여 프로젝트를 완성해 나가는 가운데 영어공부가 되도록 하는 것이다. 이 때, 교사는 학생들에게 필요한 안내와 정보를 제공하며 학생들이 무엇을 하고 있고 또, 어떤 어려움을 겪고 있는지를 파악하여 필요한 자원을 제공받을 수 있도록 도와주는 조정자 또는 촉진자로서의 역할을 한다. 학생들에 의해 수행된 프로젝트는 마지막으로 검토되고 수정되어 결과물로 제출하고 평가를 받으며 동료 학습자들과 결과물을 공유하게 된다.

3. 현장적용시 유의점

웹 상에서 가장 보편적인 의사 전달 방법은 텍스트를 이용하는 방법이라고 해도 과언이 아니다. 따라서, 웹을 이용하여 교수활동을 할 때에는 학습자가 글을 읽을 줄 알아야 한다. 문자 해독력이 떨어지는 학습자들에게 함부로 사용하지 않도록 한다. 또한, 과다한 양의 동영상 자료나 음성자료로 활동하지 않도록 한다. 음성자료를 과다하게 사용하면 자료의

전송속도가 떨어지기 때문에 효과적인 수업이 이루어지기 힘들기 때문이다. 그리고 지나친 정보의 과부하로 가상 공간에서 방향감을 상실하지 않도록 학생들에게 기본적인 컴퓨터 조작기술 및 인터넷 항해방법을 미리 자세히 안내하여 수업에 차질이 없도록 해야 할 것이다.

Ⅲ. 수업모형 및 학습지도안의 예시

1. 수업모형

김정렬(2000, 2001)은 웹 기반 영어교수 학습모형 정립을 위해 한국교육개발원에서 제시한 일반적인 수업모형을 기반으로 하여 영어과가 가지는 교과의 특성과 자기 주도적 학습방법, 그리고 인터넷의 기능과 특성, 자료를 활용하는 방식 및 수준 차에 따른 정보 활용 능력 등을 고려하여 웹 기반 활용형, 웹 기반 제시형, 웹 기반 탐구형으로 나누었다.

1) 웹 기반 활용형 교수 학습모형

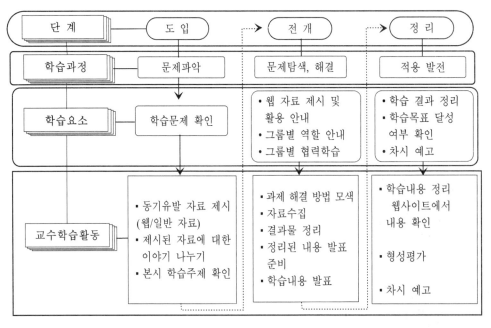

【그림 16】웹 기반 활용형 교수 학습모형

인터넷 자료를 교사가 탐색하고 이를 가공 편집하여 학습시간에 제시함으로써 학습의 동기유발 자료나 심화과정에서의 폭넓은 자기 주도적 탐구력을 기르기 위한 학습모형으로 포괄적인 통합 학습형태라고 볼 수 있다.

제시 방법은 교사용 컴퓨터 한 대에 정보망이 구축된 일반 교실에서 수업 중에 필요한 자료를 교사가 미리 검색해 둔 자료의 형태나 이것을 약간 편집가공한 자료의 형태로 제시하는 것이다. 즉, 교사가 미리 계획하고 준비한 웹 자료를 제시함으로써 수업을 이끌어 가는 형태이다. 자칫 학습자가 수동적이 된다거나 교사 중심의 주입식 수업이 되기 쉽지만, 교사가 구두로 설명하기 어려운 지식이나 사실, 간접 경험, 멀티미디어 자원(사운드, 애니메이션) 등을 역동적인 웹 기반 자료를 통해 제시함으로써 교사의 설명을 탈피해 수업을 보다 생동감 있고 활기차게 만들 수 있을 것이며, 학습자들의 주의 집중과 발표를 이끌어내는 수업진행으로 상호작용도 보다 활발히 이루어질 수 있을 것이다.

2) 웹 기반 제시형 교수 학습모형

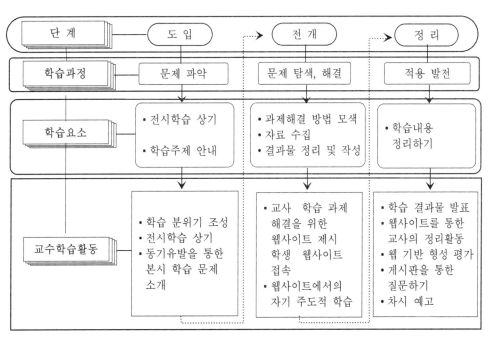

【그림 17】웹 기반 제시형 교수 학습모형

원하는 정보를 여러 가지 검색 엔진에서 찾는다는 것은 많은 시간과 노력이 필요하다. 실제로 인터넷 활용 수업에서 학생들은 수업시간의 대부분을 정보 검색에 소비하고 있으며 필요한 정보를 얻기 위해 검색어나 주제어를 정하는 문제에 있어서도 많은 학생들이 오류를 범하고 있는 사실이 쉽게 발견되어지고, 주어진 시간 안에 정보를 찾아내는 학생이 얼마 되지 않기 때문에 수업의 종결 단계에서는 항상 시간에 쫓긴다는 사실이 수업 결과 분석에서도 자주 논의된다. 따라서, 학생들의 수준에 따라서 교사가 직접 사이트를 제시해 주거나 검색어를 정해주는 과정이 배려된 웹 기반 제시형 교수 학습모형이 요구된다.

제시방법은 교사가 구두로 제시하기보다는 자신이 없는 학생들을 위해서 게시판이나 북마크 등을 통하여 학생들이 인터넷 검색을 하는 데 도움을 주도록 한다.

3) 웹 기반 탐구형 교수 학습모형

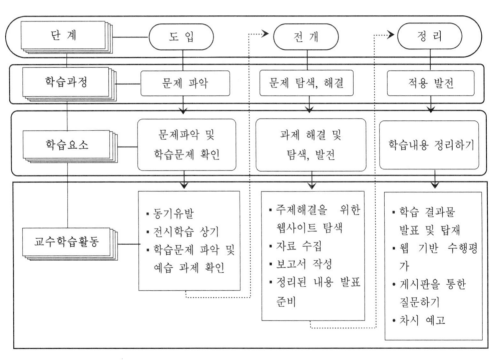

【그림 18】 웹 기반 탐구형 교수 학습모형

웹 기반 탐구형 교수 학습모형은 주어진 문제를 해결하기 위하여 스스로 웹사이트 접속을 통해 다양한 자료들을 수집하여 과제를 해결해나가는 과정으로, 학생들로 하여금 새로운 정보나 지식의 획득을 위해 자기 주도적으로 학습하게 하는 데 핵심이 있다. 인터넷에서 찾아낸 정보나 지식은 학생들이 당면한 과제를 해결하는 데 중요한 실마리를 제공하며, 지금까지 알고있는 정보나 지식에 자신이 찾아낸 새로운 내용을 첨가함으로써 더욱 발전

적으로 응용할 수 있고 잘못 알고 있는 지식에 대해서는 수정을 가할 수 있게 함으로써 고
차원적인 탐구활동을 전개해 나가도록 돕는다.

　따라서, 웹 기반 탐구형 교수　학습모형은 필요한 정보나 지식을 자신이 직접 찾아보는
학습자 중심 모형으로서 인터넷을 통해 필요한 정보를 찾아볼 수 있는 방법도 아울러 터득
하게 하며, 이러한 인터넷 검색 외에 메일, 채팅, 자료 올리기나 내려 받기, 게시판에 글쓰
기와 같은, 홈페이지로 된 웹사이트가 가지고 있는 복합적인 기능을 투입하여 컴퓨터 통신
과 인터넷으로 통해 자기 주도적 학습을 할 수 있도록 하는 모형이다.

　웹 기반 탐구형 교수　학습모형은 일반적 수업모형을 적용하되, 구체적 내용에 있어서 교
사의 역할은 학생들에게 충분한 동기유발을 통해 본시 학습주제를 소개하고 학생들이 기
존에 가지고 있는 학습주제와 관련된 정보나 지식을 토대로 탐구방법을 모색하도록 도와
주는 데 있으며, 학생들은 인터넷을 통한 정보의 소재와 수집방법을 논의하고 학습주제 해
결을 위해 수집된 모든 정보에 입각하여 스스로 과제 해결을 위해 필요한 자료를 찾아내는
과정 등 창의적으로 진행할 수 있다.

2. 학습지도안

Lesson	How many cows?		Theme	Counting number 1 to 10
Objectives	Students can count 1 to 10 and say the animal's size "big" or "small".			
Contents	Words	bear, big, cow, go, have, how, let, many, pig, small, kangaroo		
	Expressions	How many cows? I have two cows.		

Teaching Process

STEP	PROCEDURE	ACTIVITIES (T: Teacher S: Student)	TIME	MATERIAL
Introduction	Greetings	T: Good morning.		
		S: Good morning.		
		T: How are you today?		
		S: Fine, thanks.		
	Review	T: Let's review the last lesson with a chant "Big and small."		CD ROM, computer, TV
		S: (율동과 함께 챈트를 한다.)		
		T: You did a great job! Look at the numbers. Can you count these?		
		S: Yes.(1부터 10까지 센다.)		http://203.237.
		T: I have many animals. Take a look at them for a moment. Do you know their names?		254.17/~dhki m/교육용/영 어/사물이름/
		S: Yes./Sure.(동물의 이름을 말한다.)		과1 1.htm
		T: How many dogs can you see?	7'	동물농장 ppt
		S: Three.		
		T: Is it big or small?		
		S: It's small.		
	Introducing learning point	T: Right! Today, we're going to learn more about animals with numbers, big or small through the internet.		
		♣ 공부할 문제 ♣ ☞ 인터넷을 통해 동물그림을 찾고, 친구 농장의 동물을 조사하는 놀이에 참여하여 동물의 수와 크기에 대하여 묻고 답하기		
Development	Listen & Speak	T: Open your book to page ____. Look at the first picture. Can you guess what Min su says?		

Teaching Process

STEP	PROCEDURE	ACTIVITIES (T: Teacher S: Student)	TIME	MATERIAL
Development	Introducing Web site	S: How many cows? T: What does uncle say? S: Seven. T: Now, look at the second picture. What does Min su say? S: Look at the bear. It's big. T: Now, let's listen to the dialogue. How many cows? S: Seven cows. T: What else did you hear? S: Let's go. Look at the bear, it's small… T: Very good. This time, we're going to surf the net. You have to find out the farm animals, then choose animals which you like the most. Listen to their sound. Then save them in your disk. OK? S: I see. T: Look at the screen. You can see lots of animal pictures. I'll give you some web addresses. Use them to collect the animals clips. Here're some of the ways you can study.(공부할 차례를 안내한다.)	3'	CD ROM computer, TV http://www.handoli.com/clipart
	Web surfing & Making a farm	【동물 찾고 이름 확인】 ◆웹 자료를 통해 horse, dog, cat, bear, cow 등을 찾고 이름 익힌 다음 저장하기 · http://www.magickeys.com/books/farm/index.html · http://cliparts.wo.to · http://members.tripod.lycos.co.kr/esg/homepage.framel.htm 【동물소리 들어보기】 ◆웹 자료를 통해 찾은 동물의 소리 듣기 · http://www.georgetown.edu/cball/animals/animals.html · http://www.magickeys.com/books/sounds/index.html 【크기에 관한 표현 익히기】 ◆웹 자료의 그림을 이용하여 묻고 답하기 · http://www.sesameworkshop.org/sesamestreet/coloringpages/view/0,1155,10351,00.html S 1: Which one is big?/ Is it small?... S 2: Big bird is big./ It is small... 【동물 농장 꾸미기】 ◆동물 그림 파일들을 파워포인트나 한글에서 불러와 동물 농장 꾸미기 T: Are you done? What's the problem?	20'	PPT 자료

Teaching Process

STEP	PROCEDURE	ACTIVITIES (T: Teacher S: Student)	TIME	MATERIAL
Development	Game	S: Yes.(어려웠던 점 이야기하기) T: Let's play games with farms you made. Complete the worksheet while asking and listening. Go to another group and ask. S1: How many cows?/ Is it big or small?… S2: Three./It's big… (모둠별로 만든 농장파일을 컴퓨터 화면에 띄워놓고 다른 모둠을 오가며 활동하여 조사표를 작성한다.)		computer, worksheet

	Enriched activity	T: Do you like going to the zoo?
		S: Yes.
		T: Do you know zoo animals?
		S: Yes.
		T: Then, let's find out zoo animals and their names. Look at these web sites.
		   · http://www. lil fingers.com/zoo
		   · http://www.wordpark.co.kr
		T: What animals are in the zoo?
		S: Lions, tigers, monkeys, bears…
		T: How many animals do you see?
		S: Eight lions, ten…
		T: Name those animals.
		S: Tiger, snake…
		T: Is the tiger big or small?
			10'	

Consolidation	Check up	S: It's big. T: Let's check what we learned today. S: (듣고 답한다.)		worksheet, color pencils
	Sing a song	T: Let's sing a song 'Old MacDonald.' There are many animals. Let's make animal sounds we learned today.		
	Closing	S: (음악에 맞추어 즐겁게 노래 부른다.) T: You did a great job. That's it for today. Good bye! S: Good bye!		CD ROM

🏃 함께 해 봅시다

다음은 영어학습에 도움이 될 만한 사이트들입니다. 수업에 활용해 보세요.

1. 듣기 사이트

구 분	사이트 주소 및 내용
Randall's Lab	http://www.esl lab.com (영어학습을 위한 사이버 랩 사이트)
Interactive Listening Comprehension	http://deil.lang.uiuc.edu/lcra/4++ 그 외 5++, 6++, 7++ (일리노이대학 Intensive English Institute에서 제공하는 듣기사이트)
Oral Argument Page	http://oyez.at.nwu.edu/oyez.html (미국 Supreme Court에서 있었던 논쟁의 음성 기록)
TimeCast The Real Audio Guide	http://www.timecast.com (전세계 리얼 오디오 목록)
WebCorp	http://www.webcorp.com (역사적 인물의 육성을 들을 수 있는 사이트) http://www.realaudio.com (컴퓨터에서 라디오 뉴스를 들을 수 있는 사이트) http://library.whitehouse.gov/Searchquery RadioAddresses.htm (매주 토요일마다 실시하는 미국 대통령 연설을 담은 사이트)

2. 말하기 사이트

구 분	사이트 주소 및 내용
ALAMAK'S CHAT	http://207.66.195.2/chat/index.html (www를 통해 IRC서버에 접속하면서 채팅을 할 수 있는 사이트)
Cybersight	http://www.cybersight.com/cgi bin/bestguml/index (채팅의 스피드를 따라가기 어려운 사람에게 적합한 사이트)
Practice using the Netscape Navigator	http://www.globalvillage.com

3. 읽기 사이트의 내용

사이트 주소	사이트 내용
http://www.klsc.com/children/Alpha/htm	영어를 처음 접하는 사용자들에게 알파벳과 숫자를 가르치는 사이트
http://www.starlingtech.com/quotes	잘 알려진 영어의 인용문들을 보여주는 사이트
http://www.nytimes.com	미국의 대표적인 신문 사설로 고급 수준의 읽기 학습자료 사이트
http://www.the times.co.uk	영국을 대표하는 신문의 사이트
http://www.nytimesfax.com	뉴욕타임스 팩스 사이트

4. 쓰기 사이트의 내용

구 분	사이트 주소 및 내용
You Can Write a Fiction	http://www.geocities.com/Soho/Cafe/5287/YouCan.html (쓰기 연습을 위한 매우 흥미로운 실험 사이트)
Grammar, Punctuation, and Capitalization	http://stipo.larc.nasa.gov/sp7084/sp7084cont.html (작문에 필요한 다양한 문법이 크게 4개의 과, 총 50여개의 단원, 100가지 이상의 주요사항이 예문과 함께 체계적으로 설명되어 있는 사이트)
E mail Project Homepage	http://www.otan.dni.us/webfarm/emailproject/email.htm (다양한 전자우편을 통한 영어학습의 아이디어를 얻을 수 있는, 교사들을 위한 홈페이지)
Purdue OWL Handouts: An Outline of all the Documents	http://owl.english.purdue.edu/writers/by topic.html (100여 개의 소단원에 따른 자세한 설명과 예문이 제시된 사이트)

5. 통합 사이트의 내용 및 특징

사이트 주소	사이트 내용
http://www.study.com	읽기, 듣기, 쓰기, 말하기 교육의 무료 사이트
http://www.freeenglish.co.kr	초등학생용 그림 동화와 중급, 고급 동화들이 많으며 영어학습에 대한 체계적인 안내가 되어 있는 곳
http://www.rong chang.com/book	일상대화를 듣는 사이트
http://www.joynet.co.kr/english/total.htm	리얼 오디오를 통한 음성 듣기와 퍼즐, 카드매치 등과 같은 영어 게임이 있으며 영어 노래, 단어, 악보 등도 있는 사이트
http://www.kizclub.com/	4종류의 스토리텔링 북과 동물, 신체, 감각, 색깔 등에 관한 그림카드 제공
http://www.teenstreet.co.kr/	고학년 학습 우수아를 위해 이용할 수 있는 신문 형식의 사이트. 영어 만화 제공
http://www.worldvillage.com/kidz/	다양한 퍼즐과 게임 및 여러 가지 표정의 클리아트, 카드 양식 제공
http://disney.go.com/park/homepage/today/flash/	고학년용 유용한 게임 소개(action, sports, puzzle 게임 등)
http://www.edunet4u.net/child/index.html	학년별 영어학습을 체계적으로 할 수 있는 사이트
http://www.aec.ukans.edu/leo/index.shtml	언어기능별로 다양하게 학습할 수 있는 사이트
http://216.90.96.108/games/games.htm	학생들이 좋아할 만한 다양한 게임으로 영어학습이 가능한 사이트
http://www.sunshine.co.nz	여러 종류의 스토리 텔링 북을 통해 단어 익히기를 할 수 있으며 쇼크 웨이브가 설치되어 있으므로 학생들이 흥미있게 학습할 수 있는 사이트

◀ 참 고 문 헌 ▶

김동군. (1999). 『체험활동을 통한 초등학교 영어수업에 관한 실험 탐구』. 한국교원대학교 석사학위논문.

김보현. (2000). 『초등학교 영어학습을 위한 멀티미디어 CD ROM 코스웨어 개발에 관한 연구』. 한국교원대학교 석사학위논문.

김성문. (2000). 『초등학교 영어교육을 위한 교수법 연구』. 대구교육대학교 석사학위논문.

김영선. (1997). 『경험수업과 설명식 수업이 학업성취와 학습태도에 미치는 효과』. 한국교원대학교 석사학위논문.

김영숙, 최연희, 차경애, 김은주, 남지영, 문영인. (1999). 『영어과 교육론』. 서울: 한국문화사.

김인석. (1998). 멀티미디어 초등영어교수법의 이론과 실제. 『응용 언어학』, 14(2), 177～208.

김정렬. (2000). 『내용, 방법 및 매체를 중심으로 본 21C 영어교육』. 서울: 홍릉과학출판사.

김정렬. (2001). 『웹기반 영어교육』. 서울: 한국문화사.

김정표. (2000). 『초등영어 열린교육의 통합학습 방안에 관한 연구』. 부산교육대학교 석사학위논문.

김진철, 고경석, 박약우, 이재희, 김혜련. (1998). 『초등 영어교수법』. 서울: 학문출판사.

김진철, 김덕규, 김영숙, 김영현, 김익상, 김점옥, 김종숙, 김혜련, 도명기, 박약우, 우상도, 유범, 윤여범, 윤희백, 이재희, 최명주, 허구, 홍명숙. (1999). 『현장 수업 적용을 위한 초등 영어지도법』. 서울: 한국문화사.

김태희. (2001). 『초등학생의 학습유형에 따른 통합적 경험수업이 영어학습에 미치는 영향』. 한국교원대학교 석사학위논문.

김홍미. (1999). 『멀티미디어 CD ROM을 활용한 초등영어의 효과적인 수업절차에 관한 연구』. 한국교원대학교 석사학위논문.

나일주. (1999). 『웹 기반 학습』. 서울: 교육과학사.

박성익, 권낙원. (1989). 『수업모형의 적용기술』. 서울: 성원사.

박영배. (1998). 『수업방법탐구: 열린 교과 교육적 접근』. 서울: 형설출판사.

배두본. (1996). 『영어교육학』. 서울: 한신문화사.

배두본. (1997). 『초등학교 영어교육 이론과 적용』. 서울: 한국문화사.

백영균. (1999).『웹 기반 학습 환경의 준비와 개발도구』. 서울: 원미사.

백영균. (1999).『웹 기반 학습의 설계』. 서울: 양서원.

양영선, 조은순. (1998).『원격 교육의 이해와 적용』. 서울: 예지각.

엄성용. (2001).『자기 주도적 초등학교 영어학습을 위한 웹 페이지의 개발 및 활용』. 한국 교원대학교 석사학위논문.

윤진섭. (1999).『인터넷을 활용한 중학교 영어교수 학습 사례 연구』. 한국교원대학교 석사 학위논문.

이경륜. (1998).『열린교육에 대한 교사의 수용태도와 역할 수행에 관한 연구』. 한국교원대 학교 석사학위논문.

이보령. (1999).『초등학교 영어과 열린 수업을 적용한 학습자의 자기 주도적 학습에 관한 연구』. 한국교원대학교 석사학위논문.

이순희. (2000).『열린 수업을 적용한 초등학교 영어교육의 효과에 관한 연구』. 한국교원대 학교 석사학위논문.

이완기. (1998).『초등영어교육론』. 서울: 문진미디어.

임명식. (1997).『CALL 프로그램을 활용한 영어수업모형에 관한 연구』. 한국교원대학교 석 사학위논문.

임병빈. (1992).『외국어교육』. 서울: 한신문화사.

임병빈. (1994).『영어교육론』. 서울: 형설출판사.

장수년. (2001).『초등학생의 영어교수 학습을 위한 웹 기반 설계 및 활용』. 한국교원대학 교 석사학위논문.

정동빈. (1999).『조기영어교육론』. 서울: 한국문화사.

정인성. (1999).『웹 기반 교수 학습 체제 설계 모형』. 서울: 교육과학사.

정정섭. (1982).『외국어 교육의 기초와 실천』. 서울: 동원출판사.

정현준. (1999).『인터넷을 활용한 영어 읽기 교수 학습 방안에 관한 연구』. 한국교원대학 교 석사학위논문.

조연주, 조미헌, 권형규. (1997).『구성주의와 교육』. 서울: 학지사.

최수영. (1996). 효과적인 영어교육을 위한 컴퓨터 보조학습 프로그램의 현장적용 연구. 『영어교육』, 51, 177~202.

최진황. (1986).『영어교수법 이론과 적용』. 서울: 민족문화 문고 간행회.

한문희. (1997).『CD ROM이 영어 듣기 능력에 미치는 영향』. 연세대학교 석사학위논문.

홍현자. (2000).『소집단 활동을 통한 과제 중심의 초등학교 영어수업에 관한 연구』. 한국교 원대학교 석사학위논문.

황윤한. (1999). 교수 학습이론으로서의 구성주의. 한국교원대학교 초등교육연구소 편, 『구 성주의와 교과교육』(pp. 39~96). 서울: 문음사.

황적륜. (1984). 『영어교수법』. 서울: 신아사.

Alessi, S., & Trollip, B. (1985). *Computer based instruction*. Englewood Cliffs, NJ: Prentice Hall, Inc.

Bank, A., & Hernerson, M. (1989). *A practical guide to program planning: A teaching models approach*. Englewood Cliffs, NJ: Prentice Hall, Inc.

Breen, M. P. (1987). Learner contributions to task design. In C. Candlin & Murphy (Eds.), *Language learning tasks*. Englewood Cliffs, NJ: Prentice Hall.

Candlin, C. N., & Murphy, J. (Eds.). (1987). *Language learning tasks*. Englewood Cliffs NJ: Prentice Hall.

Carroll, J. (1965). *The prediction of success in intensive foreign language training*. New York: Wiley.

Carroll, J. (1966). *The contributions of psychological theory and educational research to the teaching of foreign languages*. New York: McGraw Hill.

Chastain, K. D. (1971). *The Development of modern language skills: Theory to practice*. Philadelphia: Center for Curriculum Development.

Chastain, K. D. (1976). *Developing second language skills: theory to practice*. Chicago: Rand McNally.

Chomsky, N. (1959). *Syntactic structures*. The Hague: Mouton.

Chomsky, N. (1965). *Aspects of the theory of syntax*. Cambridge, MA: The MIT Press.

Davies, M. (1989). *An experiential approach to outdoor/social education with EFL students*. Bell Educational Trust, Cambridge.

Diller, K. (1971). *Generative grammar, structural linguists, and language teaching*. Rowley, Mass: Newbury House.

Diller, K. (1978). *The language teaching controversy*. Rowley, Mass: Newbury House.

Doughty, C., & Pica, T. (1986). Information gap tasks: An aid to second language acquisition? *TESOL Quarterly, 20*(2), 305 325.

Duchastel, P. (1990). Examining cognitive processing in hypermedia usage. *Hypermedia, 2*(3), 221 233.

Eyring, J. (1991). Experiential language learning. In M. Celce Murcia (Ed.), *Teaching English as a Second or Foreign Language* (pp. 346 359). Second Edition. Rowley, Mass: Newbury House.

Hackbarth, S. (1996). *The Educational Technology Handbook: A Comprehensive Guide Process and Products for Learning.* Englewood Cliffs, NJ: Educational Technology Publications.

Harris, J. (1997). *Sample curriculum based K 12 educational telecomputing projects, organized by activity structures.* (http://lrs.ed.uiuc.edu/Activity Structures/web activity structures.html).

Hester, R. (1970). *Teaching a living language.* New York: Harper and Row.

Jung, C. (1979). *Psychological types.* New Jersey: Princeton University Press.

Kelly, G. (1955). *A theory of personality: The psychology of personal constructs.* NY: Norton and Company.

Kohonen, V. (1989). Experiential language learning: second language learning as cooperative learner education. In D. Nunan (Ed.), *Collaborative language learning and teaching* (pp. 14 39). Cambridge: Cambridge University Press.

Kohonen, V. (1989). *Experiential language learning: Toward second language learning as cooperative learner education.* University of California, Santa Cruz: Bilingual Research Group.

Kolb, D. (1984). *Experiential learning: Experience as the source of learning and development.* Englewood Cliffs, NJ: Prentice Hall.

Lewin, K. (1951). *Field theory in social science.* New York: Harper & Row.

Long, M., & Croockes, G. (1993). Units of analysis in syllabus design: The case for task. In Tasks *in pedagogical context: Integrating Theory and Practice.* Multilingual matters.

Merrill, P., Hammons, K., Tolman, M., Christensen, L., Vincent, B., & Reynolds, P. (1996). *Computers in education.* Mass: A Simon & Schuster Company.

Morgan, A. (1983). Theoretical aspects of project based learning in higher education. *British Journal of Education Technology, 1*(14), 66 78.

Nunan, D. (1988). *The learner centered curriculum. Communicative Classroom.* Cambridge: Cambridge University Press.

Nunan, D. (1989). *Designing Tasks for the Communicative Classroom.* Cambridge University Press.

Pattison, P. (1987). *Developing communication skills.* Cambridge: Cambridge University Press.

Peterson, P. (1981). Ability & treatment interaction effects on children's learning in large group and small group approaches. *American Educational Research Journal, 18,* 87 105.

Piaget, J. (1970). *Genetic epistemology*. NY: Columbia University Press.

Prabhu, N. S. (1987). *Second language pedagogy*. Oxford University Press.

Rogers, C. (1975). The interpersonal relationship in the facilitation of learning. In D. Read & S. Simon (Eds.), *Humanistic Education Sourcebook*. Englewood Cliffs, NJ: Prentice Hall.

Schreck, R., & Schreck, J. (1991). Computer Assisted Language Learning. In Celce Murcia, (Ed.), *Technology English as a Second Language or Foreign Language* (pp. 472 486). Boston, Mass: Heinle and Heinle.

Shepherd, G., & Ragan, W. (1981). *Modern elementary curriculum* (6th ed.). University of Oklahoma.

Skehan, P. (1996). Second language acquisition research and task based instruction. In J. Wills & D. Wills (Eds.), *Challenge and Change in Language Teaching*. New York: Heinemann.

Stephens, L. (1974). *The teacher's guide to open education*. New York: Rinerhart & Winston.

Willis, J. (1996). *A Framework for task based learning*. New York: Longman.

부 록

♣ "Hello Song"과 율동

Hello

Hello　hello　hello　hello

Nice　to　meet　you　Nice　to　meet　you

Hello　hello　hello　hello

hel　lo!

1. Hello, hello (오른손을 흔들고, 왼손은 허리에)
2. Hello, hello (왼손은 흔들고, 오른손은 허리에)
3. Nice to meet you (서로 반갑게 마주 본다.)
4. Nice to meet you (서로 악수를 나눈다.)
5. Hello, hello (오른손과 왼손을 모두 든다.)
   Hello, hello (두 손은 같이 흔든다.)
6. Hello (오른손을 인사하는 것처럼 높이 든다.)

♣ 색을 나타내는 낱말 카드

White	Black
Green	Blue
Gray	Yellow
Red	Purple
Pink	Brown

♣ 위치를 나타내는 그림카드

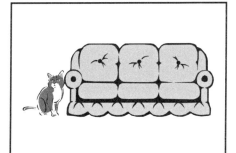
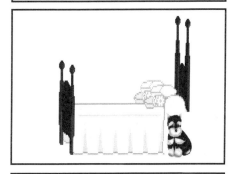

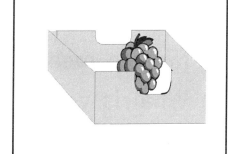

함께 해 봅시다

사인 받기 놀이

학년　　반　　번
이름 _____

친구	1	2	3	4	5
친구 사인					

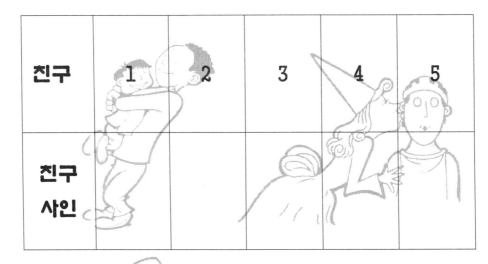

참고 ⟨dialogue⟩

A: Hello / Hi.

B: Hello / Hi.

A: Nice to meet you.

B: Nice to meet you.

A: What is your name?

B: I am OO.

함께 해 봅시다

How many ······ are there?

( )번 이름( )

함께 해 봅시다

♥ 비교하는 표현 익히기 ♥

( )반 번호( )

이름 _____

1. 친구와 함께 주변에 있는 사물의 길이를 비교해 봅시다.

2. 다음 그림이 선생님이 들려주는 문장과 같으면 O표, 아니며 X표 하세요.

1)   2)

※ 1) The left door is smaller than the right door.
  2) The rose is bigger than the tulips.

⬚함께 해 봅시다

♥ 신체를 표현하는 말익히기 ♥

(　　)반 번호( )
이름 ＿＿＿＿＿＿

다음의 그림들을 오려서 빙고판에 붙인 다음 빙고 놀이를 하여 봅시다.

  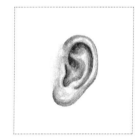

  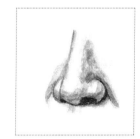

 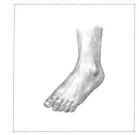 

함께 해 봅시다

♥ 빙 고 판 ♥

( )반 번호( )
이름 _____

색 인

•용어색인(한글)

ㄱ

가상 모임(virtual gatherings) 활동 386
가수동상태(pseudo passiveness) 204
개념 단위(chunk) 189
개별학습(individual learning) 252, 368
개별화된 학습 367
개성인지 심리학 323
개인간 의사 교환 활동 384
개인 교수형(tutorial mode) 369
개인별 연습(individual imitation) 46
개인적 기능 230
개인적인 구성이론 323
객관주의 11, 12
거시적 학습(macro studies) 202, 204
게임형(game mode) 371
경험과 사고의 결합 324
경험수업모형 328
경험 언어학습(experiential language learning)
        323
경험학습 323, 337
경험학습활동의 차원 326
계속성(continuity) 72
계획적 어휘 지도(planned vocabulary teaching)
        125, 126
고전적 조건화 12
과업 중심 235
과업 중심(task based) 교재 240
과정 중시 학습 327
과제(task) 306, 336
과제 단계(task) 309

과제 선정 학습 350
과제 선택 학습 350
과제수행 교수법(task based approach) 305
과제의 원리 232
과제 전 단계(pre task) 309
과제 후 단계(post task) 310
교수 기기(teaching machine) 89
교육 공학(educational technology) 89
교육적 과정(The educational process) 185
구두 접근법 27
구두 훈련 32
구성주의 289, 291, 379, 381
구성주의자 289
구성주의적 학습원리 382
구조적 교수요목 41, 44
구조주의 41, 42, 61, 89
구조주의 언어학 56, 57
구체성(concreteness) 30, 31
구화식 교수법(oral method) 26, 41
구화연습 41
굴절 42
권위(authority) 200
귀납적 방법 43
규범언어(language as code) 27
규범적인(prescriptive) 교수 17
그림자 연극(shadow play) 275
근접발달영역(zone of proximal development; ZPD)
        290, 291
기계적 암기(rote memorization) 59
기능어(structural words) 44
기능적 어휘(functional vocabulary) 167

기억(memorization) 73
기억게임(memory game) 130
기억연상(association) 150
기억체계(retaining system) 169
기호체계(sign system) 290
기획과제(project) 311
꼭두각시 인형극(puppets) 276

나열하기(listing) 310
낭독(reading aloud) 269, 272
낱말표(word chart) 172
내용어 42, 44
내용요소 제시이론(component display theory)
    365
내용 중심 교수법(content based approach) 258
내향적인 학습자 367
놀이판 활동(board games) 313

다양한 접근법(multiple line of approach) 30
다원성(pluralism) 74
다중채널활동(multi channel work) 351
단축(contraction) 64
담화 229
담화능력(discourse competence) 229, 231
대인적 과정(the interpersonal process) 186
대조분석 56, 58
대체 연습표(substitution tables) 33
대치(replacement) 64
대치연습(replacement; substitution drill) 47, 62, 92
대화(conversation) 72
도구적 기능 230
도구적 조건화 12
도달도별 학습 349
독서식 교수법 26
동기(motivation) 218

동기유발(motivation) 90, 347, 348
동시적 문제해결(parallel problem solving) 활동
    386
동화(assimilation) 290
두뇌 측면화(brain lateralization) 151, 152, 153
듣기 연습(listening practice) 46
듣기 전 활동(pre listening activities) 329, 330
듣기 중 활동(while listening activities) 329, 331
듣기 후 활동(post listening activities) 329, 331

마임상자(mime box) 131
말하기 전 활동(pre speaking activities) 332, 333
말하기 중 활동(while speaking activities) 332, 333
말하기 후 활동(post speaking activities) 332, 333
맞추기 활동(bingo games) 313
모니터 가설(the monitor hypothesis) 216
모방(imitation; mimicry) 29, 72, 73
모방 기억법(mim mem) 59
모의 연습형(simulation mode) 370
무계획적 어휘지도(unplanned vocabulary teaching)
    125
무학년제 학습 349
문법 번역식 교수법(grammar translation method)
    14, 33, 58
문법규칙(grammar rules) 16
문법적 구성(formal/grammatical organization)
    214
문법적 능력(grammatical competence) 231
문법학습 16
문어 이해력(literacy) 14
문어중심 14
문자 재구성 프로그램(text reconstruction programs)
    364
문장완성(completion) 64, 92
문제중심 학습 380, 381
문제해결 312
문제해결하기(problem solving) 310

문제해결형(problem solving mode) 371
문제해결 활동(problem solving projects) 385
문학 교재 268
문학을 통한 영어지도법(literature based language learning) 146, 266
문해력(literacy) 249
문형연습 35, 41, 61, 62, 63
문화적 과정(the cultural process) 186
묻고 대답하기 연습(question answer drilling) 47
물레방아 학습 350
미시적 학습(micro studies) 202, 204
민감성(responsiveness) 74

반복(repetition) 64
반복연습 62
반복 연습형(drill and practice mode) 370
반응 이끌어내기 단계(elicitation) 46
발견적 기능 230
발견학습 366
발견학습형(discovery learning mode) 370
발달인지 심리학 323
발달적 과정(the developmental process) 186
발전과제 학습 350
발판이론(scaffolding) 290
발화(utterance) 74
발화 단계(speech emergent phase) 220, 221
발화 전 단계(pre production stage) 220, 221
범주화하기(categorizing) 310
변형(transformation) 64
변형규칙(transformational rules) 295
변형된 최신형 문법번역 이론(modified, up to date grammar translation theory) 294
변형 생성 이론 293
변형연습 62
보편문법(universal grammar) 294
분과주의 13
분독(shared reading) 활동 273

분류하기(classifying) 310
분리 단계(isolation) 46
분석적(analytic) 방법 105
불안(anxiety) 218
브레인스토밍(brainstorming) 310
비교하기(comparing) 310
비암시(desuggestion) 200
비언어 행위(non verbal) 185
비율(proportion) 30, 31
빈칸 채우기 19

4·6·8형활동 352
사실 찾아내기(fact finding) 310
사회발달 이론 291
사회심리학 323
사회언어적 능력(sociolinguistic competence) 231
사회적 상호작용 13
사회적 학습이론 12
상담학습(counseling learning) 182
상상적 기능 230
상향식 방법(parts to whole instruction) 105
상향식 접근 229
상향식 지도(bottom up processing) 250
상호작용 기능 230
상호작용적 발견학습(interactive discovery learning) 366
상호작용적 의사소통 382
상호작용학습 380
상황 강화 교수법(situation reinforcement method) 42
상황적 언어교수법(situational language teaching, SLT) 33, 41, 230
상황학습(anchored instruction) 292
상황학습 이론 291
새로운 모형 형성(building up to a new model) 46
생성규칙(generative rules) 295

선언적 지식 14
선험지식의 활성화(schema activation) 269
소집단 언어학습법(community language learning,
    CLL) 146, 147, 182
소집단 학습(small group learning) 369
소집단 협력학습(jigsaw) 348
소집단 활동(group work) 189
손가락 연극(finger plays) 275
수레바퀴형활동 351
순서 선택 학습 349
순위 정하기(Ranking) 310
습관형성(habit formation) 26, 27, 28, 29, 30, 43
습득/학습가설(the acquisition/learning hypothesis)
    215
시뮬레이션 364
시뮬레이션(simulations) 활동 386
시연(demonstration) 129, 130
시청각 교수법(audio visual method) 88
시청각 교육(audio visual education) 89
시청각 교재 88
시청각 통신(audio visual communication) 89
시청 전 활동 94
시청 중 활동 94
시청 후 활동 94
실물교재 240
심층구조 295

Y자형활동 351
아동문학 267
아동화(infantilization) 200
암시교수법(suggestopedia) 146, 147, 198
암시학(suggestopedy) 198
어결합(word combinations) 56
어형변화(inflection) 92
어형의 변화(inflection) 64
어휘 빈출도 33
어휘의 중요도(saliency) 132

어휘지도법(vocabulary teaching method) 119
어휘학습 120
언어경험중심 읽기 지도(language experience
    approach) 257
언어교체(language alternation) 183
언어구조 41
언어기교(mechanics) 72
언어능력(competence; underlying competence) 215,
    229, 293, 294, 295
언어사용 41, 42
언어수행 295
언어 안내자(language guide) 307
언어재료(corpus) 56
언어적 설명(verbal explanation) 129, 130
언어적용(manipulation) 72
언어 행위(verbal) 185
역할극(role play) 63, 65, 147, 222, 234, 235, 267,
    311, 352
연상적 학습(paired associate learning) 123
연속 창작(sequential creation) 활동 385
연역적(deductive) 방법 16, 296
열린교육 145, 344, 345, 353
열린교육에서 영어지도법(English teaching method
    in open education) 344
완전습득 학습 349
완전학습 12
운용언어(language as speech) 27
원형활동(circle work) 351
웹 기반 수업 378
웹 기반 제시형 교수 학습모형 388
웹 기반 탐구형 교수 학습모형 389
웹 기반 학습 378
웹 기반 활용형 교수 학습모형 387
유도학습(guided learning) 369
유용성(usability) 74
유의미의 원리 232
음색표(sound color fidel chart) 171
음성구조형(sound patterns) 56
음소(phonemes) 106

음철법(phonics) 104
응답(rejoinder) 64
응집성 229
의견 차 활동(opinion gap) 311
의미(meaning) 73
의미의 협의(negotiation of meaning) 306
의미전달(convey meaning) 126
의미전달의 수단(a system for expression of meaning) 234
의사소통(communication) 72, 73, 89, 251, 336
의사소통 능력 229, 230, 231, 346
의사소통의 원리 232
의사소통적(communicative) CALL 364
의사소통적 CALL 364
의사소통적 과정(the communicative process) 186
의사소통적 접근방법 214
의사소통 전략 312
의사소통 중심 언어교수법(communicative language teaching) 146, 229
의사소통 활동 240
의사소통 활동유형 236
이성주의 293
이야기 구연(story telling) 273
이야기 다시 말하기(retelling) 272
이중언어교육(bilingual education) 183
이중언어교육과정 184
이중언어사용자 58
이해(recognition; understanding) 29, 297
이해 가능한 입력 220
이해 기반(comprehension based) 교수법 146
이해 전략 250
이해점검(check understanding) 126, 127
이행(gradation) 30, 31
인간심리유형 323
인간주의 심리학 323, 324
인본주의 145, 184
인본주의 심리학 150
인본주의적 접근방식(humanistic approach) 183

인지(perception) 29, 294
인지구조(cognitive structure) 11
인지도식(schema) 290
인지 유형(cognitive style) 145
인지적 교수법(cognitive approach) 293
인지적 도구 291
인지적 도제 이론 291
인지적 발달 이론 291
인지적 언어학습(cognitive code learning) 294
인지적 유연성 이론 291
인지적 지도 150
인지주의 293
일견 단어(sight word) 119, 125, 127, 128
일견 어휘(sight vocabulary, sight word) 122, 123
일관된 대화(continuity) 73
일관성 229
일반적인 경험학습모형 324
읽기 전 활동(pre speaking activities) 333
읽기 중 활동(while reading activities) 333
읽기 후 활동(while speaking activities) 333
입력가설(the input hypothesis) 217

자기 주도적 학습 380, 390
자동화(automatization) 293, 295
자료생성(database creation) 활동 385
자리학습 350
자신감(self confidence) 218
자연교수법(natural approach) 120, 146, 147, 213, 349
자연순서가설(the natural order hypothesis) 216
자원기반학습(resource based learning) 381
자유대화(free conversation) 73, 77, 78, 79, 190
자유 연구 학습 350
자유진도 학습 349
작동적 조건화 59
재구성(reconstruction) 64
재구성(restoration) 295

재생(reproduction) 29

적성처우학습 349

적용(application) 297

전사(Transcription) 190

전신반응(TPR) 349

전신 반응 교수법(total physical response) 146,
    149, 220

전인화 과정(the whole person process) 185

전자 가정교사(electronic tutoring) 활동 385

전자 출판(web publishing) 활동 385

전자 펜팔(keypals) 활동 384

전체 단어접근법(whole word approach) 123

전체 모방연습(choral imitation) 46

전체적 접근방법(holistic approach) 186

전치(transposition) 64

전통문법(traditional grammar) 15

정리(consolidate) 126

정보·통신 기술(information & communications
    technology) 378

정보검색 활동(information searches) 385

정보교환(information exchange) 활동 385

정보 전달 활동(information gap activities) 313

정보 제공자 방법(informant method) 56

정보 차 활동(information gap) 306, 311

정보처리이론(information processing theory) 365

정신적 구조(mental structure) 167

정신주의(mentalism) 14, 15

정의적 여과가설(the affective filter hypothesis)
    152, 218

정의적 여과장치(affective filter) 151

정의적인 영역(affective domain) 198

정황교수 이론 291

제2언어에서의 경험학습모형 325

조작(manipulation) 73

조작적 조건화 12

조절(accommodation) 290

조정(mediation) 290

조직성(organization) 74

종합적(synthetic) 방법 105

즉시적 학습(learning in the here and now) 326

지시봉(pointer) 172

지식의 구조(knowledge structure) 11

직접 단어확인(immediate word identification)
    123

직접식 교수법(direct method, DM) 26, 27, 28,
    33, 34, 43, 188, 213

진보주의 323

집단 협동학습(collaborate learning in groups)
    255

ㅊ

차례 정하기(sequencing) 310

참여 읽기(participation story) 270, 278

채색 막대 165, 171, 173, 174

책략적 능력(strategic competence) 231

책임성(responsibility) 74

처리 수준의 깊이(depth of processing) 122

처방식 이론(prescriptive theory of learning) 12

청화식 교수법(audiolingualism; audio lingual method)
    55, 80, 89, 120, 164, 214, 230, 294

초단파 교수법(microwave method) 72

초보 발화 단계(early production stage) 220, 221

촌극(skit) 272

총체적 언어(whole language) 249

총체적 언어 접근법(whole language approach) 104,
    146, 249

최소 대립어 35

추론 차 활동(reasoning gap) 311

축약(contraction) 92

침묵식 교수법(silent way) 146, 147, 164

ㅋ

컴퓨터 보조 언어학습(computer assisted language
    learning: CALL) 363

코너학습 352, 353

탈맥락화   13
통제대화(controlled conversation)   73, 77, 79
통제적 기능   230
통합(integration)   64
통합교육과정   353
통합적(integrative) CALL   364

파닉스(phonics)   257
표상적 기능   231
표층구조   295
표현 전략   250
표현 중시(Production based) 교수법   146
프로그램 학습이론(programmed instruction theory)
        365
프로젝트   386
플란넬 판(flannel board)   274
피델 차트   165

하향식 방법(whole to parts instruction)   105, 107
하향식 접근   229
학습자 주도의 학습   327
학습자 중심 교육과정   344
학습자 중심의 접근방법(learner centered approach)
        305
학습자 중심의 학습   367
학습체계(learning system)   169
합리적 진행 순서(rational order of progression)
        30, 32
합창독(choral speaking)   272
행동주의   11
행동주의 심리학   11, 55
행동주의적(behavioristic) CALL   363, 364
행동주의적 학습이론   365

협동학습(Team Teaching)   327, 349
협력학습   252, 382, 385
혼자 읽기   270
화제 중심(topic based) 교재   240
화체(register)   229
확대(expansion)   64
환언(restatement)   64
효과의 법칙   57
훈련(drill)   297
흔적이론(trace theory)   150

•용어색인(영문)

a system for expression of meaning　234

accommodation　290

affective domain　198

affective filter　151

analytic　105

anchored instruction　292

anxiety　218

application　297

assimilation　290

association　150

audiolingualism　230

audio　lingual method 55, 80, 89, 120, 164, 214,
　　294

audio　visual communication　89

audio　visual education　89

audio　visual method　88

authority　200

automatization　293, 295

behavioristic CALL　363, 364

bilingual education　183

bingo games　313

board games　313

bottom　up processing　250

brain lateralization　151, 152, 153

brainstorming　310

building up to a new model　46

categorizing　310

check understanding　126, 127

choral imitation　46

choral practice　97

choral speaking　272

chunk　151, 189

circle work　351

classifying　310

cloze reading　273

CLT　231

code switching　183

cognitive approach　293

cognitive structure　11

cognitive style　145

cognitive　code learning　294

collaborate learning in groups　255

communication　72, 73, 89, 251, 336

communicative CALL　364

communicative language teaching　146, 229

community language learning: CLL　146, 147, 182

comparing　310

competence　215, 229, 293, 295

completion　64, 92

Component Display Theory　365

Comprehension　based　146

computer assisted language learning: CALL　363

concreteness　30, 31

consolidate　126

content　based approach　258

continuity　72, 73

contraction　64, 92

controlled conversation　73, 77, 79

conversation 72
convey meaning 126
corpus 56
counseling learning 182
C-phase 72, 73, 77, 79

database creation 385
demonstration 129, 130
depth of processing 122
desuggestion 200
direct method: DM 26, 27, 28, 33, 34, 43, 188, 213
discourse competence 229, 231
discovery learning mode 370
drill 297
drill and practice mode 370

early production stage 220, 221
educational technology 89
electronic tutoring 385
elicitation 46
English corner 354
English teaching method in open education 344
expansion 64
experiential language learning 323

fact finding 310
fidel chart 165
finger plays 275
flannel board 274
formal/grammatical organization 214
free conversation 73, 77, 78, 79, 190
functional vocabulary 167

game mode 371
generative rules 295
gradation 30, 31
grammar rules 16
grammar translation method 14, 33, 58
grammatical competence 231
group work 189
guided learning 369

habit formation 26, 27, 28, 29, 30, 43
holistic approach 186
humanistic approach 183

imitation 29
immediate word identification 123
individual imitation 46
individual learning 252, 368
infantilization 200
inflection 64, 92
informant method 56
information gap 306, 311
information gap activities 313
information & communications technology 378
information exchange 385
information processing theory 365
information searches 385
integration 64
integrative CALL 364
interactive discovery learning 366
isolation 46

jigsaw   95, 348

keypals   384
knowledge structure   11

LAD(language acquisition device)   294
language alternation   183
language as code   27
Language as Social Process   185
language as speech   27
language experience approach   257
language guide   307
learner centered approach   305
learning in the here and now   326
learning system   169
lexicon   119
listening practice   46
listing   310
literacy   14, 249
literature based language learning   146, 266

M

M 1 75
M 2 75
M 3 75
M 4 76
macro studies   202, 204
manipulation   72, 73
meaning   73
mechanics   72
mediation   290
memorization   73

memory game   130
mentalism   14, 15
mental structure   167
microwave method   72
micro studies   202, 204
mime box   131
mimicry   72, 73
mim mem   59
modified, up to date grammar translation theory
      294
modified direct method   26
motivation   90, 218, 347, 348
multiple line of approach   30
multi channel work   351
M phase   72, 73, 75, 78

natural approach   120, 146, 147, 213, 349
negotiation of meaning   306
non verbal   185

operant conditioning   57
opinion gap   311
oral method   26, 41
organization   74

paired associate learning   123
Palmer's method   26
parallel problem solving   386
participation story   270, 278
parts to whole instruction   105
perception   29, 294
phonemes   106
phonics   104, 257
planned vocabulary teaching   125, 126
PLATO   364

pluralism 74
pointer 172
post listening activities 329, 331
post speaking activities 332, 333
post task 310
prescriptive theory of learning 12
prescriptive 17
pre listening activities 329, 330
pre production stage 220, 221
pre speaking activities 332, 333
pre task 309
problem solving 310
problem solving mode 371
problem solving projects 385
Production based 146
Programmed Instruction theory 365
project 311
proportion 30, 31
pseudo passiveness 204
puppets 276

question answer drilling 47

ranking 310
rational order of progression 30, 32
reading aloud 269, 272
reasoning gap 311
recognition 29
reconstruction 295
register 229
rejoinder 64
repetition 64
replacement 64, 62, 92
reproduction 29
resource based learning 381
responsibility 74

responsiveness 74
restatement 64
restoration 64
retaining system 169
retelling 272, 273
role reversal 158
role play 63, 65, 147, 222, 234, 235, 267, 311, 352
rote memorization 59

saliency 132
SARD 187
scaffolding 290
schema 290
schema activation 269
self confidence 218
sequencing 310
sequential creation 385
shadow play 275
shared reading 273
sight vocabulary 122, 123
sight word 119, 125, 127, 128
sign system 290
silent way 146, 147, 164
simon says 157
simon says game 155
simulation mode 370
simulations 386
situational language teaching, SLT 33, 41, 230
situation reinforcement method 42
skinner's box 57
skit 272
small group learning 369
sociolinguistic competence 231
sound patterns 56
sound color fidel chart 171
speech emergent phase 220, 221
S-R theory 57

story mind 277
story telling 273
story telling bag 277
strategic competence 231
structural words 44
substitution drill 47,
substitution tables 28, 33
suggestopedia 146, 147, 198
suggestopedy 198
synthetic 105

task 306, 309, 336
task based 240
task based approach 305
teaching machine 89
team teaching 327, 349
text reconstruction programs 364
the acquisition/learning hypothesis 215
the affective filter hypothesis 152, 218
the army specialized training program, ASTP 56
the communicative process 186
the cultural process 186
the developmental process 186
the educational process 185
the input hypothesis 217
the interpersonal process 186
the monitor hypothesis 216
the natural order hypothesis 216
the whole person process 185
topic based 240
total physical response 146, 149, 220, 349
TPR 219, 220, 222
trace theory 150
traditional grammar 15
transcription 190
transformation 64
transformational rules 295
transposition 64

tutorial mode 369

underlying competence 294
understanding 297
universal grammar 294
unplanned vocabulary teaching 125
usability 74
utterance 74

verbal 185
verbal explanation 129, 130
virtual gatherings 386
vocabulary 119
vocabulary teaching method 119

web publishing 385
while listening activities 329, 331
while reading activities 333
while speaking activities 332, 333
while speaking activities 333
whole language 249, 292
whole language approach 146, 249
whole to parts instruction 105, 107
whole word approach 123
word 119
word chart 172
word combinations 56

zone of proximal development; ZPD 290, 291

•인명색인

강영은 109
고광덕 201
권낙원 328
김선미 168, 171
김영숙 294
김인석 366
김정렬 57, 58, 60, 63, 145, 387
김지민 252
김진철 42, 60, 306
나일주 381
박경식 97
박성익 328
박원 74
박유미 267
박의재 89
박춘식 273
박화목 267
배두본 17, 42, 58, 91, 93, 205, 220, 329, 347
석희선 78
신성철 89
신용진 89, 170, 231
엄성용 379
이상금 267
이성은 252
이승민 93
이영헌 73
이완기 201
이화자 258
이희숙 266
장영희 267
채준기 28
현태덕 314
황경희 252
황윤한 289, 291

Alexandra 230
Allan 91
Altwerger 249
Anderson 122
Asher 149, 150, 151, 152, 153
Au 109
Bancroft 200, 202
Bandura 12
Bank 328
Beaton 131
Billows 43
Bloom 12
Bloomfield 56
Bransford 291
Breen 240, 307
Brewster 268
Brown 291
Bruce Cronnell 109
Bruder 237, 239
Brumfit 232
Bruner 165, 290
Burke 249
Cameron 290
Canale 231
Candlin 240, 306
Carroll 294
Celce Murcia 296
Charles Fries 42
Chastain 296, 297
Chomsky 293, 294
Collins 291
Craik 122
Cronnell 109
Crooks 305

Cummings 72
Curran 182, 186, 187
Davies 46, 47, 48, 326
de Mowbray 122
Dewey 323
Diller 294
Donley 120
Doughty 307
Durkin 109
Edelsky 249
Ellis 131, 268, 294
Eyring 323
Farr 110
Faucett 33
Finch 307
Finocchiaro 91
Firth 43
Freeman 252
French 43
Fries 56
Frisby 43
Gaston 201
Gattegno 164, 165, 166, 167, 168, 169, 172, 173,
        175
Gibbs 122
Glasersfeld 291
Goodman 249, 250
Hackbarth 383
Hall 42
Halliday 43, 230
Harold 149
Harris 384, 385
Harte 249
Hernerson 328
Herold 121
Hester 294
Holum 291
Hornby 26, 27, 28, 41, 42
Howatt 231

Hymes 230
Hyun 307
Jenson 273
Johnson 128, 232
Johnson Laird 122
Jonassen 291
Jung 323
Karlin 104
Kelly 323
Kohonen 324, 325
Kolb 324, 325
Krashen 120, 152, 213, 214, 215, 216, 217
La Forge 183, 184, 185
Lakoff 11
Lasen Freeman 92
Lave 291
Lewin 323
Lisbeth 128
Littlewood 232, 236, 238, 240, 267
Long 305
Longergan 91
Lord 120
Lozanov 198, 199, 200, 201, 204, 206
Mackey 184
Mager 12
Mason 109
McCallum 130
Merrill 365, 366, 369
Miller 93, 95
Morgan 326
Morrow 233
Moskowitz 184
Moulton 59
Murphy 306
Nation 122, 129
Newmark 214
Nunan 307
Otto 123
Oxford 273

Palmer 28, 29, 30, 32, 33, 42, 43, 149

Patterson 33, 34

Pattison 310, 311

Paulston 237, 239

Pavlov 12, 57

Pearson 128

Petty 121, 273

Piaget 152, 289, 290, 291, 323

Pica 307

Pittman 42, 45, 48, 49

Pizillo 123

Prabhu 310, 311

Rake 381

Reder 122

Reibel 214

Richards 27, 34, 44, 92, 151, 165, 174, 183, 189, 219, 230, 232

Rivers 90, 91, 237

Roberts 48

Rodgers 34, 44, 151, 165, 174, 183, 189, 219, 230, 232

Rogers 92, 183, 232, 323, 324

Roser 110

Rossner 48

Saussure 27

Schmitt 121

Skehan 305, 309

Skinner 12, 57, 365

Smith 105

Sokmen 121, 123

Spiro 291

Stern 89, 91, 93

Stevick 72, 74, 165, 168, 199

Stoll 121

Swain 231

Taylor 109

Terrell 120, 213, 214, 215, 216, 217

Thorndike 12, 57

Timko 124

Tranel 186

Truner 109

Tulving 122

Twaddle 120

van Ek 230

Vygotsky 290, 291

Watcyn Jones 130

Watson 12, 249

Watts 121

Wendy 128

Whitehead 273

Widdowson 230

Wilkins 120, 230

Willis 309, 310, 315

Yopp 272

Yuko Matsuka 110

저·자·소·개

■연락처

E-MAIL: jrkim@cc.knue.ac.kr

■학 력

1985. 8~1991. 8   하와이 대학교 응용언어학 박사
1984. 3~1985. 8   서울대학교 언어학 박사과정
1982. 3~1984. 2   서울대학교 언어학 석사
1977. 3~1981. 2   경상대학교 영어교육 학사
1974. 3~1977. 2   마산고등학교

■경 력

1998. 10~현재   한국교원대학교 영어교육과/초등교육과 부교수
1996. 3~1998. 9 한국교원대학교 영어교육과/초등교육과 조교수
1992. 9~1996. 2 한국해양대학교 영어과 전임강사, 조교수
1991. 9~1992. 8 하와이대학교 국립외국어연구소 멀티미디어 언어교육원 연구원
1988. 8~1991. 8 미국 프로보시 소재 기계번역연구소 상임연구원

■학회 임원

2000. 8~현재   한국외국어교육학회 섭외이사
1999. 12~현재   초등영어교육학회 연구이사
1998. 7~2000. 7 한국외국어교육학회 총무이사
1997. 10~1999. 10 KOREA TESOL 편집장
1997. 9~1999. 8 한국 멀티미디어 언어교육학회 총무이사
1996. 10~1997. 10 KOREA TESOL 회장
1995. 10~1996. 10 KOREA TESOL 부회장

■프로젝트

1. 수행 중   On/off-line 통합 영어 학습 프로그램 및 평가   (주)대교
                  시스템 개발에 관한 연구
2. 수행 중   ICT 기반 영어 교수-학습 프로그램에 구성된   한국학술진흥재단
                  의사소통성 증진 방안 연구
3. 2001.6~2001.10 정보통신기술(ICT)의 활용을 통한 영어과 교수-학습   한국교육학술정보원
                  방법의 효율성 증진 방안 연구
4. 2000~2001   한영/영한 양방향 기계번역 프로젝트   APPTEK
5. 2000~2001   가상적 상황의 실제적, 맥락적 과제 수행을 통한   교과교육공동연구소

		수준별 생활 영어 프로그램 및 자료 개발	
6.	1998~1998	멀티미디어를 이용한 초등학교 영어 수업 모형 개발	학술진흥재단
7.	1998	초등영어 자동 조정평가 문항 개발	ASSA 멀티미디어 교육센타
8.	1998	수준별 교육과정에 맞는 교과서 개발 연구	교육부
9.	1997	초등 영어과 전자교과서 시안 개발	교육학술정보원
10.	1996~1997	문장분석 및 생성을 위한 언어정보 구축	과학기술원
11.	1996~1997	제7차 영어과 교육과정 참여	교육부
12.	1995~1997	컴퓨터를 이용한 언어 문법성 추출 실험 연구	학술진흥재단

■연구 논문

1. 2001 "초등영어 연구방법론의 흐름". Primary English Education, 7(2).
2. 2001 "ICT를 활용한 초등 고학년 영어 학습 동기 유발 방안". Foreign Language Education, 8(1), 223-247
3. 2001 "Toward an Interface between Natual Language Processing and Foreign Language Learning", 영어교육연구, Spring 2001 13(1), 45-78.
4. 2000 "웹기반 자기 주도적 영어학습에 관한 연구", Foreign Languages Education, 7(1), 143-163.
5. 2000 "웹기반 초등영어 교육용 컨텐츠 개발과 이용 방안", Primary English Education, 6(1), 153-183.
6. 1999 "멀티미디어를 통합한 초등영어 수업모형 개발", Multimedia-Assisted Language Learning, 2(1), 74-99.
7. 1998 "조기 영어 교육의 이론과 실제", 충북 교육학연구, 창간호, 143-159.
8. 1998 "조기 영어 교육과 보편 문법", 교수논총, 14(1), 159-178. 한국교원대학교.
9. 1998 "의사소통식 초등 영어 발음 지도", Primary English Education, 4(1), 111-133.
10. 1998 "제 7차 교육과정과 초등 영어교과서 개발 방향", Foreign Languages Education, 5(1), 83-103.
11. 1998 "초등학교용 영어 개별적응 평가(Computer-Adaptive English Testing) 프로그램 개발"(임창근 공저), Multimedia-Assisted Language Learning, 1(1), 101-116.
12. 1997 "의사소통식 영어발음 지도", 음성학 학술대회(3회), 45-60. 대한 음성학회.
13. 1997 "Computer Adaptive English Testing"(임창근 공저), English Teaching, 52(3), 103-127.
14. 1996 "컴퓨터를 이용한 언어 문법성 추출실험(Experimental Study of Grammaticality. Elicitation Using Computer)", Korean Journal of Linguistics, 21(4), 981-1008.

■저 서

1. 2001 「영어과 교수-학습 방법론」, 한국문화사
2. 2001 「웹기반 영어교육」, 한국문화사
3. 2000 「내용, 방법 및 매체를 중심으로 본 21C 영어교육」, 홍릉과학출판사
4. 1999 「살아있는 교실 영어」, 교문사
5. 1999 「살아있는 영문법 교육」, 교문사
6. 2000~2001 「외국어 고등학교용 작문교과서 Ⅰ, Ⅱ」(공저), 교육부
7. 2001 「고등학교 공통영어 교과서」 외 1책(공저), 교학사
8. 1999~2001 「중학교 1학년 영어 교과서」 외 5책(공저), 교학사
9. 2000~2001 「초등학교 3학년 교과서」 외 3책(공저), 교육부

430

10. 1997   「ENGLISH FOR TEAM TEACHING Ⅰ, Ⅱ, Ⅲ」(공저), 교육부
11. 1995   「ADVANCED ENGLISH」, 성문출판사
12. 1993   「어휘기능문법을 통한 경동사 구문 분석」, 태학사

■ 연 수

1. 2001.08.27~2001.09.28 한국교원대학교 종합교육연수원 2001년도 제4차 초등교장 자격 연수
2. 2001.08.20   한국교원대학교 종합교육연수원 2001년도 원어민 보조교사 연수
3. 2001.08.10   경상대학교 연수원   중등영어교사 1정 자격 연수
4. 2001.07.27   인천대학교   초등영어 연수
5. 2001.04.23~2001.05.04 한국교원대학교 종합교육연수원 교실수업 개선을 위한 교과 교육 연수
6. 2000.12.26~2001.01.20 진주교육대학교 부설   2000학년도 초등학교 담당교사 심화연수
                         초등교육연수원
7. 2000.12.20~2001.01.19 한국교원대학교 종합교육연수원 2000학년도 초등교사 영어 심화 연수
8. 2000.08.28~2000.10.06 한국교원대학교 종합교육연수원 2000년도 제4차 초등 교장 자격 연수
9. 2000.08.16~2000.08.25 한국교원대학교 종합교육연수원 2000년도 원어민 영어보조교사 연수
10. 2000.06.24   충청남도 초등영어 교육 연구회 충남 초등영어 교육 연구회 영어 연수
11. 2000.06.19~2000.07.21 한국교원대학교 종합교육연수원 2000년도 제3차 초, 중등 교장 자격 연수
12. 1998.09.01~1998.10.15 서울시 교원연수원   초등영어 지도 교사 일반연수
13. 1998.08.10~1998.08.15 경남 중등 교원 연수원   일급 정교사 자격 연수
14. 1998.05.01~1998.09.30 충북단재 교육원   초등영어 일반연수
15. 1997.12.30~1998.05.30 멀티미디어 교육지원 센타   전자 교과서 영어과
16. 1997.10.26   한국교육개발원(KEDI)   제7차 교육과정 영어과
17. 1997.10.01~1997.12.10 한국교원대학교 종합교육연수원 화상연수 초등영어
18. 1997.08.20~1997.08.22 충북 단재 연수원   초등영어 심화연수
19. 1997.08.05~1997.08.10 경남 중등 교원 연수원   1급 정교사 자격 연수
20. 1996.12.01~1997.06.30 교육부   team-teaching 교재